別冊2nd
2nd SNAP #10

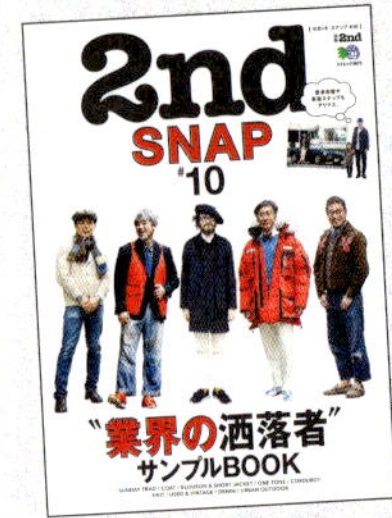

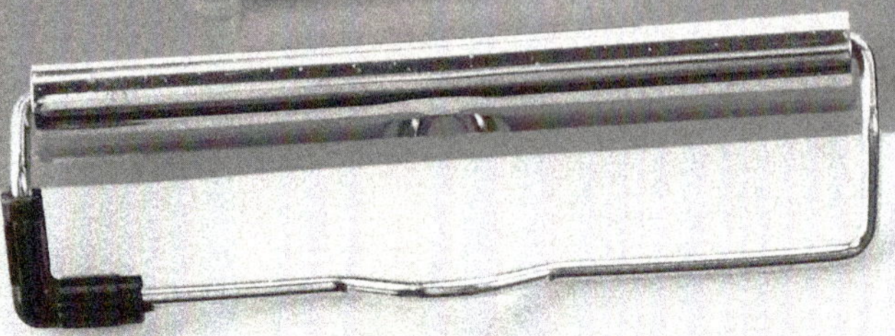

CONTENTS

COVER PHOTO / K.Ito 伊藤恵一 Y.Kono 河野優太 TRYOUT トライアウト
COVER DESIGN / K.Watanabe 渡邉啓太

"業界の洒落者"サンプルBOOK

006 SUNDAY TRAD サンデートラッド / 016 COAT コート

034 BLOUSON & SHORT JACKET ブルゾン&ショートジャケット

046 ONE TONE ワントーン / 066 CORDUROY コーデュロイ

076 KNIT ニット / 092 USED & VINTAGE 古着ミックス

102 DENIM デニム / 120 URBAN OUTDOOR アーバンアウトドア

130 LONDON SNAP ロンドン スナップ

総勢200人の秋スタイルをチェック!

Column

028 業界人の洒落具合は、バッグの中にも表れる。
058 スナップから見えてきた、この秋履くべき革靴とスニーカー。
086 休日は、パパと一緒にお洒落してお出かけ!
112 スナップ常連のあの人は、やっぱり毎年イケてます。
138 ボクのスタイルは、"エンジン"とセットで完成します。

※本誌では衣装のカテゴリーを下記のように分けています

O:アウター I:インナー P:パンツ S:シューズ A:アクセサリー

"業界の洒落者"

SUNDAY TRAD / COAT / BLOUSON & SHORT JACKET / ONE TONE
CORDUROY / KNIT / USED & VINTAGE / DENIM / URBAN OUTDOOR

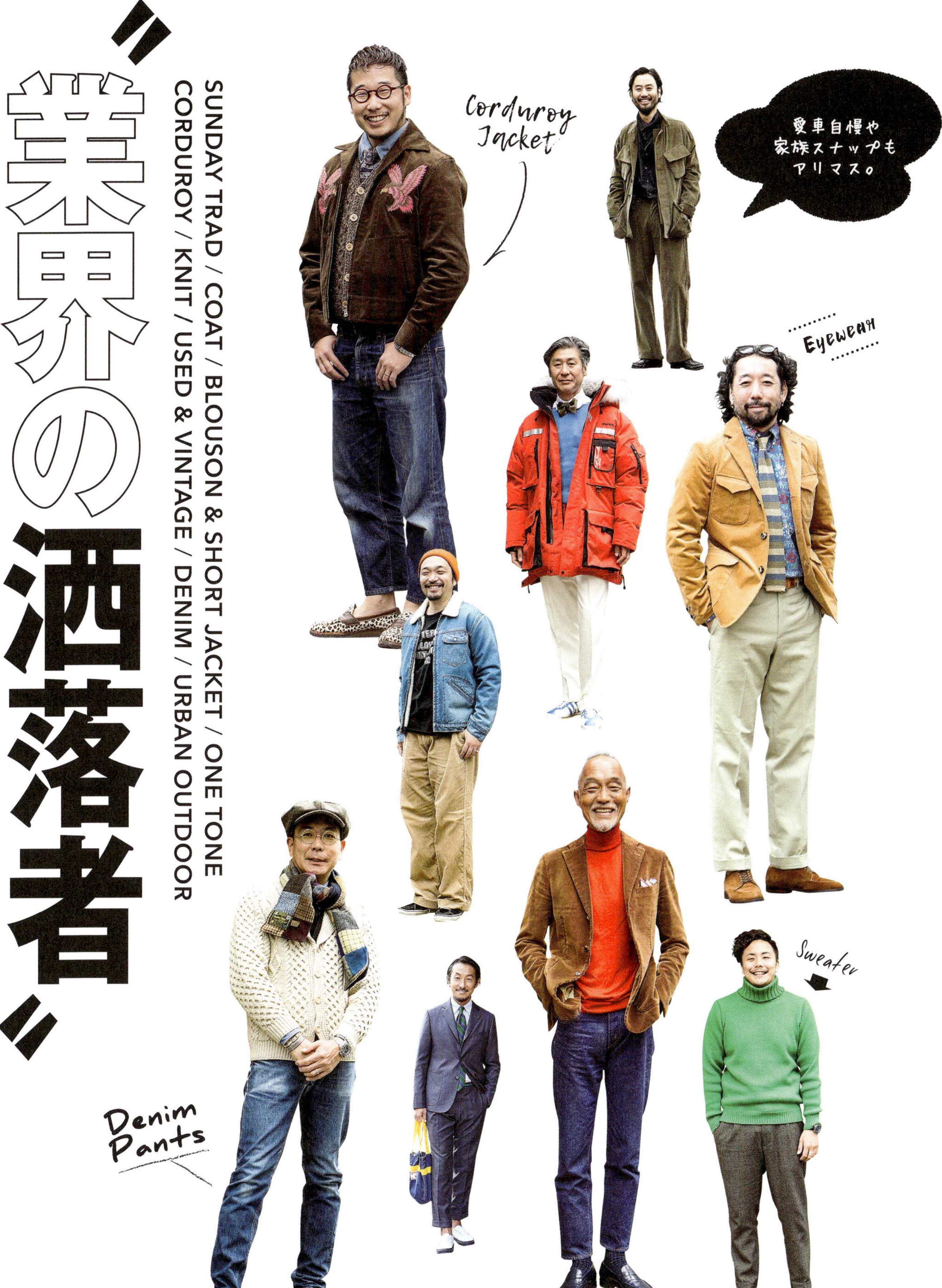

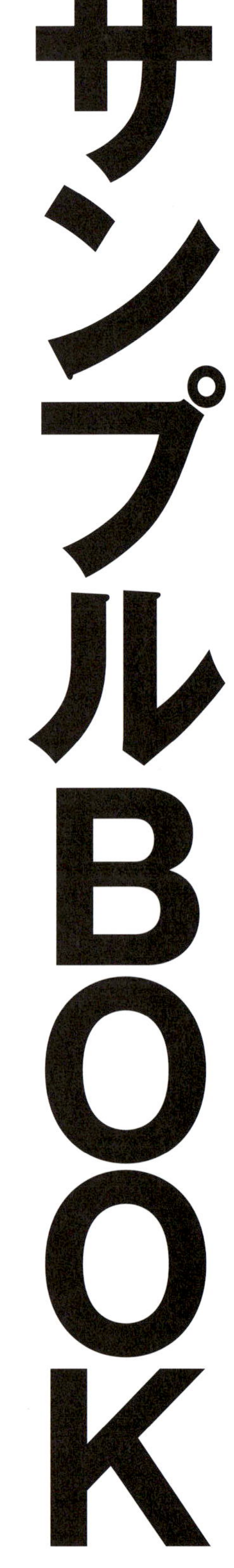

カジュアルファッション誌「2nd」の別冊として毎シーズン展開している別冊「2nd SNAP」。半歩先いくファッション業界の洒落巧者をスナップし、まさにイマのカジュアルファッションの〝格好いい〟がわかる一冊。
それが今号にて、おかげさまで10号目。
業界のトップランナー達のスタイルを、貴方のお洒落の参考にゼヒ!

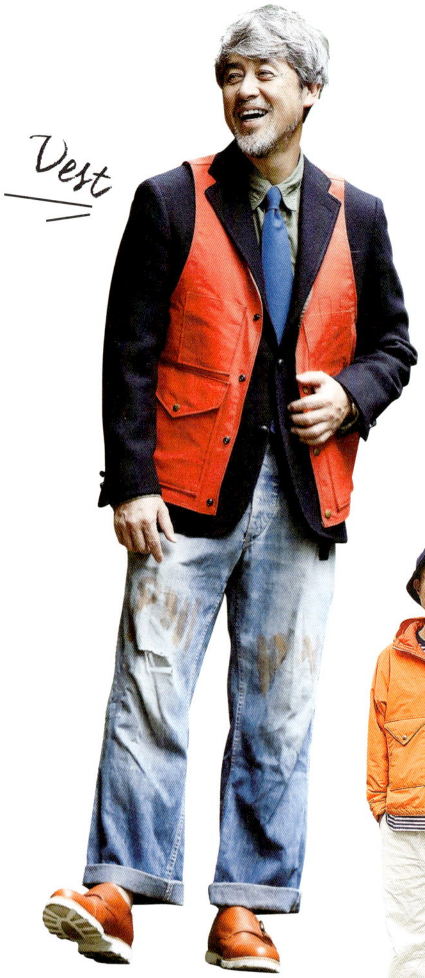

Vest

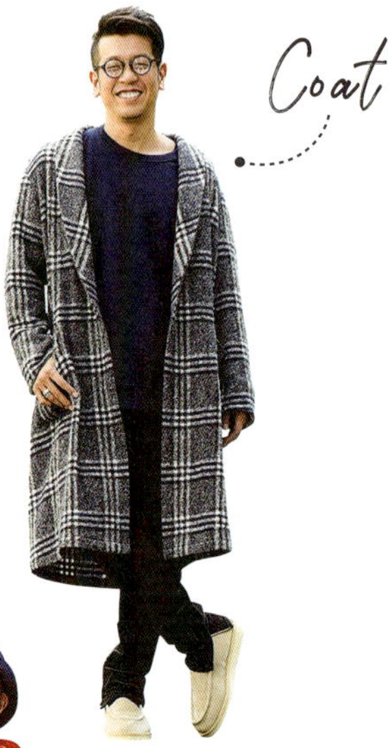

Coat

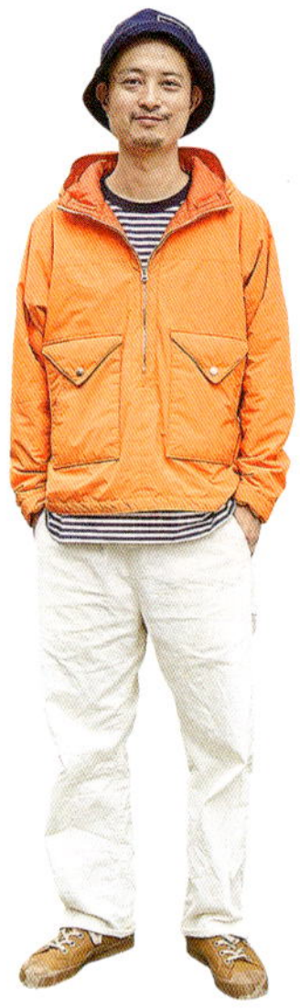

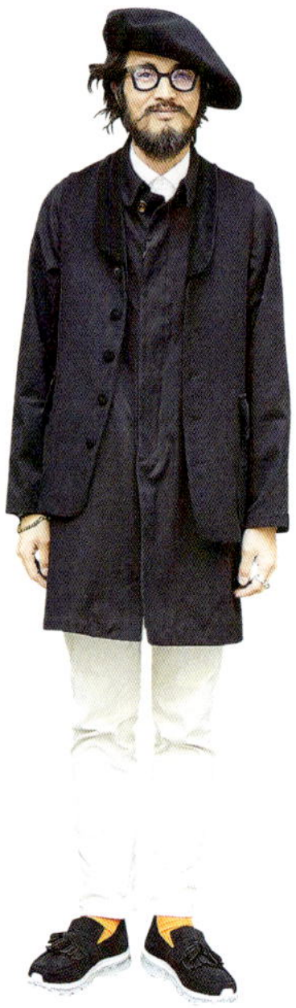

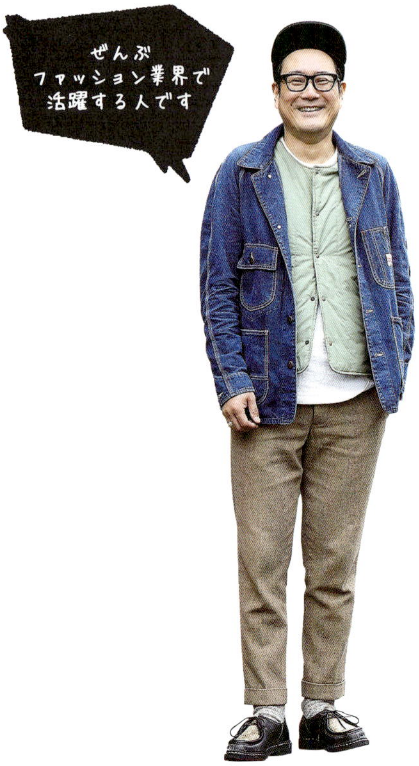

ぜんぶ
ファッション業界で
活躍する人です

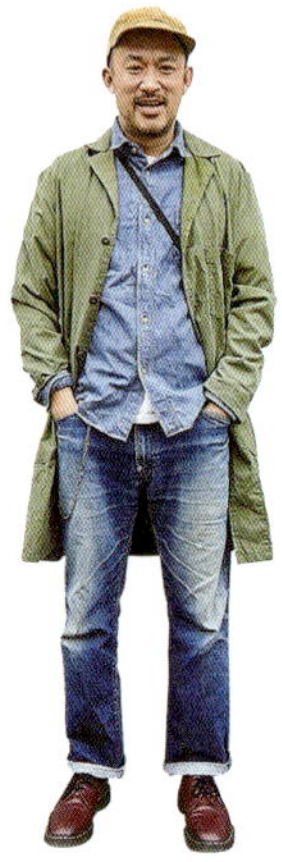

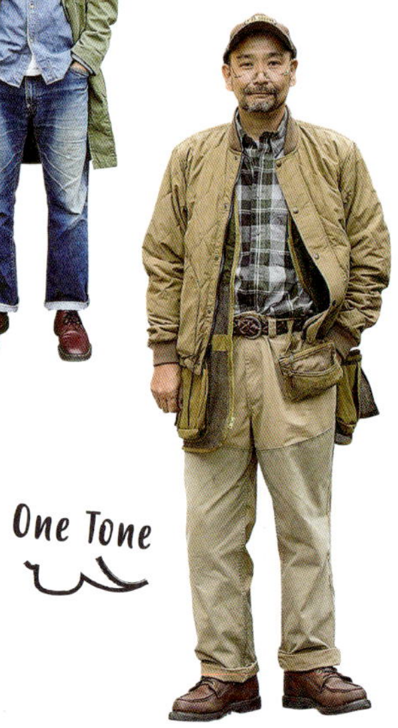

One Tone

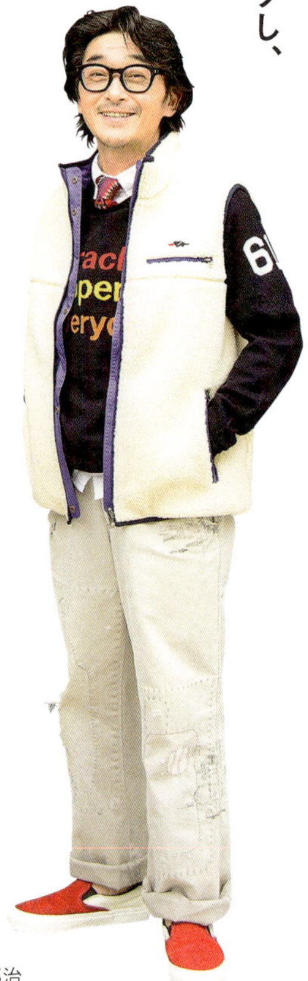

Photo/N.Suzuki 鈴木規仁 K.Suzuki 鈴木克典 TRYOUT トライアウト S.Omura 大村聡志 K.Ito 伊藤恵一 N.Hidaka 日高奈々子 T.Katayama 片山貴博 Y.Kono 河野優太 K.Wakabayashi 若林邦治 T.Momo 百々智広 S.Shimizu 清水惣資 Y.Nishiwaki 西脇幸広 H.Suzuki 鈴木寿教
Text/K.Kuniryo 國領磨人(NO-TECH) Y.Ouchi 大内康行 TRYOUT トライアウト R.Kikuchi 菊地亮 M.Kuwabara 桑原将嗣 M.Nachi 名知正登 Y.Kinpara 金原悠太 G.Sekihara 関原元気 K.Ueda 上田和輝

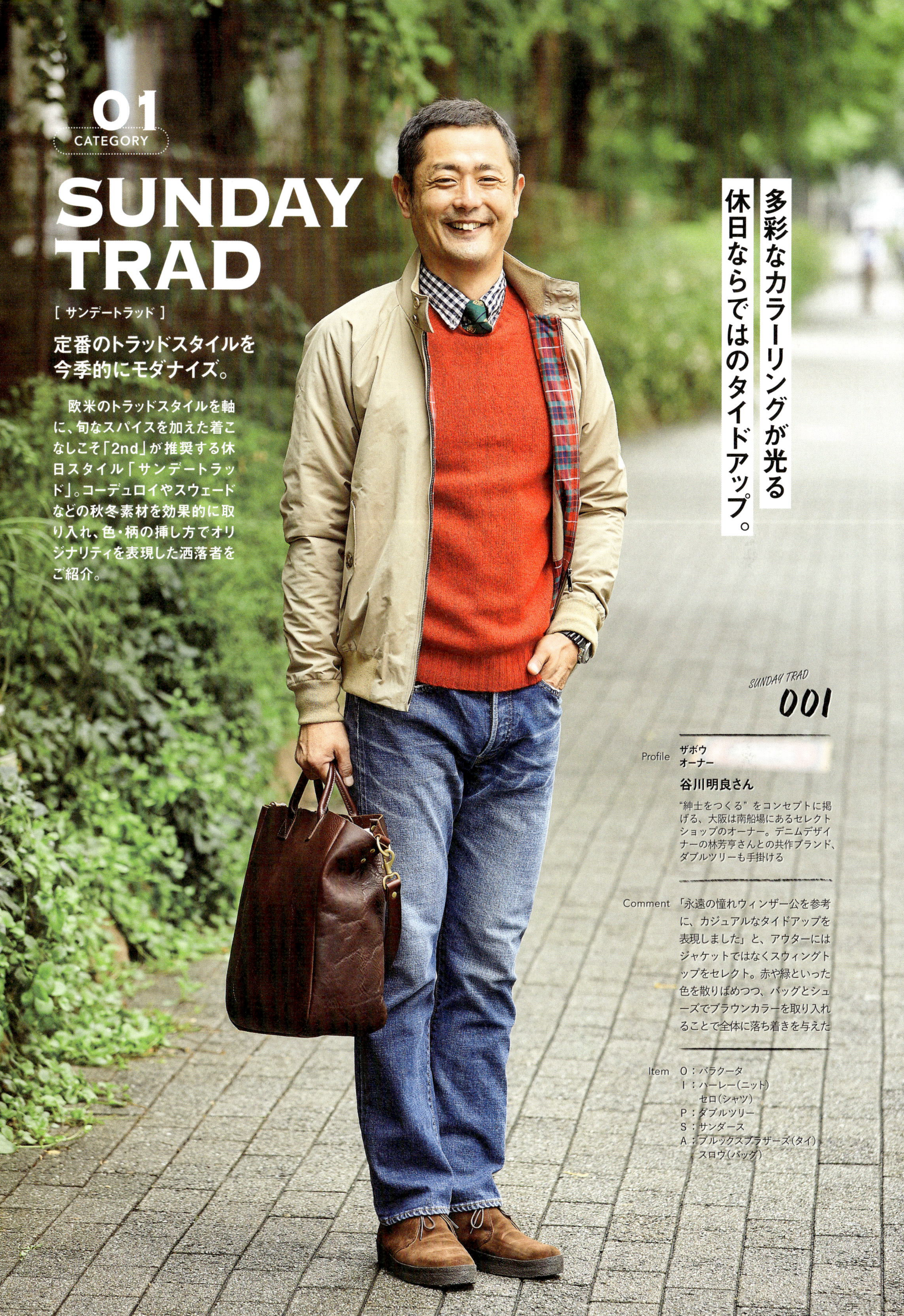

01
CATEGORY

SUNDAY TRAD

[サンデートラッド]

定番のトラッドスタイルを今季的にモダナイズ。

欧米のトラッドスタイルを軸に、旬なスパイスを加えた着こなしこそ「2nd」が推奨する休日スタイル「サンデートラッド」。コーデュロイやスウェードなどの秋冬素材を効果的に取り入れ、色・柄の挿し方でオリジナリティを表現した洒落者をご紹介。

多彩なカラーリングが光る休日ならではのタイドアップ。

SUNDAY TRAD
001

Profile
ザボウ
オーナー
谷川明良さん
"紳士をつくる"をコンセプトに掲げる、大阪は南船場にあるセレクトショップのオーナー。デニムデザイナーの林芳亨さんとの共作ブランド、ダブルツリーも手掛ける

Comment
「永遠の憧れウィンザー公を参考に、カジュアルなタイドアップを表現しました」と、アウターにはジャケットではなくスウィングトップをセレクト。赤や緑といった色を散りばめつつ、バッグとシューズでブラウンカラーを取り入れることで全体に落ち着きを与えた

Item
O：バラクータ
I：ハーレー(ニット)
　セロ(シャツ)
P：ダブルツリー
S：サンダース
A：ブルックスブラザーズ(タイ)
　スロウ(バッグ)

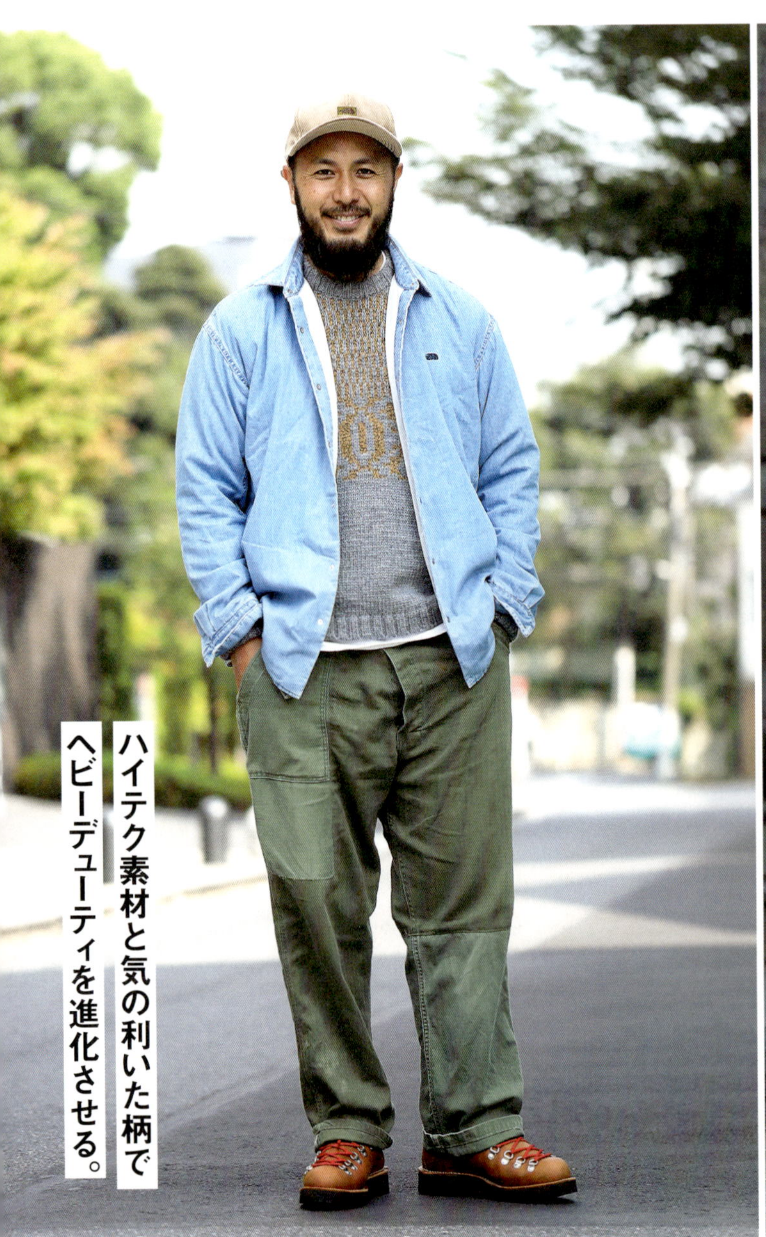

ハイテク素材と気の利いた柄でヘビーデューティを進化させる。

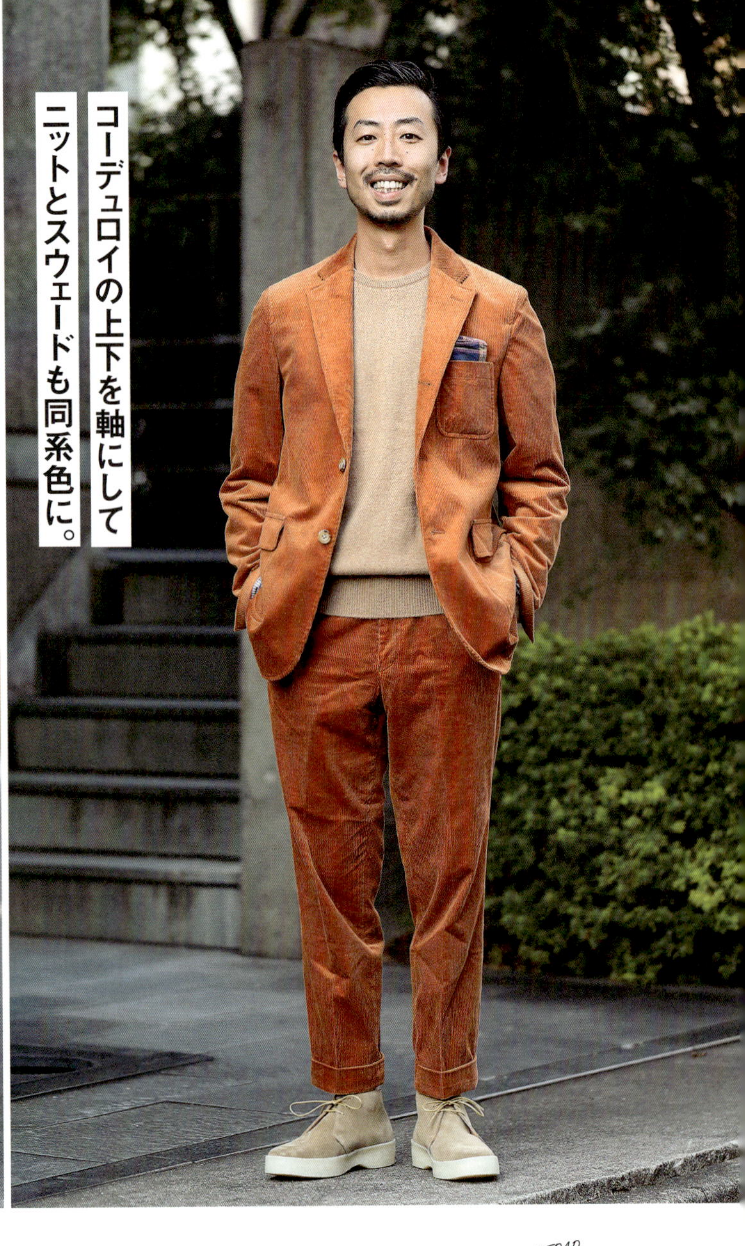

コーデュロイの上下を軸にしてニットとスウェードも同系色に。

SUNDAY TRAD
003

Profile
ナナミカ
ゼネラルマネージャー
野村剛司さん

ナナミカの創業時から参加して早くも15年。ザ・ノース・フェイス パープルレーベルの企画全体を統括して、プレス業務も兼任。週末には家族とともにキャンプに繰り出す

Item
O：ザ・ノース・フェイス パープルレーベル
I：ザ・ノース・フェイス パープルレーベル
P：ノーベルクロージング
S：ダナー
A：ザ・ノース・フェイス パープルレーベル（キャップ）

Comment アウターはクールマックス糸が織り込まれたシャンブレーの裏面にポーラテック® アルファを張り、吸水速乾のメッシュ地でサンドした1着。「ニットはヴィンテージのノルディックセーターをアレンジした柄。ニュークラシックなヘビーデューティスタイルです」

SUNDAY TRAD
002

Profile
ビームス プラス
ディレクター
溝端秀基さん

ビームスに入社して12年。2016年から現職に就いている。今季はジャック・ケルアックの小説の題名でもある『サブテレニアンズ』をビームス プラスのテーマに掲げた

Item
O：ビームス プラス
I：ウィリアム ロッキー×ビームス プラス
P：ビームス プラス
S：サンダース×ビームス プラス
A：ビームス プラス（ハンカチ）

Comment 今季ビームス プラスのイチオシ素材であるコーデュロイをセットアップで。「今年は特に明るい色合いのブラウンが気分。インナーのニットと足下のスウェードは、ベージュで揃えました」。温もりがあって上品さも感じさせるグラデーション配色で全体をまとめた

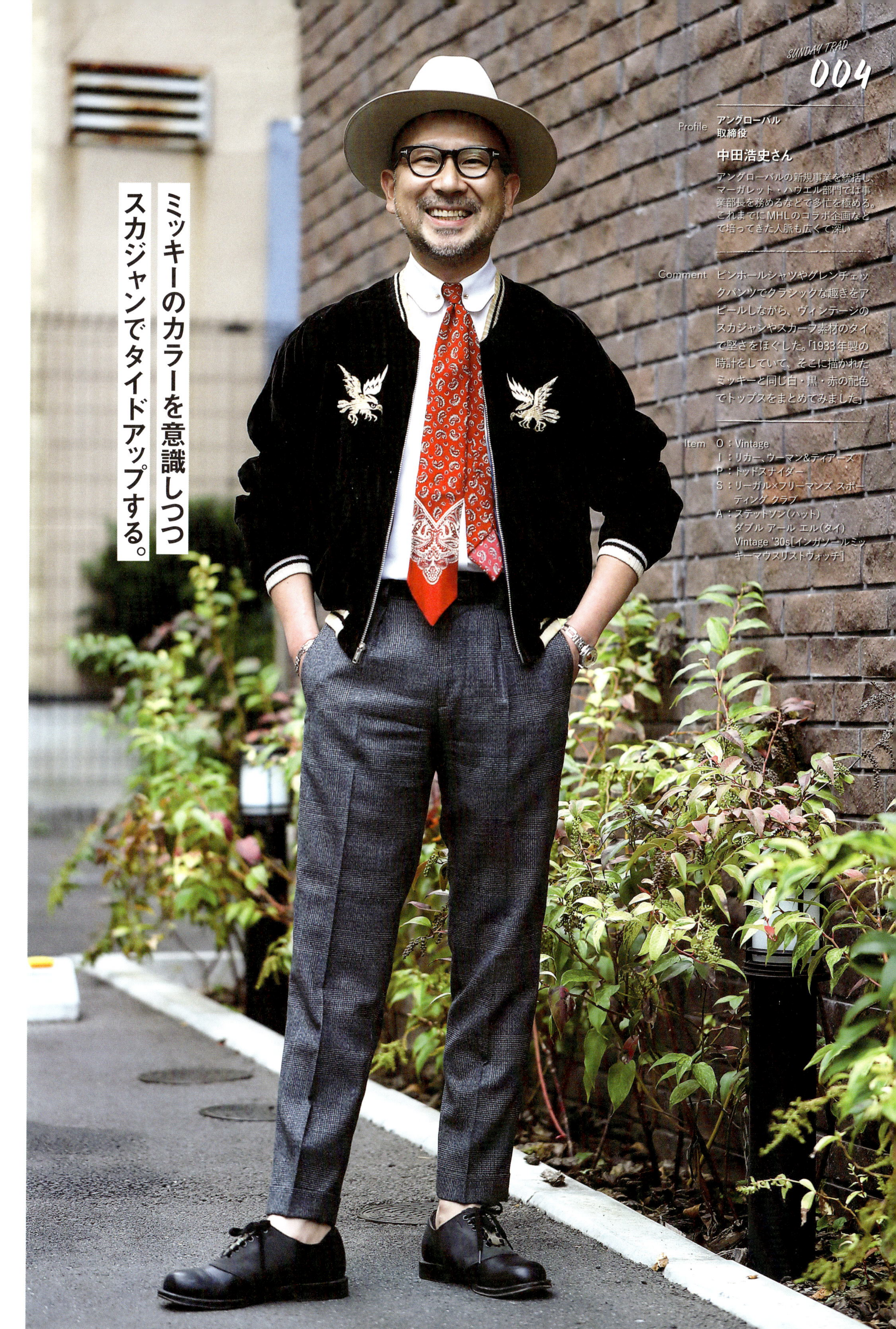

SUNDAY TRAD
004

ミッキーのカラーを意識しつつスカジャンでタイドアップする。

Profile
アングローバル取締役

中田浩史さん

アングローバルの新規事業を統括し、マーガレット・ハウエル部門では事業部長を務めるなどで多忙を極める。これまでにMHLのコラボ企画などで培ってきた人脈も広くて深い

Comment
ピンホールシャツやグレンチェックパンツでクラシックな趣きをアピールしながら、ヴィンテージのスカジャンやスカーフ素材のタイで堅さをほぐした。「1933年製の時計をしていて、そこに描かれたミッキーと同じ白・黒・赤の配色でトップスをまとめてみました」

Item
O：Vintage
I：リカー、ウーマン&ティアーズ
P：トッドスナイダー
S：リーガル×フリーマンズ スポーティング クラブ
A：ステットソン（ハット）
ダブル アール エル（タイ）
Vintage '30s［インガソールミッキーマウスリストウォッチ］

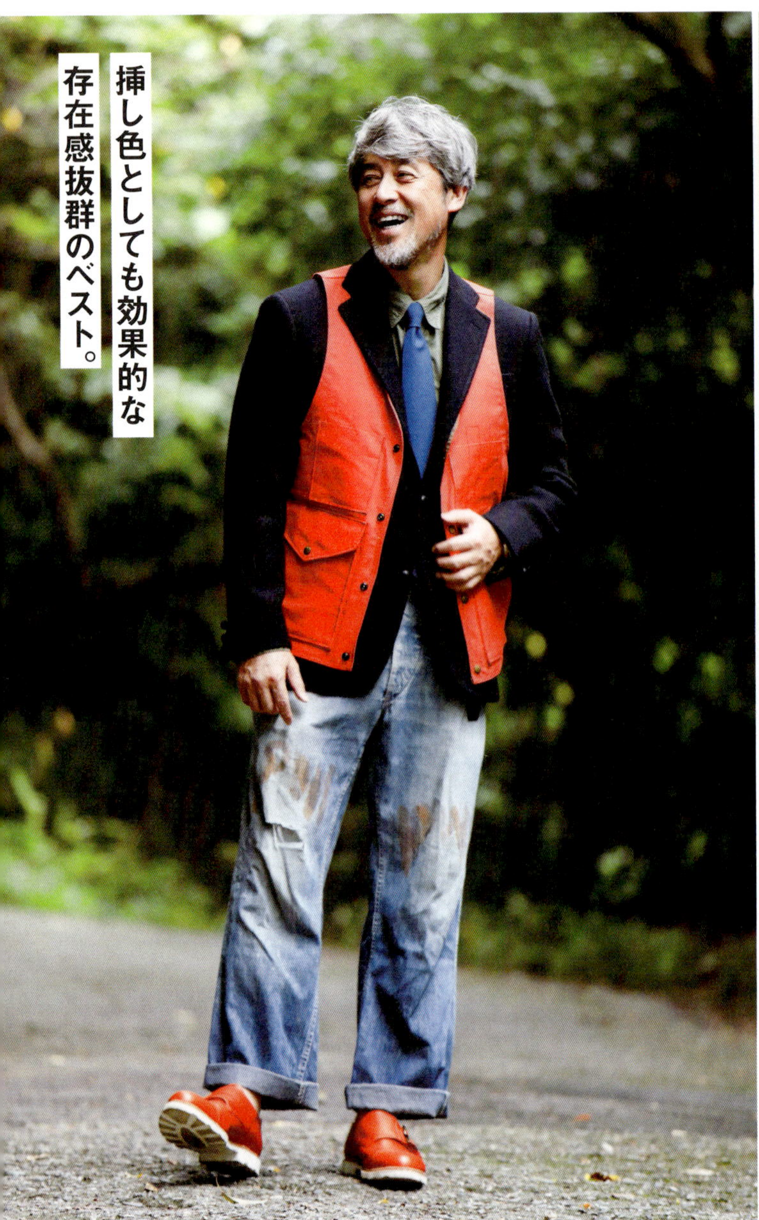

挿し色としても効果的な存在感抜群のベスト。

SUNDAY TRAD
006

Profile
ボンクラ デザイナー
森島久さん

服好きがこぞって称賛を送るデニムブランド、ボンクラのデザイナー。原宿の「メイデンズショップ」では"ボンクラ祭"と銘打ったイベントも開催している

Item
O：ボンクラ（ベスト）
　ボンクラ（ジャケット）
I：ボンクラ
P：Vintage
S：パラブーツ
A：ボンクラ（タイ）

Comment 「バックにボリュームのあるこのベストが、サンデートラッドの要です」。ツイードのテーラードジャケットにヴィンテージデニムを合わせ、風合いを強調したスタイリングに。ビビッドカラーと独特シルエットのベストを重ね、モダンな装いへとアップデート

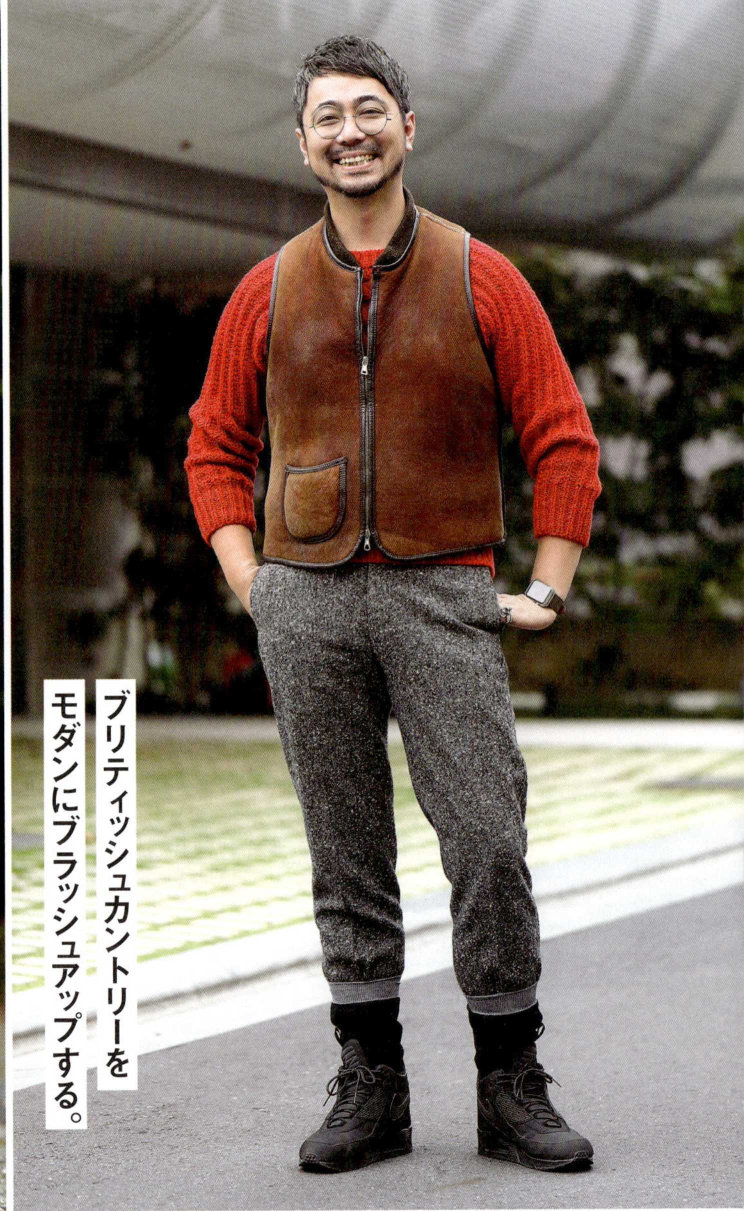

ブリティッシュカントリーをモダンにブラッシュアップする。

SUNDAY TRAD
005

Profile
フランクリン テーラード デザイナー
板井秀司さん

ユーズドショップからキャリアをスタートさせて、セレクトショップの販売員やバイヤーを経て2012年に自身のブランドを立ち上げた。洋服作りのモットーは"温故知新"

Item
O：メゾン マルタン マルジェラ
I：フランクリン テーラード
P：フランクリン テーラード
S：ナイキ
A：Vintage '30s（メガネ）
　アップル（時計）

Comment アウターは1930年代のUSアーミーの極寒地仕様のムートンベストがモチーフになっている。「ムートンベストにニットやホームスパンのツイードパンツを合わせて、ブリティッシュカントリーを意識。足下のスニーカーやアップルウォッチでモダンに演出しています」

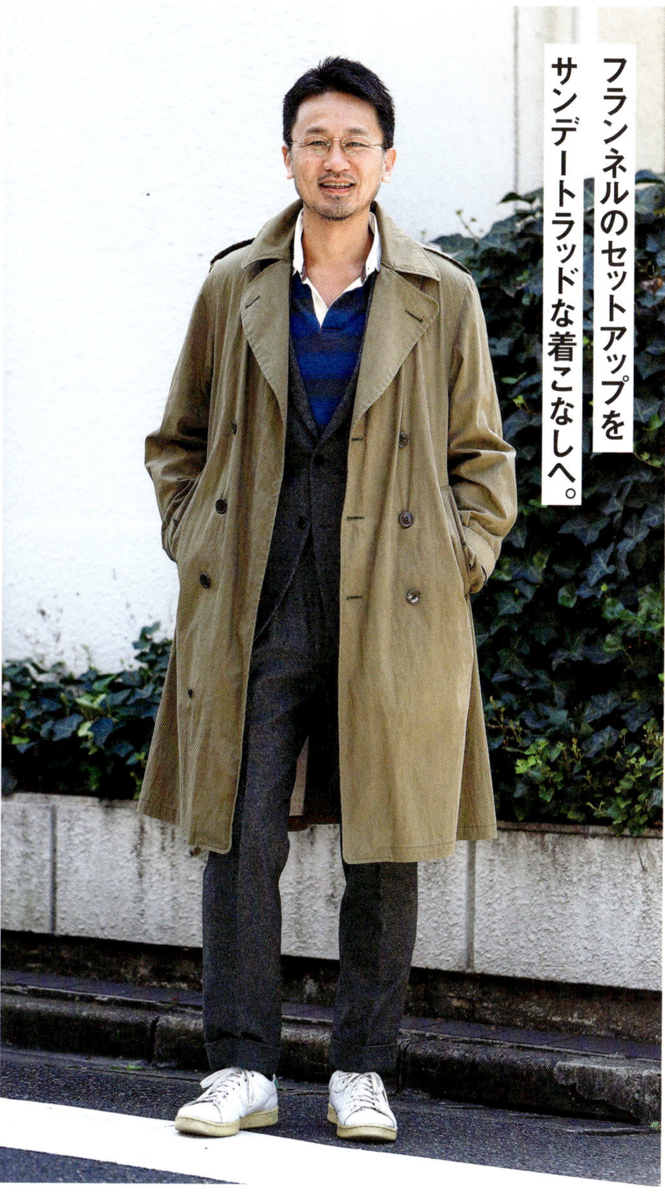

SUNDAY TRAD
007

Profile
ケネスフィールド
デザイナー
草野健一さん
ビームス プラスのディレクターを務めた後、2012年秋冬シーズンからケネスフィールドをスタート。「for New Traditionalist」をテーマに掲げてコレクションを展開中

Item
O：ケネスフィールド
I：ケネスフィールド(ジャケット)
バーグマン(ラガーシャツ)
P：ケネスフィールド
S：アディダス

Comment
ブランド創設時から展開している定番のジャケット&パンツを着用。素材は英国フォックスブラザーズ社のフランネル。「パンツはグルカトラウザーズ型です。トレンチコートを重ねていますが、ラガーシャツを挿して、足下はスニーカーでラフにこなしています」

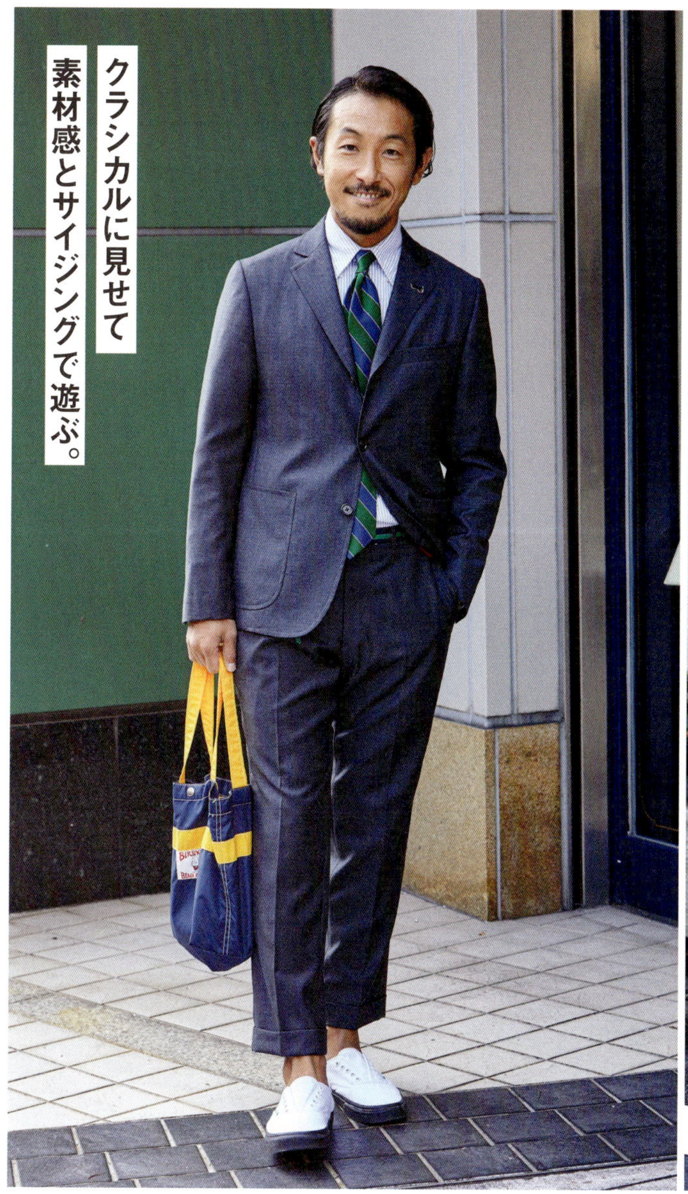

SUNDAY TRAD
008

Profile
サーフ&テーラー モート
代表
堀哲郎さん
西海岸を彷彿とさせるカジュアル服と、本格的なドレスウエアが共存するサーフ&テーラー モートの代表。仕事の合間を縫っては奥様と一緒にサーフィンを楽しんでいる

Item
O：サーフ&テーラー モート
I：サーフ&テーラー モート
P：サーフ&テーラー モート
S：ヴァンズ
A：バードウェル(バッグ)

Comment
正統派のスーチングに見えるが、ウール地を使ったアンコン仕立てのセットアップ。レジメンタイを合わせアメトラ色を強めながら、白スニーカーやトートバッグで軽快感を演出した。「ジャケットはゆったりめのサイズにし、堅くなりすぎないようにしています」

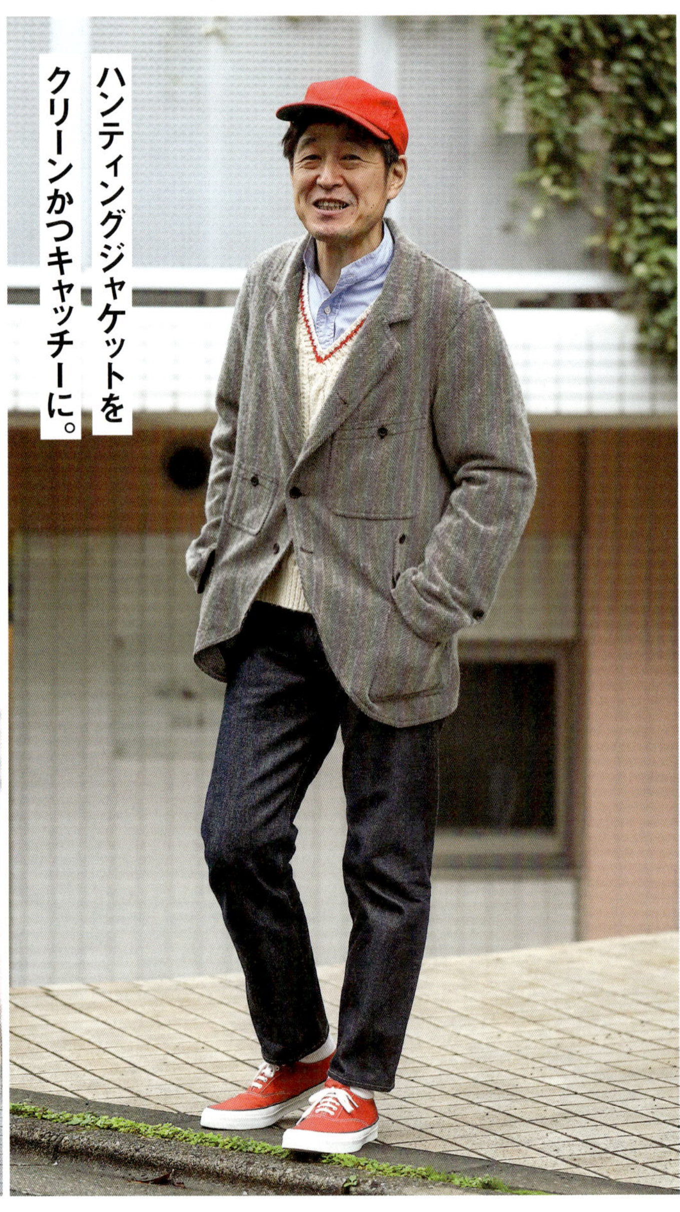

SUNDAY TRAD
009

Profile
**アナトミカ
店舗スタッフ**

田井徹さん

アニエス ベーに20年ほど在籍した後、ユーロミリタリーに強い店で勤め、ヴィンテージショップも経営した経歴も。洋服に対する造詣が深く、「赤坂蚤の市」の主宰者の顔も

Item
O：アナトミカ
I：インバーアラン(ニット)
アナトミカ(シャツ)
P：アナトミカ
S：ワクワ
A：Vintage '40s(キャップ)

Comment ツイード素材のハンティングジャケットを取り入れているが、キャップや濃紺デニム、スニーカーによってカントリー調の野暮ったさとは無縁のスタイルに。「キャップ、ニットのライン、スニーカーで赤を効かせて、トラッドな装いをキャッチーにまとめています」

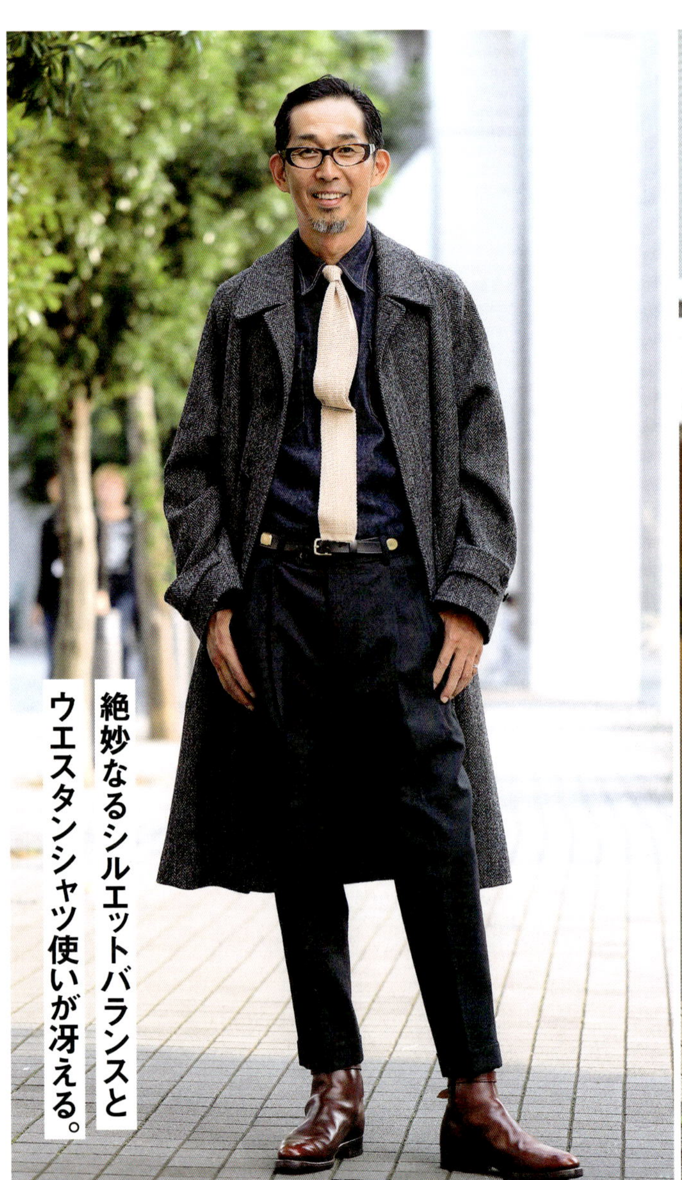

SUNDAY TRAD
010

Profile
**ユニオンワークス
代表**

中川一康さん

靴の修理店勤務を経て、1994年にユニオンワークスを設立。「お客様の宝物を完璧な状態にして戻す」というモットーを全スタッフで共有しながら、現在は5店舗を展開する

Item
O：パタク×ユニオンワークス
I：ブライスランズ
P：リッチフィールド
S：シュナイダーライディングブーツカンパニー
A：ソッツィ(タイ)
マーティン・フェイジー×ユニオンワークス(ベルト)

Comment 「コートがAラインなのと、ジョッパーブーツのベルトを見せたパンツの丈がポイントです」。ハリスツイードのコート×ウール地のパンツで落ち着いた印象を醸しながら、シルエットバランスで魅了。デニムウエスタンシャツのタイドアップにも大人の余裕が漂う

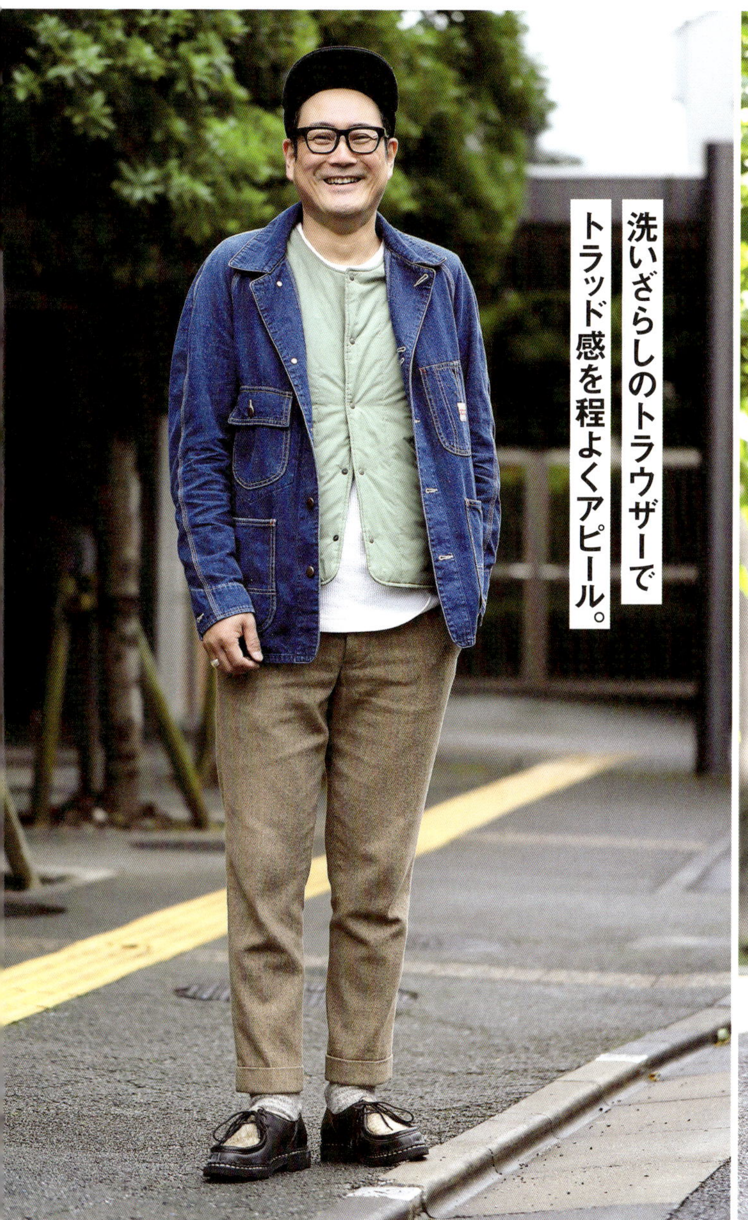

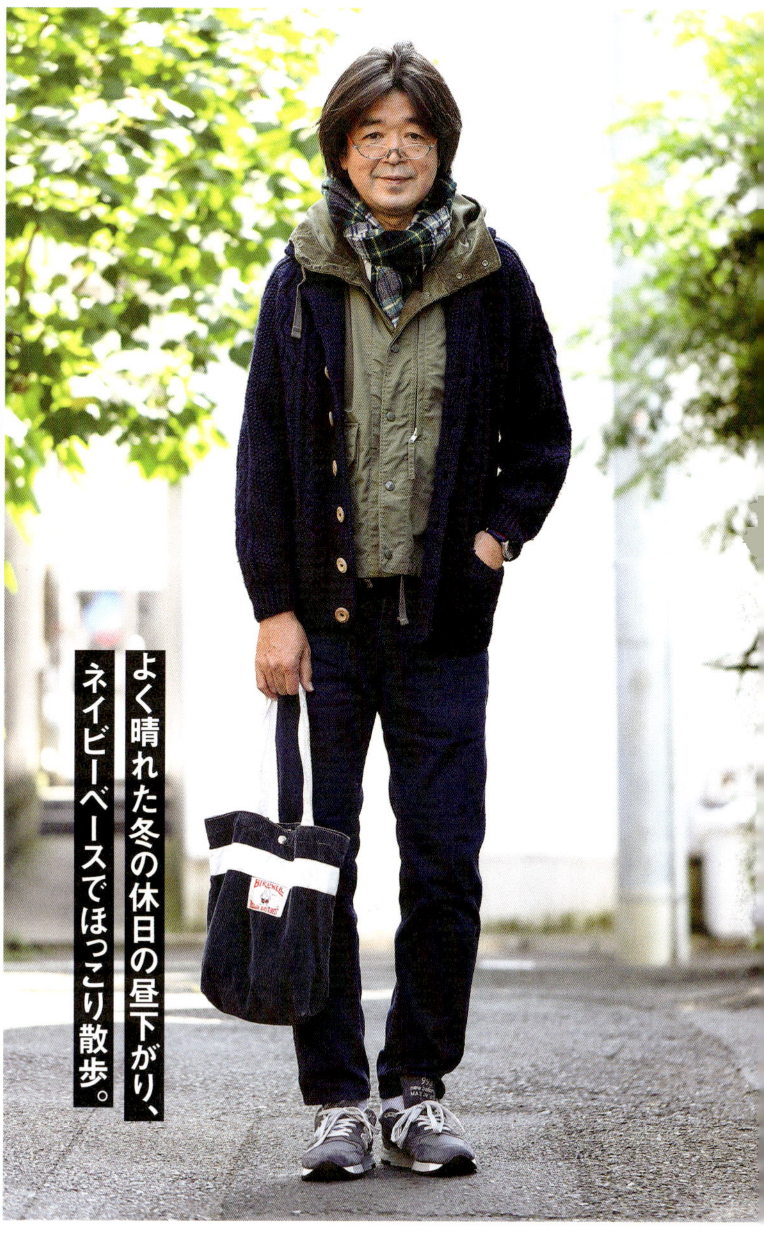

SUNDAY TRAD
012

Profile
ウィリアムズバーグ&コー
ディレクター（マルベリー代表）
牧野雅史さん

2014年秋冬シーズンからボトムス専業ブランドのウィリアムズバーグ＆コーをスタート。ペイ・デイやパーティゴデザインなどを取り扱う会社、マルベリーの代表でもある

Item
O：ペイ・デイ
I：フォーク（ベスト）
　ヴィア スペア（サーマルカットソー）
P：ウィリアムズバーグ&コー
S：パラブーツ
A：クオリティメンディング（キャップ）
　泰八郎謹製（メガネ）

Comment　トラウザーは洗濯機で洗えるイージーケアなタイプ。休日の装いに洗いざらしで気負うことなく合わせられるのが魅力だ。「カバーオールを主役にしたレイヤードでカジュアルな仕上がり。ヘリンボーンツイードのトラウザーでトラッドな気分をプラスしています」

SUNDAY TRAD
011

Profile
原宿キャシディ
仕入れ販売担当
八木沢博幸さん

1970年代の後半から原宿キャシディで働き始め、すでに40年ほどのキャリアを有する重鎮。柔らかい物腰と豊富な知識で、店のお客様から業界関係者まで信奉者は数知れず

Item
O：インバーアラン
I：エンジニアド ガーメンツ（ベスト）
　キャシディ ホームグロウン（B.D.シャツ）
P：タピア ロサンゼルス
S：ニューバランス
A：ロイヤルヘザー（マフラー）
　スマートターンアウト（時計）
　バードウェル（バッグ）

Comment　休日にリラックスして近所を散歩する際の装いがこちら。「ネイビーは自分が最も好きだといえる色。休みの日に着るとニュートラルな気持ちになれて、落ち着きますね。インナーのカーキカラーに加えてマフラーをプラスした首周りのボリューム感がアクセント

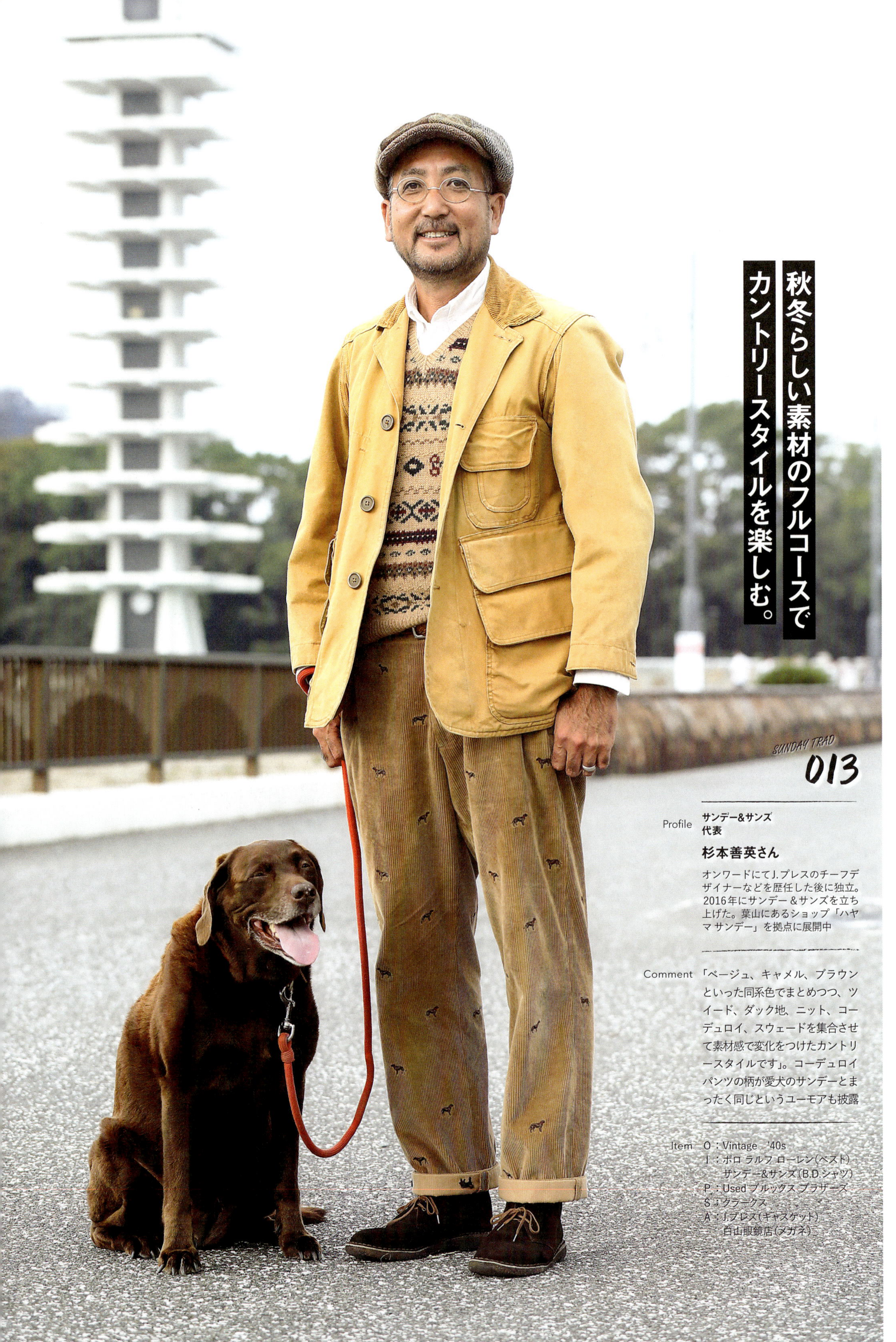

秋冬らしい素材のフルコースでカントリースタイルを楽しむ。

SUNDAY TRAD

013

Profile サンデー&サンズ
代表

杉本善英さん

オンワードにてJ.プレスのチーフデザイナーなどを歴任した後に独立。2016年にサンデー&サンズを立ち上げた。葉山にあるショップ「ハヤマ サンデー」を拠点に展開中

Comment 「ベージュ、キャメル、ブラウンといった同系色でまとめつつ、ツイード、ダック地、ニット、コーデュロイ、スウェードを集合させて素材感で変化をつけたカントリースタイルです」。コーデュロイパンツの柄が愛犬のサンデーとまったく同じというユーモアも披露

Item
O：Vintage '40s
I：ポロ ラルフ ローレン（ベスト）
サンデー&サンズ（B.D.シャツ）
P：Used ブルックス ブラザーズ
S：クラークス
A：J.プレス（キャスケット）
白山眼鏡店（メガネ）

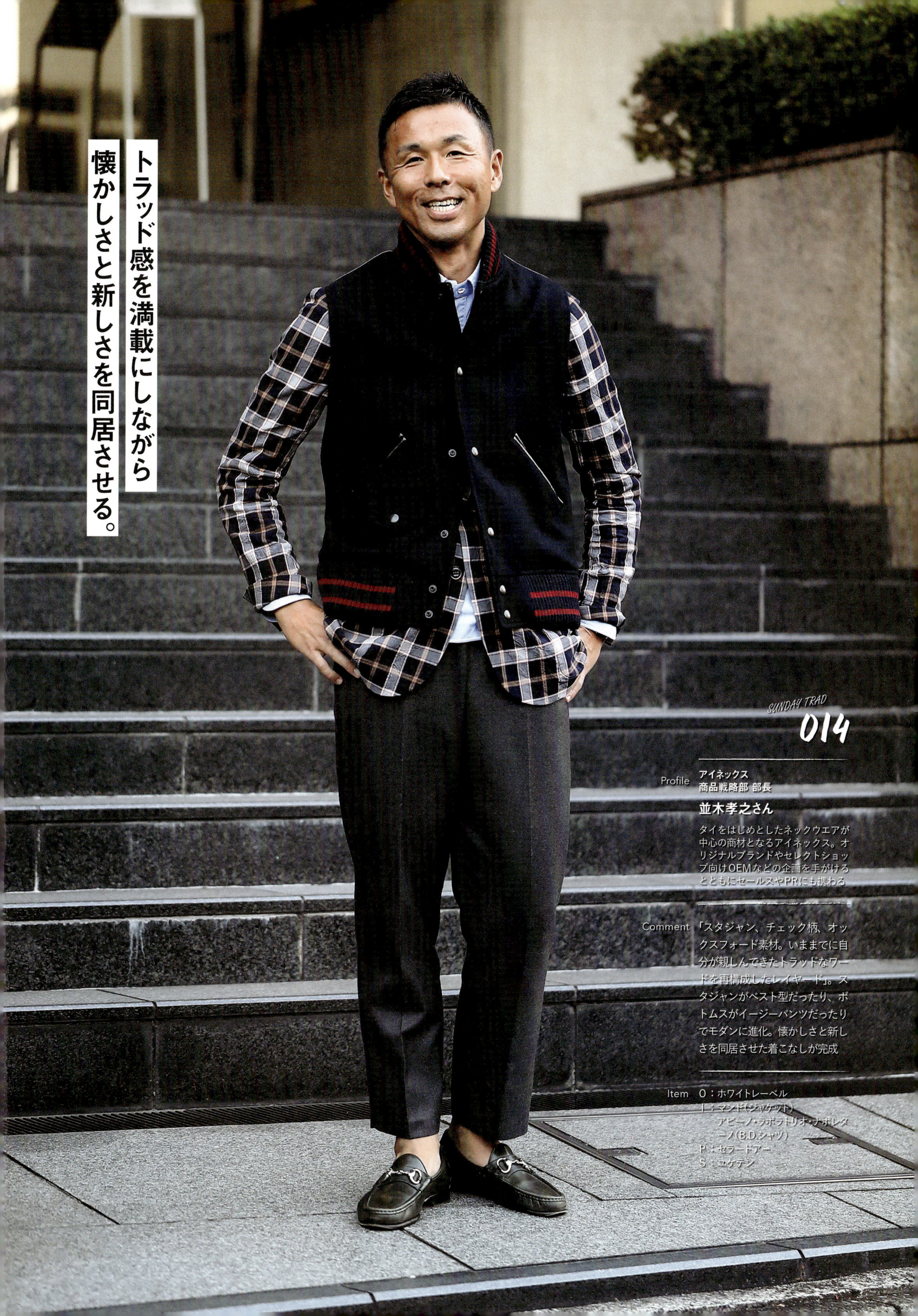

トラッド感を満載にしながら懐かしさと新しさを同居させる。

SUNDAY TRAD

014

Profile
アイネックス
商品戦略部 部長

並木孝之さん

タイをはじめとしたネックウエアが中心の商材となるアイネックス。オリジナルブランドやセレクトショップ向けOEMなどの企画を手がけるとともにセールスやPRにも携わる

Comment
「スタジャン、チェック柄、オックスフォード素材。いままでに自分が親しんできたトラッドなワードを再構成したレイヤード」。スタジャンがベスト型だったり、ボトムスがイージーパンツだったりでモダンに進化。懐かしさと新しさを同居させた着こなしが完成

Item
O：ホワイトレーベル
J：マンド（ジャケット）
　アビーノ・ラボラトリオ・ナポレターノ（B.D.シャツ）
P：セラードアー
S：ユケテン

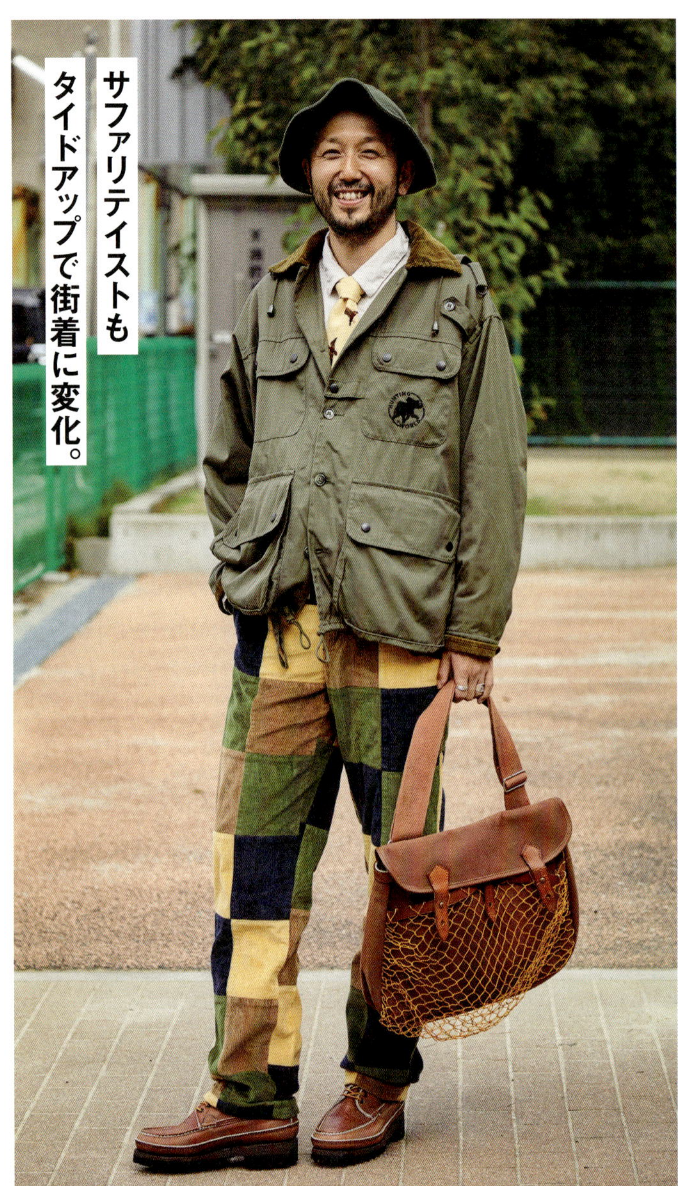

サファリテイストもタイドアップで街着に変化。

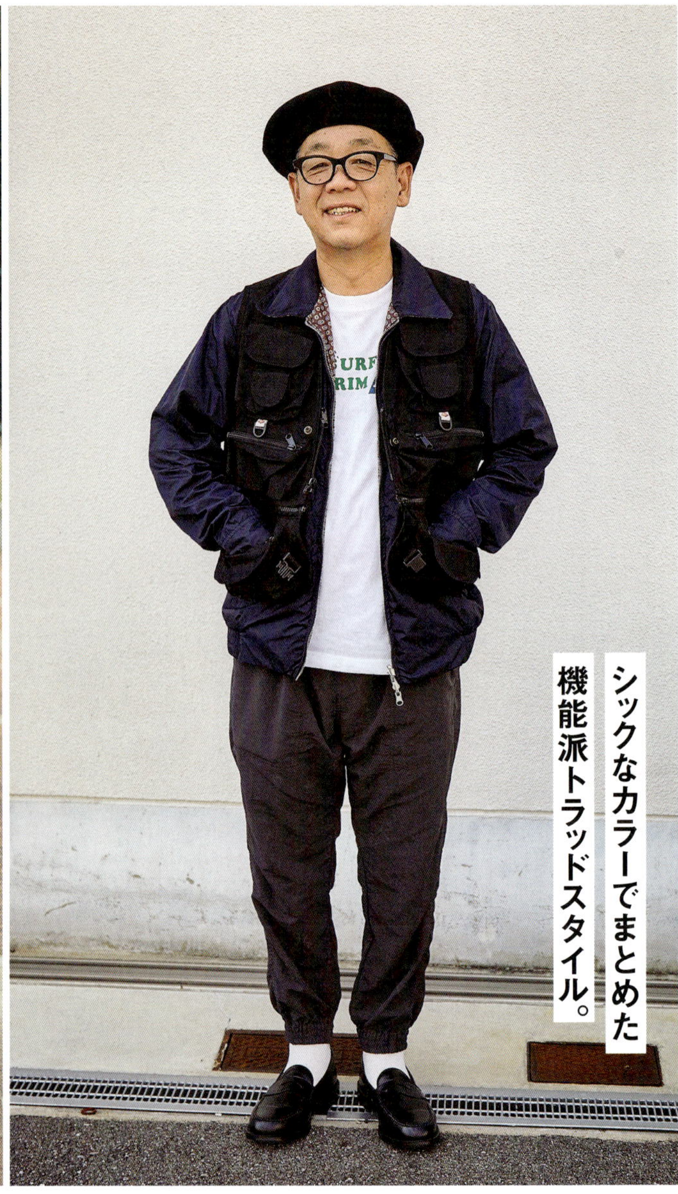

シックなカラーでまとめた機能派トラッドスタイル。

SUNDAY TRAD
016

Profile
アイビー&ネイビー
代表
小野雅之さん
トラッドとミリタリーをベースに、こだわりのアイテムが並ぶ「アイビー&ネイビー」。2017年はオープン10年目を迎え、様々なブランドの別注アイテムが入荷中

Item
O：Used ハンティングワールド
I：カブー
P：ブルックス ブラザーズ
S：ラッセルモカシン×ハンティングワールド
A：ファブリケーションローカル(帽子)
ブルックス ブラザーズ(ネクタイ)
ブレディ(バッグ)

Comment
'80年代のハンティングワールドのアウターが目を引く休日トラッド。アウターとテイストを合わせたパンツやネクタイをセレクトし、上品にまとめた。「ハンティングジャケットの襟がテーラードのラペルに見えるようにアレンジし、タイドアップに合わせました」

SUNDAY TRAD
015

Profile
パームグラフィックス
代表
豊田弘治さん
ピースフルなサーフアートを操り、アパレルから絵本、店舗デザインまで、幅広く手掛ける。ライフスタイルの一部になっているサーフィンのみならず、服への造詣も流石

Item
O：コロンビアブラックレーベル×マウンテンリサーチ(ベスト)
ビームス プラス(ジャケット)
I：パームグラフィックス×ピルグリム(Tシャツ)
P：パタゴニア
S：オールデン
A：エロセギ(帽子)
白山眼鏡店(メガネ)

Comment
'60s風味のスポーツジャケットにフィッシングベストを合わせた、玄人スタイル。ベレー帽は本場スペインのバスク地方で購入したもの。「ベストやシャカパンのアウトドアアイテムに、定番のトラッドアイテムを取り入れ、遊び心を表現してみました」

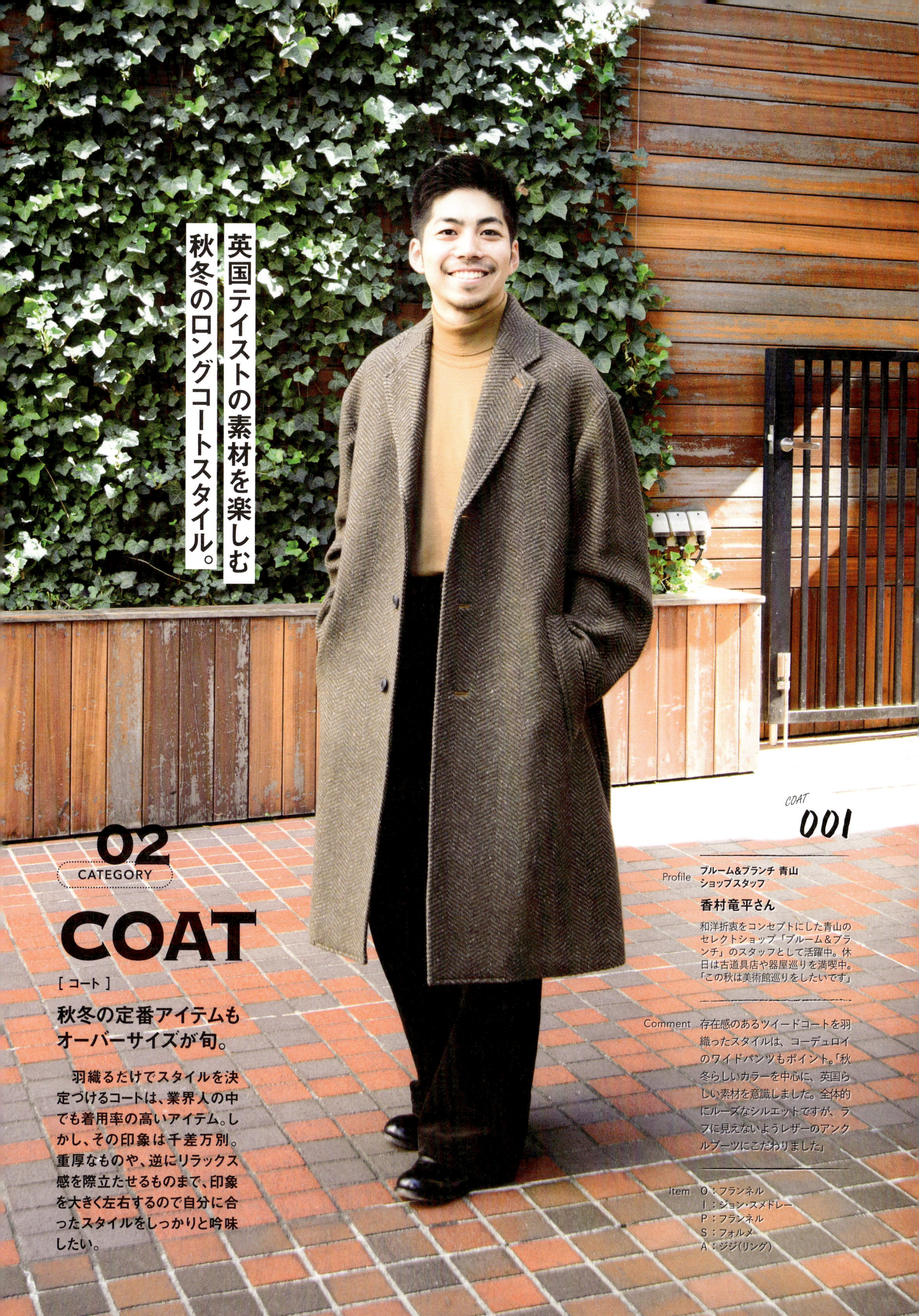

英国テイストの素材を楽しむ秋冬のロングコートスタイル。

02
CATEGORY

COAT

[コート]

秋冬の定番アイテムもオーバーサイズが旬。

羽織るだけでスタイルを決定づけるコートは、業界人の中でも着用率の高いアイテム。しかし、その印象は千差万別。重厚なものや、逆にリラックス感を際立たせるものまで、印象を大きく左右するので自分に合ったスタイルをしっかりと吟味したい。

COAT
001

Profile
ブルーム&ブランチ 青山 ショップスタッフ

香村竜平さん

和洋折衷をコンセプトにした青山のセレクトショップ「ブルーム&ブランチ」のスタッフとして活躍中。休日は古道具店や器屋巡りを満喫中。「この秋は美術館巡りをしたいです」

Comment
存在感のあるツイードコートを羽織ったスタイルは、コーデュロイのワイドパンツもポイント。「秋冬らしいカラーを中心に、英国らしい素材を意識しました。全体的にルーズなシルエットですが、ラフに見えないようレザーのアンクルブーツにこだわりました」

Item
O：フランネル
I：ジョン・スメドレー
P：フランネル
S：フォルメ
A：ジジ(リング)

COAT
002

→

Profile

アウンPR
代表
名村恒毅さん

国内外の有力アパレルブランドなどを扱うアウンPRの代表。PRのほか、イベントのオーガナイズや企画のサポートも行なう。また、休日にもなればサーフィンを嗜む海男

Item

O：サンディニスタ
I：フルーツ オブ ザルーム
P：ビッグ&ルースター
S：スイコック

Comment

「コートは大人っぽいアウターの代表ですがそれをかしこまらずに着るのが気分」と、今回はガウンのようにサラッと羽織れるボタンのない一着を選択。「トラッドなグレンチェックをあしらっているので、ほかは無地のダークトーンで」というバランス感を披露

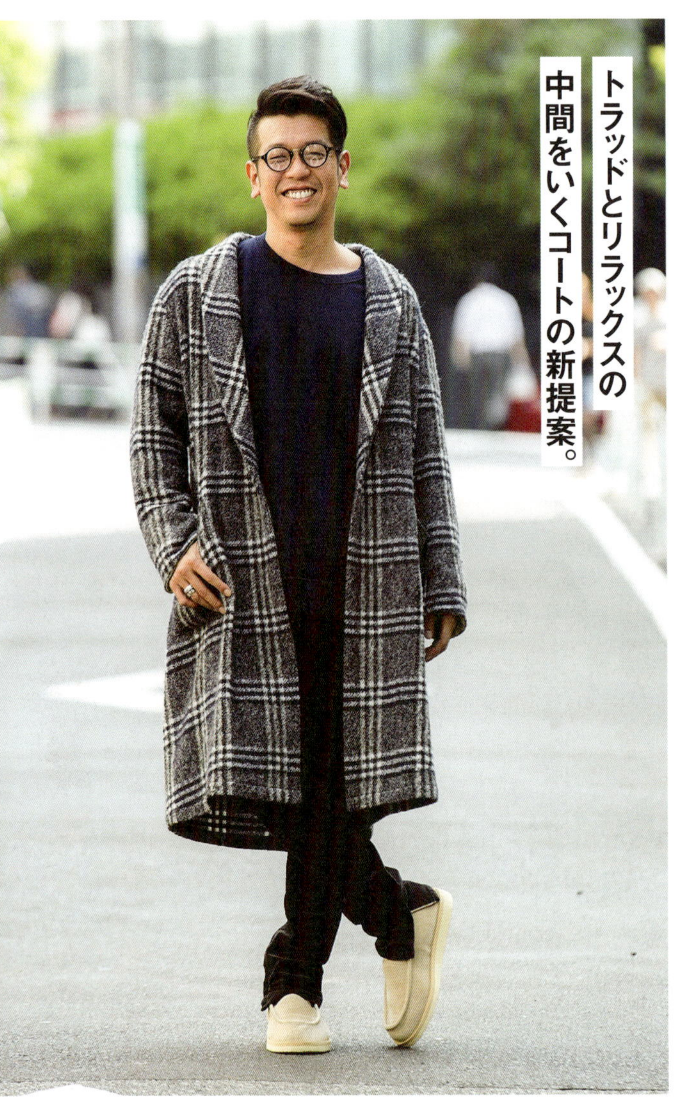

トラッドとリラックスの中間をいくコートの新提案。

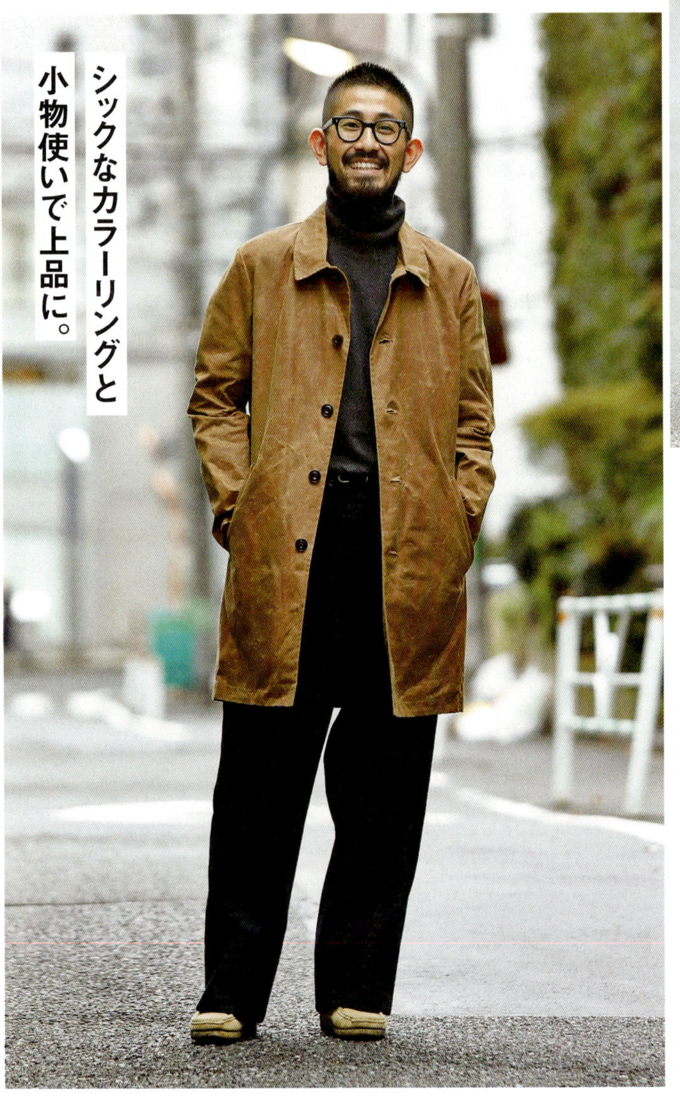

シックなカラーリングと小物使いで上品に。

COAT
003

←

Profile

アーバンリサーチ
プレス
岡田親洋さん

今年10月よりプレスに就任。「老けて見えるかもしれませんが、実際は25歳の若手です。URは今年で20周年を迎え、様々なイベントやコラボレーションを実施中です」

Item

O：フリーマンズ スポーティング クラブ
I：Used
P：ニート
S：パドモア&バーンズ×アナトミカ
A：Vintage（メガネ）
　エンダースキーマ（ベルト）

Comment

主役はワックスコットン仕上げのコート。「ベージュやグレーと、落ち着いたカラーリングなので、細みのベルトや小ぶりなシューズでメリハリをつけ、上品なコーディネイトを意識しました。野暮ったくならないタイトシルエットのコートもポイントです」

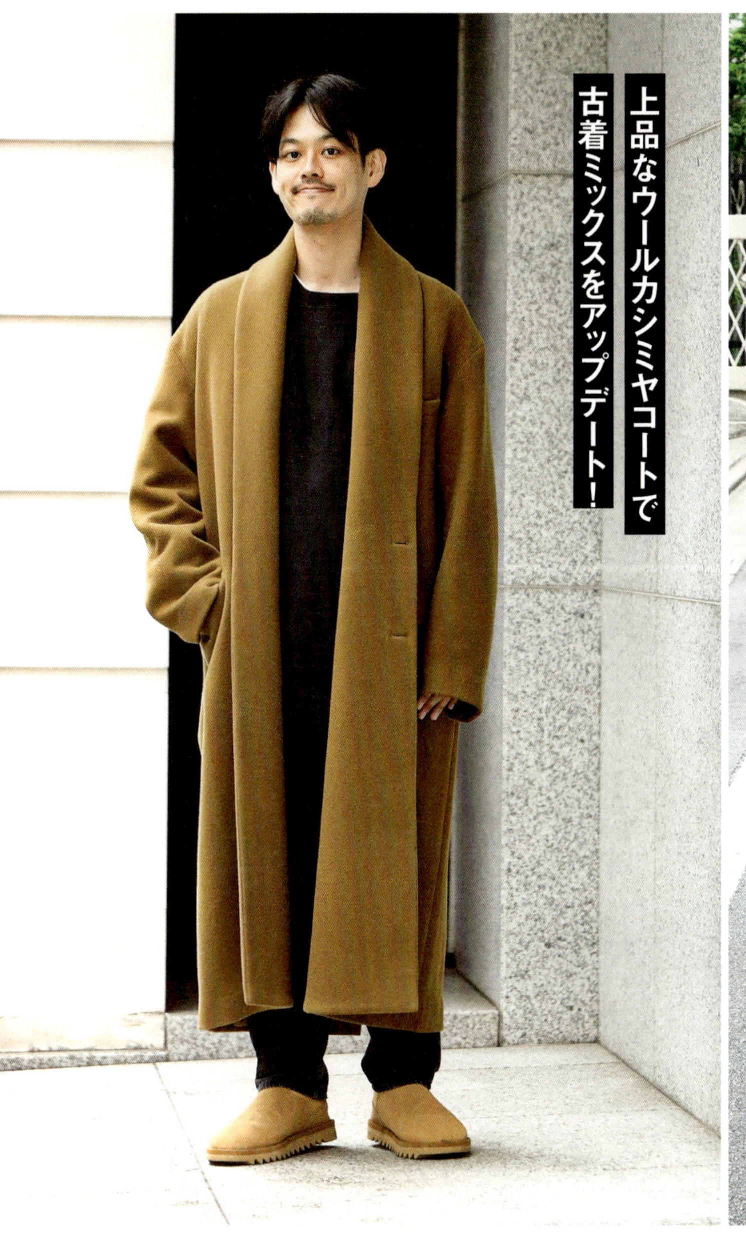

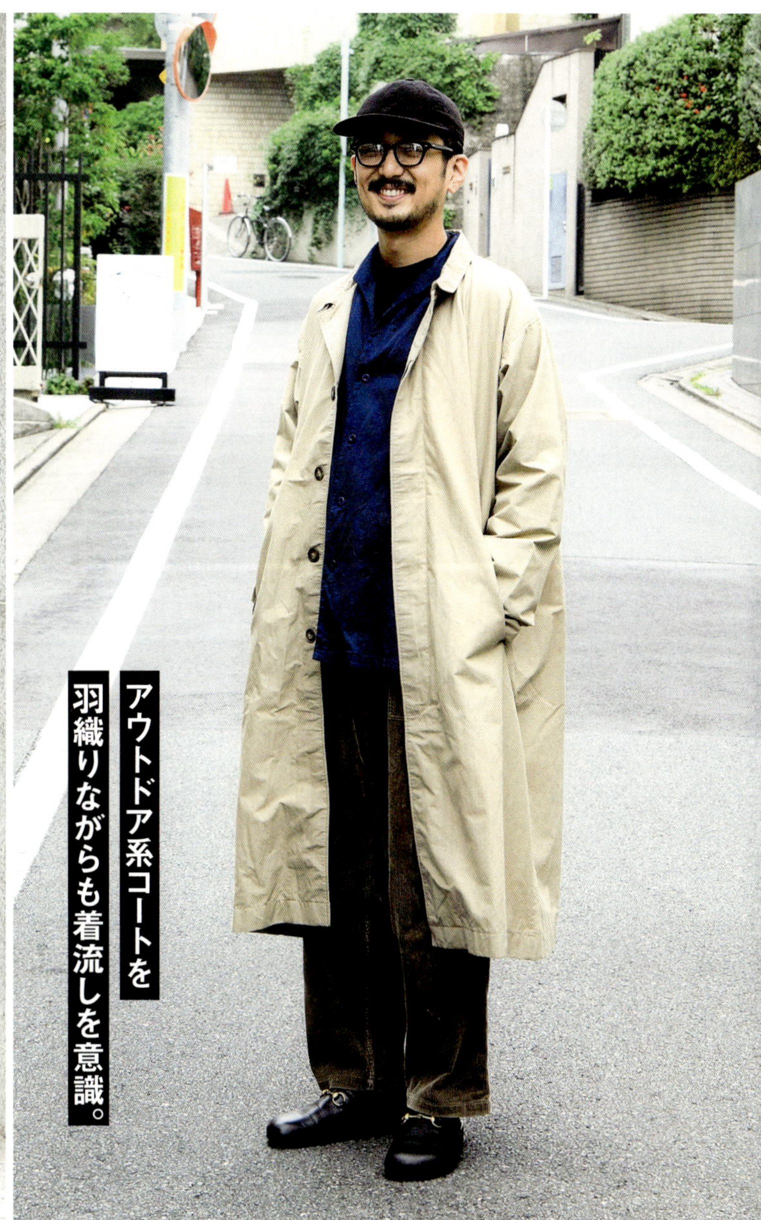

COAT 005

Profile

ビューティ&ユース
プレス

児玉孝志さん

計7店舗で販売スタッフの経験を積み、昨年の春より現在のメンズプレスに就任。「この秋ビューティ＆ユース ユナイテッドアローズ 丸の内店がオープンします！」

Item

O：エイチ ビューティ&ユース
I：Used チャンピオン
P：Used リーバイス
S：スイコック

Comment ひと際存在感を放つオーバーサイズのコートを、レギュラー古着と組み合わせトレンド感を演出している。「古着のスウェットとブラックジーンズという、いつものカジュアルスタイルに、ウールカシミヤ素材の上品なコートを羽織って格上げしました」

COAT 004

Profile

アナクロノーム
プレス

藤田貴久さん

アナクロノームの旗艦店「アナクロノーム コンテキスト ギャラリー」のスタッフとプレスを兼任。自らディクレションする新レーベル、ソウボウを来季より本格始動する

Item

O：パタゴニア
I：ソウボウ（シャツ）、アナクロノーム（カットソー）
P：Used
S：グッチ
A：ソウボウ（キャップ）、ローレンス・ジェンキン（メガネ）

Comment パタゴニアのコートを着用しながらも極力アウトドア感は出さず、タウンユースに落とし込んだ。「インナーのソウボウのシャツは、日本の着流しを意識したデザイン。それに合わせ全体的に緩くまとめつつ、シューズや小物でトラッド要素をプラスしました」

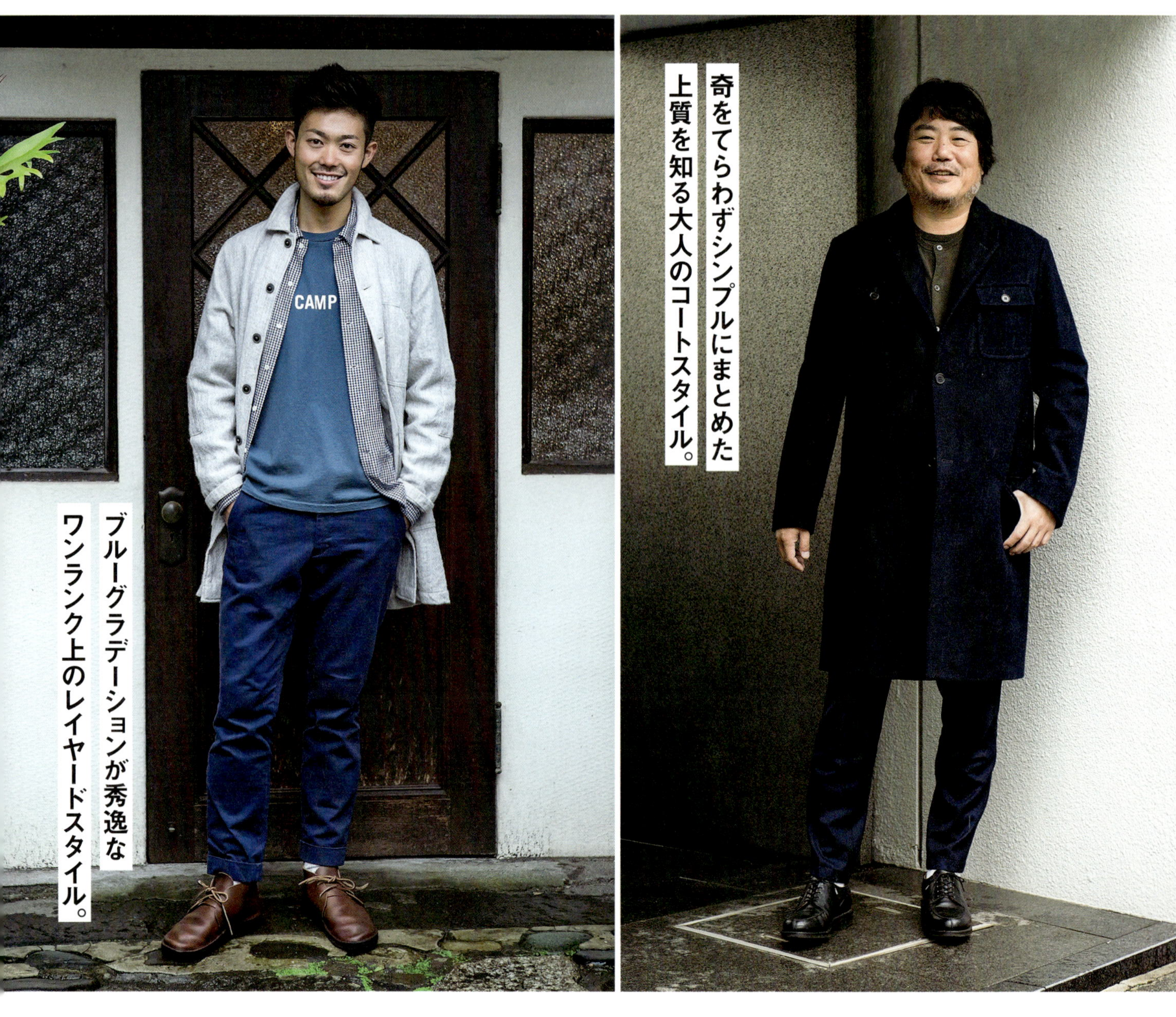

COAT **007**

Profile
ベルーリア 鎌倉店
店長
栗原拓己さん

ジュエリーブランドの市松を筆頭に、N25やヤエカ、オーロラシューズなどを揃える名店、ベルーリアの鎌倉店店長。「この冬には市松のイベントを予定しています」

Item
O：サンシャインプラスクラウド
I：サンシャインプラスクラウド×ベルーリア(シャツ)、サンシャインプラスクラウド(Tシャツ)
P：サンシャインプラスクラウド
S：オーロラシューズ

Comment
鮮やかなブルーのセルビッチチノを主軸に、ブルーのグラデーションによるトップスの重ね着も計算し尽くされている。「多色使いを避けながら、全体のボリュームを抑えることで、キレイめにまとめたアーバンアウトドアスタイルをイメージしてみました」

COAT **006**

Profile
グリフィンインターナショナル
ブランドディレクター
小峰明彦さん

名門ブランドを多数取り扱う総代理店のディレクション担当。昨秋から自身のブランドであるスローンのディレクターも兼務。「最近はゴルフクラブの新調を目論んでいます」

Item
O：マルニ
I：スローン
P：ピガーノ
S：クロケット&ジョーンズ

Comment
「マルニのコートはすっきり見えるのにゆとりがあって着やすい。フロントのパッチ&フラップポケットがさり気ないデザインアクセントになって気に入っています」。ダークトーンでまとめたスタイルに、白ソックスをちらりとのぞかせるのが軽さを生むポイント

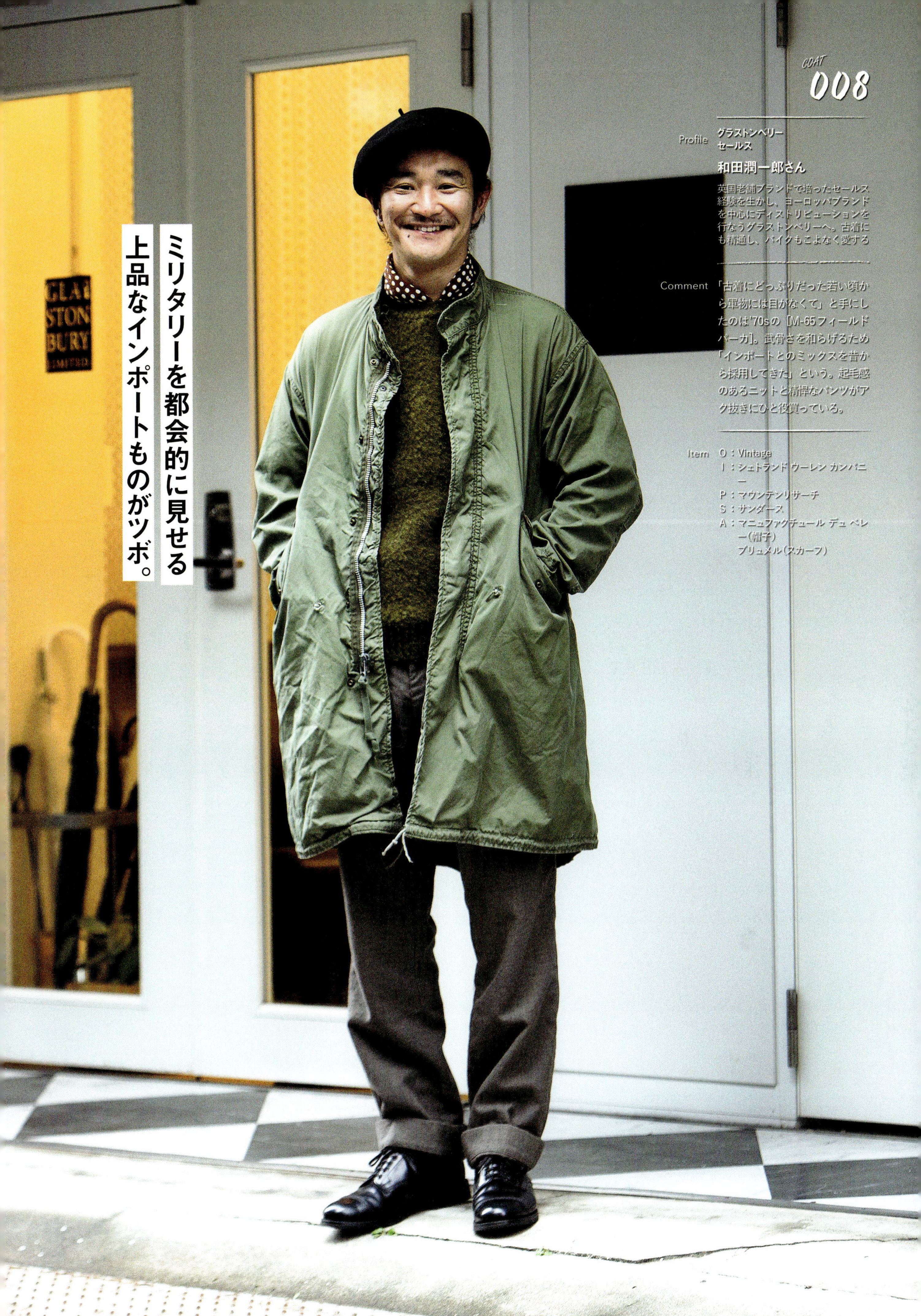

COAT 008

ミリタリーを都会的に見せる上品なインポートものがツボ。

Profile グラストンベリー セールス

和田潤一郎さん

英国老舗ブランドで培ったセールス経験を生かし、ヨーロッパブランドを中心にディストリビューションを行なうグラストンベリーへ。古着にも精通し、バイクもこよなく愛する

Comment 「古着にどっぷりだった若い頃から軍物には目がなくて」と手にしたのは'70sの［M-65フィールドパーカ］。武骨さを和らげるため「インポートとのミックスを昔から採用してきた」という。起毛感のあるニットと精悍なパンツがアク抜きにひと役買っている。

Item
O：Vintage
I：シェトランド ウーレン カンパニー
P：マウンテンリサーチ
S：サンダース
A：マニュファクチュール デュ ベレー（帽子）
ブリュメル（スカーフ）

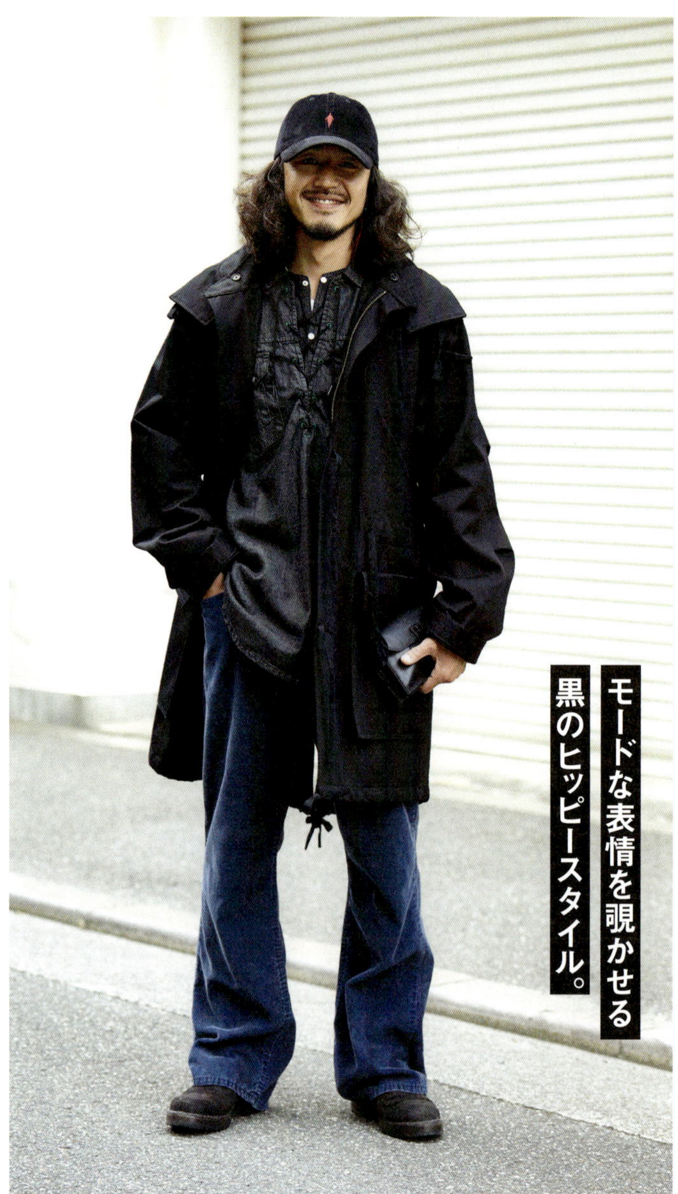

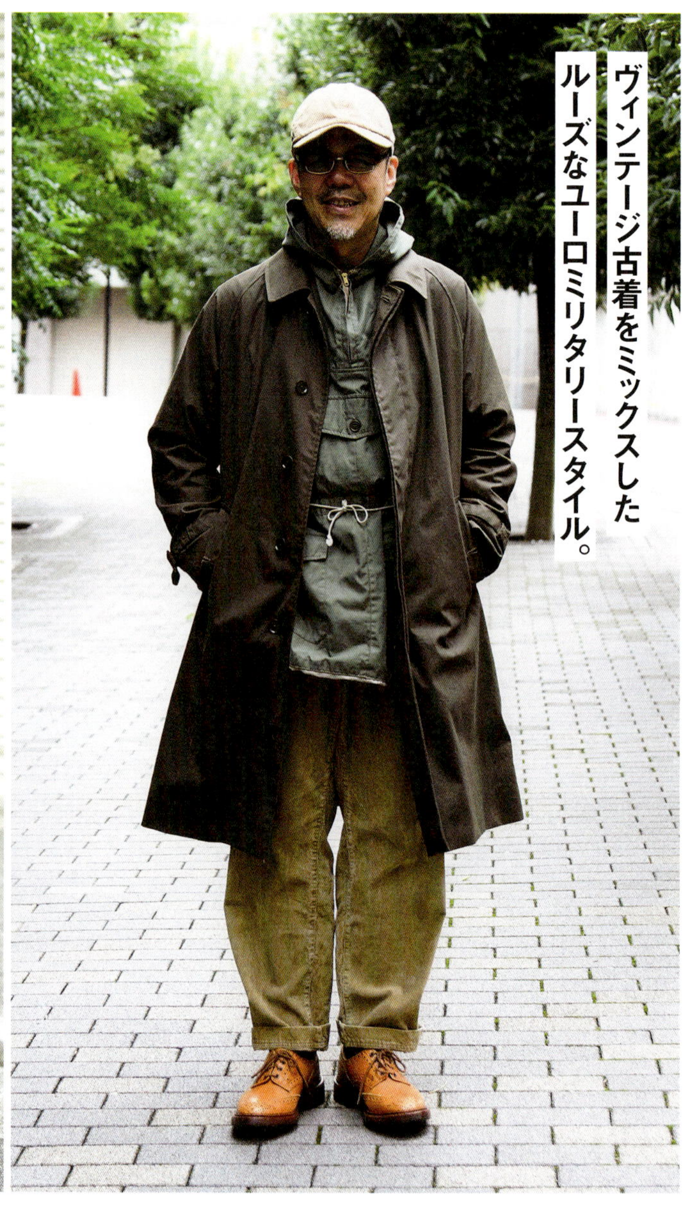

COAT 010

Profile
イマジン
ストアマネージャー
稲葉冬樹さん

オリジナリティ溢れる着こなしで支持を集める、関西ファッション界の重要人物。'17年9月にオープンした大阪・中津のセレクトショップ「イマジン」ではセールスを担当

Item
O：エスケーマナーヒル
I：ササフラス
P：Used リーバイス
S：ジャコメッティ
A：タニーキャップ（キャップ）
アグネスバドゥ（バッグ）

Comment 「リボンがアクセントとなったモッズコートを軸にルーズなシルエットとダークトーンを意識しました」。レースアップシャツやフレアパンツといったヒッピーライクなアイテムを合わせることで、お得意の武骨なムードを醸し出す無国籍スタイルが完成した

COAT 009

Profile
サウンドマン
デザイナー
今井千尋さん

スタイリッシュ・ローテク・クローズをテーマにした老舗ブランド、サウンドマンの代表兼デザイナー。この秋冬シーズンは銀座と札幌でポップアップショップを開催予定

Item
O：サウンドマン
I：Vintage '40s
P：サウンドマン
S：トリッカーズ
A：Used（キャップ）
エイチフュージョン（メガネ）

Comment ユーロミリタリーのヴィンテージ古着をインナーに使ったコートスタイル。「ブリティッシュミラレーンの生地を使ったコートやトリッカーズのシューズなど、要所でUKテイストを意識しました。ルーズに見えるけれど、トラッド要素は外さないようにしています」

小物をアクセントにした ネイビーコートスタイル。

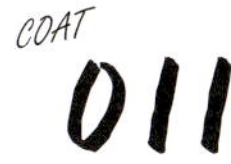

←

Profile

ステディ
代表

金子昌嗣さん

メガネブランド、ステディの代表兼デザイナー。プライベートではトレッキングやフライフィッシングを楽しみ、メガネ業界の人たちでフィッシングクラブも結成している

Item

O：ダブルタップス
I：オリバー・スペンサー
P：ノンネイティブ
S：ローリングダブトリオ
A：ステディ(メガネ) グラッドハンド×ポーター(バッグ)

Comment

ネイビーを基調としたベーシックなコートスタイルは、鮮やかなカラーリングのレザーブーツと上品なレザーバッグがアクセント。「コートとボーダーの色を合わせて統一感を出しました。ブーツとバッグは新しいので、これから経年変化を楽しんでいきます」

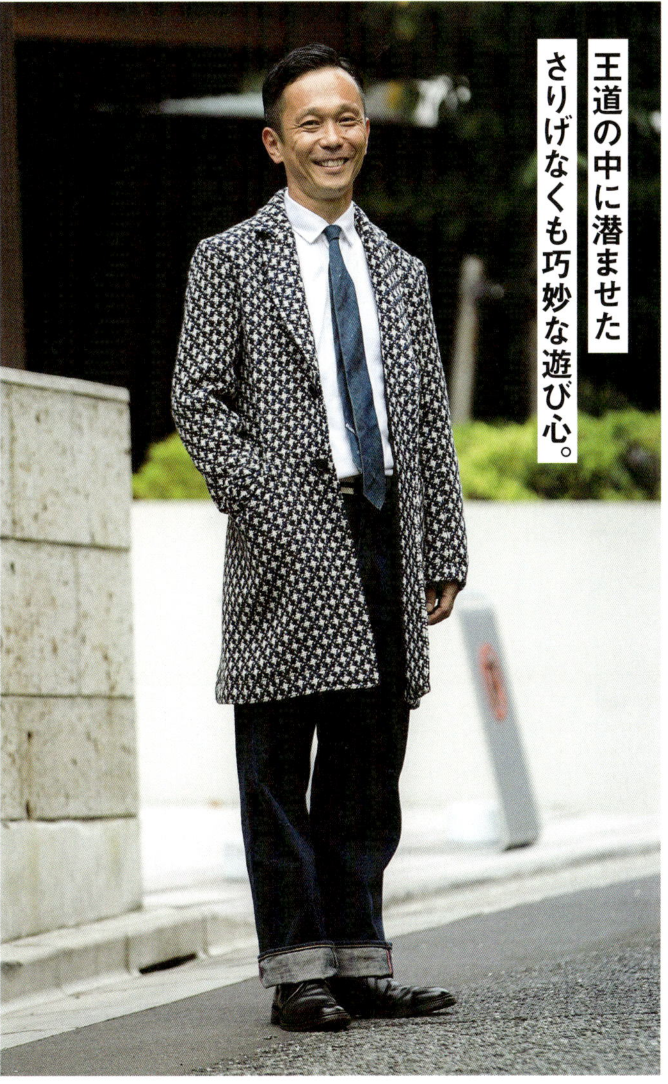

王道の中に潜ませた さりげなくも巧妙な遊び心。

COAT 012

→

Profile

聖林公司
プレス

神成竜太さん

ハリウッド ランチ マーケットやブルーブルーなどを展開する聖林公司でプレス陣を取り仕切る中心人物。時間があれば、海へ出かけサーフィンやランを嗜む行動派な一面も

Item

O：ブルーブルージャパン
I：バーバリアン
P：ブルーブルー
S：オールデン
A：ブルーブルー(タイ)

Comment

コートのクラシカルな趣きやふんわりとした質感を引き立てるべく「周辺は極力シンプルに」と正統派のタイドアップにジーンズを選択した。ただ「タイとジーンズは本藍染め、白シャツも実はラガーシャツなんです」と普通で終わらせない巧みな選びが秀逸

COAT 013

→

Profile

オッドナンバーズ
ディレクター兼フィッター

末廣一仁さん

大阪農林会館にある“テーラード・器・カスタム”をテーマにしたショップ「オッドナンバーズ」のディレクター。丁寧な手仕事によるオーダースーツはファンも多い

Item

O：リバーバレイト(ベスト)
　ビーバー(コート)
I：ラパナ
P：アナトミカ
S：トモ&シーオー
A：ローレール(帽子)
　ティントイ アキライシワタリ(メガネ)

Comment

「今シーズンはレイヤードを駆使したコーディネイトを楽しみたいです」と、襟元のベロアがポイントになったベストをコートの上にレイヤード。全体をモノトーンでまとめながら、足下にトモ&シーオーによるハイテクスニーカーをチョイスして遊び心を加えた

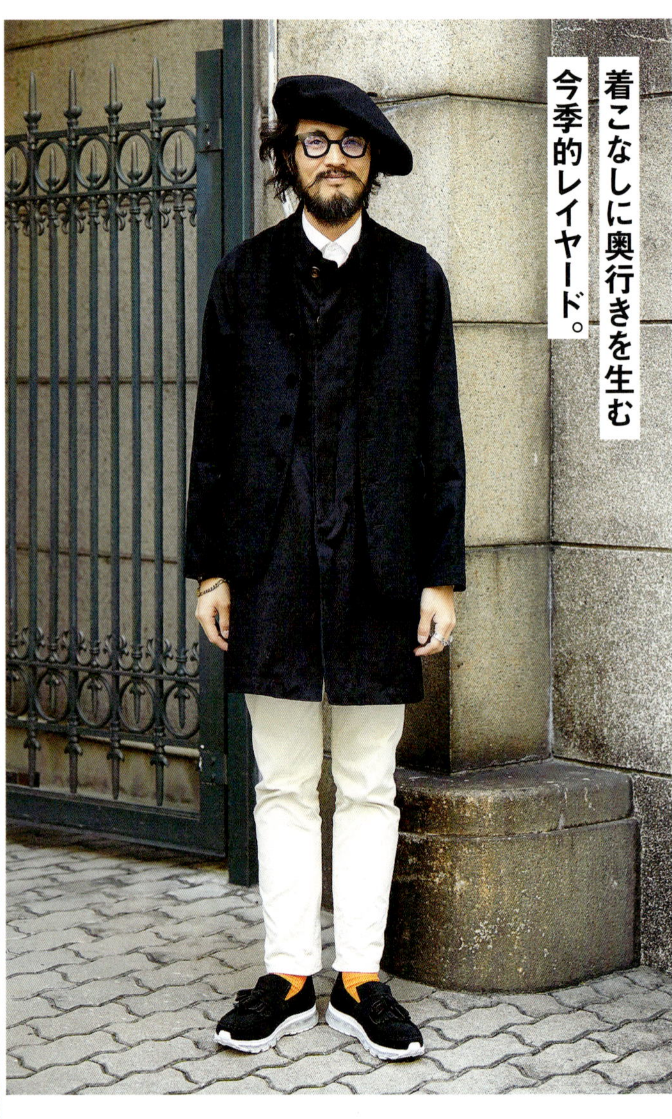

着こなしに奥行きを生む今季的レイヤード。

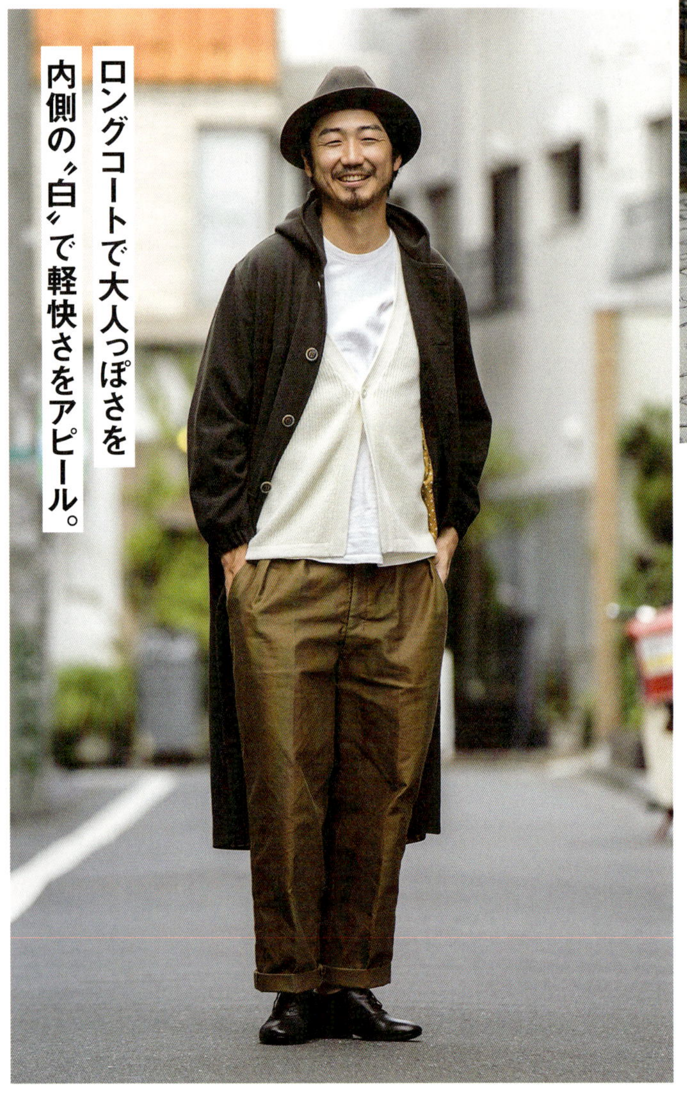

ロングコートで大人っぽさを内側の〝白〟で軽快さをアピール。

COAT 014

←

Profile

ナノ・ユニバース
プレス

和田隼さん

ミニマルでエレガントなスタイルを提案するセレクトショップ「ナノ・ユニバース」の“顔”。ユーモアに溢れた巧みな話術は業界屈指。豊富な人脈もそのコミュ力のなせる技

Item

O：エルマノ ガラミーニ
I：ナノ・ユニバース(カーディガン)
　ナノ・ユニバース(Tシャツ)
P：ニート
S：ファビオ ルスコーニ×ナノ・ユニバース
A：ボルサリーノ(ハット)

Comment

「クラシックの中に潜む抜け感」をテーマに、ゆったり目のコートを軸とした巧みな合わせを披露。「重さと淡白さを、どういなすかがカギ」と、白のカーデやTシャツで軽快さを取り入れた。タック入りの美シルエットパンツとハットで大人らしい配慮も

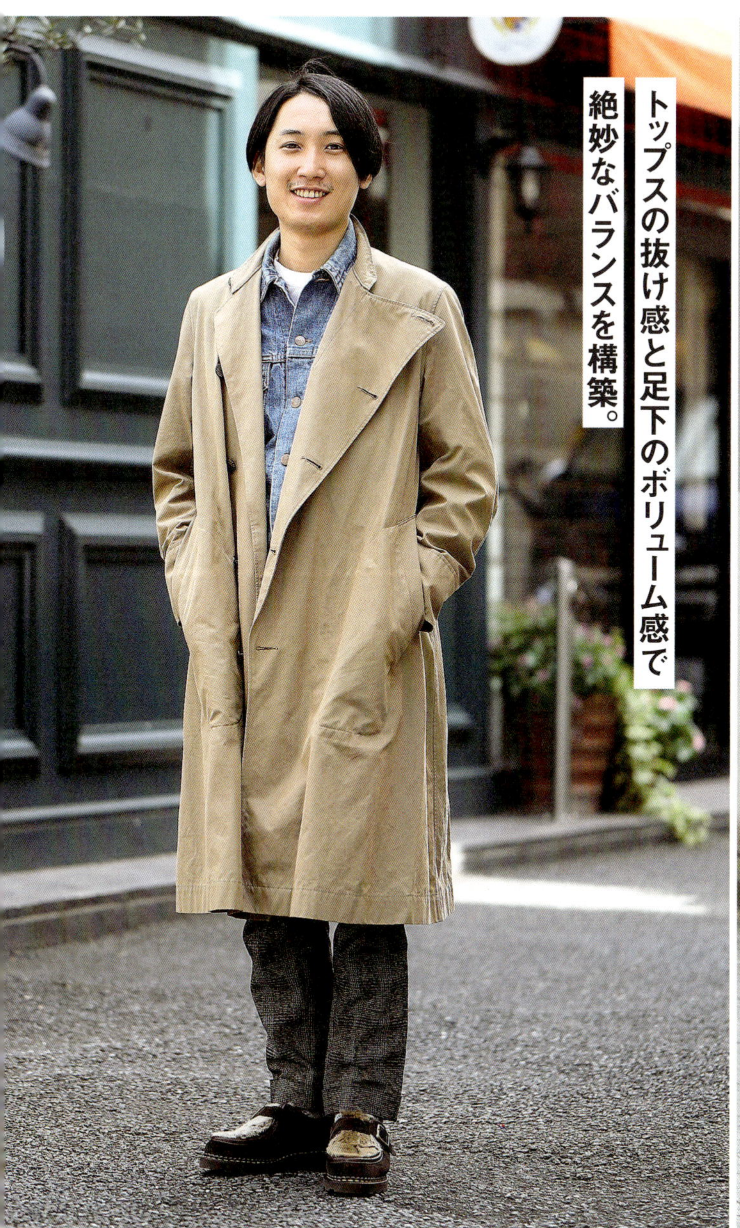

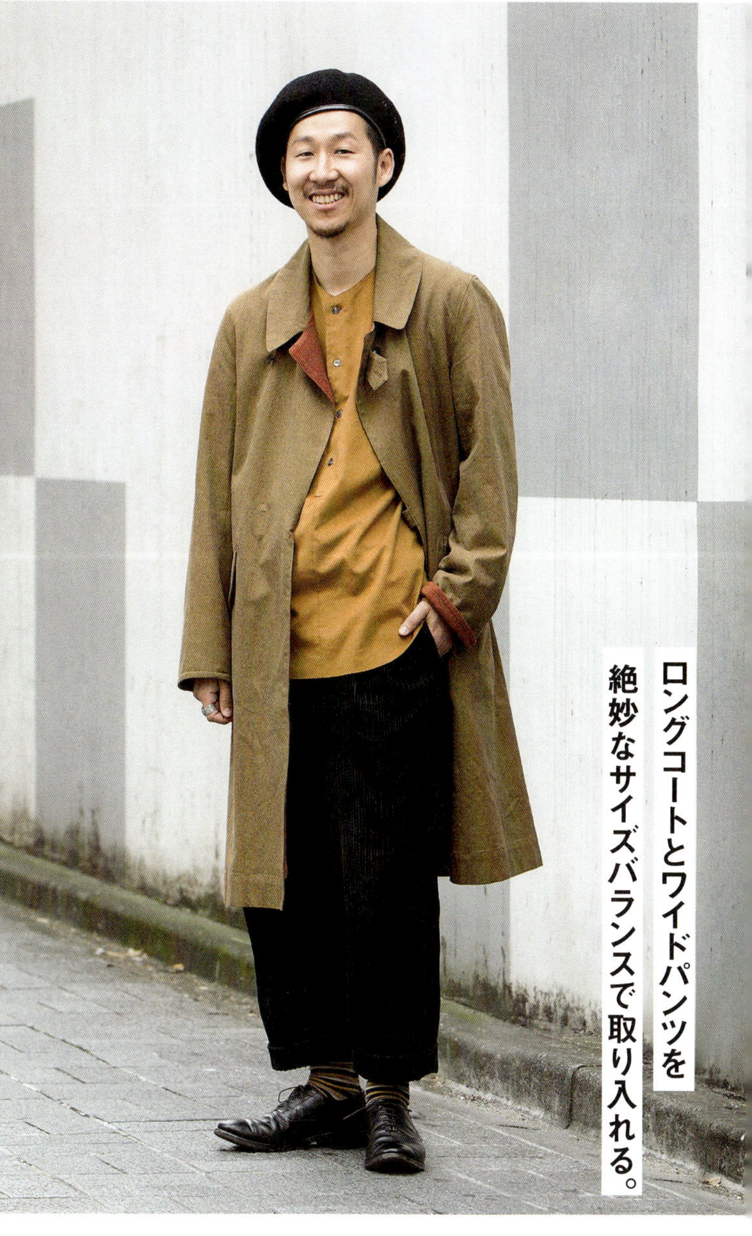

COAT 016

Profile **パラブーツ プレス**

生駒智さん

フランスを代表する革靴ブランド、パラブーツのプレスを担当。「現在全国でパラブーツトランクショーを開催しています。ご購入特典は木製のシューツリーです」

Item
O：ハバーサック
I：Used ラングラー(ジャケット)
P：アイディーデイリーウェア
S：パラブーツ

Comment 足下をさり気なく主張するシンプルなコートスタイル。「チロリアンシューズが持つボリュームを活かすため、スラックスのレングスはジャストに。ベーシックな着こなしですが、インナーに淡く色落ちした古着のGジャンを挿して抜け感を表現しました」

COAT 015

Profile **アンカットバウンド 新宿店 MD**

板橋克行さん

アメカジ&アメトラ系セレクトショップ「アンカットバウンド」のMD。古着をミックスしたカジュアルコーデに定評あり。「この秋は健康のためにダンスを習いたいです」

Item
O：ハバーサック
I：ハバーサック
P：Used
S：アレン エドモンズ
A：Used(帽子)

Comment ロングコートとワイドパンツを組み合わせたオーバーサイズの着こなし。「秋らしいカラーリングを意識しつつ、ワイドシルエットにこだわりました。インナーのプルオーバーはフェイクスエードで、少し変わった素材感が魅力。今季のお気に入りアイテムです」

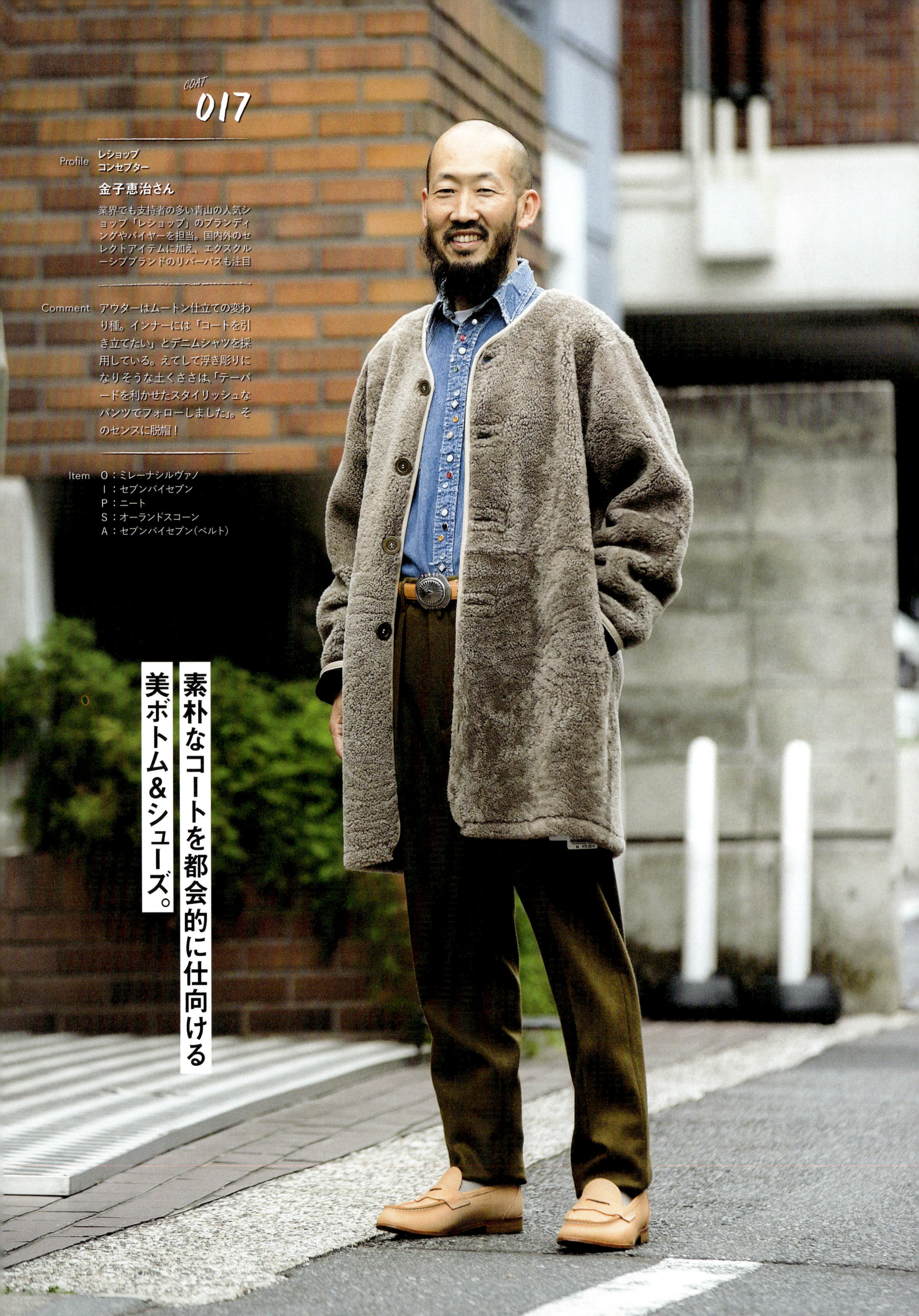

COAT

017

Profile　レショップ
コンセプター

金子恵治さん

業界でも支持者の多い青山の人気ショップ「レショップ」のブランディングやバイヤーを担当。国内外のセレクトアイテムに加え、エクスクルーシブブランドのリバーバスも注目

Comment　アウターはムートン仕立ての変わり種。インナーには「コートを引き立てたい」とデニムシャツを採用している。えてして浮き彫りになりそうな土くささは、「テーパードを利かせたスタイリッシュなパンツでフォローしました」。そのセンスに脱帽！

Item　O：ミレーナシルヴァノ
I：セブンバイセブン
P：ニート
S：オーランドスコーン
A：セブンバイセブン（ベルト）

素朴なコートを都会的に仕向ける美ボトム&シューズ。

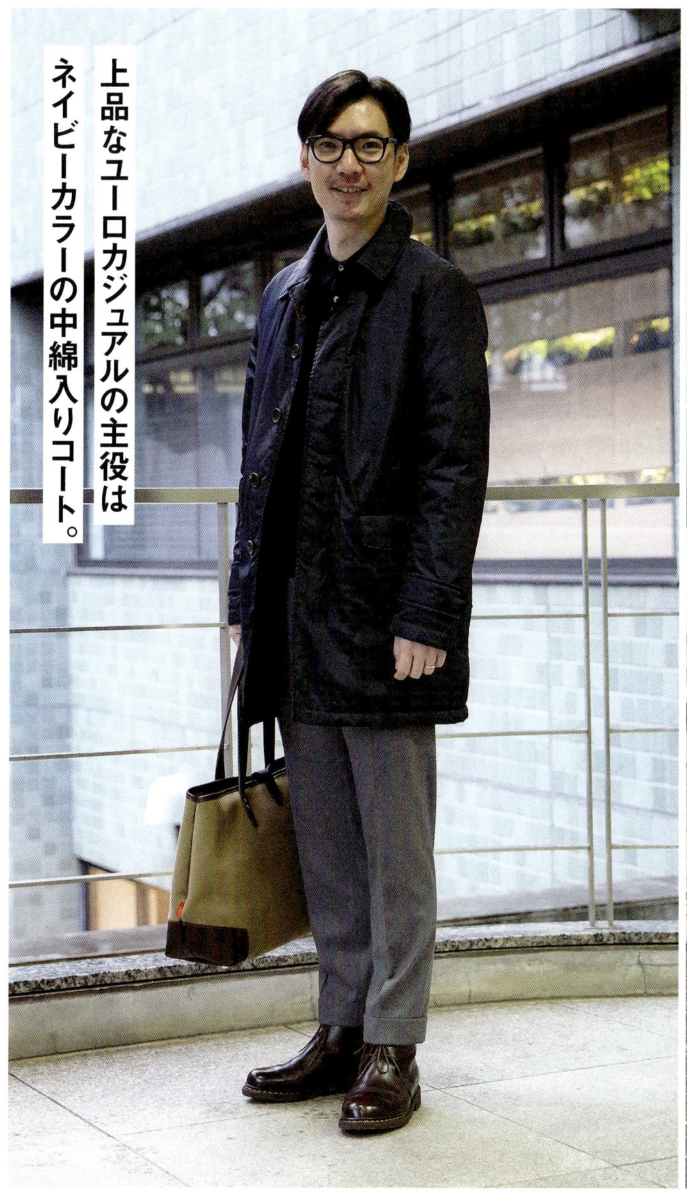

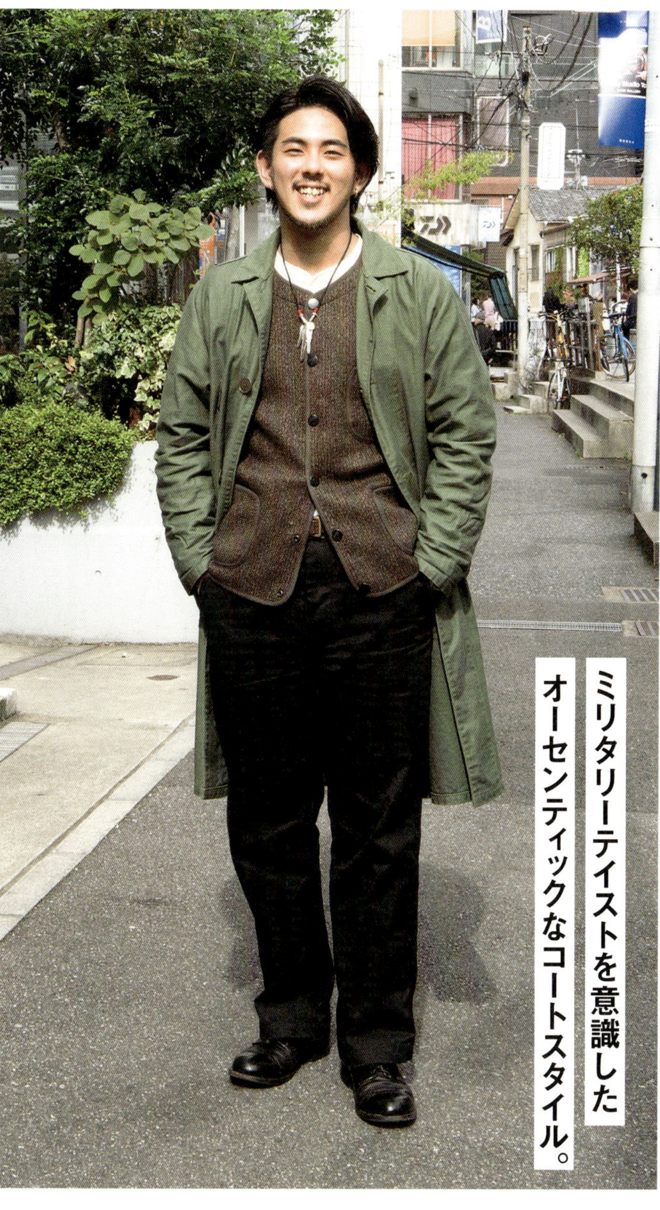

COAT **019**

Profile
SDI
セールス

小西宏樹さん

ジョン チャップマンやザ ネッラなどのユーロブランドを扱うSDIの営業担当。ジョギングやスイミングを楽しむアクティブな一面も。「この秋は語学勉強をがんばります」

Item
O：シーラップ
I：グランサッソ
P：ザネッラ
S：パラブーツ
A：イエローーズ ブラス(メガネ)、ジョン チャップマン(バッグ)

Comment ベーシックなネイビーカラーを中心に、中綿入りのコートやポロニット、トラウザースなどトラッドなアイテムでスタイリング。「全体的にヨーロッパの上品な雰囲気を取り入れつつ、バッグで少し土臭さを出しました。パンツはブーツに合う丈にしています」

COAT **018**

Profile
アリゾナフリーダム
プレス

大島由輝さん

シルバーアクセブランド、アリゾナフリーダムのプレス。デザインも担当し、リングなどをハンドメイドで制作。「カメラが好きなのでこの秋は紅葉を撮影したいです」

Item
O：オアスロウ
I：ブラウンズビーチ(ベスト)、ジャーナル スタンダード(ヘンリーネック)
P：フェローズ
S：U.S.ネイビー
A：アリゾナフリーダム(ネックレス、バングル、リング)、セイコー(時計)

Comment オアスロウのロングコートに、ブラウンズビーチの定番、ゴマシオベストをレイヤード。「U.S.ネイビーのサービスシューズが好きで、これは4足目。それに合わせてミリタリーカラーのロングコートを羽織りました。随所のアクセサリーもアクセントです」

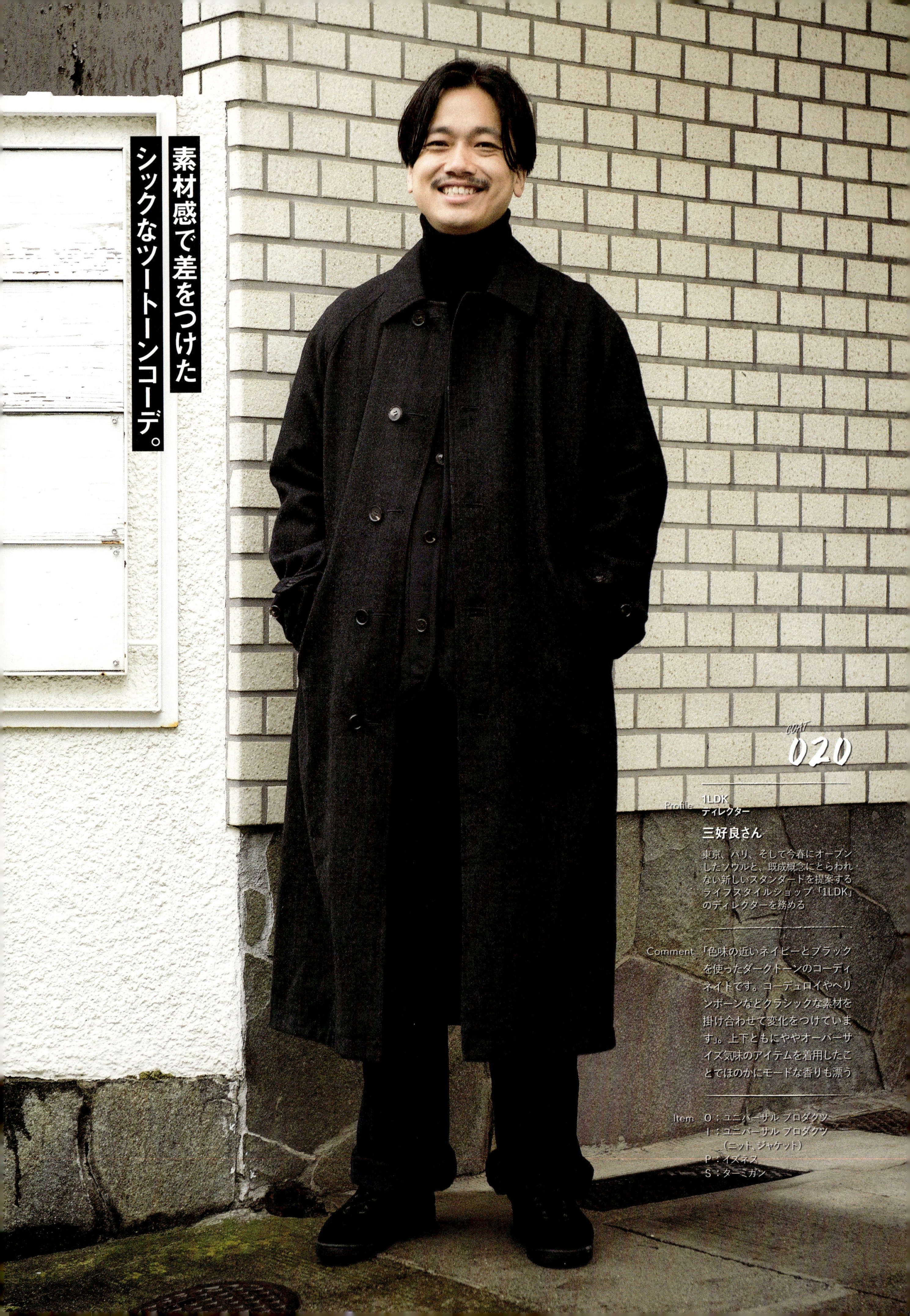

素材感で差をつけたシックなツートーンコーデ。

COAT 020

Profile 1LDK ディレクター

三好良さん

東京、パリ、そして今春にオープンしたソウルと、既成概念にとらわれない新しいスタンダードを提案するライフスタイルショップ「1LDK」のディレクターを務める

Comment 「色味の近いネイビーとブラックを使ったダークトーンのコーディネイトです。コーデュロイやヘリンボーンなどクラシックな素材を掛け合わせて変化をつけています」。上下ともにややオーバーサイズ気味のアイテムを着用したことでほのかにモードな香りも漂う

Item
O：ユニバーサル プロダクツ
I：ユニバーサル プロダクツ（ニット、ジャケット）
P：イズネス
S：ターミガン

業界人の洒落具合は、バッグの中にも表れる。

ファッション好きな業界人たちは、日々持ち歩くものにだって当然こだわりを持っている。つまり、お洒落具合はカバンを覗けば分かるというわけ。定番アイテムからマニアックなものまで、バッグの中から趣味やライフスタイルを暴いていこう。

Photo/S.Oura 大浦真吾（Studio Sarut） Text/H.Okabe 岡部遥佳

「機能性を重視しつつも、タウンユースできるデザインのものばかりです」

スノーピーク ルミネ新宿 副店長

加藤寿弥さん

古着店店長兼バイヤーを経て、大手セレクトショップに勤務。今年5月にスノーピークに入社したばかりだが、これまでの経験を活かし、現在ルミネ新宿店の副店長として活躍中

スノーピークのバックパック

マジックプロテクションという素材を使用した、ビジネス向けの［アクティブバックパックType4］。耐久性、撥水性が高く、軽い。（スノーピークルミネ新宿店☎03-5989-6259）

Comment

休日は手ぶらだという加藤さんの出勤スタイル。持ち物には使いやすさを重視するため、カバンの中にはシンプルで機能性の高いアイテムが多い。バッグは大容量なので多少荷物が増えてもすべて収まってしまう。「大きさ、機能性はもちろんですが、カジュアルすぎないデザインでどんなファッションにも合わせやすいです」

01
パッカブルの雨用ポンチョ。「毎日は持ち歩いていませんが、今日は雨だったのでカバンに入れてきました。コンパクトにしまえるので携帯するのには便利ですね」

02
コムデギャルソンの財布は、カバンを持たないときにも使うためポケットサイズ。「前にも同じものを使っていて、これは2年ほど前に買い替えた2代目なんです」

03
モスコットのサングラスは前のものを失くして最近新調したばかり。「休日にはサングラスをかけて出かけることが多いので、バッグにはいつも入れていますね」

04
携帯用の箸は、ケースもセットになっているスノーピークの人気商品。「しばらく完売していたんですが、珍しく入荷してきたので思わず購入し、いつも持っています」

05
リトゥのフレグランス。「キツくなくて自然な、ユリの香りの［アレン］が気に入っているので、ハンドクリームも同じにおいのものを愛用しているんです」

06
ザ・プロダクトのヘアワックス。「美容室などに置いてある、オーガニックのちょっといいやつです（笑）。ウェット感がちょうどよくて気に入っています」

07
ユニークなデザインが特徴的なハミルトンの時計。「他にはないデザインにひと目惚れしました。かれこれ5、6年ほど、オンオフ問わずずっと使用しています」

08
ハンカチ代わりに使っているスノーピークのバンダナ。「ポケットにも1枚入れているんですが、うっかり忘れたときのためにカバンにも常備しています」

09
スノーピークのスーパーメッシュポーチ。「通気性がいいので、歯ブラシと歯磨き粉を入れるのにちょうどいいんです。文具や小物の整理に使ってもいいですね」

10
「PCは自宅でも使うので持ち帰ることもあります。ケースはウレタンパッドが入っていてクッション性が高く、防水性もあるので安心してカバンに入れられます」

11
フィリップ・コトラー著『コトラーのマーケティング4.0』。「同じシリーズの3.0を読破したので最近買いました。通勤時間や休憩中、休日などに読んでいます」

12
クロスのボールペンとレザーのペンケース。「ペンにはイニシャルを入れてもらいました。長年使用して手に馴染んでいるので、自分にとっては一番使いやすいです」

「ふだん持ち歩くのも、キャンプに対応できるアイテムが多いです」

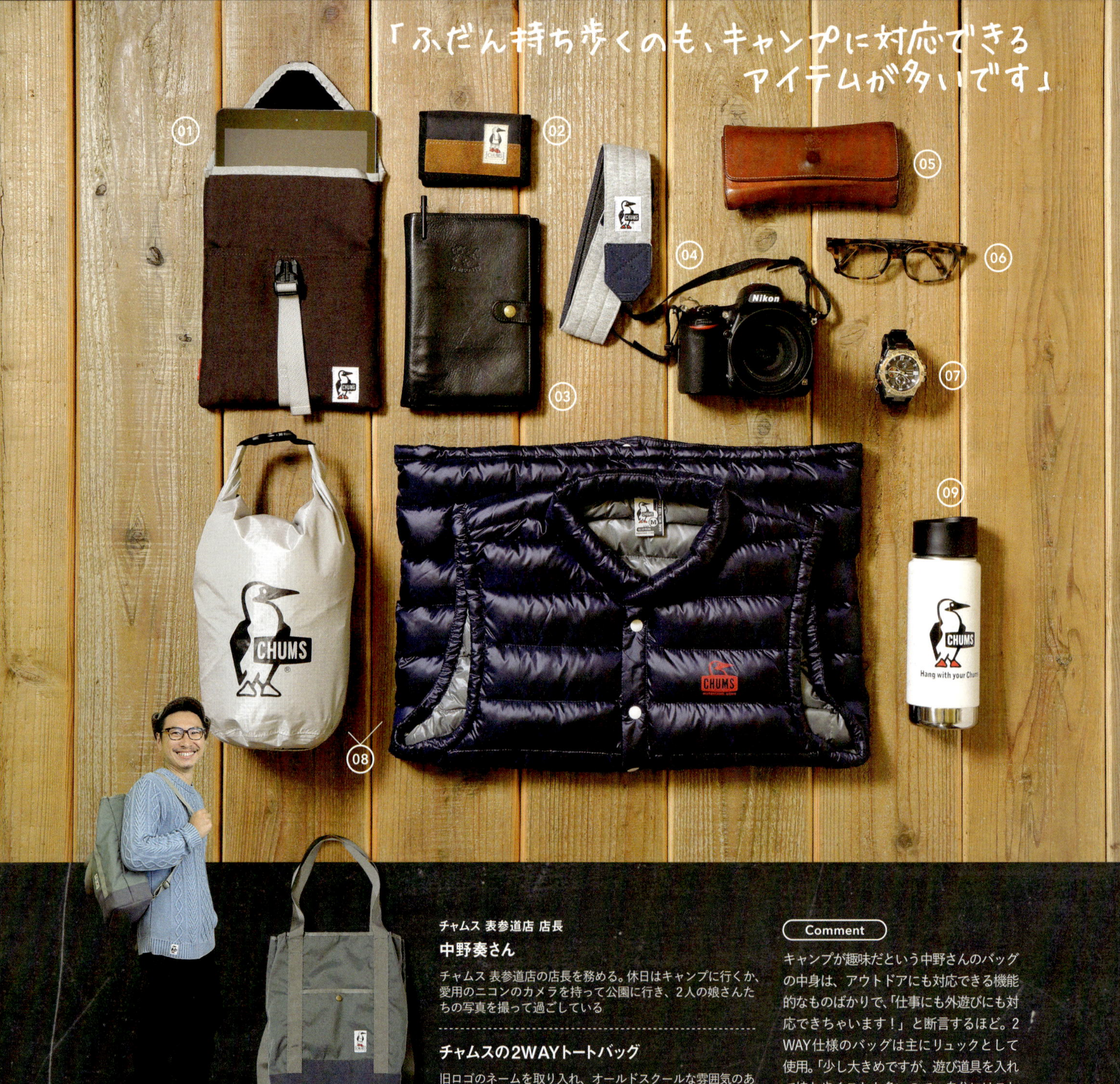

チャムス 表参道店 店長

中野奏さん

チャムス 表参道店の店長を務める。休日はキャンプに行くか、愛用のニコンのカメラを持って公園に行き、2人の娘さんたちの写真を撮って過ごしている

チャムスの2WAYトートバッグ

旧ロゴのネームを取り入れ、オールドスクールな雰囲気のある今季の新作。バックパックとしても使用できるのでアウトドアにも最適。(チャムス表参道店☎03-6418-4834)

Comment

キャンプが趣味だという中野さんのバッグの中身は、アウトドアにも対応できる機能的なものばかりで、「仕事にも外遊びにも対応できちゃいます！」と断言するほど。2WAY仕様のバッグは主にリュックとして使用。「少し大きめですが、遊び道具を入れて持ち歩くことも多いので、自分にはこれくらいがちょうどいいです」

01
仕事用としてふだんから持ち歩いているiPad。「カメラとリンクさせて、撮った写真をその場で確認しています。みんなで写真を選んだりするときに便利なんですよ」

02
2年前のリリース時から使用しているチャムスの名刺入れ。「ワックスコットンで、最初は少しかたいんですが、ずっと使っているので、だいぶ柔らかくなってきました」

03
味が出てきたイルビゾンテのレザーの手帖カバー。「使えば使うほど馴染んでくるのでだんだんと愛着が沸いてきて、かれこれ2、3年。まだまだ使い続けていきます」

04
ニコンのカメラ。「色々吟味した結果、選んだのがこのカメラでした。商品の撮影に使用することもありますが、使用目的の98%は愛娘の写真を撮ることです（笑）」

05
奥さんにもらったお揃いのイルビゾンテの財布。「妻に財布をプレゼントしたら同じものを贈ってくれたんです。4、5年使っていますが、他の財布には変えられません」

06
長年愛用している、白山眼鏡店のメガネ。「実はメガネのレンズもニコンなんです。見え方がきれいですよと勧められて。そう言われたら買っちゃいますよね（笑）」

07
買ったばかりのG-SHOCKの時計。「元々同じシリーズのデジタルがあり、これはアナログ仕様。見た目はアナログでも、Bluetoothを搭載するなどかなり高機能なんです」

08
ダウンベストをスタッフサックに入れて常備。「軽くてコンパクトにたためるので持ち運びに便利です。撥水加工も施してあるのでアウトドアでも大活躍ですね」

09
保温性も保冷性もある、クリーンカンティーン×チャムスの真空断熱タンブラー。「携帯するにちょうどいいサイズ。口が広いので飲み物を入れやすくて洗うのも楽です」

「シンプルかつ機能性も重視したアイテムが多いですね」

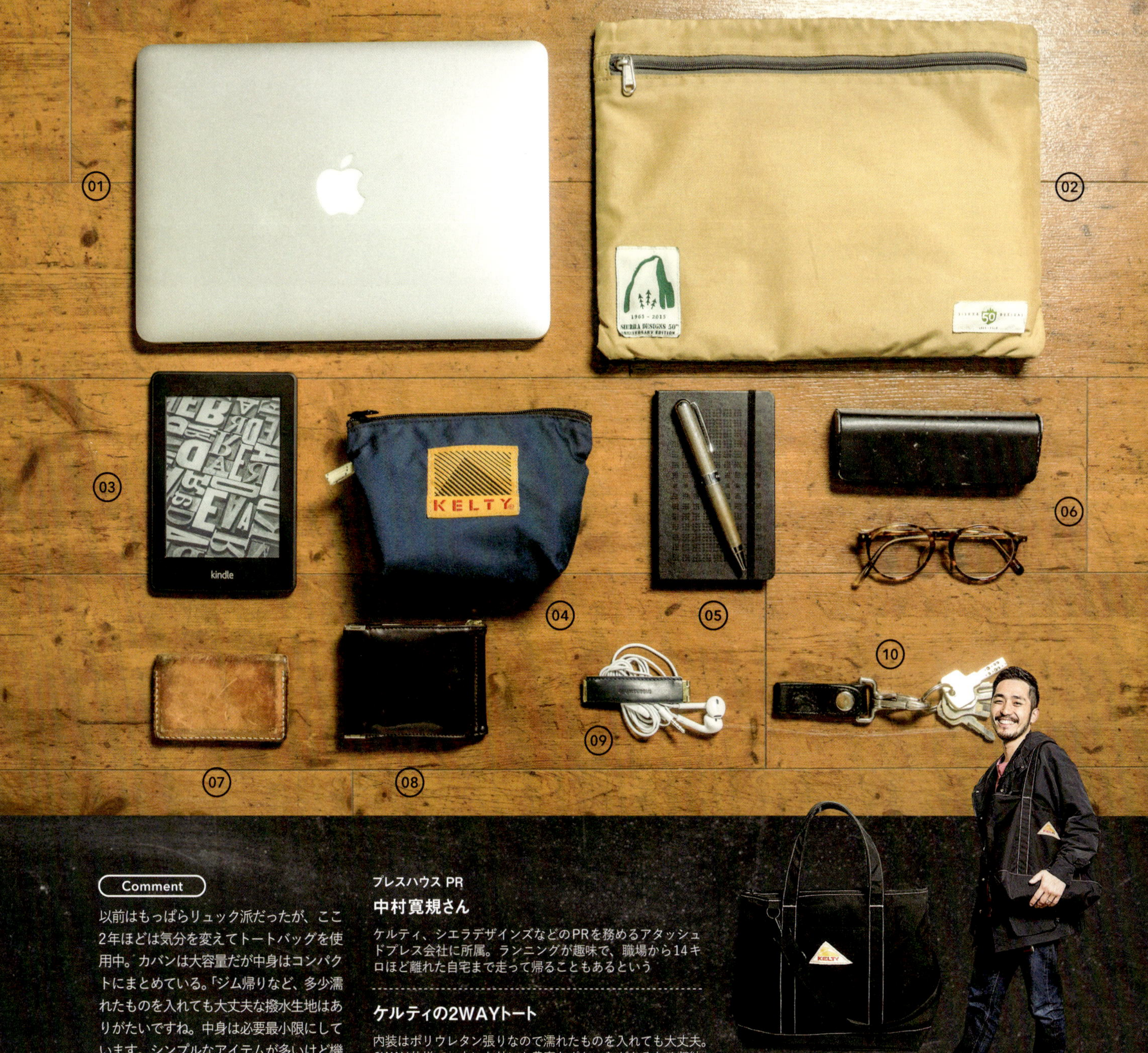

Comment

以前はもっぱらリュック派だったが、ここ2年ほどは気分を変えてトートバッグを使用中。カバンは大容量だが中身はコンパクトにまとめている。「ジム帰りなど、多少濡れたものを入れても大丈夫な撥水生地はありがたいですね。中身は必要最小限にしています。シンプルなアイテムが多いけど機能性も高いんです」

プレスハウス PR

中村寛規さん

ケルティ、シエラデザインズなどのPRを務めるアタッシュドプレス会社に所属。ランニングが趣味で、職場から14キロほど離れた自宅まで走って帰ることもあるという

ケルティの2WAYトート

内装はポリウレタン張りなので濡れたものを入れても大丈夫。2WAY仕様で、中にも外にも豊富なポケットがあるため収納機能も抜群。(アリガインターナショナル☎03-6659-4126)

01
以前使用していたWindowsが壊れたのを機に、3年ほど前にデビューしたMac。「仕事でもプライベートでも使いますが、軽いので持ち運びにも便利ですね」

02
シエラデザインズ50周年記念の限定タグが付いたポーチ。「A4書類も入るし、ブランドを代表する60/40クロスの生地が使われているのも気に入っています」

03
通勤時に大活躍のKindle。「友人が持っていて、手軽に持ち運べていいな、と思い購入しました。Kindle Unlimitedに入っていれば多くの本が読み放題なんです」

04
ケルティのポーチには、充電器やその他の細々したものを入れている。「案外たくさん入るので、バッグの中で散らばるものを入れておくのに重宝しています」

05
モレスキンの手帖とレンツェッティのボールペン。「ふだんからメモをとることが多いので必需品です。ペンは5年ほど前に妻から貰って以来ずっと愛用しています」

06
メガネは'90年代のラルフローレン。「古着店で購入したメガネに、度入りのレンズを入れて使っています。べっ甲柄のフレームと丸いフォルムがかわいいですよね」

07
カードケースは名刺入れとして使用。「成人する前に地元のレザー工房の方に作ってもらったんです。かれこれ10年ほど使っているんですが、かなり愛着がありますね」

08
コードバンを使用した、ミーンズワイルのマネークリップウォレット。「Tシャツの胸ポケットに入るぐらい薄くて軽いんです。利便性も高くてすごく気に入っています」

09
ミーンズワイルの多用途クリップ。「これでイヤホンをまとめれば断線の心配は無用です。基本的に移動の時は音楽を聴いているのでカバンには必ず入れています」

10
ヌメ革を使用したマージンのキーリング。「7、8年ほど前に知人が働いていた名古屋のお店で購入しました。かさばらないのでバッグに入れるのにちょうどいいサイズです」

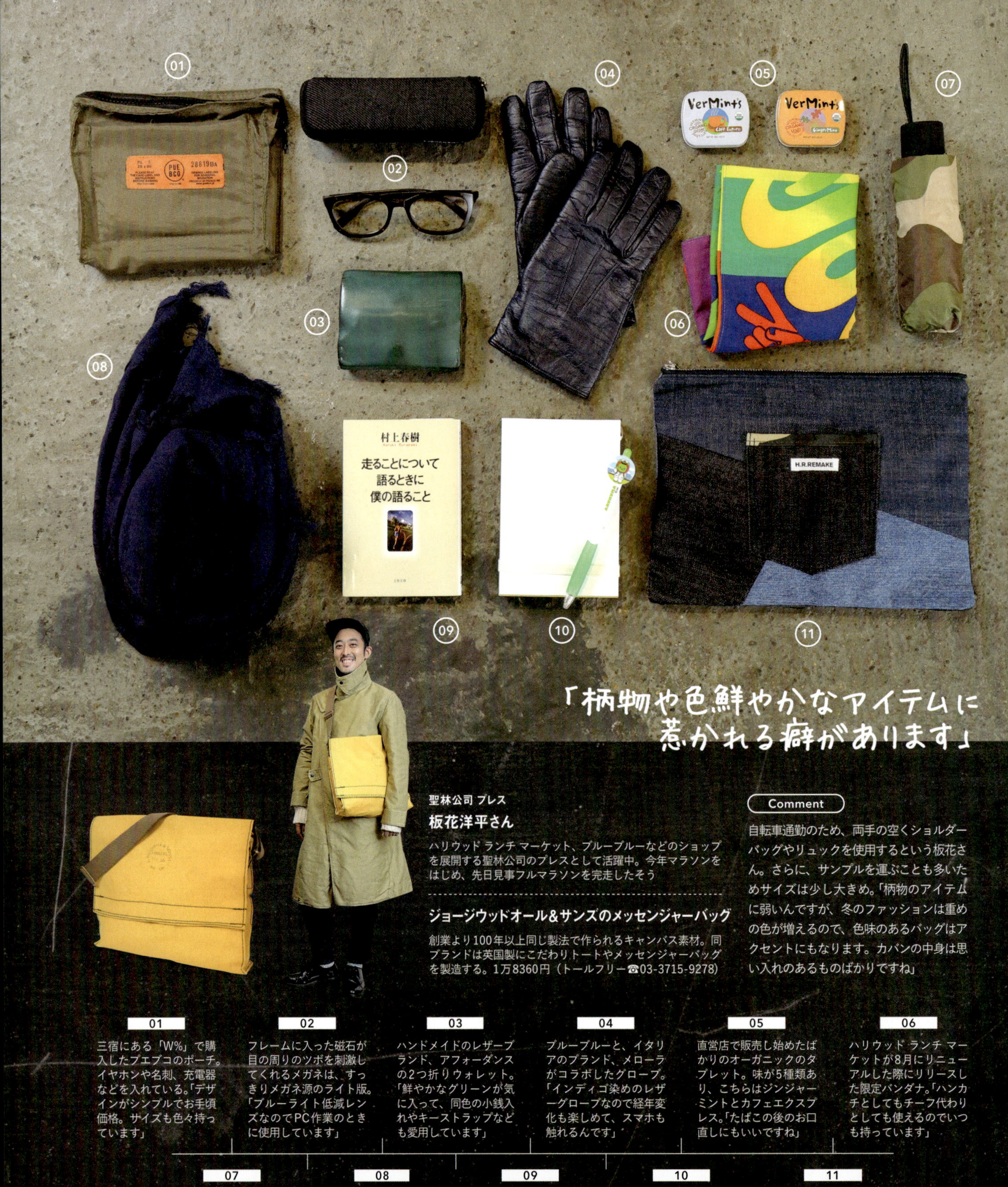

「柄物や色鮮やかなアイテムに惹かれる癖があります」

聖林公司 プレス
板花洋平さん

ハリウッド ランチ マーケット、ブルーブルーなどのショップを展開する聖林公司のプレスとして活躍中。今年マラソンをはじめ、先日見事フルマラソンを完走したそう

ジョージウッドオール&サンズのメッセンジャーバッグ

創業より100年以上同じ製法で作られるキャンバス素材。同ブランドは英国製にこだわりトートやメッセンジャーバッグを製造する。1万8360円（トールフリー☎03-3715-9278）

Comment

自転車通勤のため、両手の空くショルダーバッグやリュックを使用するという板花さん。さらに、サンプルを運ぶことも多いためサイズは少し大きめ。「柄物のアイテムに弱いんですが、冬のファッションは重めの色が増えるので、色味のあるバッグはアクセントにもなります。カバンの中身は思い入れのあるものばかりですね」

01
三宿にある「W%」で購入したプエブコのポーチ。イヤホンや名刺、充電器などを入れている。「デザインがシンプルでお手頃価格。サイズも色々持っています」

02
フレームに入った磁石が目の周りのツボを刺激してくれるメガネは、すっきりメガネ源のライト版。「ブルーライト低減レンズなのでPC作業のときに使用しています」

03
ハンドメイドのレザーブランド、アフォーダンスの2つ折りウォレット。「鮮やかなグリーンが気に入って、同色の小銭入れやキーストラップなども愛用しています」

04
ブルーブルーと、イタリアのブランド、メローラがコラボしたグローブ。「インディゴ染めのレザーグローブなので経年変化も楽しめて、スマホも触れるんです」

05
直営店で販売し始めたばかりのオーガニックのタブレット。味が5種類あり、こちらはジンジャーミントとカフェエクスプレス。「たばこの後のお口直しにもいいですね」

06
ハリウッド ランチ マーケットが8月にリニューアルした際にリリースした限定バンダナ。「ハンカチとしてもチーフ代わりとしても使えるのでいつも持っています」

07
折り畳み傘は、雨が降りそうな日にうっかり忘れてしまわないように常にカバンに入っている。「ファッションによってカモフラ柄と黒い傘を使い分けています」

08
アメリカのミリタリーウエアブランド、ロスコのストール。「ふだん柄物のアウターを着ることが多い柄男なので（笑）、ストールはシンプルなものを使っています」

09
先輩ランナーに勧められて購入した、村上春樹のエッセイ本。「今年始めたマラソンですが、これを読んでまたフルマラソンを走ろうという気持ちになりました」

10
ノート［紙のミルフィーユ］と、地元である長野のゆるキャラ、あるくまくんのボールペン。「360度開くノートは、外出先で電話を受けた時にもすぐにメモできるんです」

11
オリジナルブランド、H.R.リメイクのポーチは、デニムの残布から作られたもの。「バッグにポケットがないので、薬やハンドクリーム、ティッシュなどをしまっています」

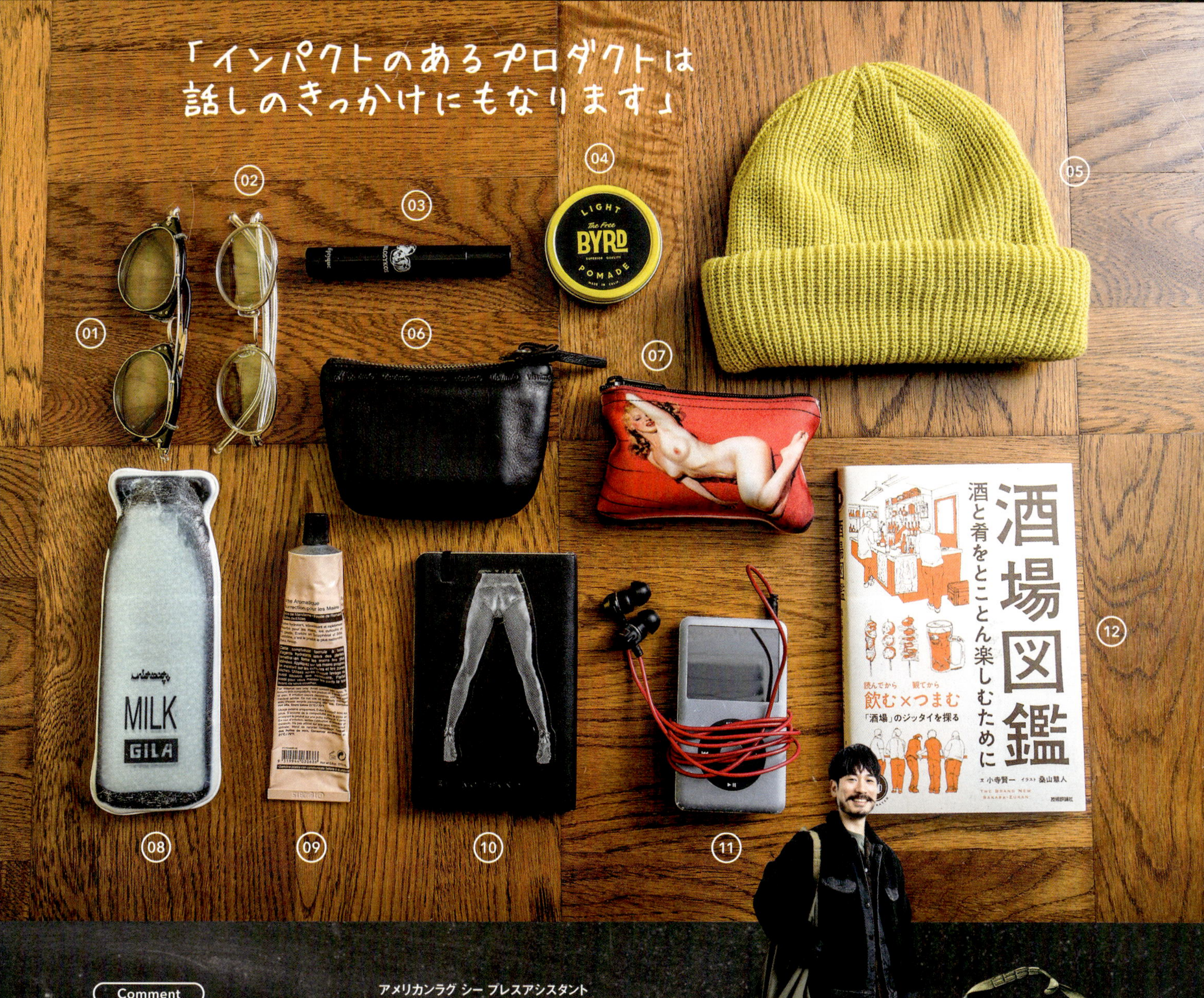

Comment

2、3年前から使用しているバッグは、自転車での移動が主なので肩にかけることが多いそう。ポケットが全くないため、小さいものはポーチを使って整理している。「インパクトのあるイラストものに弱いですね。見た人は突っ込んでくれるので、話のきっかけとしても重要なアイテムばかりなんです（笑）」

アメリカンラグ シー プレスアシスタント

伊藤誉さん

アメリカンラグ シーのプレスアシスタント。友人宅で居酒屋パーティをするそう。「なめろうや肉豆腐などの居酒屋メニューから、ホットサンド、ワカモレまで色々作っています」

エンジニアドガーメンツの2WAYトート

大容量でざっくりとした、シンプルなトートバッグ。手持ちでも肩掛けでも使用できる2WAY仕様。さらに、ストラップの段の部分をほどくことで長さの調節もできる

01

オリバーピープルズのメガネは、クリップオンを付ければサングラスに。「レンズの色は季節毎に変えていて、秋冬は透け感のあるグレー。軽いので日常的に使えます」

02

アヤメのサングラス。非常に軽く、1年ほど前から愛用。「外出時は紫外線対策として常にかけます。絶妙な薄いブルーは、秋冬でも付けやすいので気に入っています」

03

フレグランスはディプティックの[フィロシコス]。「同じ香りのトワレや練り香水も持っていますが、携帯するのはこのロールオン。午後に香りが落ちてきたら足しています」

04

バードのポマードはレモン・ベルガモットの香り。「セットしやすいライトな使用感が気に入っています。クラシックなパッケージと持ち運びやすいサイズに惹かれました」

05

アメリカンラグ シーのニット帽。「毎年買い足すので、ニット帽は10個、キャップは5個以上。寒い時や自転車に乗る時に被るので、いつも1つカバンに入れています」

06

小ぶりな財布が好きで、こちらは5年以上愛用しているという。「柔らかいレザーが手に馴染むのでかなり気に入っています。壊れても修理して使い続けたいアイテムです」

07

スタイリストさんにL.A.土産にもらったポーチ。「いかにもアメリカらしいデザインが気に入っていて、転写のような、ポップで遊びゴコロの効いたアイテムは好きです」

08

ペンケースとして7、8年ほど前から使用している牛乳瓶ポーチ。「転写プリントは見ていて楽しくなります。いい意味でチープな雰囲気なアイテムに惹かれますね」

09

ハンドクリームはイソップの［レスレクション］を愛用。「冬は乾燥するので常に持ち歩くようにしています。ラベンダーやハーブ系の匂いが、とにかくいい匂いなんです」

10

モレスキンの手帖は仕事用。小さめで持ち運びもしやすく、書き心地も抜群。「ちょっとクラシックでセクシーなステッカーも好きです。話のきっかけにもなります（笑）」

11

「通勤中に電車で聴きます。ジャンルも幅広く聞きますが、最近はThe xxやmura masa、FKJなどの洋楽中心に、欅坂、乃木坂といったアイドルもリピートしています」

12

休日はコーヒーを片手に読書。「居酒屋での所作、お酒の裏話、つまみなど、お酒をもっと楽しめる本。話のネタにも、自分で料理するときのインスピレーションにもなります」

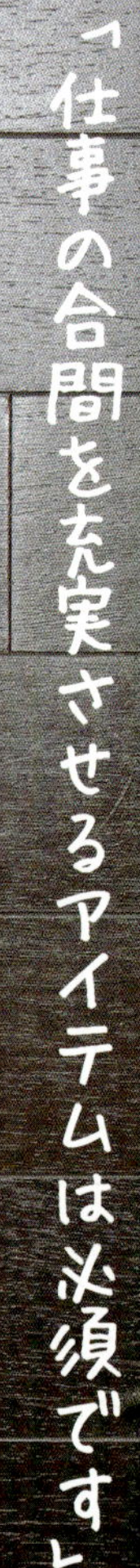

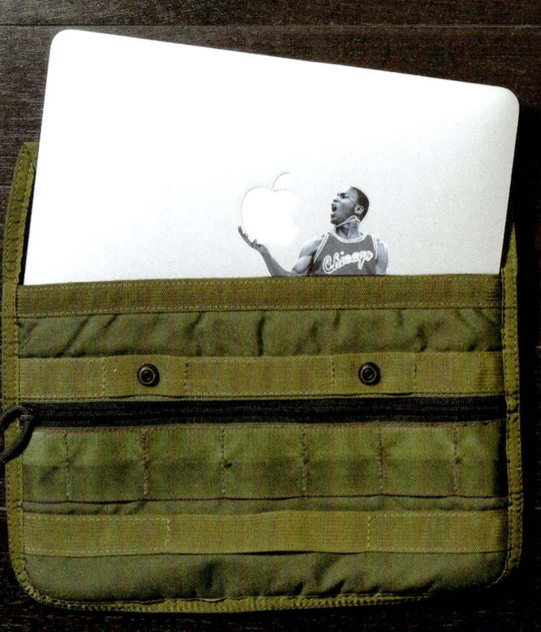

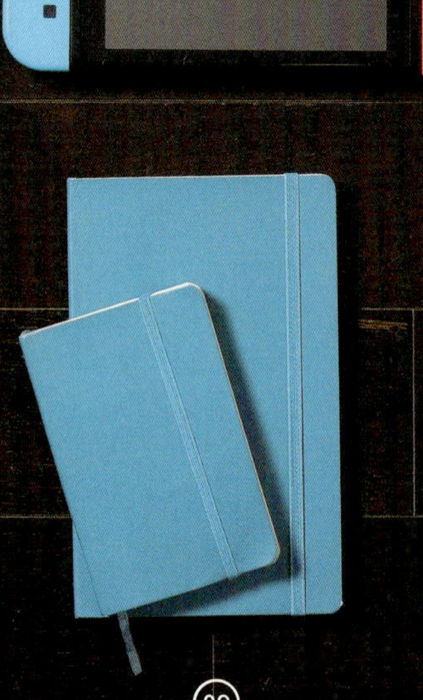

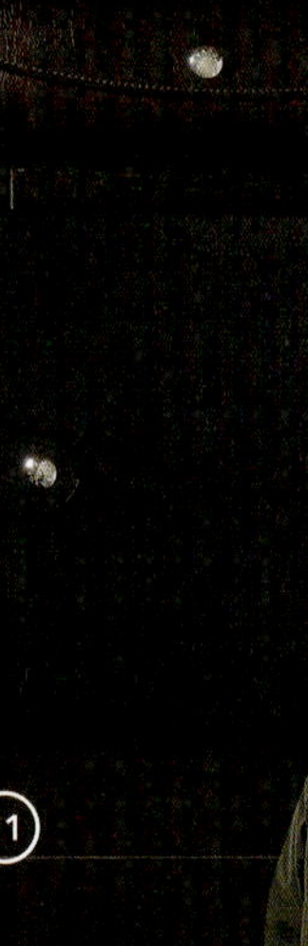

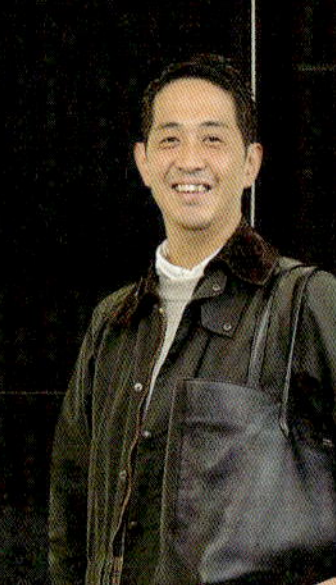

Comment

3年間ほぼ毎日使用しているバッグは、保湿と撥水性の維持のためにも日々のケアは欠かさない。中には、仕事に必要なツールと、合間の時間を充実させるための必須アイテムが。「通勤時間はアマゾンプライム、営業の待ち時間はゲームと、時間は有効活用しているので、バッグの中身はどれも必需品です」

セルツリミテッド セールス／

大倉正人さん

セルツリミテッドに務めて14年のベテランセールスマン。6歳の息子を持つ一児のパパ。「そろそろ生意気な年ごろになってきて。今朝もケンカしてきました（笑）」

ファーロのトートバッグ

自然なオイルレザーで柔らかく上品な雰囲気の［ファビオ］は、男女問わず使えるシンプルなデザイン。革の質感を十分に楽しめる。（ファーロ 新宿ニューマン店☎03-6723-2713）

ファーロのカードケースには、息子の名前が書かれたお名前カードが入っている。「小学校1年生の息子を迎えに行くときには、これを首から下げて使っています」

02

ファーロの最高級ラインナップであるクロコダイルを使用した財布と小銭入れ。「財布をいためたくないので、小銭は小銭入れに入れるように徹底しています」

03

ファーロのキーホルダーは、ベルトループに付けることもできるのでうっかり鍵を落とす心配もない。「邪魔にならない携帯靴ベラとしても使えるので重宝します」

04

ファーロのじゃばらマルチケースにはカードや定期券、紙幣を入れて使用。「財布と小銭入れはカバン用で、バッグを持たないときはこれだけポケットに入れて出かけます」

05

薄い、軽い、しまいやすい、を全て叶えるモンベルの傘。「雨の日でも折り畳み傘しか使いません。大きい傘だと電車でアマゾンプライムを見るときに邪魔なんですよ（笑）」

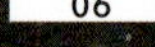

ニンテンドーのスイッチも大倉さんにとってはコミュニケーションツールのひとつ。「営業の待ち時間をいかに充実させるかが大事(笑)。次はマリオカートをしたいです」

07

知人にもらったパタゴニアのカップスリーブ。「コンビニでホットコーヒーを買ったときなどに役立っています。いつでも使えるように、常にカバンの中に入っています」

08

アメリカでひと目惚れしたジョーダンのステッカーでPCをデコレイト。商談に使用するため必ず持ち歩いている。「携帯バッテリーのような役割も果たしてくれます」

09

モレスキンのソフトカバータイプ。「色のバリエーションがきれいですよね。商談用ですが、立って書く時は小さいもの、座って書く時は大きいもの、と使い分けています」

10

ファーロのスナップペンケース。「シンプルなデザインなので仕事で使うには最適です。スナップボダンなので開け閉めも簡単で、容量も結構大きいんですよ」

11

クオバディスを代表する手帖［エグゼクティブ］。カバーはファーロの新作で、栞代わりにクリップがついた仕様。「手書き作業が好きなのでガジェットと併用しています」

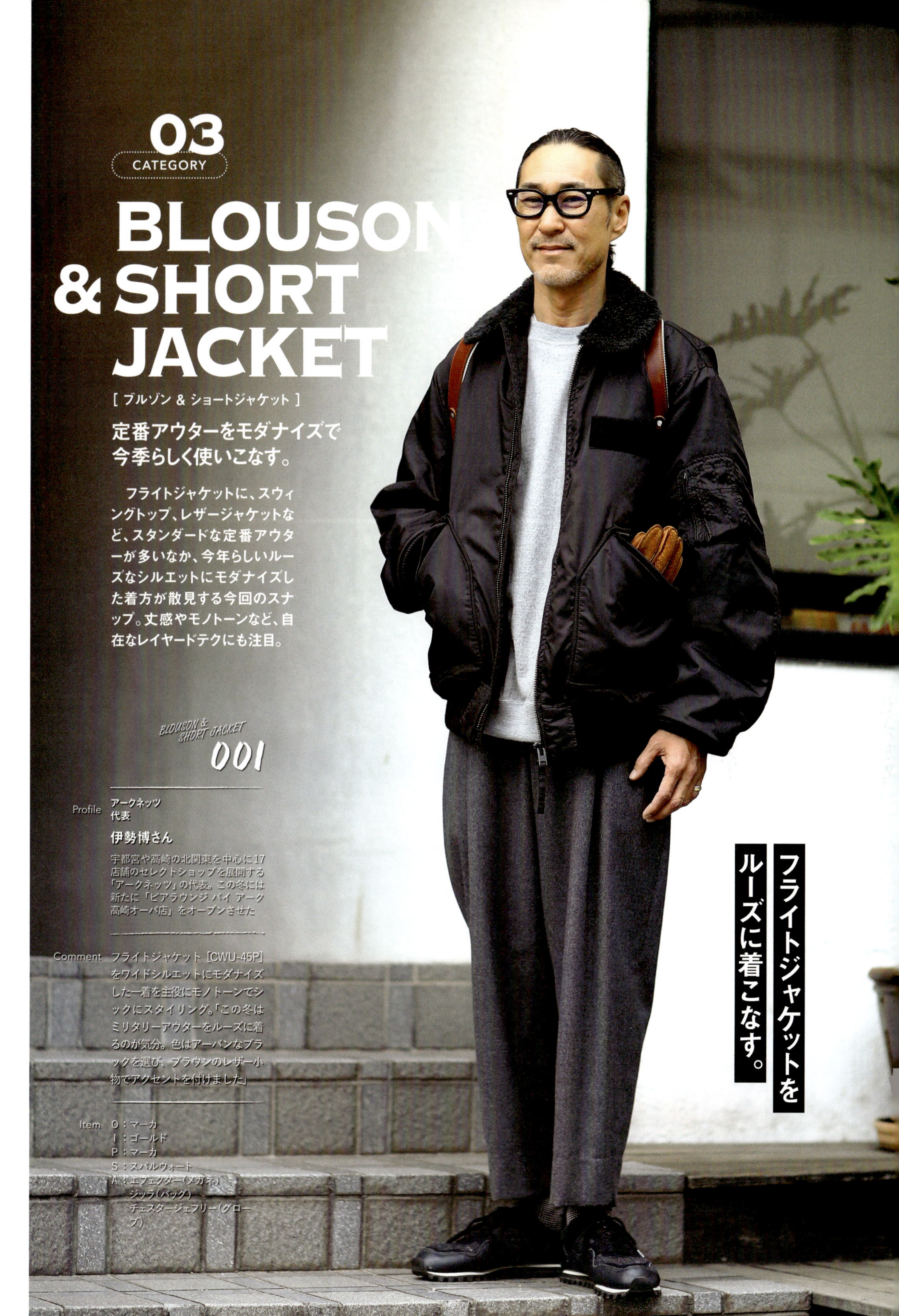

03
CATEGORY

BLOUSON & SHORT JACKET

[ブルゾン & ショートジャケット]

定番アウターをモダナイズで今季らしく使いこなす。

フライトジャケットに、スウィングトップ、レザージャケットなど、スタンダードな定番アウターが多いなか、今年らしいルーズなシルエットにモダナイズした着方が散見する今回のスナップ。丈感やモノトーンなど、自在なレイヤードテクにも注目。

BLOUSON & SHORT JACKET
001

Profile
アークネッツ
代表
伊勢博さん
宇都宮や高崎の北関東を中心に17店舗のセレクトショップを展開する「アークネッツ」の代表。この冬には新たに「ビアラウンジ バイ アーク高崎オーパ店」をオープンさせた

Comment
フライトジャケット［CWU-45P］をワイドシルエットにモダナイズした一着を主役にモノトーンでシックにスタイリング。「この冬はミリタリーアウターをルーズに着るのが気分。色はアーバンなブラックを選び、ブラウンのレザー小物でアクセントを付けました」

Item
O：マーカ
I：ゴールド
P：マーカ
S：スパルウォート
A：エフェクター（メガネ）
ジッラ（バッグ）
チェスタージェフリー（グローブ）

フライトジャケットをルーズに着こなす。

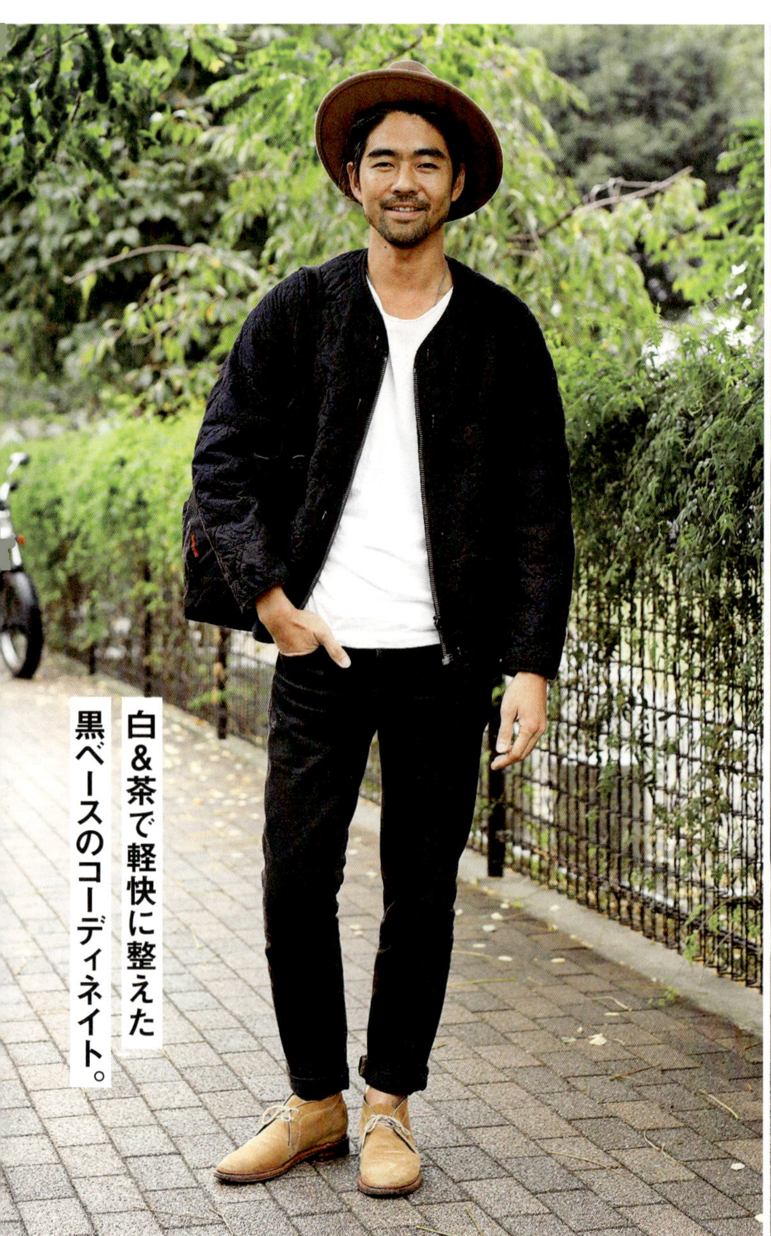

白&茶で軽快に整えた黒ベースのコーディネイト。

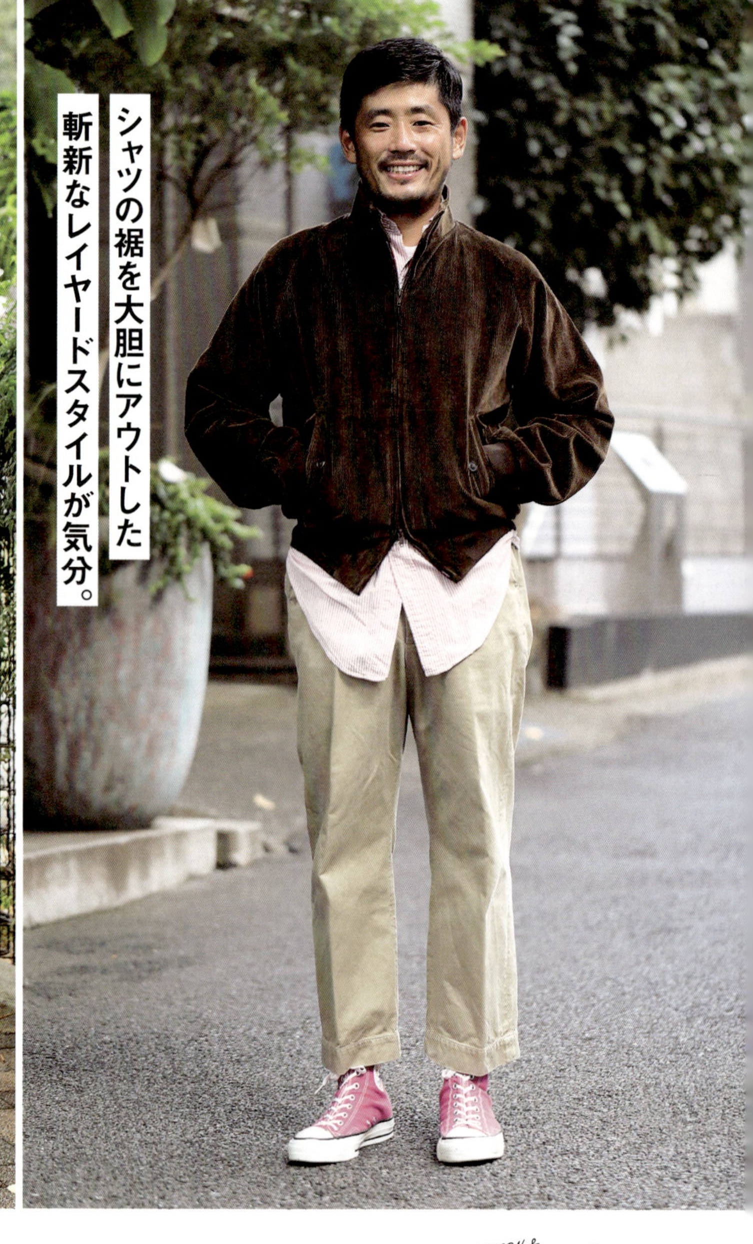

シャツの裾を大胆にアウトした斬新なレイヤードスタイルが気分。

BLOUSON & SHORT JACKET
003

Profile
セルツリミテッド
プレス
橋本康治さん
PR業だけでなく、自社ブランドであるブリーフィング、ファーロのクリエイティブ全般を担当する。「ブリーフィングよりカモ柄のハードケースが発売されます！」

Item
O：ビズビム
I：ヘインズ
P：ダブル アール エル
S：オールデン
A：ブリクストン（帽子）、ブリーフィング（バッグ）

Comment 黒のモノトーンスタイルに、インナーの白と小物の茶を効かせている。「ブラックをベースにしコーディネイトに、茶系のハットとチャッカブーツを合わせて、軽さを出してみました。またトートバッグは全身とトーンを合わせて程よく馴染ませています」

BLOUSON & SHORT JACKET
002

Profile
キャプテン サンシャイン
デザイナー
児島晋輔さん
4年目を迎えた人気ブランド、キャプテン サンシャインのデザイナー。各セレクトショップとの別注アイテムも好評！　トラッドやヴィンテージウエアにも造詣が深い

Item
O：バラクータ×キャプテン サンシャイン
I：キャプテン サンシャイン
P：キャプテン サンシャイン
S：コンバース

Comment キャプテン サンシャインが別注したバラクータの［G9］を主役に、インナーのシャツとの巧みなレイヤードスタイルを披露。［オールスター］とセットされたチノのレングスも絶妙。「ショート丈のブルゾンと着丈の長いシャツとのバランス感が気分です」

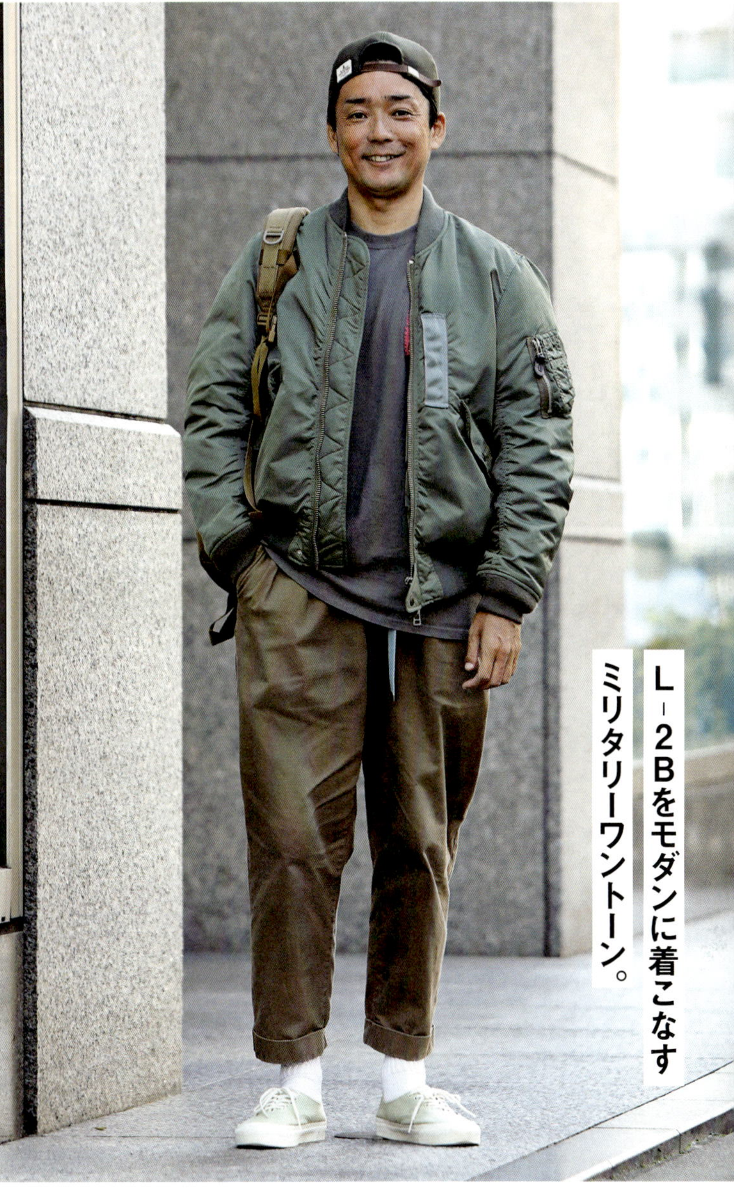

L-2Bをモダンに着こなすミリタリーワントーン。

BLOUSON & SHORT JACKET
004

Profile
グレゴリー
プロダクトマネージャー
中島健次郎さん
今年40周年を迎えたアウトドアバッグ専門ブランド、グレゴリーの日本支部として、ライフスタイルラインを中心に商品企画を担当。趣味は世界中でのサーフトリップ

Item
O：ビームス プラス
I：バリーマッギー
P：ビームス プラス
S：ヴァンズ
A：マイティ シャイン（帽子）
グレゴリー×ビームスプラス（バッグ）

Comment
フライトジャケットの［L-2B］を現代的に着こなした上級スタイル。「ミリタリーテイストを意識しながら、流行り廃りのない定番モデルで構築したワントーンコーデです。オリーブドラブ系でまとめながらも、さり気なくグラデーションをつけてみました」

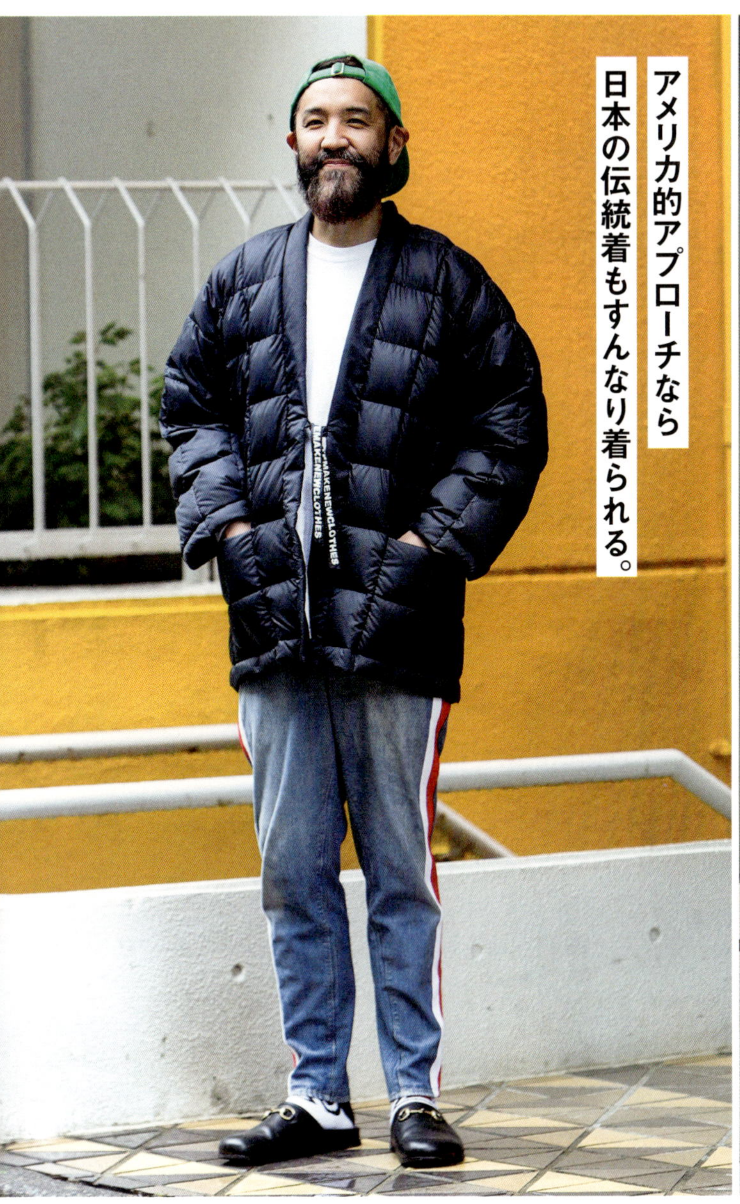

アメリカ的アプローチなら日本の伝統着もすんなり着られる。

BLOUSON & SHORT JACKET
005

Profile
ヴォート メイク ニュークローズ
ディレクター
木山明久さん
東海岸のアメカジから得たインスピレーションをデザインソースに、新たなストリートを提案する“ヴォート”のディレクター。最近では日本のカルチャーやモノ作りに注目

Item
O：ヴォート メイク ニュークローズ
I：ヴォート メイク ニュークローズ
P：ヴォート メイク ニュークローズ
S：グッチ
A：ヴォート メイク ニュークローズ（キャップ）

Comment
「数年前からコレクションに和の伝統を取り入れてきた」という木山さんは、普段の着こなしにもその傾向が。「これは“アメリカから見た日本”をイメージしたダウン入りのどてらで、アメリカナイズした着こなしに落とし込めばすんなり取り入れられる」という

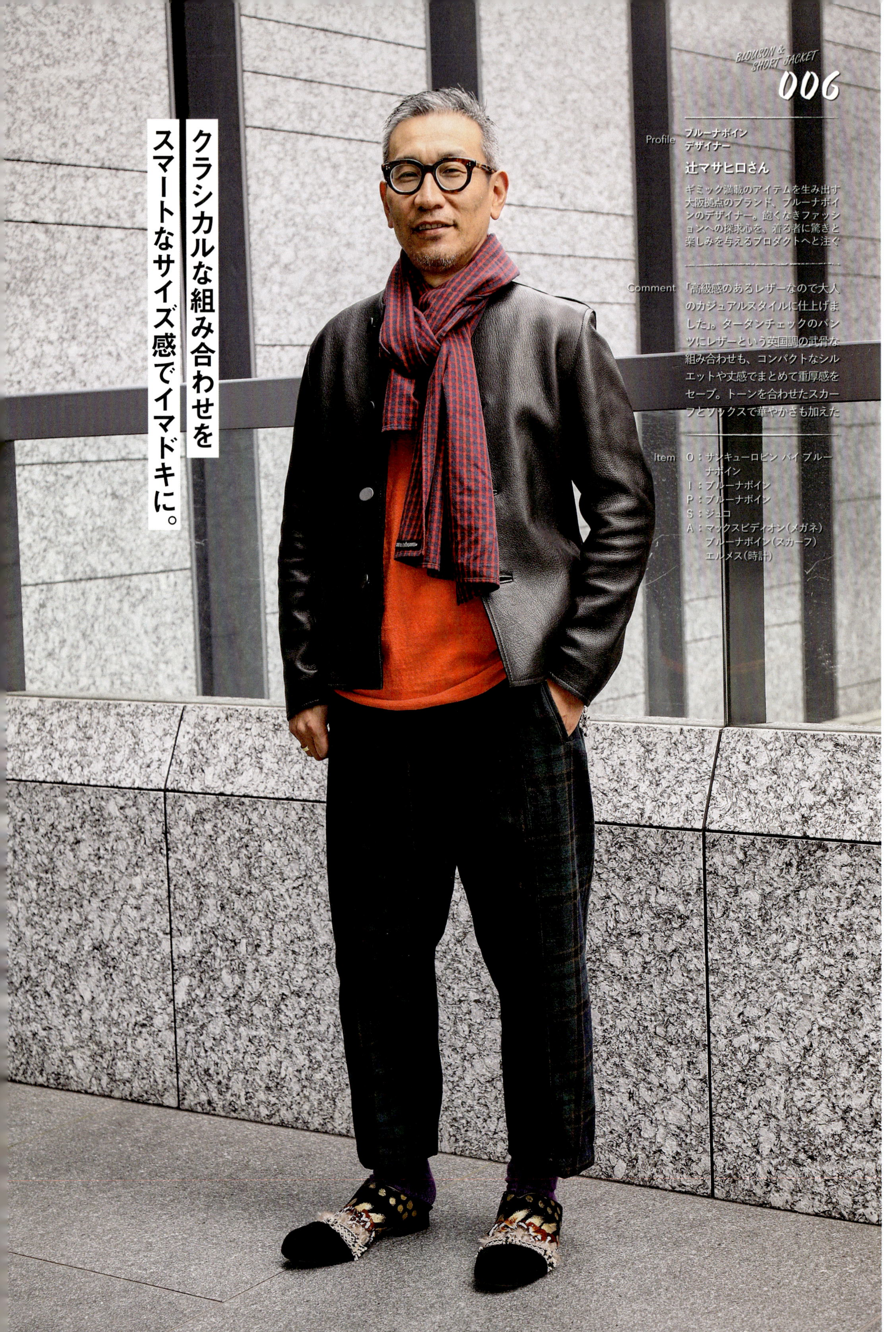

BLOUSON & SHORT JACKET

006

クラシカルな組み合わせをスマートなサイズ感でイマドキに。

Profile
ブルーナボイン
デザイナー

辻マサヒロさん

ギミック満載のアイテムを生み出す大阪拠点のブランド、ブルーナボインのデザイナー。飽くなきファッションへの探求心を、着る者に驚きと楽しみを与えるプロダクトへと注ぐ

Comment
「高級感のあるレザーなので大人のカジュアルスタイルに仕上げました」。タータンチェックのパンツにレザーという英国調の武骨な組み合わせも、コンパクトなシルエットや丈感でまとめて重厚感をセーブ。トーンを合わせたスカーフとソックスで華やかさも加えた

Item
O：サンキューロビン バイ ブルーナボイン
I：ブルーナボイン
P：ブルーナボイン
S：ジュコ
A：マックスピデイオン(メガネ)
ブルーナボイン(スカーフ)
エルメス(時計)

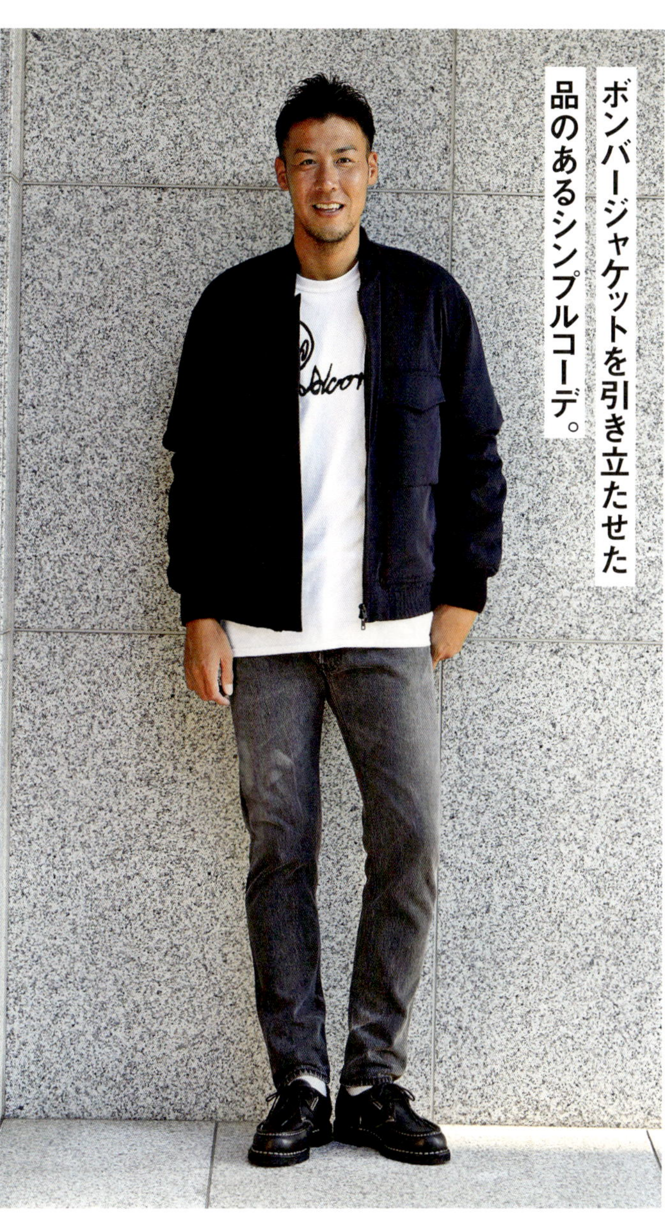

ボンバージャケットを引き立たせた品のあるシンプルコーデ。

BLOUSON & SHORT JACKET
007

Profile
ユナイテッドアローズ プレス
辻典秀さん

原宿本店 メンズ館の名物スタッフとして活躍後、現職のプレスに。「この冬はフランス発のダウンブランド、ピレネックスがオススメなので是非見に来てください」

Item
O：ユナイテッドアローズ
I：サイコム
P：リダン
S：パラブーツ

Comment
「ミリタリーとワークのデザインを融合したボンバージャケットは、ゆとりのあるシルエットが特徴。それを活かすために細身のデニムでシンプルにまとめました。少しボリュームのある靴で全体のバランスを図り、あくまでも品のあるスタイルを心掛けています」

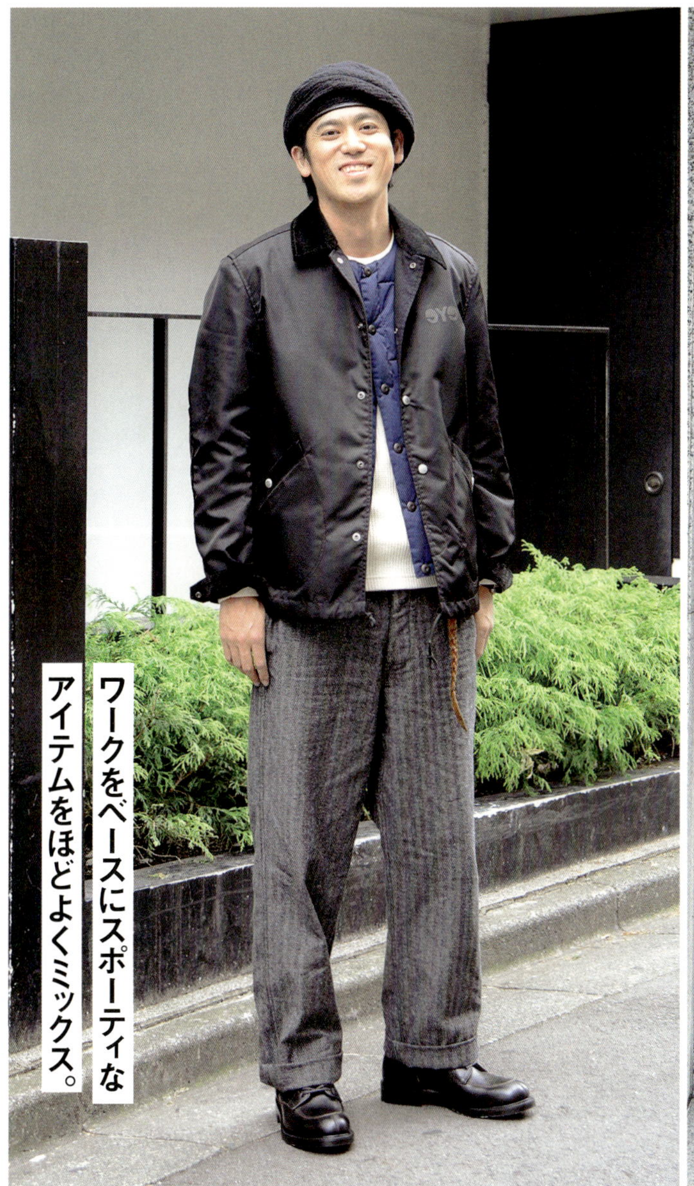

ワークをベースにスポーティなアイテムをほどよくミックス。

BLOUSON & SHORT JACKET
008

Profile
バーガス プラス ディレクター
谷口修さん

究極のベーシックを追求するアメカジブランド、バーガスプラスのディレクションを担当。休日はイクメンぶりを発揮し、子どもと一緒に公園や博物館、水族館巡りを楽しむ

Item
O：ジュンヤワタナベ
I：バーガス プラス×ザンター（ダウンベスト）
　バーガスプラス（サーマル）
P：バーガス プラス
S：ウィールローブ
A：ポータークラシック（帽子）
　マイルストーン（ベルト）

Comment
ワークスタイルを中心に、アウトドアやスポーツの要素をさりげなくプラス。「ショート丈のコーチジャケットとダウンベストのレイヤードは、同系色で揃えて統一感を出しました。インナーにサーマルを使うとワークパンツとも違和感なく合わせられます」

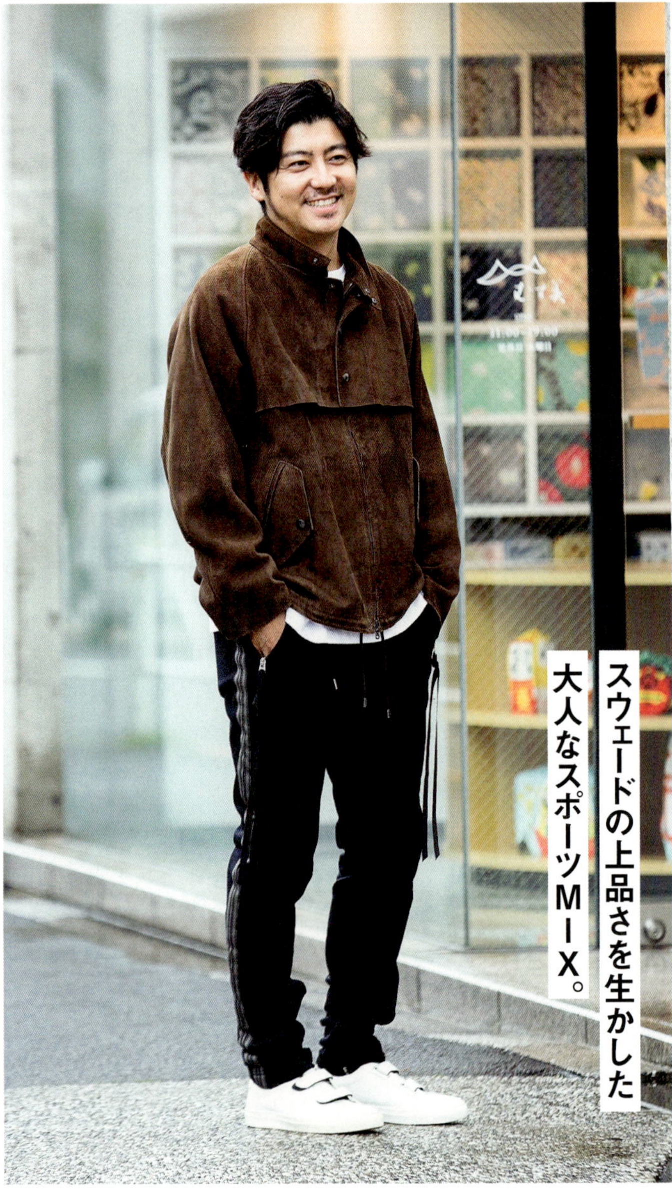

スウェードの上品さを生かした大人なスポーツＭＩＸ。

BLOUSON & SHORT JACKET 009

Profile
ヘムト PR ディレクター
平山洋次さん
某大手セレクトショップのプレスとして活躍後、独立。国内外の様々なブランドのPRを行うヘムトPRのディレクターに就任する。ファッション感度の高さに定評あり

Item
O：キート
I：チャンピオン
P：ジョン メイソン スミス
S：ヨーク

Comment 「アウターには最近気になっている素材の、柔らかなゴートレザーを。ただ牧歌的な雰囲気をなるべく解消したくて」と取り入れたのはスポーティかつ軽快なトラックパンツ。スマートさを際立たせるVラインシルエットに仕上げている点も注目したい

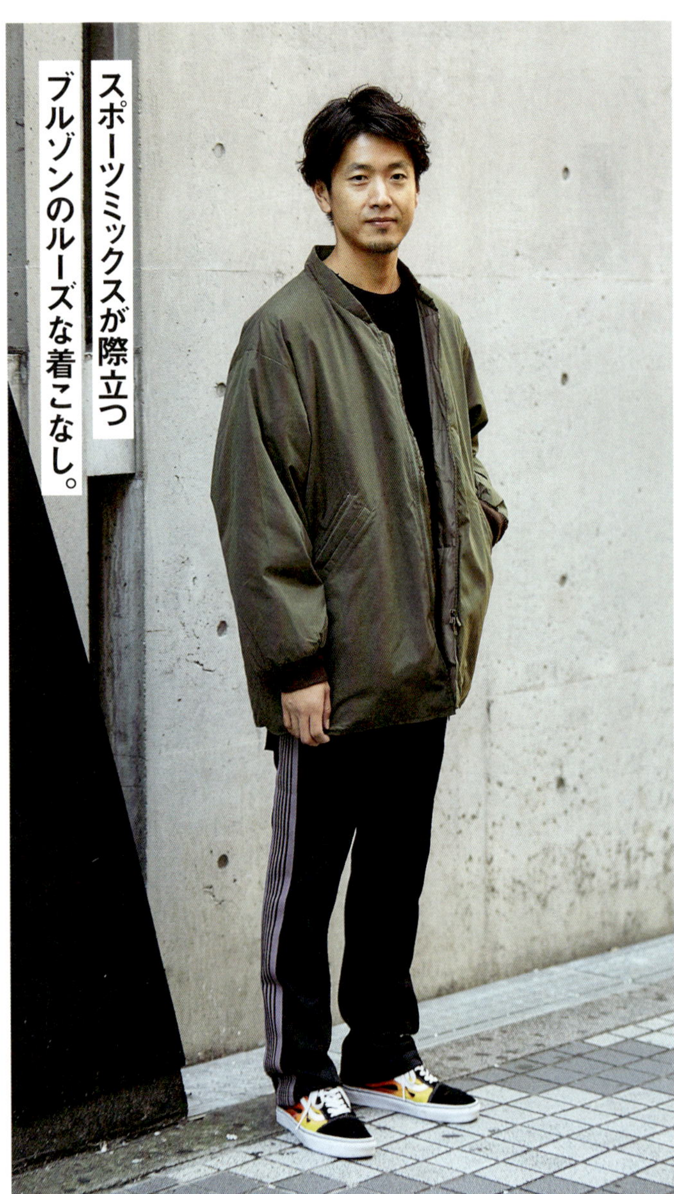

スポーツミックスが際立つブルゾンのルーズな着こなし。

BLOUSON & SHORT JACKET 010

Profile
ビューティ&ユース ユナイテッドアローズ／関西プレス
村尾真一さん
大阪での勤務を経て、東京でプレスを担当後、現在はビューティ&ユース ユナイテッドアローズの関西プレスとして活躍。パッシュやローテクスニーカーへの情熱は人一倍

Item
O：ニードルズ
I：アンユーズド
P：ニードルズ
S：ヴァンズ

Comment オーバーサイズのミリタリー調ブルゾンを主役に、ゆったりとしたシルエットでまとめたリラックススタイル。「トップスがシックな分、ボトムにスポーティなトラックパンツ、足下にはスニーカーをチョイスしてアクティブな西海岸のスケーターをイメージしました」

BLOUSON & SHORT JACKET
011

→

Profile

**チャオパニック・カントリーモール、
チャオパニック、
チャオパニックティピーライン統括長**

塚田祐介さん

去る9月にCPCMよりリニューアルしたチャオパニック・カントリーモールをはじめとする、様々なチャオパニックレーベルを統括。ミリタリーやヴィンテージにも精通

Item

O：ロスト ワールド
I：インディビジュアライズド シャツ
P：Vintage
S：イレギュラー バイ ジップ スティーブンソン
A：オリバーピープルズ（メガネ）エンリーペグリン（バッグ）

Comment

G-1にアメリカ軍のヴィンテージパンツを合わせた王道のミリタリールック。「こげ茶が好きなので、G-1をはじめ、足下やバッグなど各所でこげ茶を効かせています。武骨な装いの中にも、インナーやスタッズ付きのシューズでアクセントをつけました」

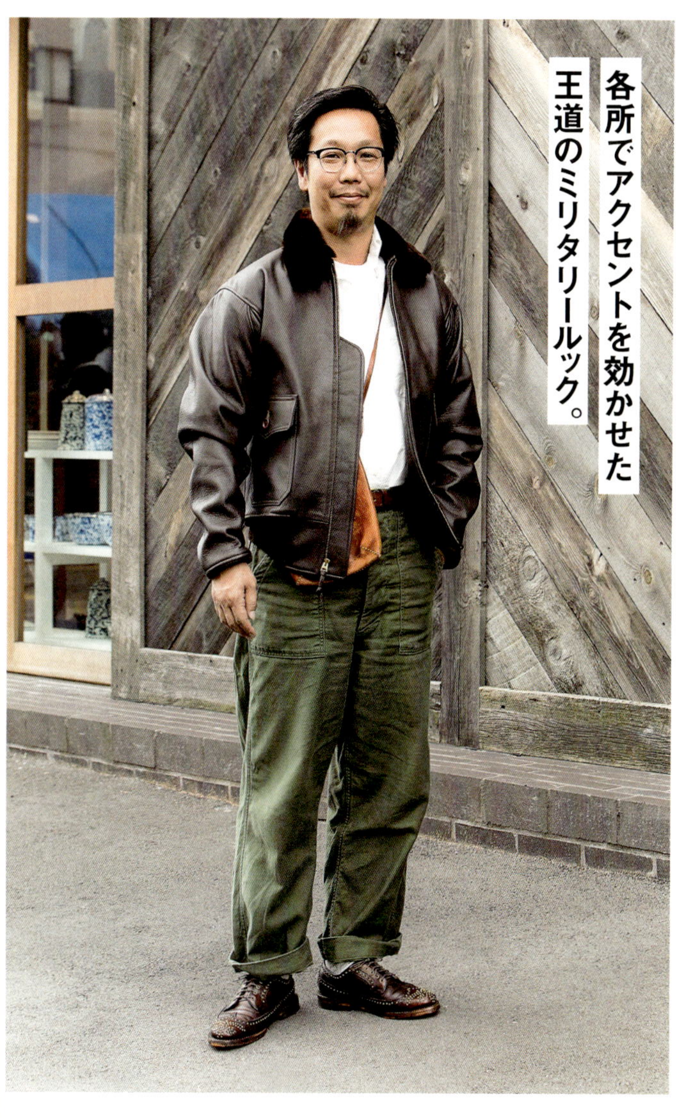

各所でアクセントを効かせた王道のミリタリールック。

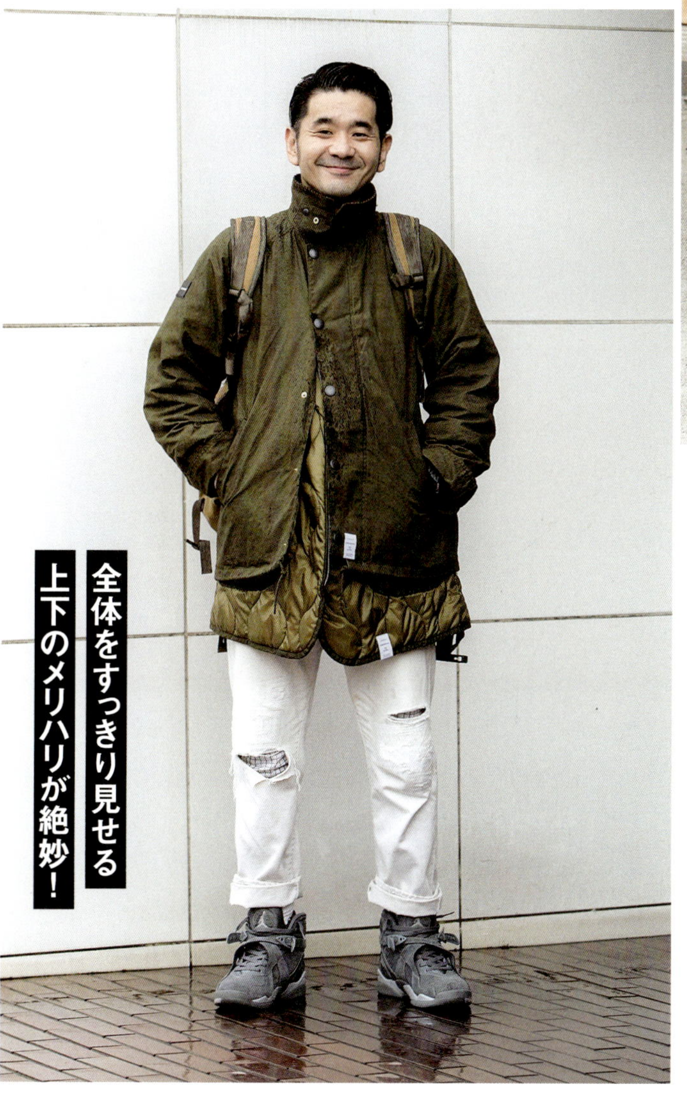

全体をすっきり見せる上下のメリハリが絶妙！

BLOUSON & SHORT JACKET
012

←

Profile

フリーエディター

岸伸和さん

雑誌「Boon」のライターとして活躍し、様々な流行語も生み出した敏腕。スニーカーの知識は業界随一で、現在もライティングやスニーカー本のエディトリアルなどを行う

Item

O：ディセンダント
I：ディセンダント（コート）
P：Used リーバイス
S：ナイキ［エア ジョーダン8］
A：L.L.ビーン（バッグ）

Comment

「コーデの基本は足下から」との考えから、今回も定番としているミッドカットのスニーカーを軸にスタイリング。「すっきり見せるため細デニムを程よくロールアップさせている」のがこだわりで、その分トップはゆるめ。丈感の異なるアウターの重ね着も効果的

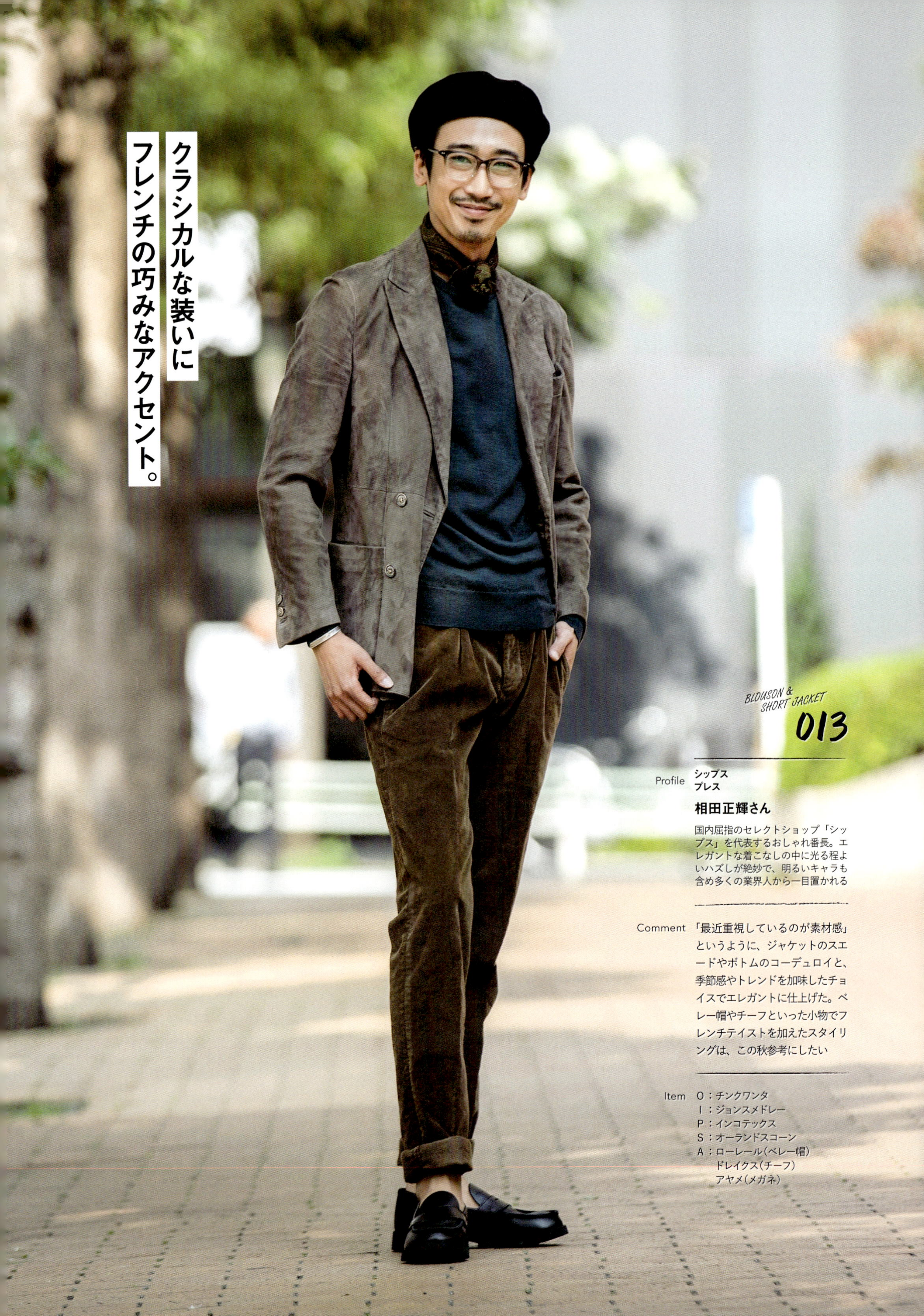

クラシカルな装いに フレンチの巧みなアクセント。

BLOUSON & SHORT JACKET

013

Profile シップス プレス

相田正輝さん

国内屈指のセレクトショップ「シップス」を代表するおしゃれ番長。エレガントな着こなしの中に光る程よいハズしが絶妙で、明るいキャラも含め多くの業界人から一目置かれる

Comment 「最近重視しているのが素材感」というように、ジャケットのスエードやボトムのコーデュロイと、季節感やトレンドを加味したチョイスでエレガントに仕上げた。ベレー帽やチーフといった小物でフレンチテイストを加えたスタイリングは、この秋参考にしたい

Item
O：チンクワンタ
I：ジョンスメドレー
P：インコテックス
S：オーランドスコーン
A：ローレール(ベレー帽)
ドレイクス(チーフ)
アヤメ(メガネ)

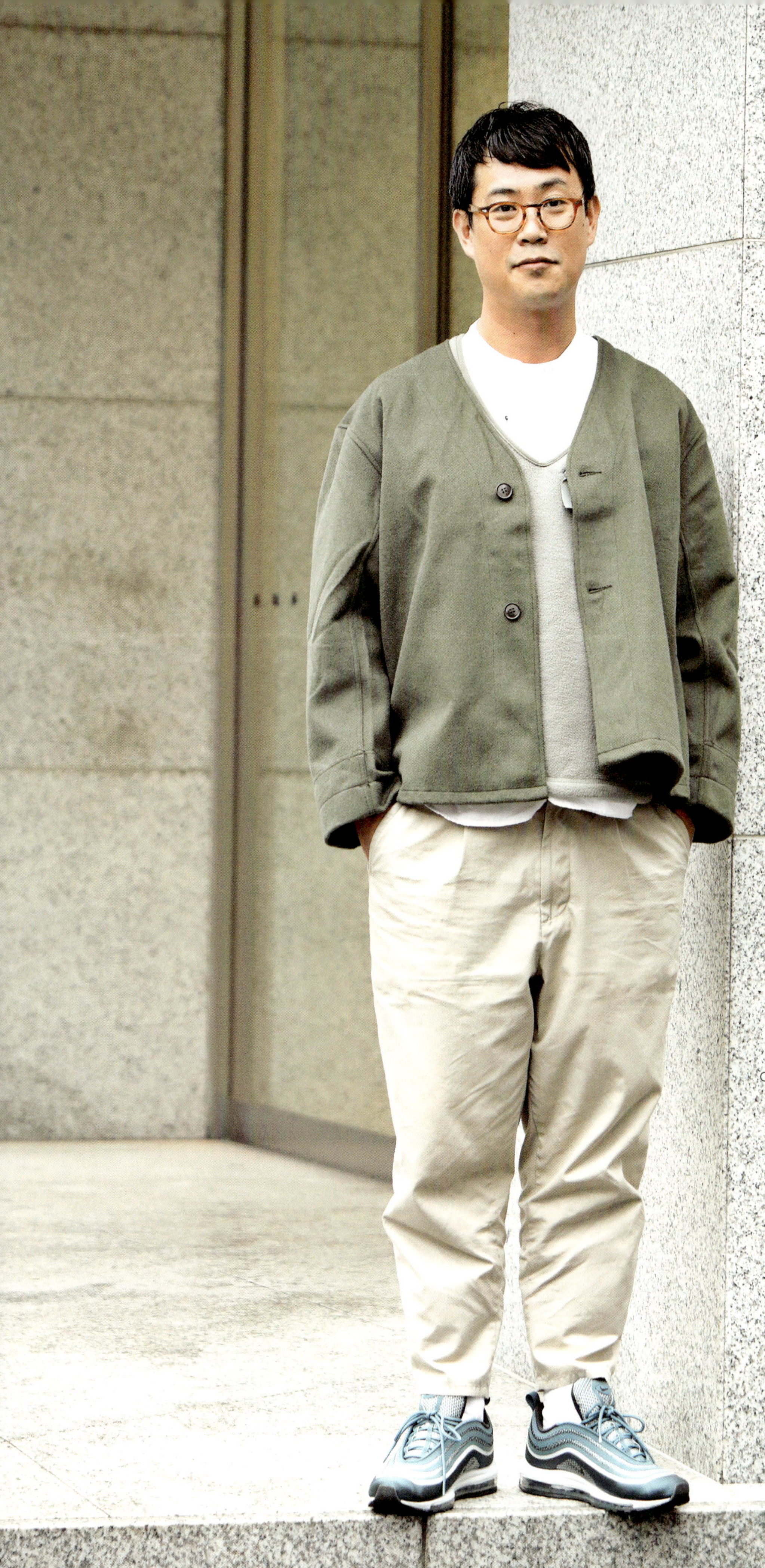

グラデーションカラーが光る ミリタリー×アウトドアのMIXコーデ。

BLOUSON & SHORT JACKET

014

Profile
ビューティ&ユース
PR/SP

大野亮さん

都内をはじめとするビューティ&ユースの様々な店舗でのスタッフ経験を活かし、今年3月よりプレスに就任。広報のほかセールスプロモーションとしても活動中

Comment
[エア マックス 97] のデザインと同じように、オリーブ〜カーキへのグラデーションカラーでまとめている。「ミリタリーとアウトドアスポーツのミックススタイルです。ショート丈のブルゾンはバランスが取りにくいアイテムですが、サイズ感で調整してみました」

Item
O：Used
I：パタゴニア(ベスト)、M.H.L(カットソー)
P：スティーブンアラン
S：ナイキ スポーツウェア
A：モスコット(メガネ)

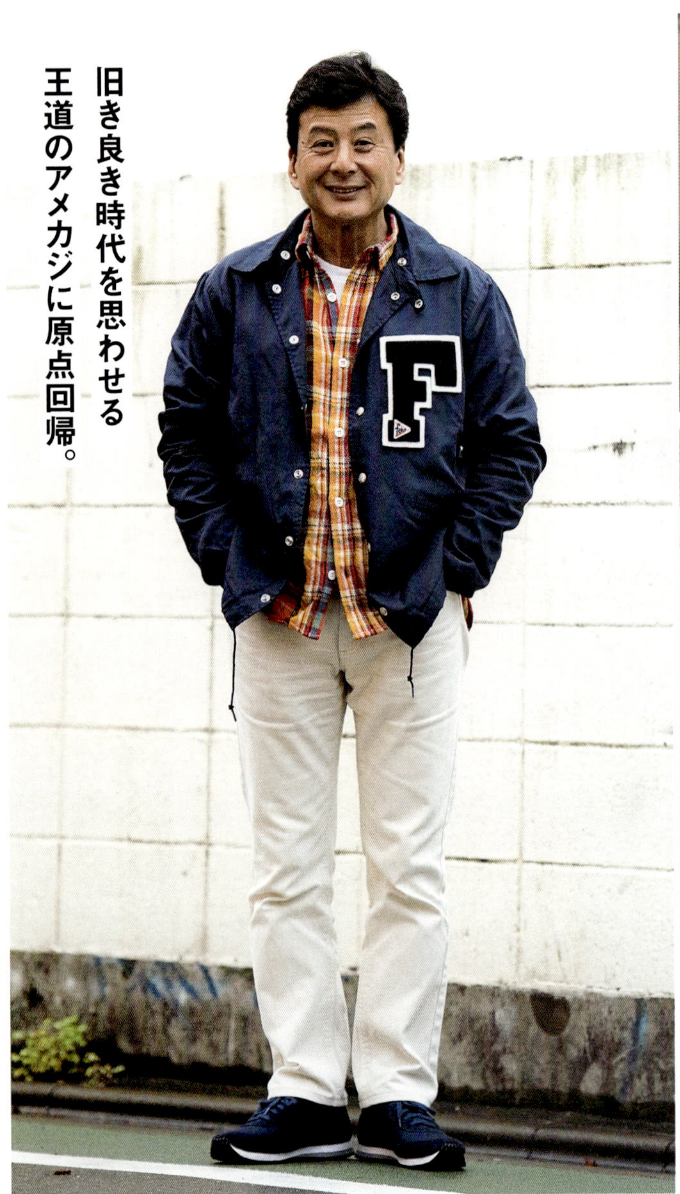

旧き良き時代を思わせる
王道のアメカジに原点回帰。

BLOUSON & SHORT JACKET
016

Profile
**セプティズ
代表**

玉木朗さん

三軒茶屋のセレクトショップ「セプティズ」のオーナー。「最近、再びフェンダーのテレキャスターを手に入れました。来夏のライブに向け、早くも練習を開始してます！」

Item
O：フェルコ
I：キートン チェイス(シャツ)
P：リー
S：ウォルシュ

Comment 「がっしりと縫い上げられたネルシャツに合わせたくなるのが、レター付きのコーチジャケット。最近は直球アメカジに回帰しています」。履き心地が良く、同じものを2足所有しているというウォルシュのスニーカーを、ジャケットの色に合わせてコーディネイト

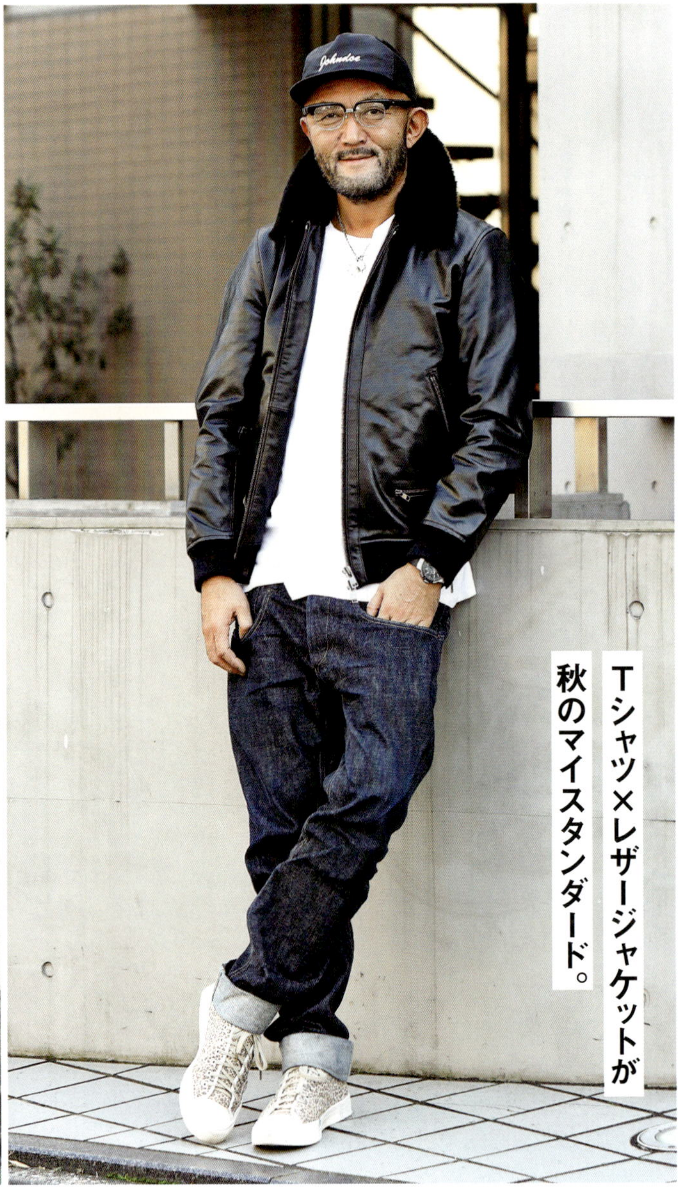

Tシャツ×レザージャケットが
秋のマイスタンダード。

BLOUSON & SHORT JACKET
015

Profile
**デンハム・ジャパン
代表取締役社長／CEO**

根岸洋明さん

デンハム・ジャパンのCEOにして、デンハムHQのブランドディレクターも兼任。リテールからブランドマネージメントまでの高い知識と長い経験を持ち、マルチに活躍中

Item
O：デンハム
I：デンハム
P：デンハム
S：デンハム
A：ダブルタップス(帽子)
エフェクター(メガネ)
ゴローズ(ネックレス)
ウブロ(時計)

Comment この秋リリースした新作のレザージャケットが主役。「去年から着込んで準備していたモデルです。秋〜冬先までは毎日着用していますね。先日アムステルダムに行った際にも、本国デザイナーたちからとても良い反応をもらいました。ちなみに日本限定商品です！」

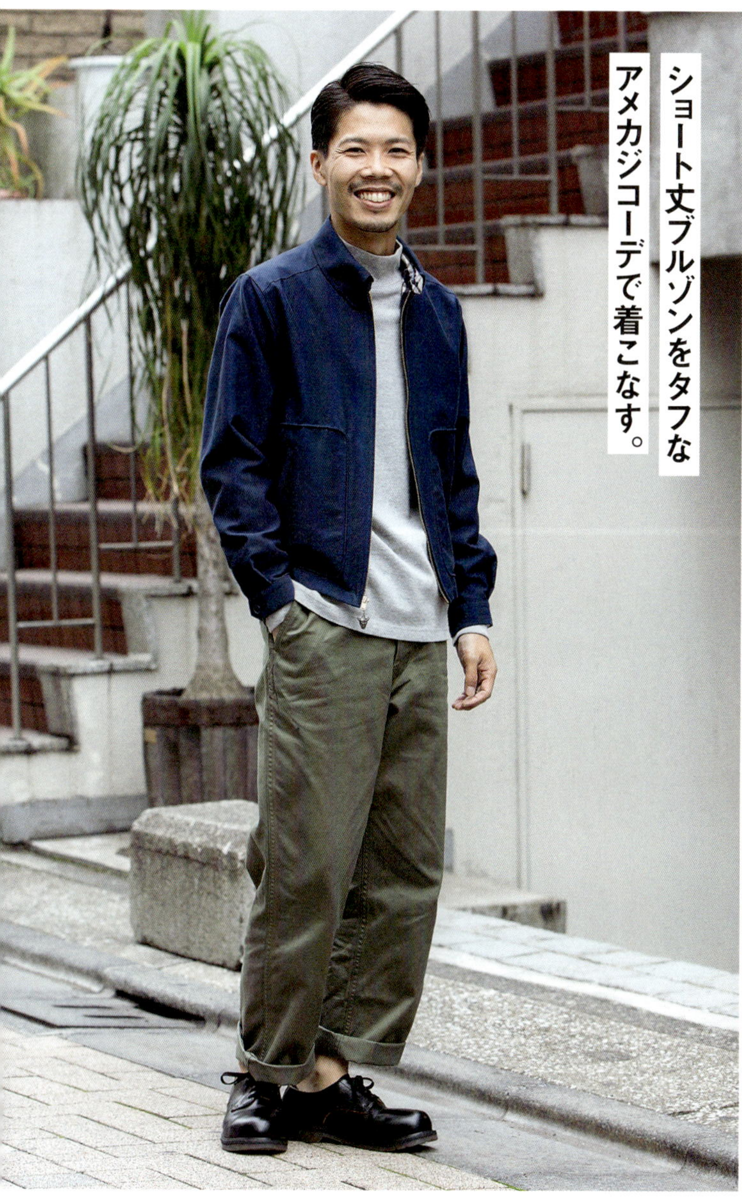

ショート丈ブルゾンをタフなアメカジコーデで着こなす。

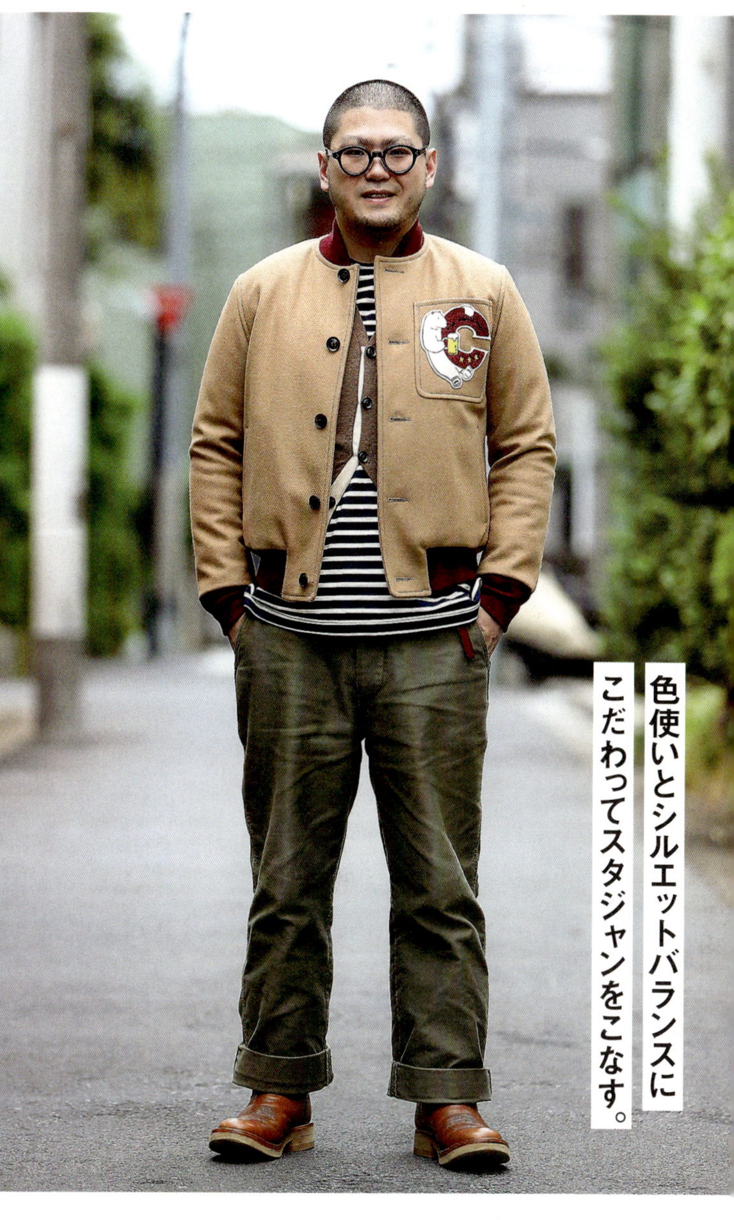

色使いとシルエットバランスにこだわってスタジャンをこなす。

BLOUSON & SHORT JACKET

018

Profile
スマートクロージングストア店長

姫野賢次さん

フェローズを中心にアメカジアイテムが揃う原宿のセレクトショップ、スマクロの店長。「今年はスマクロの25周年。秋冬も様々な記念アイテムをリリースしています」

Item
O：フェローズ
I：フェローズ
P：フェローズ
S：フェローズ

Comment
フェローズから久々にリリースされたショート丈ブルゾン、ショアジャックを着こなしたベーシックなアメカジコーデ。「ショート丈のアウターを羽織るときはパンツやインナーとのバランスが重要。特にパンツのルーズなシルエットにはこだわりました」

BLOUSON & SHORT JACKET

017

Profile
カンタータ デザイナー

松島紳さん

古着のデニムとフレンチヴィンテージに魅せられ、多くのブランドでデザインや企画、生産を経験。職人の手仕事と至高の素材を駆使するカンタータは、2016年春夏に始動

Item
O：カンタータ
I：カンタータ(カーディガン)
カンタータ(カットソー)
P：カンタータ
S：リオス オブ メルセデス
A：レスカ ルネティエ(メガネ)

Comment
表地がウール×カシミヤで、リブがスーパー140'sの極上ウール、裏地にシルク毛布を使用したスタジャンは、どこを触っても滑らか。「モールスキンパンツにウエスタンブーツを合わせてシルエットにボリューム感を与えつつ、落ち着いたカラーでまとめました」

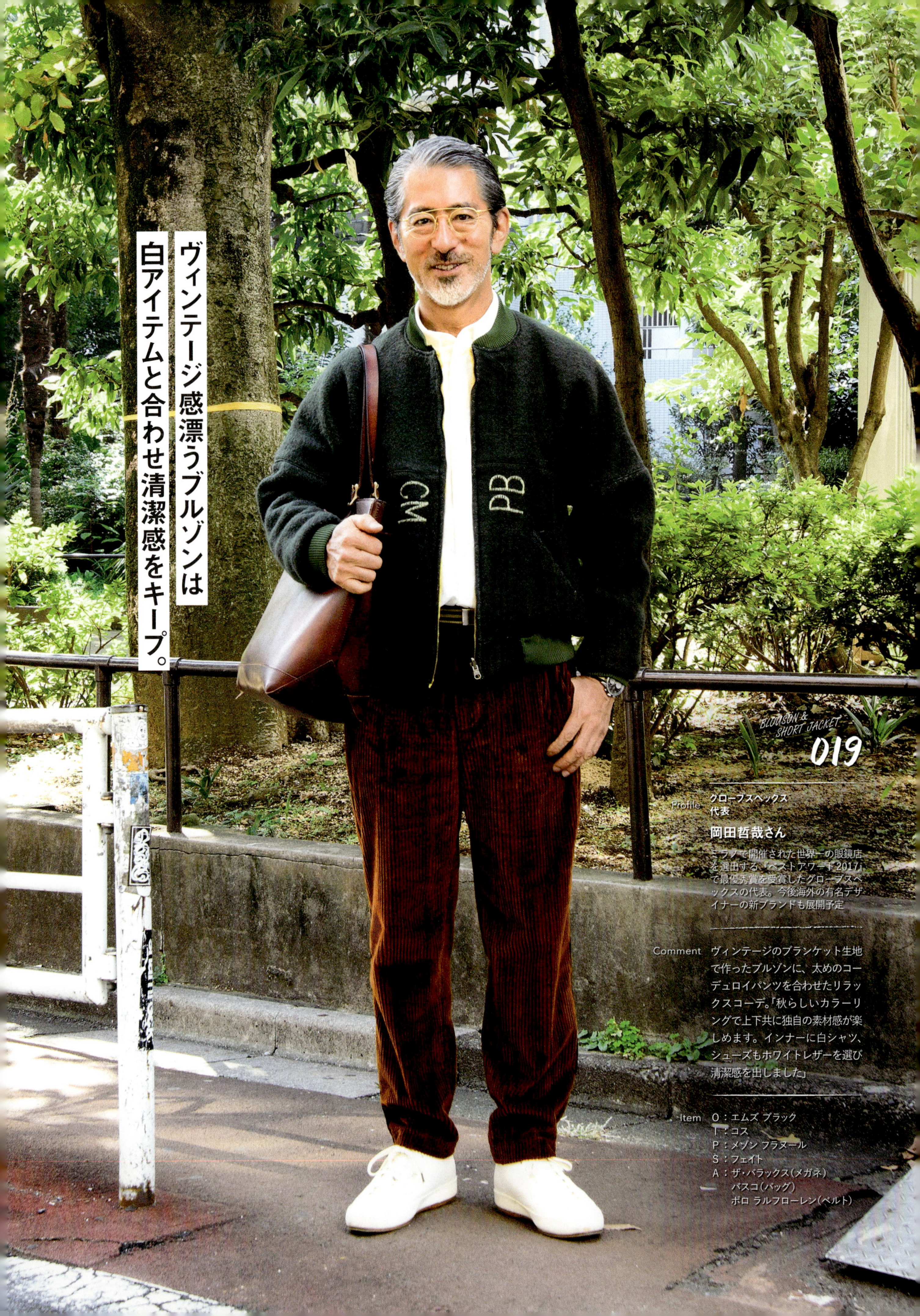

ヴィンテージ感漂うブルゾンは白アイテムと合わせ清潔感をキープ。

BLOUSON & SHORT JACKET

019

Profile グローブスペックス 代表

岡田哲哉さん

ミラノで開催された世界一の眼鏡店を選出する『ベストアワード2017』で最優秀賞を受賞したグローブスペックスの代表。今後海外の有名デザイナーの新ブランドも展開予定

Comment ヴィンテージのブランケット生地で作ったブルゾンに、太めのコーデュロイパンツを合わせたリラックスコーデ。「秋らしいカラーリングで上下共に独自の素材感が楽しめます。インナーに白シャツ、シューズもホワイトレザーを選び清潔感を出しました」

Item
O：エムズ ブラック
I：コス
P：メゾン フラヌール
S：フェイト
A：ザ・バラックス（メガネ）
バスコ（バッグ）
ポロ ラルフローレン（ベルト）

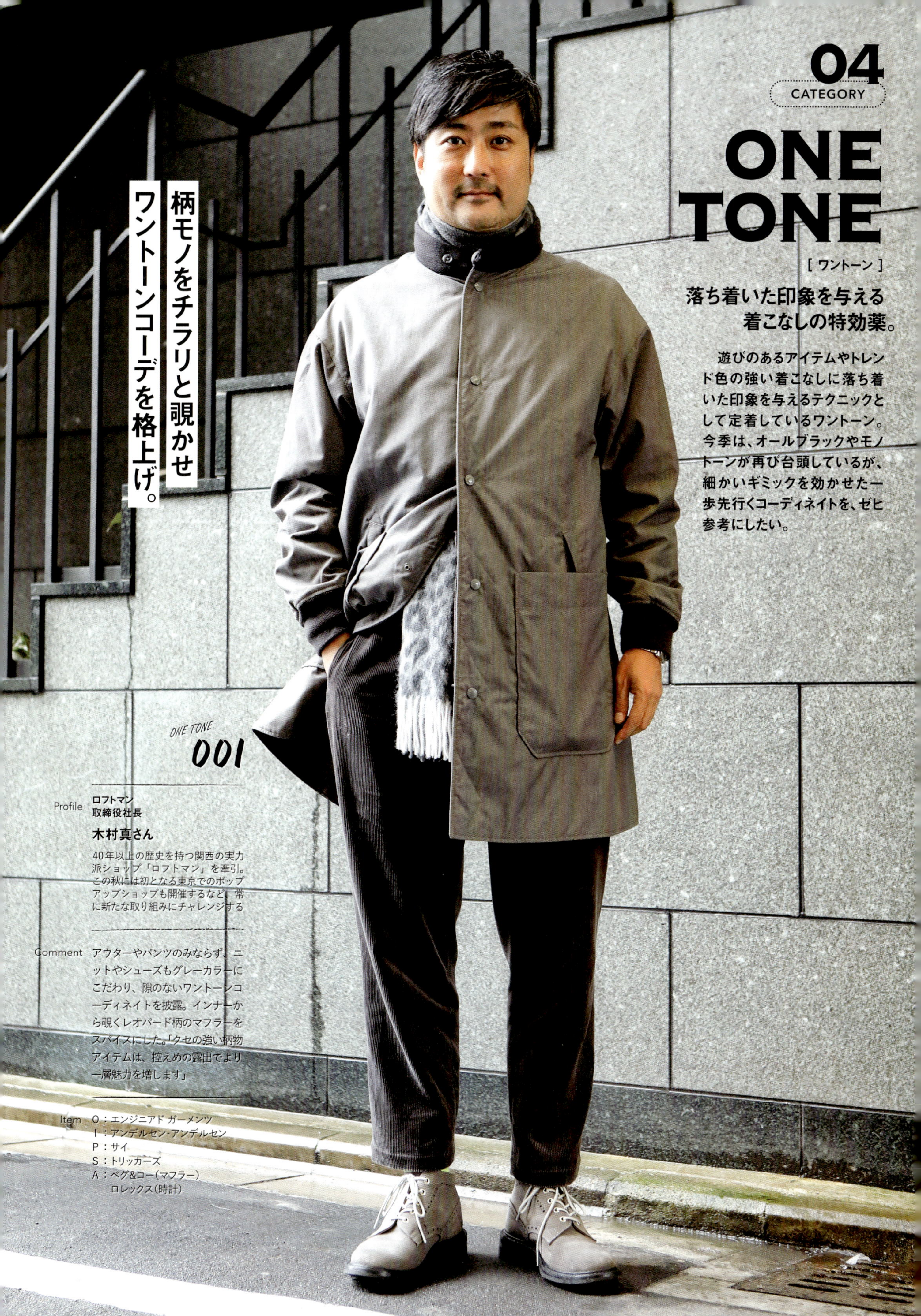

04 CATEGORY

ONE TONE

[ワントーン]

落ち着いた印象を与える着こなしの特効薬。

遊びのあるアイテムやトレンド色の強い着こなしに落ち着いた印象を与えるテクニックとして定着しているワントーン。今季は、オールブラックやモノトーンが再び台頭しているが、細かいギミックを効かせた一歩先行くコーディネイトを、ゼヒ参考にしたい。

柄モノをチラリと覗かせワントーンコーデを格上げ。

ONE TONE **001**

Profile
ロフトマン
取締役社長
木村真さん
40年以上の歴史を持つ関西の実力派ショップ「ロフトマン」を牽引。この秋には初となる東京でのポップアップショップも開催するなど、常に新たな取り組みにチャレンジする

Comment
アウターやパンツのみならず、ニットやシューズもグレーカラーにこだわり、隙のないワントーンコーディネイトを披露。インナーから覗くレオパード柄のマフラーをスパイスにした。「クセの強い柄物アイテムは、控えめの露出でより一層魅力を増します」

Item
O：エンジニアド ガーメンツ
I：アンデルセン-アンデルセン
P：サイ
S：トリッカーズ
A：ベグ&コー（マフラー）
ロレックス（時計）

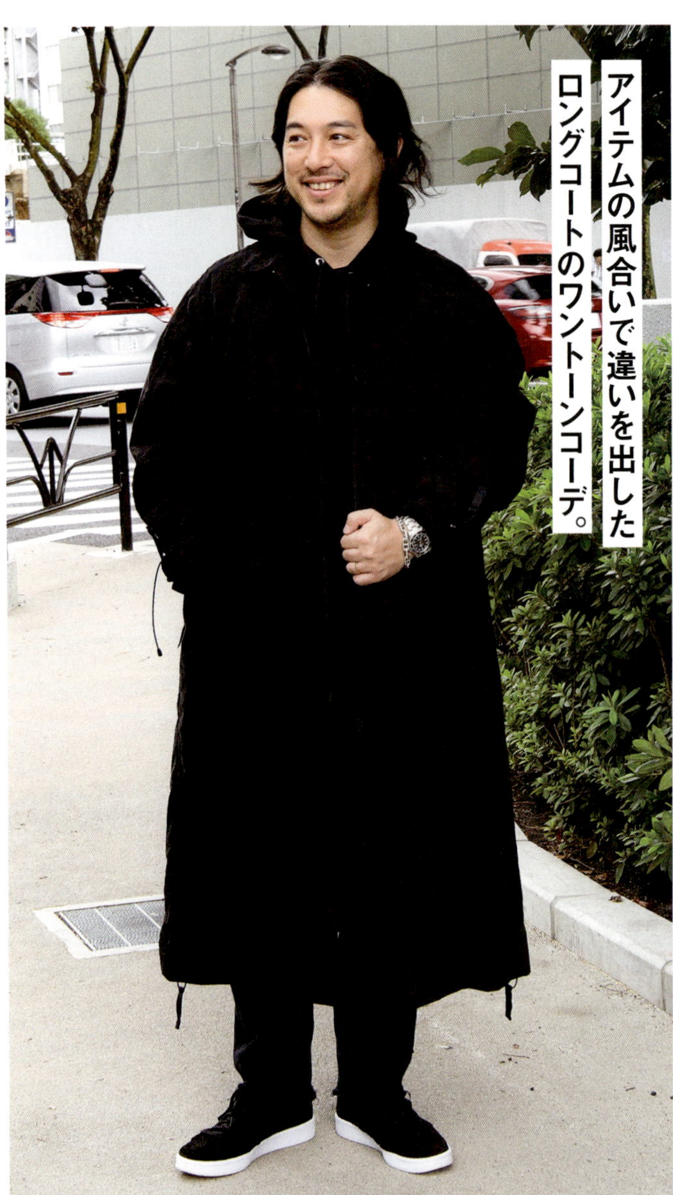

アイテムの風合いで違いを出したロングコートのワントーンコーデ。

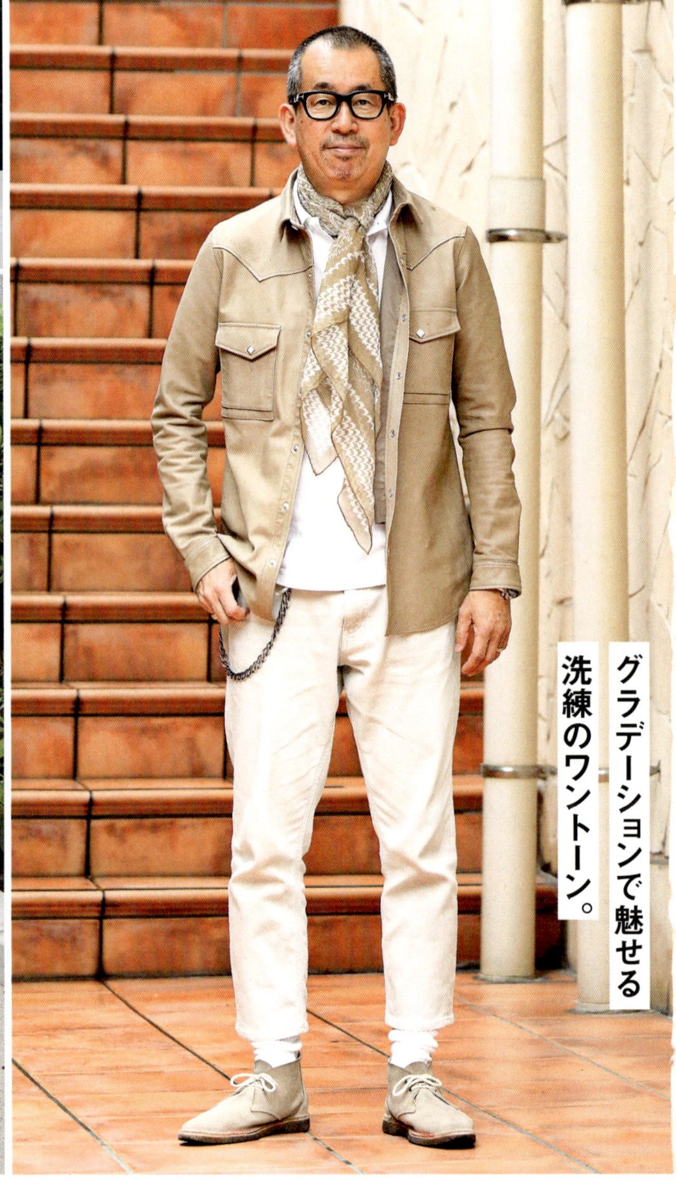

グラデーションで魅せる洗練のワントーン。

ONE TONE
003

Profile
**ベイクルーズ
取締役**
森秀人さん

取締役として、チーフクリエイティブオフィサーとボナムのディレクターを兼任。休日は家族で海に行くことも。「秋は葉山や秋谷で家族と自然を楽しみたいです」

Item
O：ホワイトマウインテニアリング
I：ミントクルー×チャンピオン
P：ボナム
S：アディダス×ホワイトマウインテニアリング
A：エルメス（ブレスレット）

Comment 機能的なロングコートを羽織ったブラックのワントーンコーデ。「トップスはボリュームを出し、ボトムは少しタイトに。パンツは後染めのブラックなので、風合いも違います。ワントーンながら各アイテムの素材や質感を変えて、少し立体感を出しました」

ONE TONE
002

Profile
**ディストリクト ユナイテッドアローズ
セールスパーソン（通称番長）**
吉原隆さん

プレスやセールスパーソン、店舗PRなどを歴任するユナイテッドアローズ勤続25年の大ベテラン。「先日より、原宿店から異動して来ました古株の新人です（笑）」

Item
O：ノンネイティブ
I：ラコステ
P：ベドウィン
S：ピエールアルディー
A：ソロイスト（スカーフ）

Comment フレンチラコの純白からオフホワイトのパンツ、レザーシャツの淡いブラウンへとグラデーションする、洗練された大人のワントーンスタイル。「スティーブ・マックィーンがプライベート時に見せる装いと、その独特の色合わせを意識したコーディネイトです」

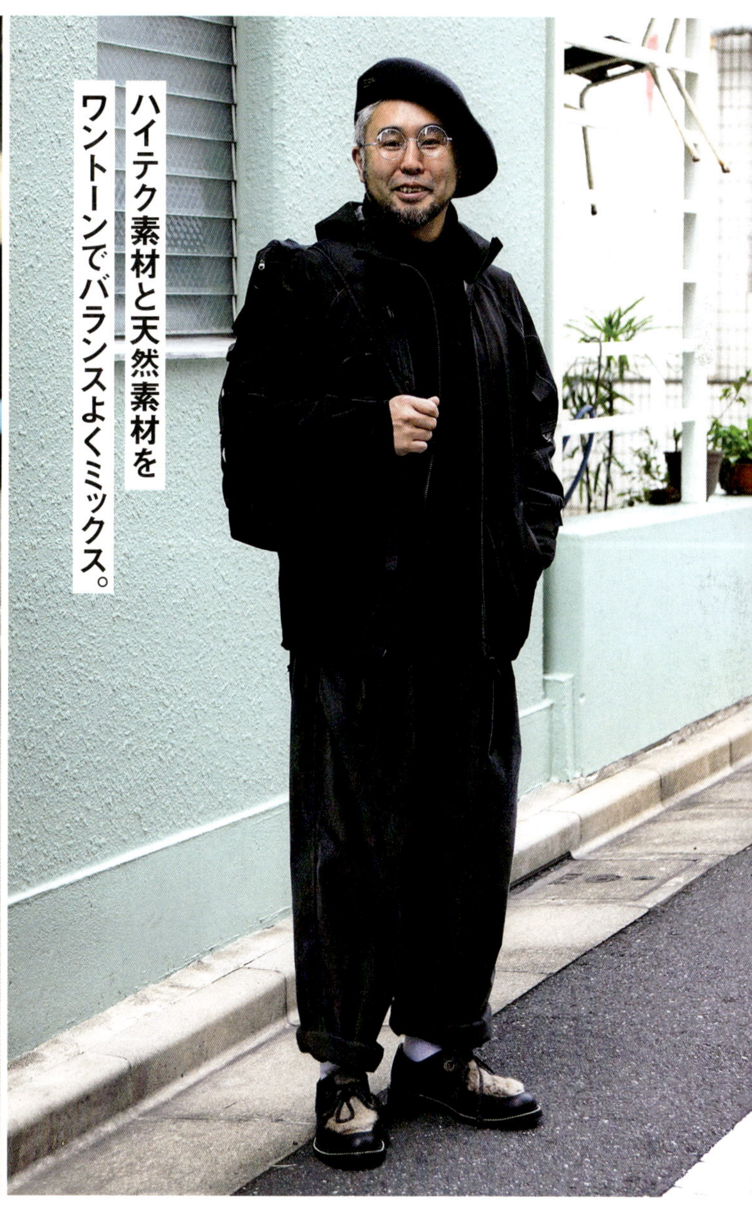

ハイテク素材と天然素材をワントーンでバランスよくミックス。

ONE TONE
004

Profile
オフィス ボルシチ
代表
辻井国裕さん

イズネスやハイドロフラスクなど、存在感あるブランドを扱うプレスルーム、ボルシチの代表。休日はソロキャンプを満喫中。「この秋冬はトレランにも挑戦したいです」

Item
O：イズネス
I：イズネス
P：イズネス
S：スペースクラフト
A：カシラ（帽子）
　イズネス（メガネ）
　ハロルル（バッグ）

Comment
ブラックのワントーンコーデは、機能素材のアウターと天然素材のコーデュロイパンツのコントラストもポイント。「アクティブシーンに対応するスタイルで、カジュアルになりすぎない着こなしを意識しました。こんなコーデでキャンプを楽しむこともあります」

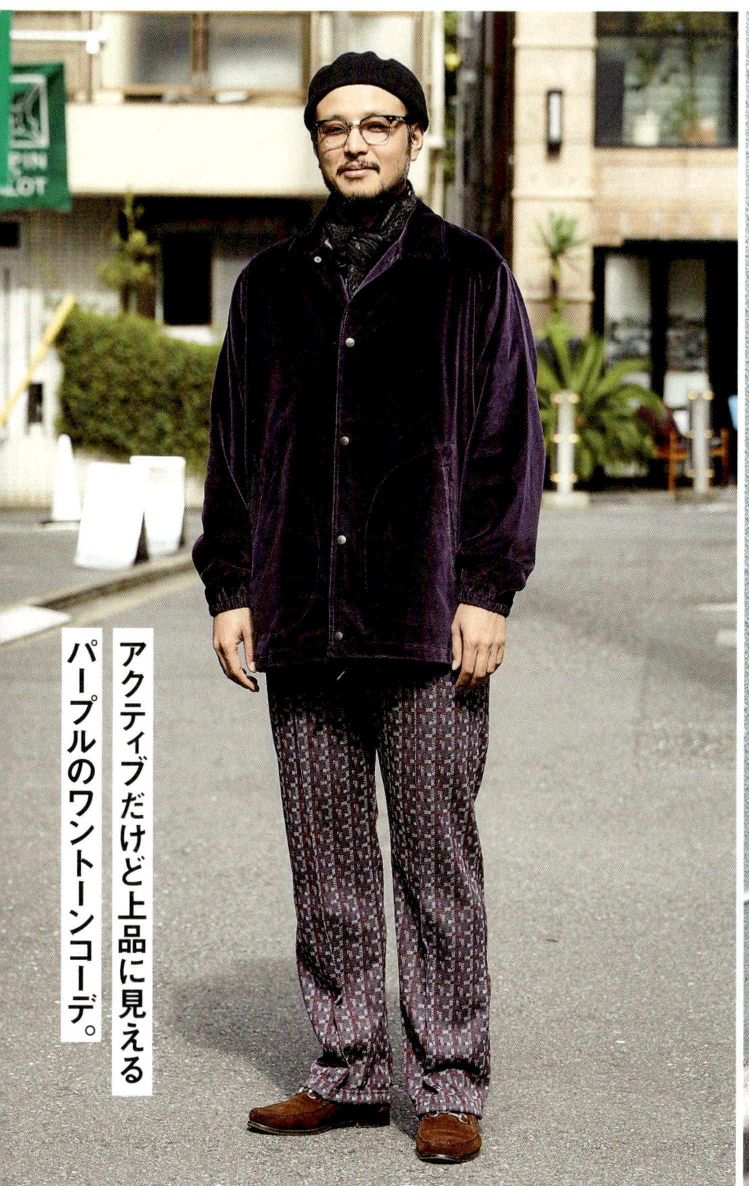

アクティブだけど上品に見えるパープルのワントーンコーデ。

ONE TONE
005

Profile
ネペンテス 東京
ストアマネージャー
山崎徹さん

セレクトショップ「ネペンテス 東京」のストアマネージャー。プライベートでは渓流釣りを嗜む。「ネペンテスの野球チームが復活したので、秋は野球も楽しみます」

Item
O：ニードルズ
I：ニードルズ
P：ニードルズ
S：ネプコ フットウエア
A：タカヒロ ミヤシタ ザ ソロイースト（ストール）
　Used（帽子）
　ニードルズ（メガネ）

Comment
パープルのワントーンコーデながら、落ちついた色合いが魅力。「カラーリングを統一し、代わりに素材で遊びました。このコーチジャケットは直営店別注モデルでベロアなのがポイント。ジャージ素材のパンツと合わせ、リラックスした着こなしを楽しみます」

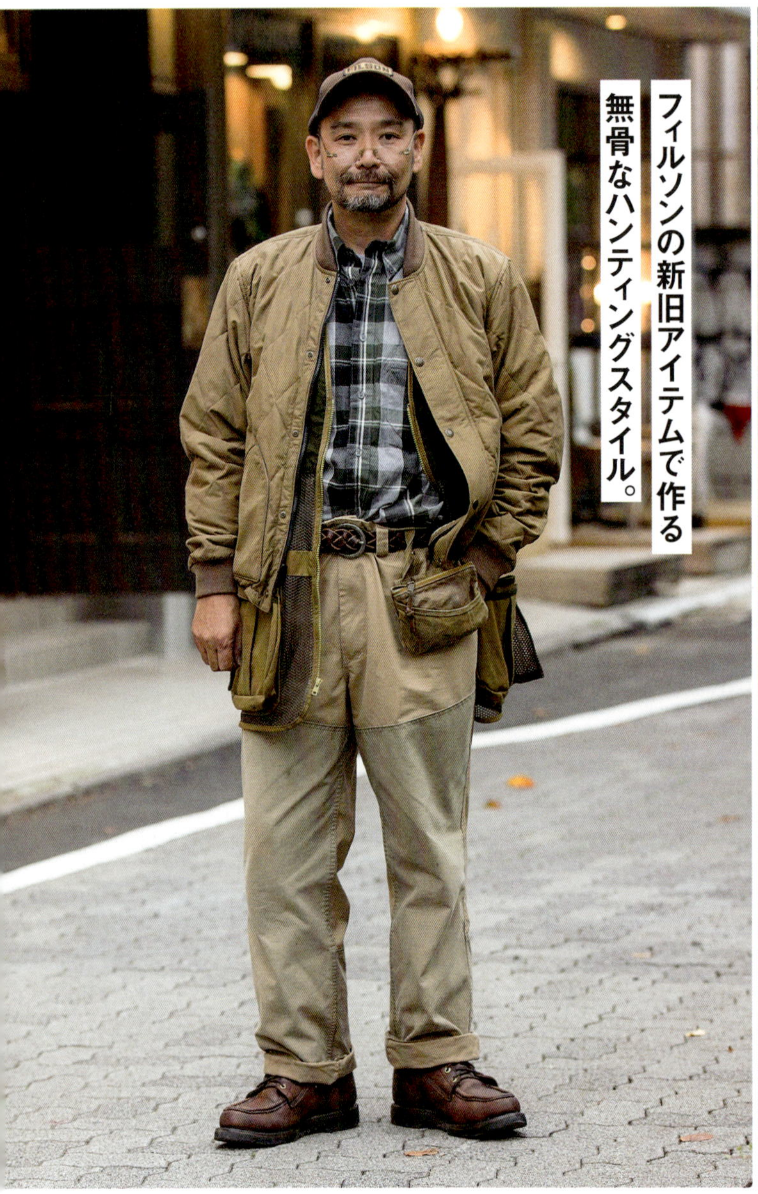

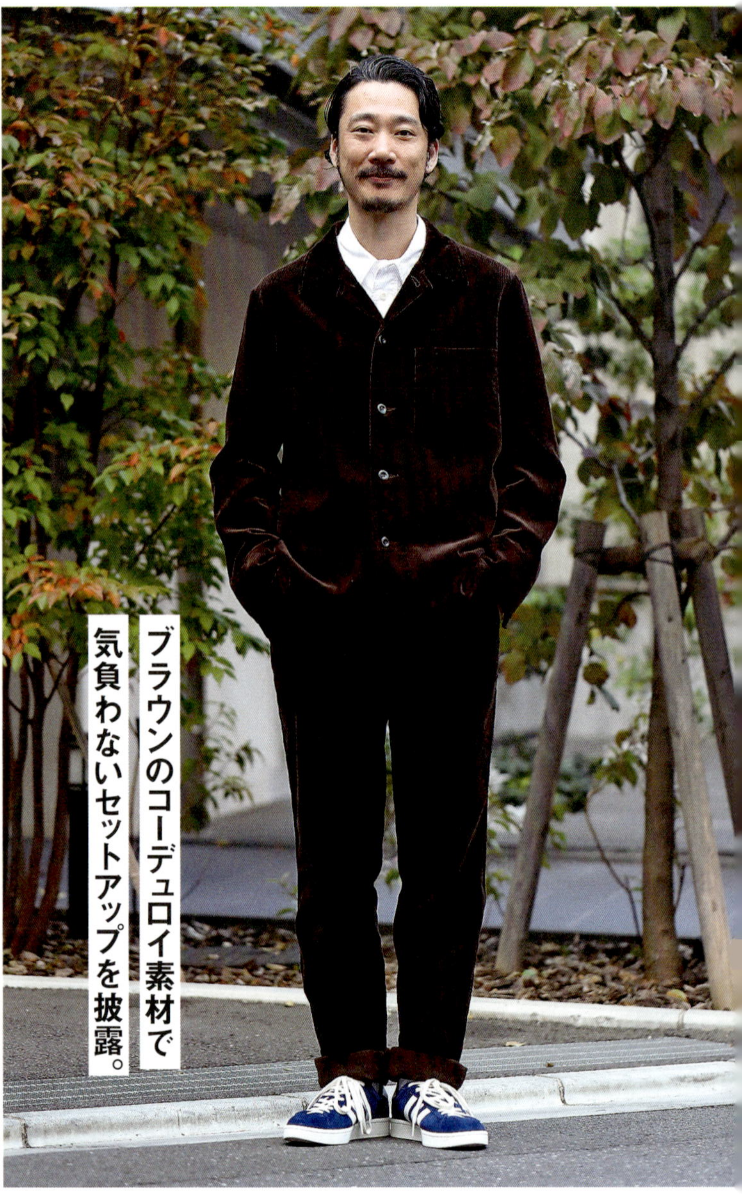

ONE TONE

007

Profile
アウターリミッツ
セールスマネージャー

柴山一加さん

日本初のフィルソンの旗艦店「フィルソン トウキョー ストア」などを展開するアウターリミッツのスタッフ。プライベートではフライ歴25年のベテランアングラーの顔も

Item
O：フィルソン
I：フィルソン(ハンティングベスト)、フィルソン(シャツ)
P：フィルソン
S：フィルソン
A：フィルソン(帽子)
ハルシオン(ベルト)

Comment 本来はアウターの上に羽織るオーバーベストを、ライナーブルゾンのインナーにレイヤード。シャツはインして腰回りがスッキリした印象に。「アースカラーをベースにしたハンティングスタイル。このベストはポケットが大きいからバッグも必要ないくらいです」

ONE TONE

006

Profile
アングローバル
PR

及川壮也さん

セレクトショップのプレスを経てアングローバルへ。マーガレット・ハウエルのメンズラインとMHLに関するPR業務を担当。流行に左右されないベーシックなものを愛する

Item
O：MHL
I：MHL
P：MHL
S：アディダス

Comment 上下をブラウンコーデュロイでコーデ。「セットアップにスニーカーを合わせるのが今年の気分。ワークジャケットとワークトラウザーのセットアップですが、濃いめのブラウンコーデュロイでシックに、白いホップサック素材のシャツでクリーンに見せてみました」

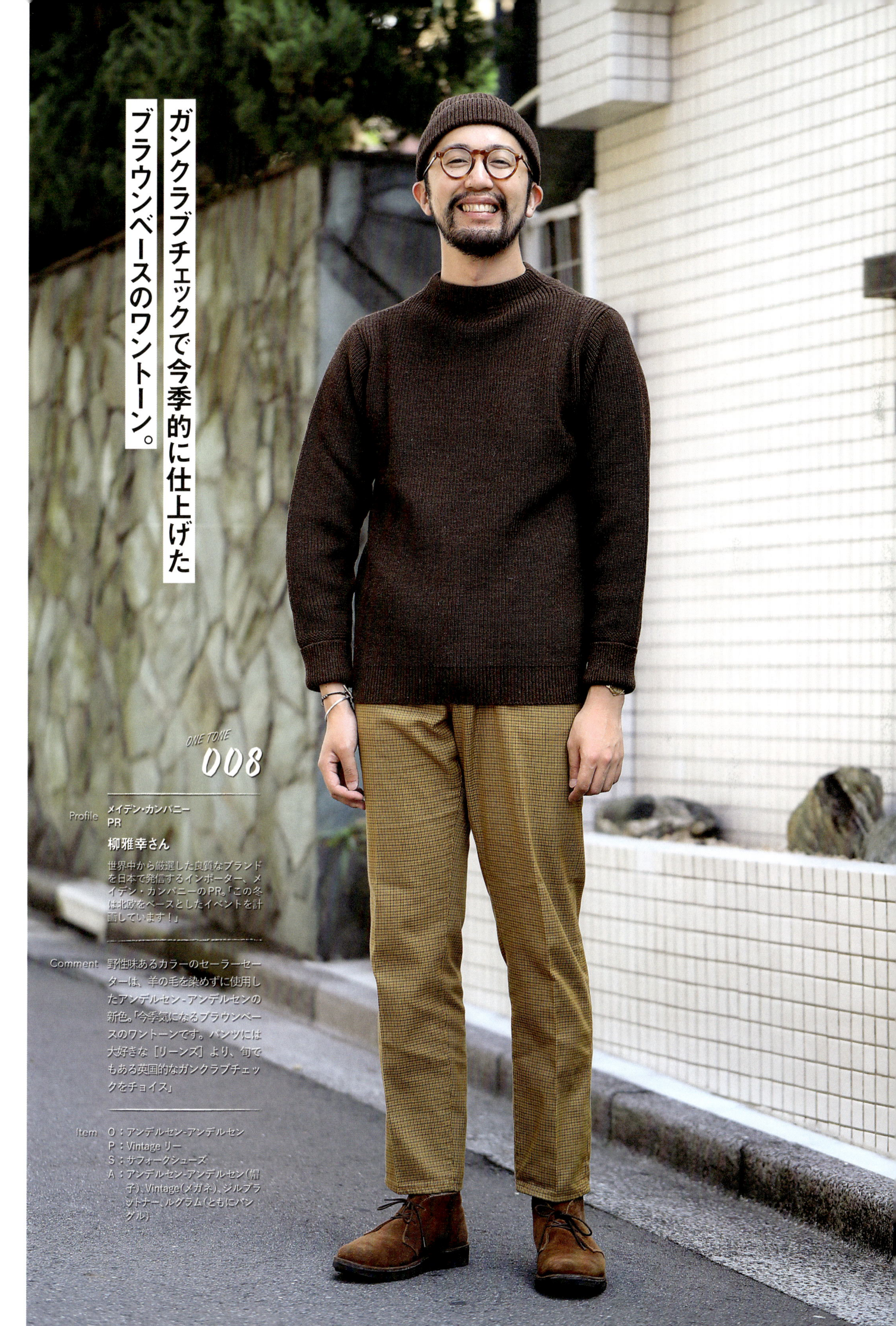

ガンクラブチェックで今季的に仕上げたブラウンベースのワントーン。

ONE TONE
008

Profile メイデン・カンパニー PR

柳雅幸さん

世界中から厳選した良質なブランドを日本で発信するインポーター、メイデン・カンパニーのPR。「この冬は北欧をベースとしたイベントを計画しています！」

Comment 野性味あるカラーのセーラーセーターは、羊の毛を染めずに使用したアンデルセン-アンデルセンの新色。「今季気になるブラウンベースのワントーンです。パンツには大好きな［リーンズ］より、旬でもある英国的なガンクラブチェックをチョイス」

Item
O：アンデルセン-アンデルセン
P：Vintage リー
S：サフォークシューズ
A：アンデルセン-アンデルセン（帽子）、Vintage（メガネ）、ジルプラットナー、ルグラム（ともにバングル）

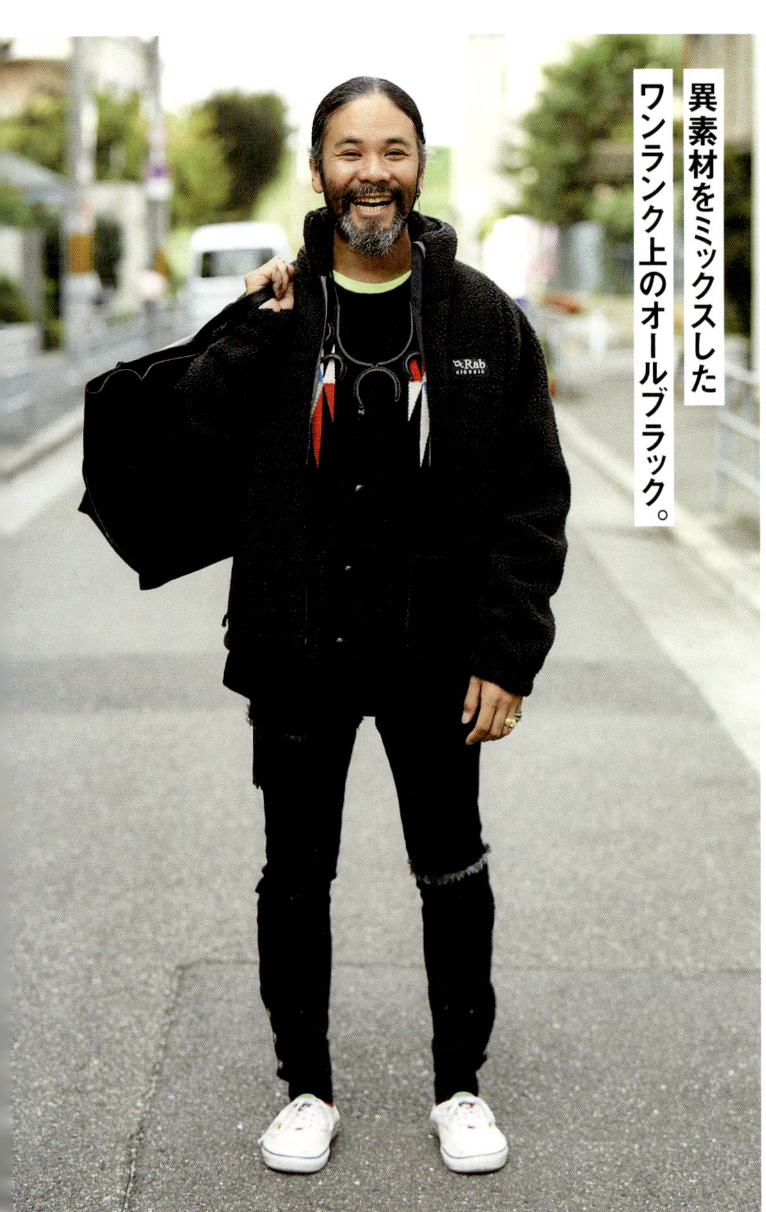

異素材をミックスした　ワンランク上のオールブラック。

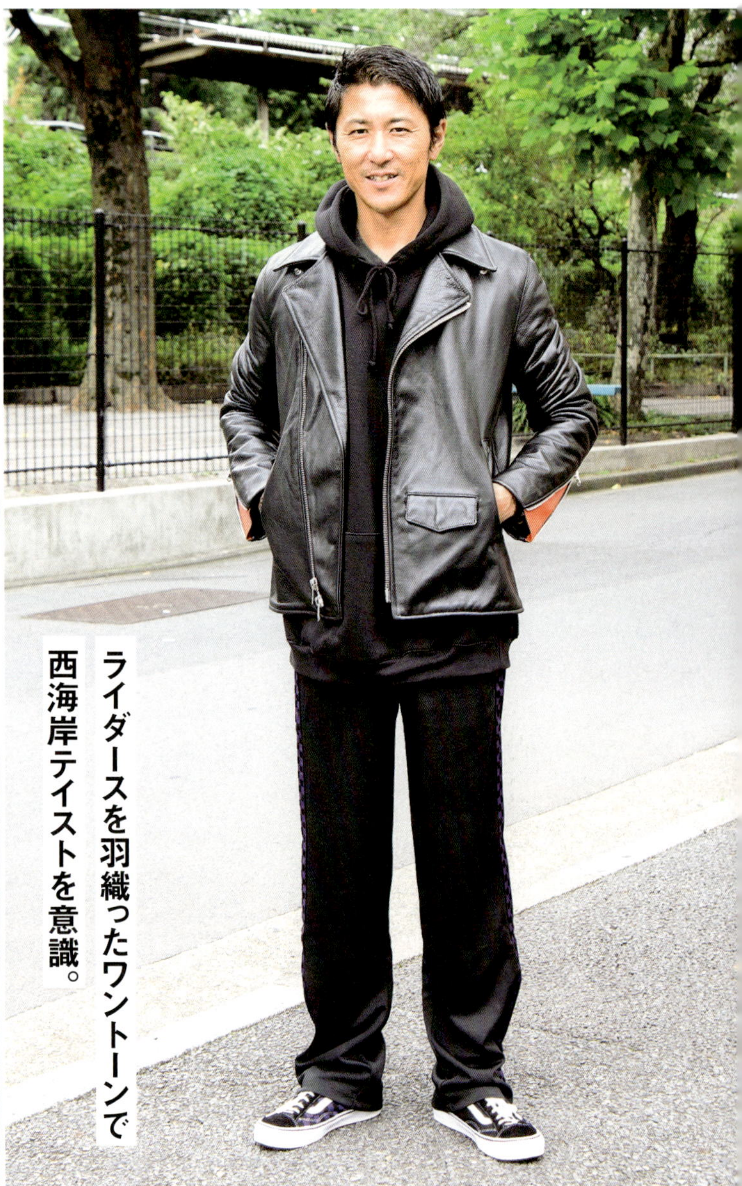

ライダースを羽織ったワントーンで　西海岸テイストを意識。

ONE TONE
010

Profile
イマジン
バイヤー兼ディレクター
谷篤人さん

大手セレクトショップのバイヤーを経て、この秋オープンしたセレクトショップ「イマジン」でバイイング&ディレクションを担当。インポートに対する造詣の深さは相当

Item
O：ラブ
I：Used オルテガチマヨ(ベスト)
　着もちええ服(カットソー)
P：フーワット
S：ヴァンズ×オッドフューチャー
A：クレッシオーニ(ネックレス)
　ディスウェイ(ベルト)
　アグネスバドゥ(バッグ)

Comment　ブラックで統一しながらも、チマヨベストやレザー製のインディアンアクセサリーなどネイティブアイテムを織り交ぜたオリジナリティ溢れるスタイル。「重たい印象にならないよう、フリースやレザーといった異素材をミックスし、機能美にフォーカスしました」

ONE TONE
009

Profile
ビリーズ
プレス
佐藤敬太さん

渋谷・原宿のシューズショップ「ビリーズ」のプレス。プライベートでは歴20年のベテランサーファー。「キャンプにハマったので今年は冬キャンプもしたいです」

Item
O：トニー×ヴァンソン
I：ベイサイド
P：バンズ×ビリーズ
S：バンズ×ビリーズ

Comment　ライダースとジャージを合わせたワントーンコーデ。「西海岸の雰囲気を意識した革ジャンスタイルです。バイカーっぽくない着こなしを目指しました。ライダースはルーズなサイズを羽織るような感じで着たいですね。シューズは今季のビリーズ限定モデルです」

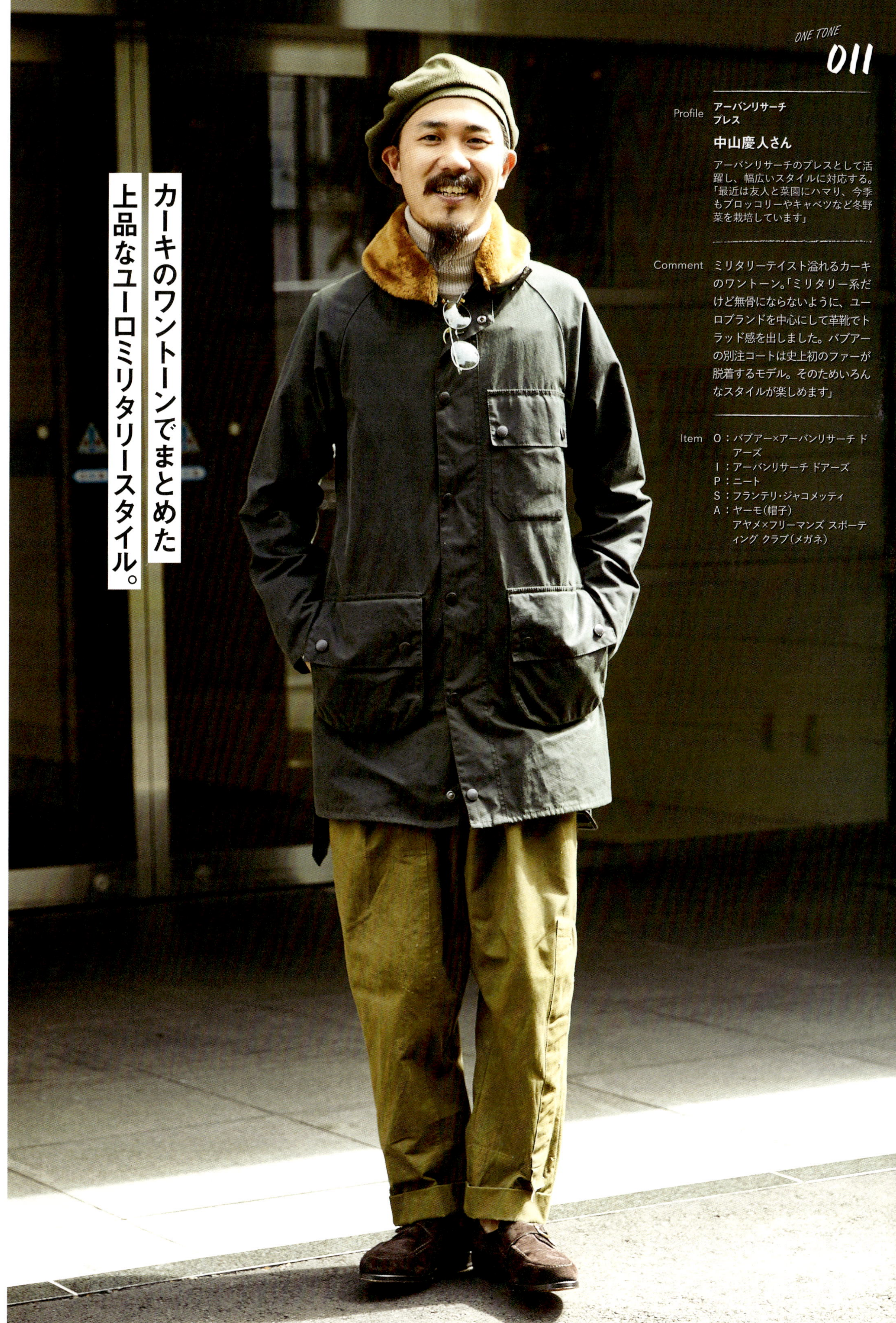

カーキのワントーンでまとめた上品なユーロミリタリースタイル。

Profile
アーバンリサーチ プレス
中山慶人さん

アーバンリサーチのプレスとして活躍し、幅広いスタイルに対応する。「最近は友人と菜園にハマり、今季もブロッコリーやキャベツなど冬野菜を栽培しています」

Comment
ミリタリーテイスト溢れるカーキのワントーン。「ミリタリー系だけど無骨にならないように、ユーロブランドを中心にして革靴でトラッド感を出しました。バブアーの別注コートは史上初のファーが脱着するモデル。そのためいろんなスタイルが楽しめます」

Item
O：バブアー×アーバンリサーチ ドアーズ
I：アーバンリサーチ ドアーズ
P：ニート
S：フランテリ・ジャコメッティ
A：ヤーモ（帽子）
アヤメ×フリーマンズ スポーティング クラブ（メガネ）

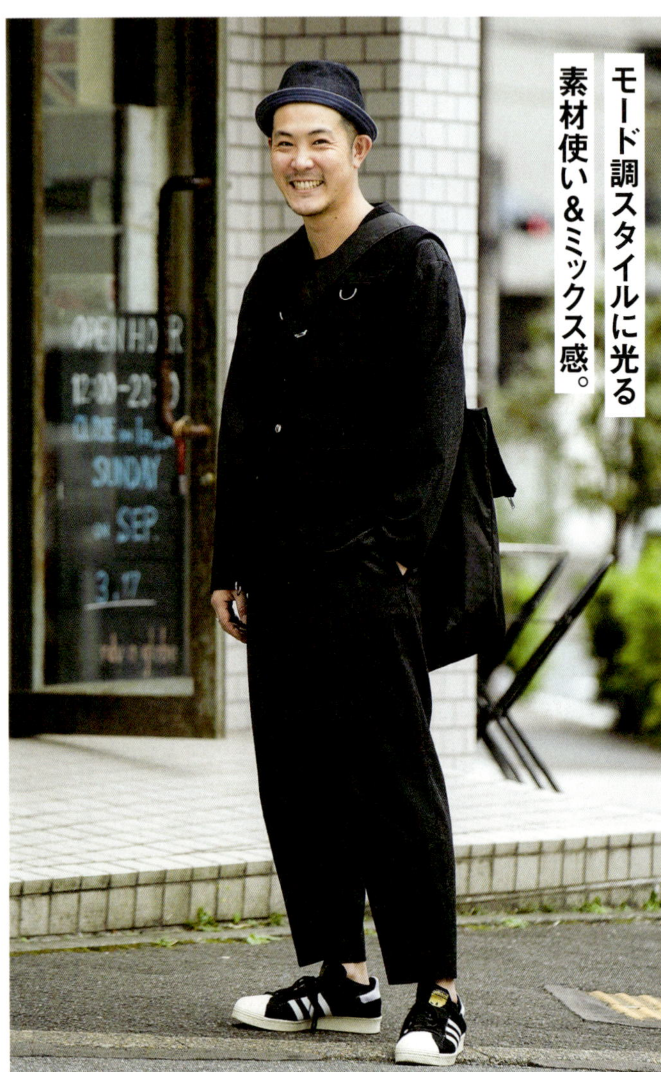

モード調スタイルに光る素材使い&ミックス感。

ONE TONE
012

←

Profile

ランデヴーオーグローブ
店長

松尾雄太さん

最先端モードとシーンのリアルな空気感をミックスし提案するセレクトショップ「ランデヴーオーグローブ」を取り仕切る。丁寧な対応とお客さん目線の提案力に信頼も厚い

Item

O：ロウン
I：ロウン
P：ロウン
S：アディダス
A：チェンマイ(ハット)
アルバム ディ ファミリア(バッグ)

Comment

「普段から色は3色以内に控えている」という流儀に従って、今回は黒を基調としたワントーン。その分「ウールの素材感で奥行きを出しスニーカーでこなれ感を作りました。アウトドア風のベストもこれなら街着として合わせられます」とシティアウトドアを実践

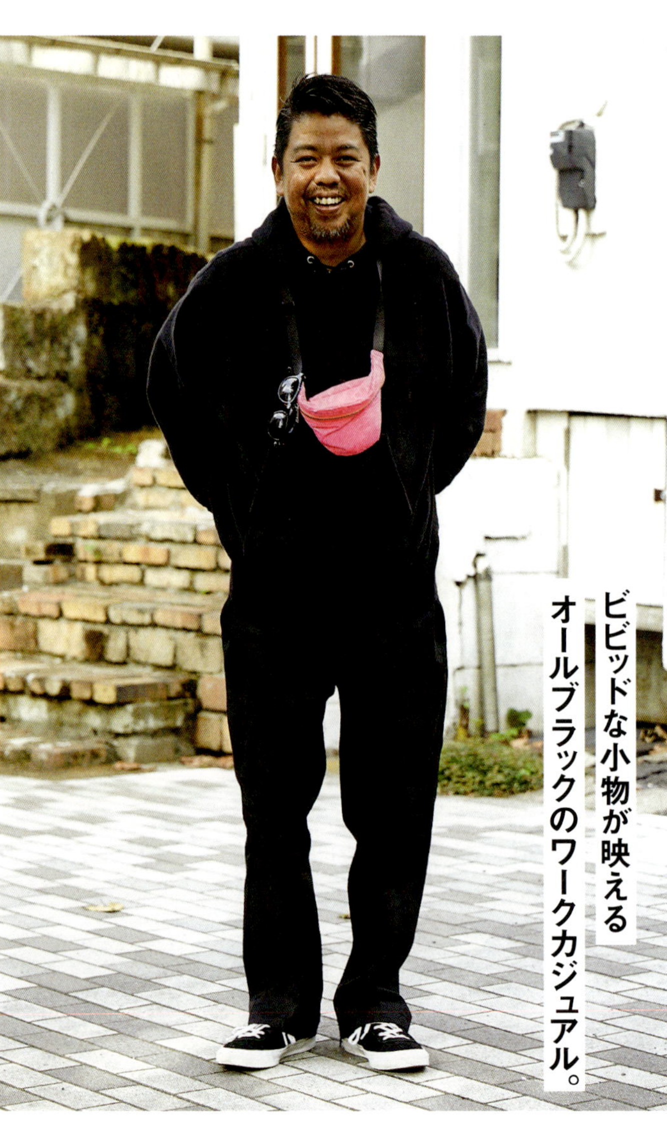

ビビッドな小物が映えるオールブラックのワークカジュアル。

ONE TONE
013

→

Profile

グッドオル
ディレクター

福田健太郎さん

ワークテイスト漂う無骨なアメカジを提案するブランド、グッドオルのディレクター。今季は定番ブランドとのコラボが充実している。休日はキャンプと温泉を満喫

Item

I：アンユーズド
P：グッドオル×ディッキーズ
S：コンバース
A：グッドオル×ポーター(ウエストポーチ)
グッドオル×金子眼鏡(サングラス)

Comment

プルオーバーのパーカとワークパンツという定番のアメカジコーデながら、ワントーンに抑え、小物をアクセントにすることで新鮮な印象に。「蛍光ピンクのポーチを主役にするためブラックで統一しました。ルーズになりすぎないシルエットもポイントです」

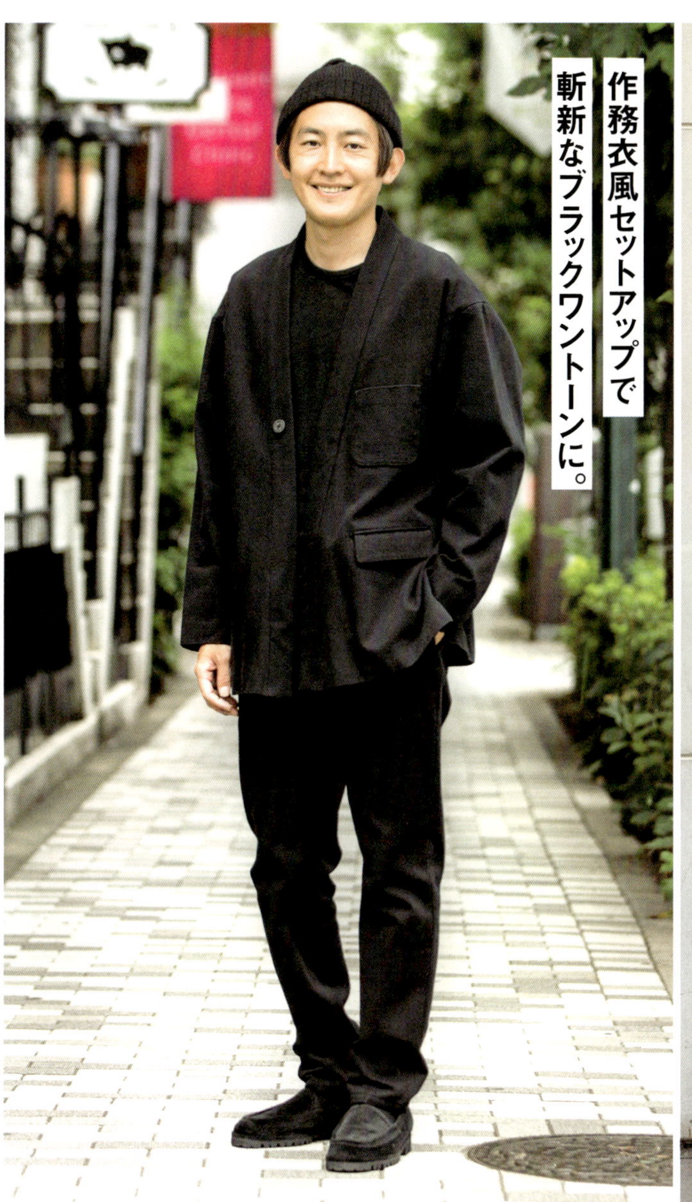

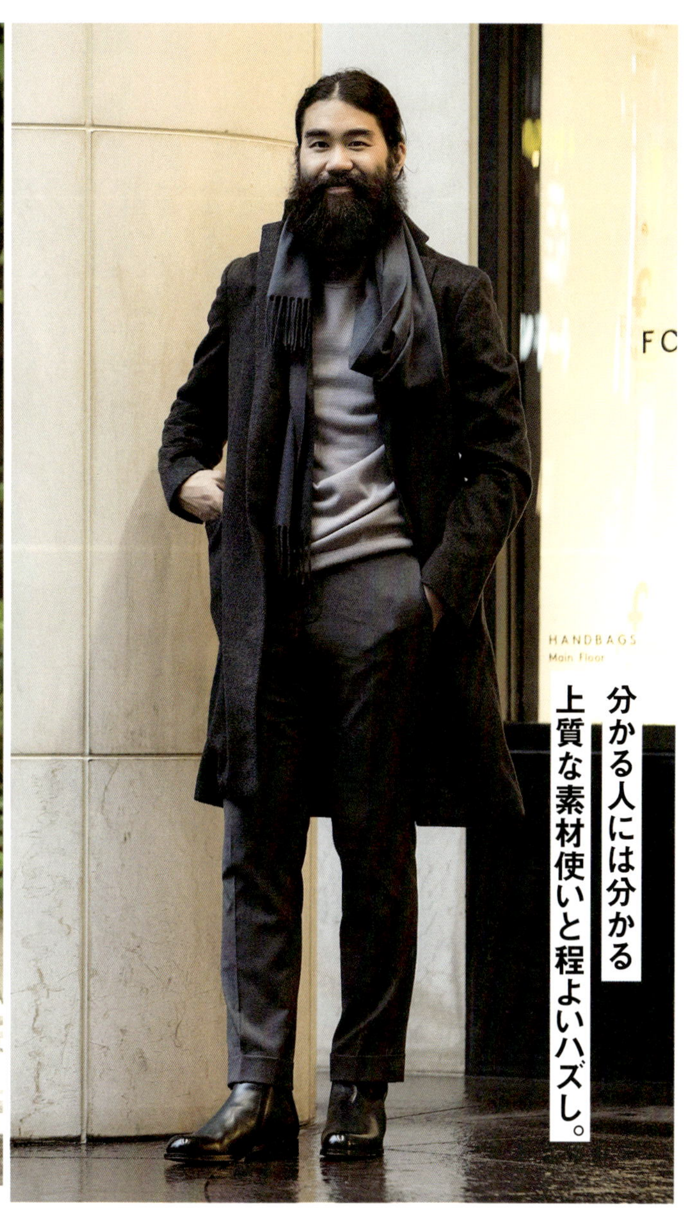

ONE TONE
015

Profile スタジオ・ファブワーク
ディレクター
水潤航さん

「アトリエショップ、08ブックにてスウェーデンを代表する陶芸家カール・ハリー・スタルハンの白と黒の希少なアートピースが展示販売中です。ぜひお越しください」

Item
O：08サーカス
I：08サーカス
P：08サーカス
S：ブローム×ハルモニア
A：ナインテイラー(帽子)

Comment 「作務衣風のセットアップは、固くなりすぎずカジュアルで少しラフな印象にまとまるので気に入っています」インナーのウールのロンTを含めて、オールブラックのコーデは重く見えがちだが、素材のトーンを変えてメリハリをつけているのがポイント

ONE TONE
014

Profile バーニーズ　ニューヨーク
メンズPR
新井慶太さん

上質で洗練されたファッションを提案するバーニーズ　ニューヨークのメンズPRを担当。サッカーの実力は業界でも屈指でディフェンダーとしてイタリアでプレーも経験

Item
O：ベルベスト
I：バーニーズ　ニューヨーク
P：インコテックス
S：ロジャー
A：コロンボ(マフラー)

Comment 「相手を引き立てる洋服選び」を信条に、グレーを基調としたシックなスタイルを披露。「さりげなさこそオシャレに大切」と語るだけに、選んだアイテムはカシミアビーバーのアウターやカシミアのマフラー。上質素材を使ったシンプルなアイテム選びも注目

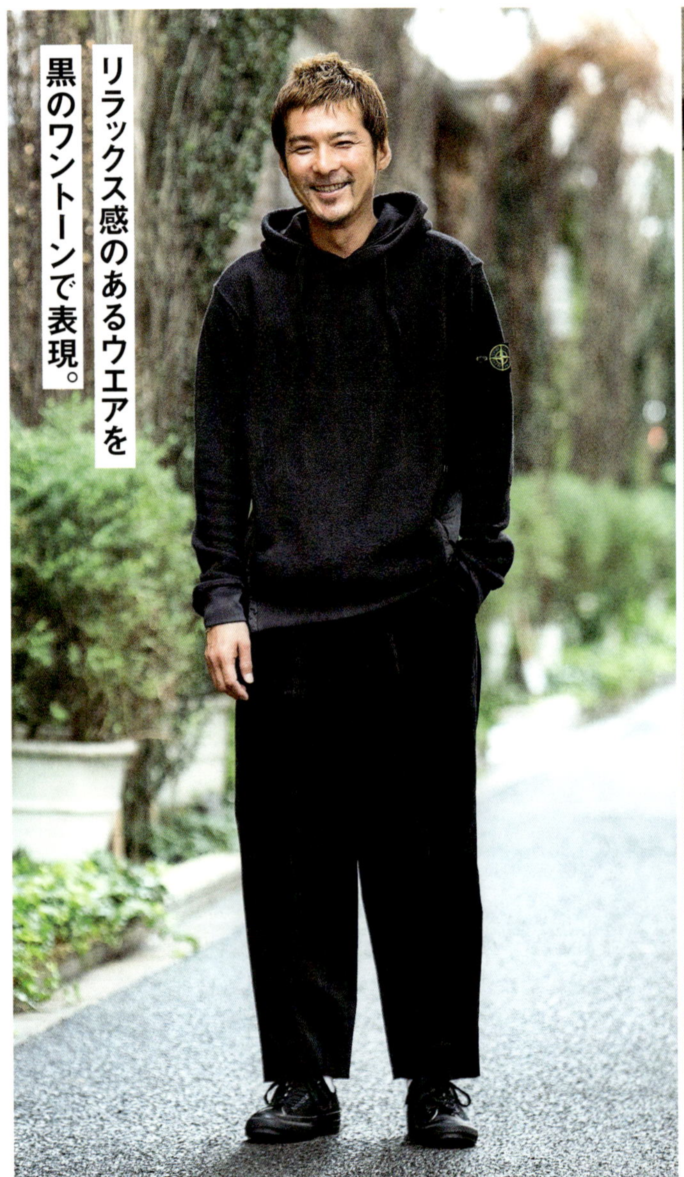

ONE TONE
017

Profile
アメリカンラグ シー
広報部マネージャー／コンセプター

中根吉浩さん

アメリカンラグ シーの広報部マネージャー兼コンセプターとして販売促進をはじめ、メンズのディレクションを担当。音楽、自転車、サーフィンなど幅広い趣味の持ち主

Item
O：ストーンアイランド
P：マーカウェア
S：コンバース アディクト

Comment 「海外出張も多いためよく袖を通すのがタクティカルウエアやワンマイルウエア」とのことだが、あくまで意識するのは都市とのリンク。ワントーンの着こなしや艶やかなワイドパンツはその表れで、フリース地のパーカを加えリラックス感あるモードを構築

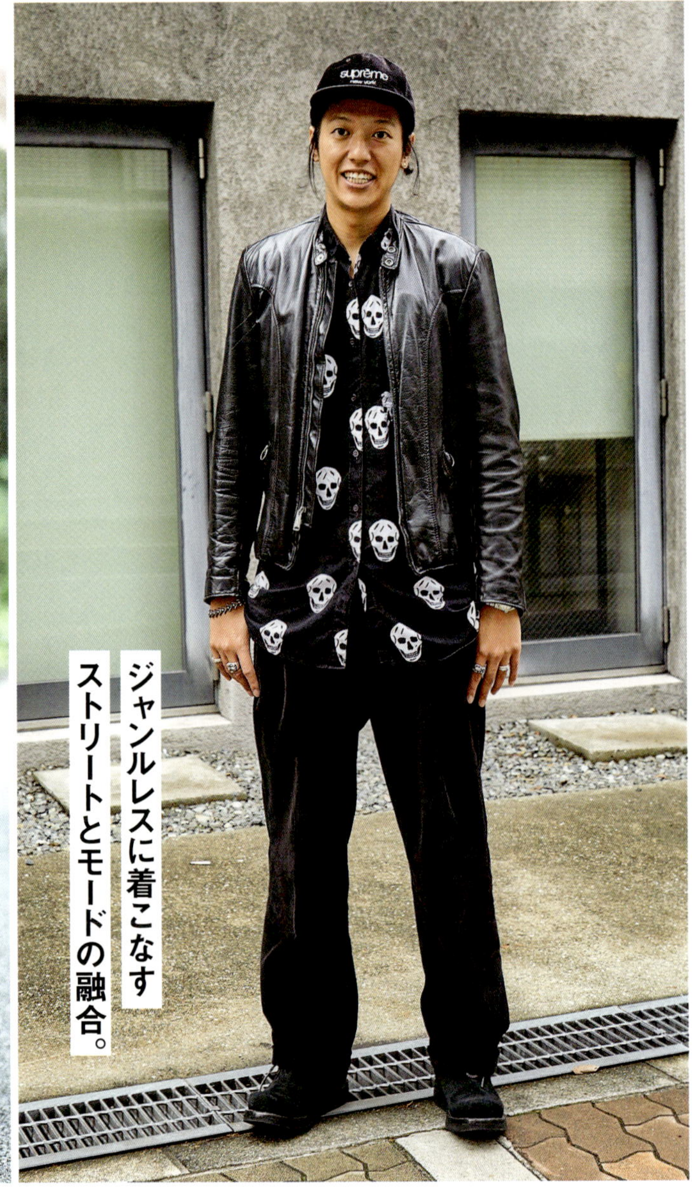

ONE TONE
016

Profile
エースナイン
代表

佐井洋児さん

ソリアやクーチューキャンプといった、日本のみならずワールドワイドに支持を集めるジャパンブランドを数多くディレクション。188㎝の長身を活かした着こなしも注目

Item
O：Vintage
I：Vintage
P：コム デ ギャルソン
S：ユケテン
A：シュプリーム（帽子）
　クロムハーツ（リング）

Comment デザイナーズブランド×古着によるミックススタイルも黒でまとめることで、洗練されたモードな表情に。「レザージャケットやスカルモチーフのインパクトが和らぐよう、キャップとボトムをコーデュロイ素材でまとめて落ち着いた印象に工夫しています」

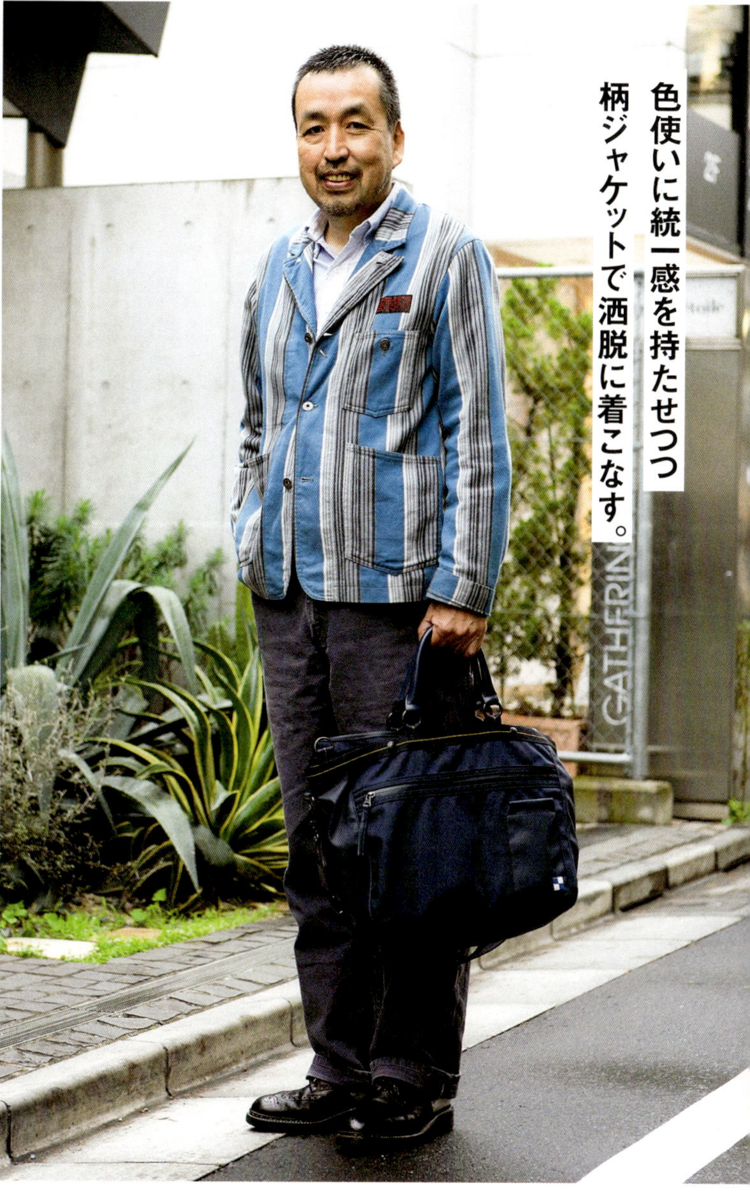

色使いに統一感を持たせつつ柄ジャケットで洒脱に着こなす。

ONE TONE

018

Profile ハーヴェスト コーポレーション 取締役

渋谷良明さん

バッグ業界に携わって約30年。「そろそろ秋冬の新作も出揃います。それに合わせて特別なフェアを開催。購入していただいた方にオリジナルノベルティを進呈します」

Item
- O：エンジニアド ガーメンツ
- I：ブラックフリース バイ ブルックスブラザーズ
- P：カーハート
- S：トリッカーズ×ネペンテス
- A：ハーヴェスト・レーベル（バッグ）

Comment 「ワントーンでも全身無地だと味気ないので、柄物を取り入れることでスタイルにメリハリをつけました。“クレイジーワントーン”と呼んでいます」。トップはライトブルーを使い、ボトムスとバッグはネイビーでまとめ、美しいカラーグラデーションを描いている

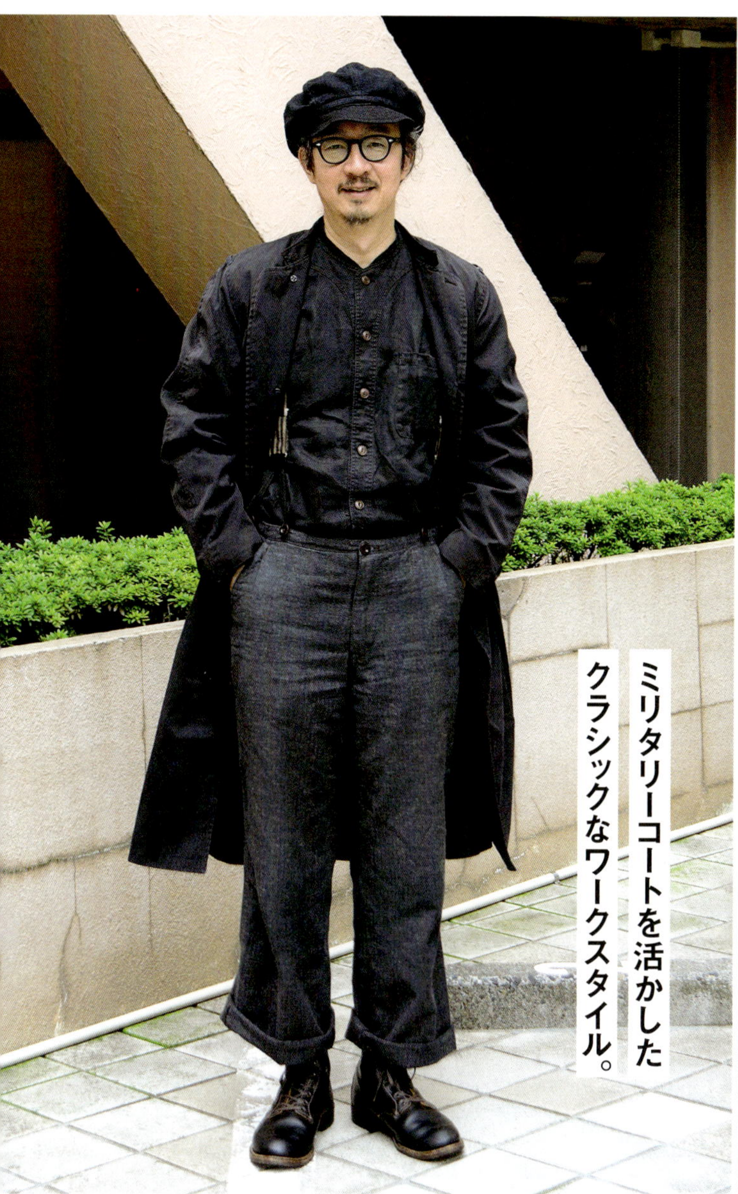

ミリタリーコートを活かしたクラシックなワークスタイル。

ONE TONE

019

Profile レッド・ウィング ジャパン 代表

鈴木理也さん

10代の頃からアメリカやヨーロッパを巡ってきたレッド・ウィング・ジャパンの代表。「今秋は個人的にも好きな、先芯のない'20年代風6インチブーツをリリースしました」

Item
- O：Used
- I：ジャンゴ アトゥール
- P：アジャスタブルコスチューム
- S：レッドウィング
- A：Vitange（サスペンダー）、モスコット（メガネ）、ハイライト（キャップ）

Comment ブラック系でまとめたクラシックなワークスタイル。ワイドパンツにはサスペンダーもセットしている。「今回のコーデは'20年代テイストのブーツを中心に組みました。アウターはミリタリーコートですが、ワークっぽいテイストがお気に入りです」

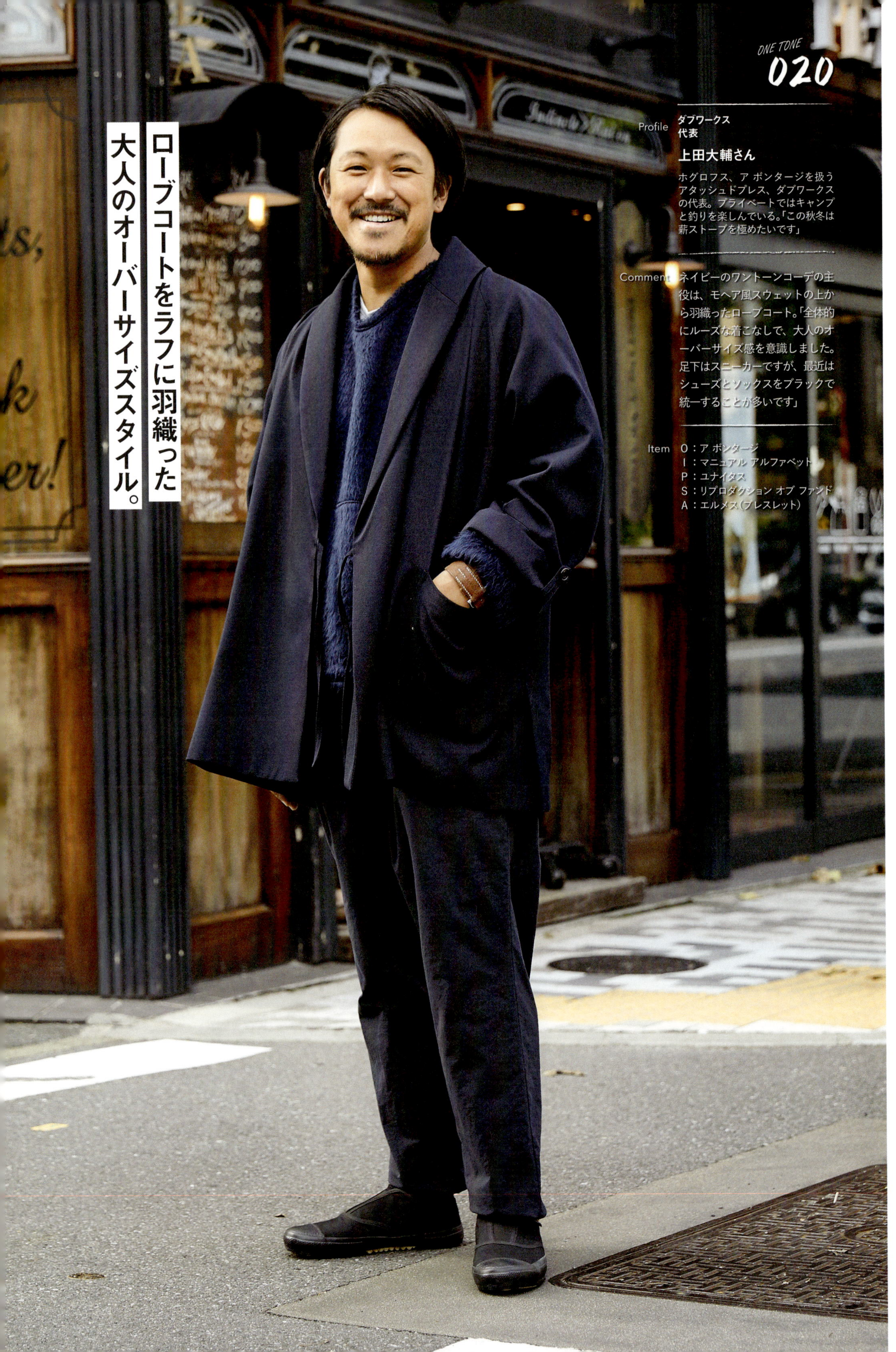

ONE TONE
020

ロープコートをラフに羽織った大人のオーバーサイズスタイル。

Profile ダブワークス
代表

上田大輔さん

ホグロフス、ア ボンタージを扱うアタッシュドプレス、ダブワークスの代表。プライベートではキャンプと釣りを楽しんでいる。「この秋冬は薪ストーブを極めたいです」

Comment ネイビーのワントーンコーデの主役は、モヘア風スウェットの上から羽織ったローブコート。「全体的にルーズな着こなしで、大人のオーバーサイズ感を意識しました。足下はスニーカーですが、最近はシューズとソックスをブラックで統一することが多いです」

Item O：ア ボンタージ
I：マニュアル アルファベット
P：ユナイタス
S：リプロダクション オブ ファンド
A：エルメス（ブレスレット）

スナップから見えてきた

この秋履くべき革靴とスニーカー

200人を超えるファッション業界人をスナップするとそこから、今シーズンの足下の"正解"が見えてきた。注目したい革靴&スニーカートピックスをご紹介。

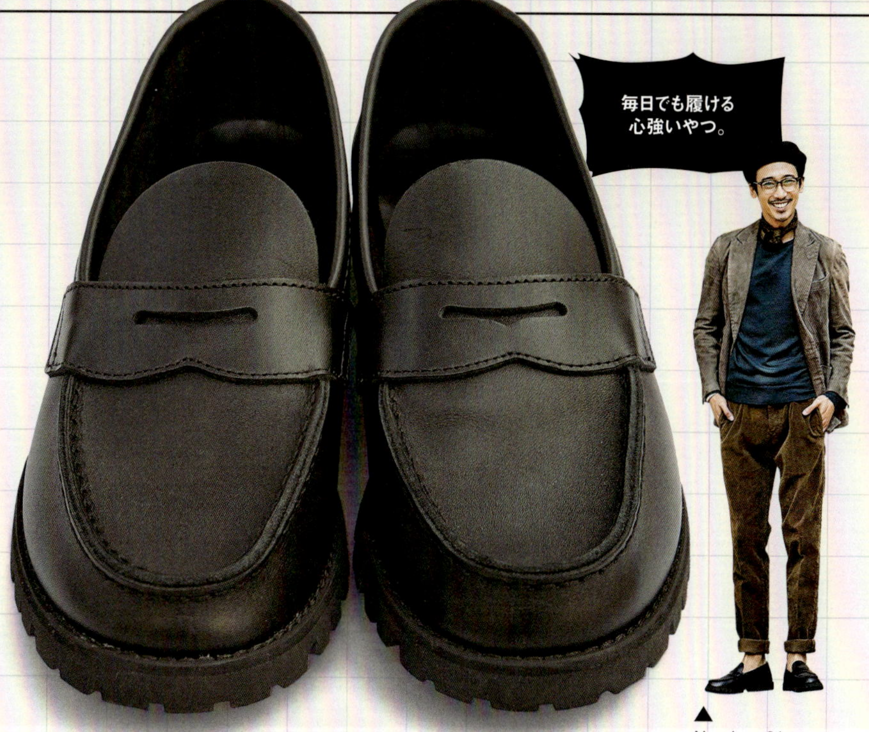

Number_01

シップス/プレス
相田正輝さん

オーランドスコーン
ローファーの原点のブランド。肉厚なソールは堅牢で、歩行時も安定

Theme _01

「手軽さと万能性のローファーとスリッポンが1番人気でした。」

革靴で最も多くの人が着用していたモデルはローファー&スリッポン。コーディネイトを選ばない汎用性がその最たる魅力だろう。ソールが厚い主張強めに人気が集中。

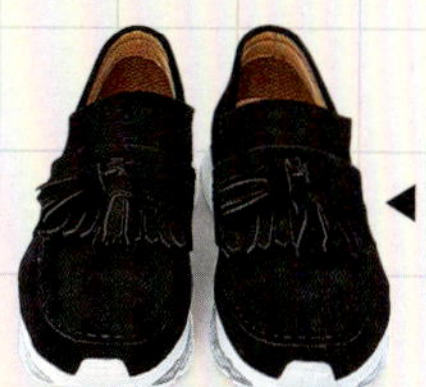

Number_04

オッドナンバーズ
ディレクター兼フィッター
末廣一仁さん

トモ&シーオー
クラシカルなアッパーとハイテクソールの個性的な組み合わせがポイント

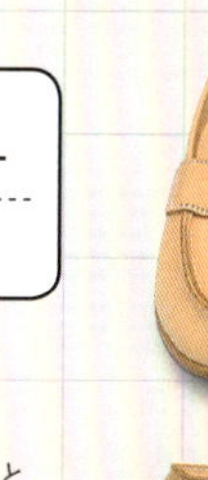

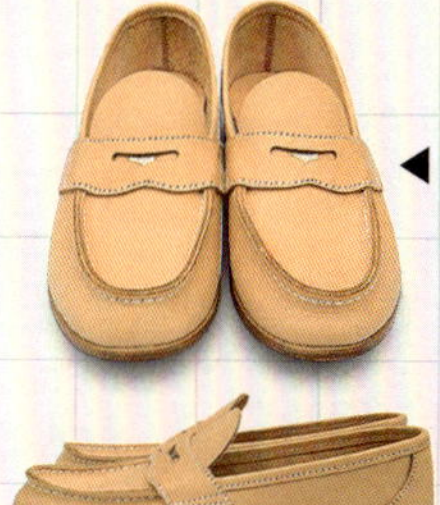

Number_03

レショップ
コンセプター
金子恵治さん

オーランドスコーン
無染色のクリーンなルックスが新鮮。強固な作りも同ブランドならでは

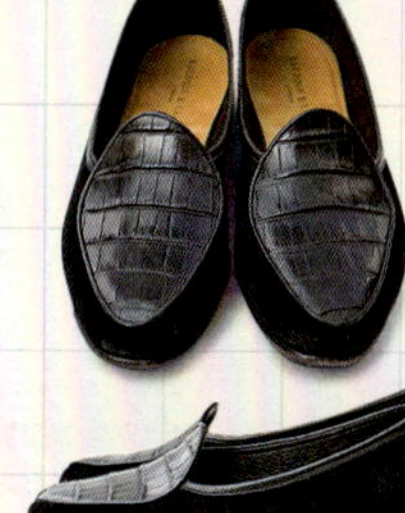

Number_02

オカペアンドパートナーズ
専務取締役
岡部成哲さん

ボードワン アンド ランジ
歴史あるベルジャンシューズからインスパイアされた細身のデザイン

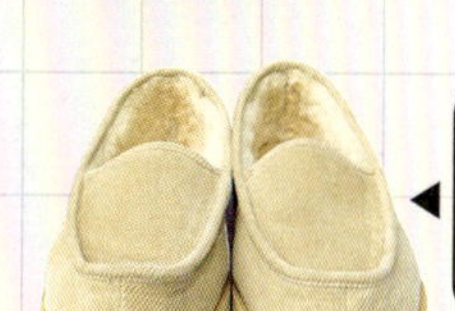

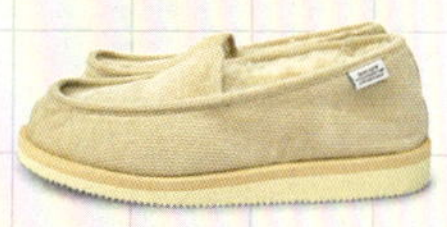

Number_07

アウンPR/代表
名村恒毅さん

スイコック
ライナーにフワフワのボアを投入。優れた保温性や優しい履き心地は格別

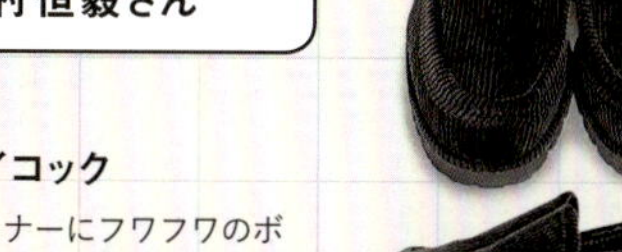

Number_06

スタジオ・ファブワーク
ディレクター
水潤航さん

ブローム×ハルモニア
ブロームにセクレトショップ「ハルモニア」が別注したコーデュロイ仕様

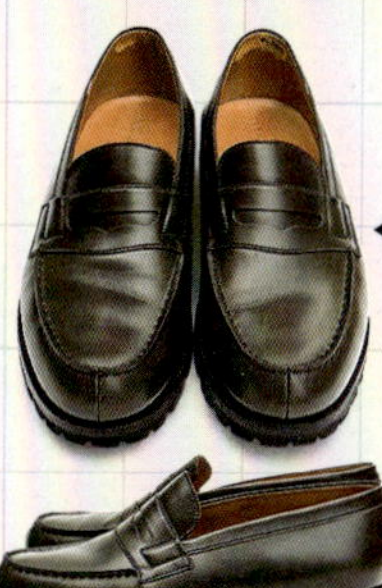

Number_05

フリーランス
デザイナー
大貫達正さん

ジェイエムウエストン
欲しい色がなかったという理由で自らオリーブグリーンに染色した一足

COLUMN **スリッパなんて、上級者の選択も。**

スリッパは家で履くもの。なんて古風な考えではトレンドから追いてかれてしまう。ファッション上級者たちは、秋でもソックスを見せながらの"お洒落スリッパ"で個性を主張してくれた。

ネストローブ コンフェクト ディレクター
宮之原健さん

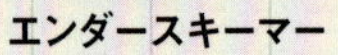

エンダースキーマー
足の甲を覆うのは毛並みの美しいハラコ素材。実にエレガント

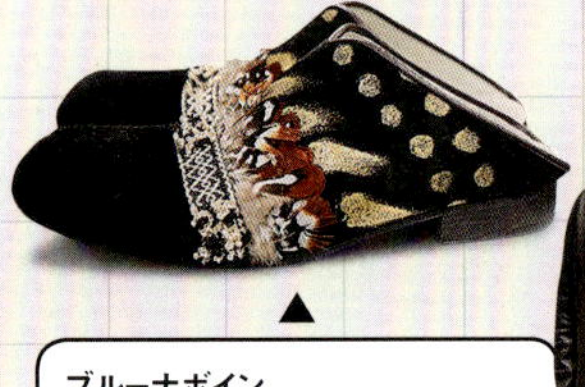

ブルーナボイン デザイナー
辻マサヒロさん

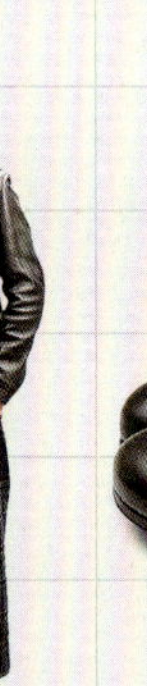

ジュコ
スリッポンながらも、ムートン素材が季節感を演出してくれる

アナクロノーム プレス
藤田貴久さん

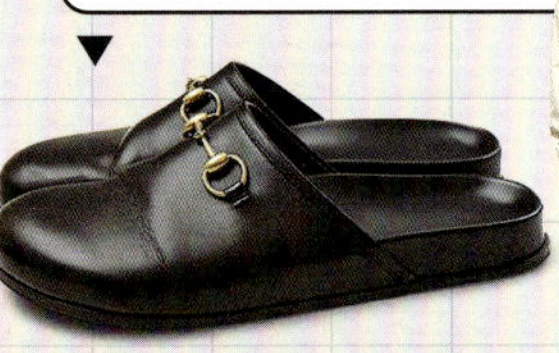

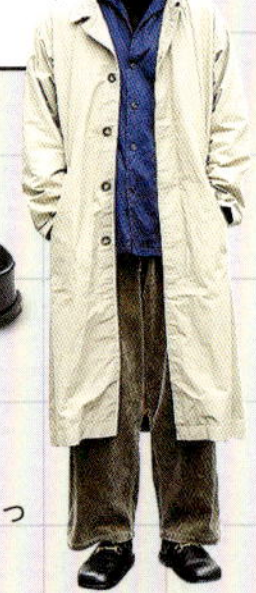

グッチ
ホースビットがアクセントになったハイエンドなレザーサンダル

Number_13
八木通商 メンズPRマネージャー
大畑広志さん

ジェイエムウエストン
名作、180シグネチャーローファー。こちらは秋らしいスウェード仕立て

Number_08
スタンダードカリフォルニア ディレクター
阿久戸秀高さん

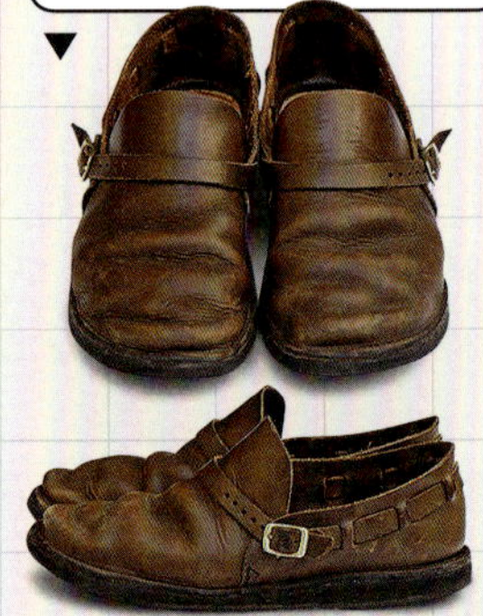

オーロラシューズ
米国はオーロラ村の小さな工房で生まれた一足。愛らしいフォムルが特徴

Number_09
グラッシーズ 常務取締役
漆畑博紀さん

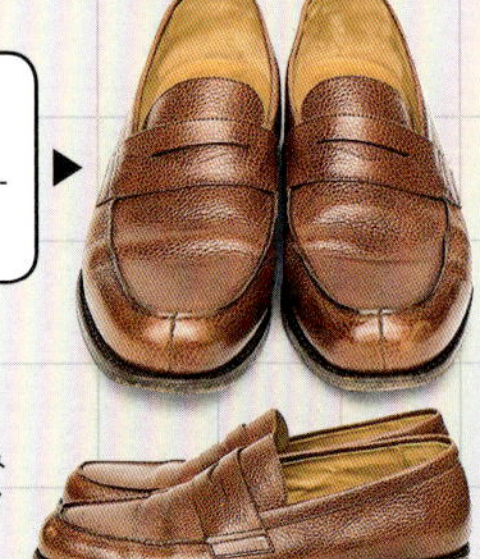

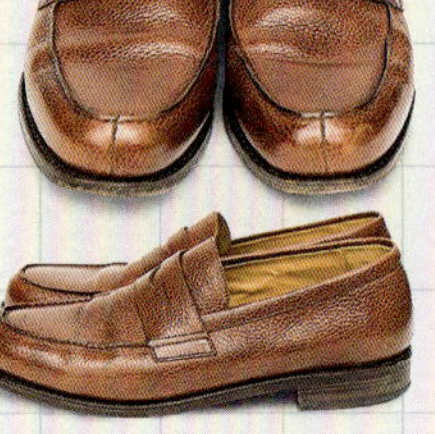

パラブーツ
光沢感があり明るい色みのブラウンカラーはスタイルに軽さをもたらす

Number_12
Pt.アルフレッド 店長
本江浩二さん

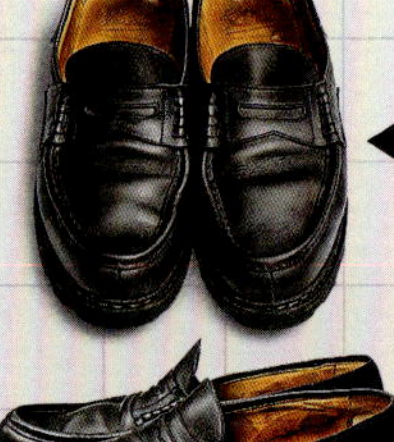

パラブーツ
チロリアンシューズの名作［ミカエル］のローファーバージョン［ランス］

Number_11
ネペンテス 東京 ショップマネージャー
山崎徹さん

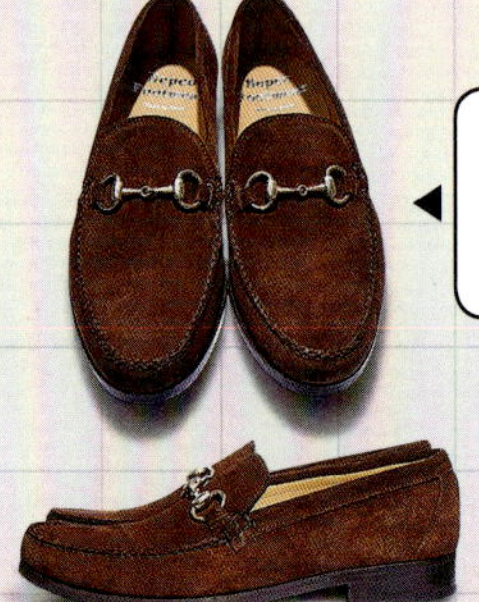

ネプコ フットウエア
カジュアルなスタイルにも対応するスウェード素材のビットモカシン

Number_10
レショップ ショップマネージャー/プレス
古明地拓郎さん

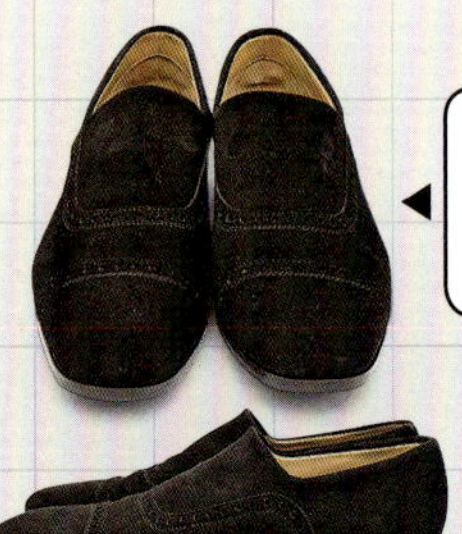

マルテガーニ
イタリア発のファクトリーブランド。素足でも履きたい軽快な履き心地

Theme _02

スウェードでカジュアルと大人っぽさのイイトコどり。

カジュアルな印象をもちながらも、大人っぽく履けるスウェードシューズは、多く取り入れられていた注目アイテムのひとつ。秋らしいブラウンやベージュカラーが中心だ。

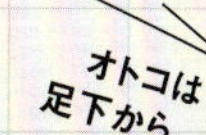

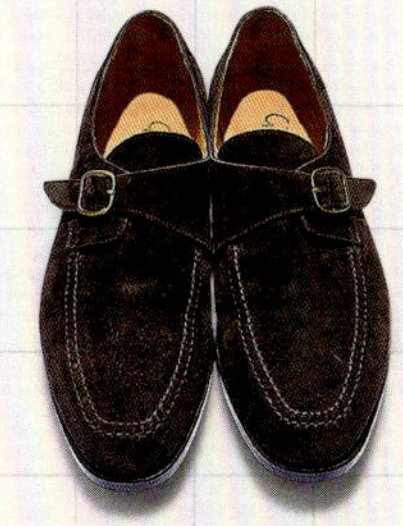

Number_03

アーバンリサーチ
プレス

中山慶人さん

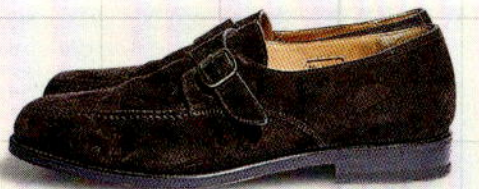

フランテリ・ジャコメッティ

イタリアらしいエレガントなシルエットとモンクストラップが印象的な一足

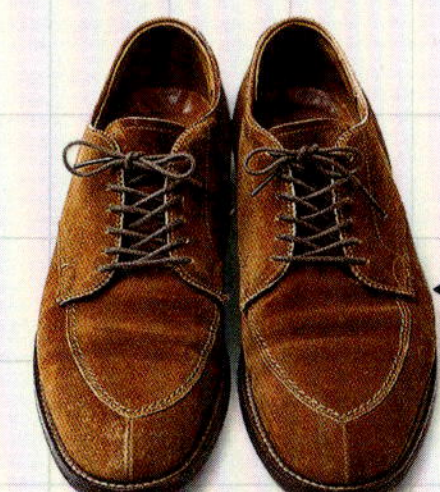

Number_02

バーンストーマー
ディレクター

海老根モンロウさん

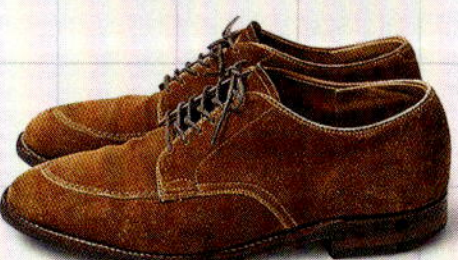

オールデン

ブランドの代表作Vチップ。柔らかな革と外羽根式の作りで足馴染みもいい

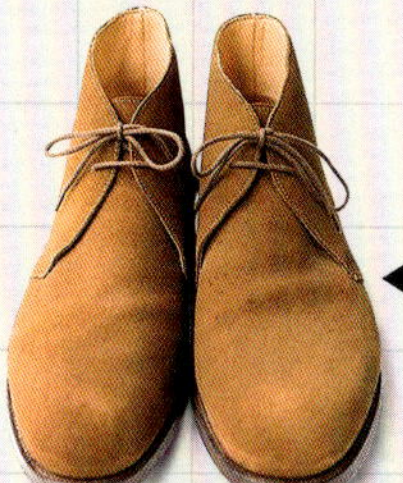

Number_01

グリフィン
インターナショナル
営業

香取宗一郎さん

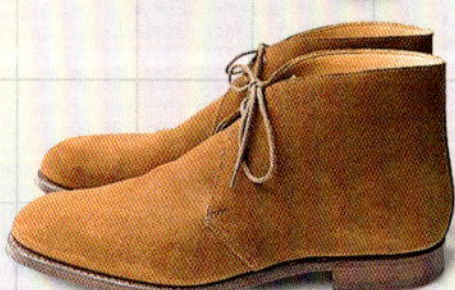

クロケット&ジョーンズ

ラストが細いスウェードのチャッカブーツはノーブルな雰囲気が漂う

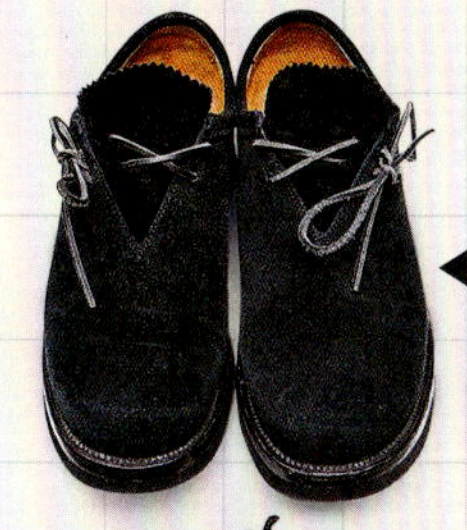

Number_06

エースナイン
代表

佐井洋児さん

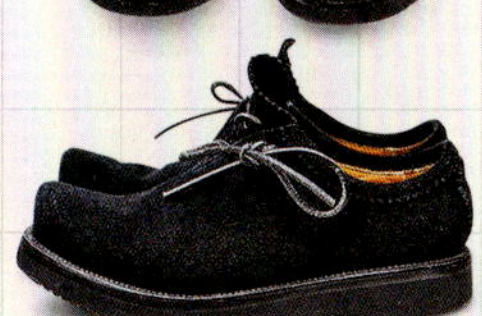

ユケテン

反り返りながらも、ぽってりとしたトゥをもつ珍しいデザインが他になく新鮮

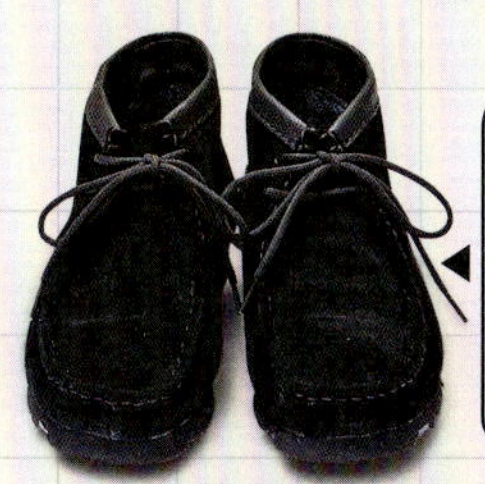

Number_05

ビームス
プレス

松下圭さん

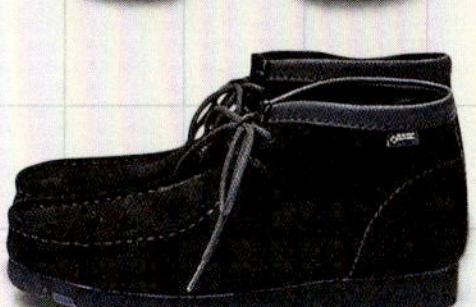

クラークス オリジナルズ

ゴアテックスライニングが施された［ワラビー］。全天候下での活躍必至

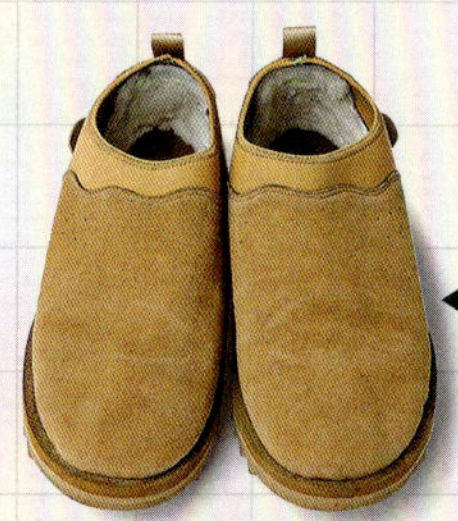

Number_04

ビューティ&ユース
プレス

児玉孝志さん

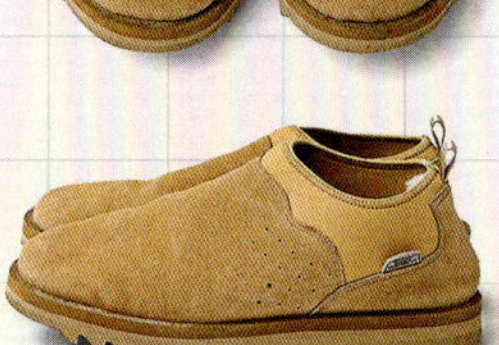

スイコック

サンダルと違うモダンな印象のムートンスリッポン。ビブラム社のソールを採用

この汎用性は
恐るべし。

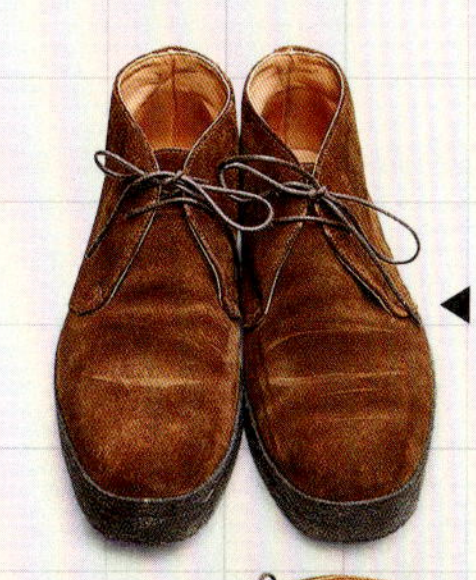

Number_09

ザボウ/オーナー

谷川明良さん

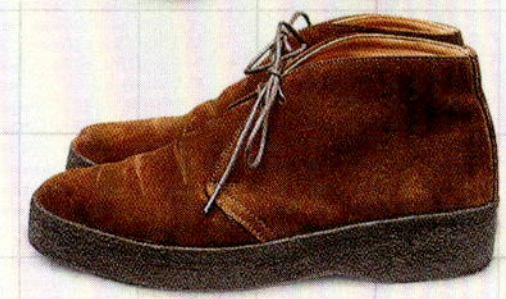

サンダース

トラッドスタイルにハマりながらも、ガムソールがスニーカー並の歩きやすさ

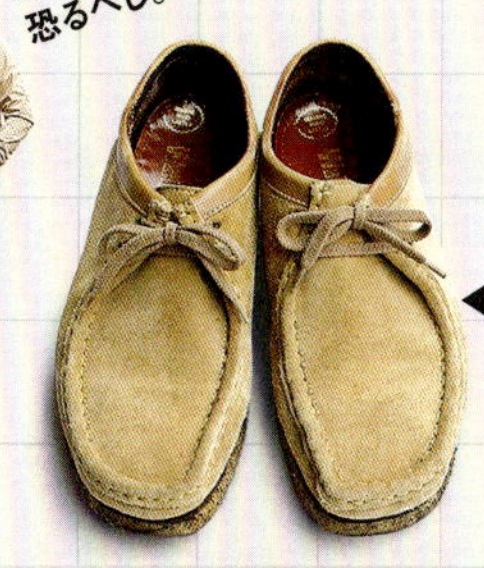

Number_08

アーバンリサーチ
プレス

岡田親洋さん

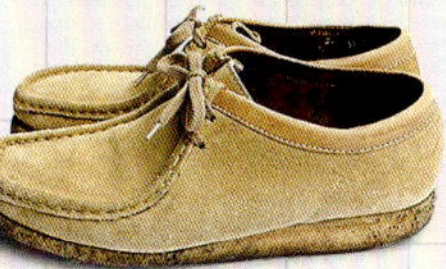

パドモア&バーンズ×アナトミカ

通常よりもスッキリとした品のあるデザインの別注品。こちらはレディスモデル

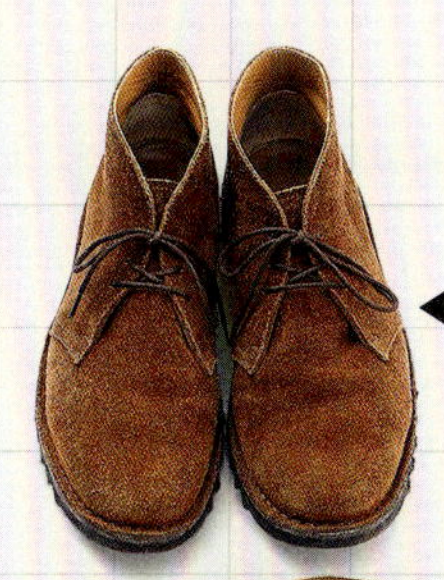

Number_07

メイデン・カンパニー
PR

柳雅幸さん

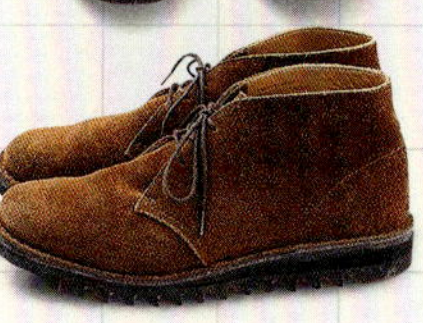

サフォークシューズ

その名の通り英国はサフォーク州のブランド。すべての工程がハンドメイド

Theme _03

ブーツ人口急増中!
ブーム勃発の予感です。

主張のあるシューズが足下を賑わす昨今は、ブーツも注目すべきキーアイコン。品がよく扱いやすいドレスブーツだけでなく、ワークブーツやエンジニアなど個性も出しやすい。

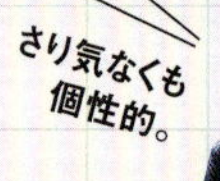

Number_01

SDI
セールス

小西宏樹さん

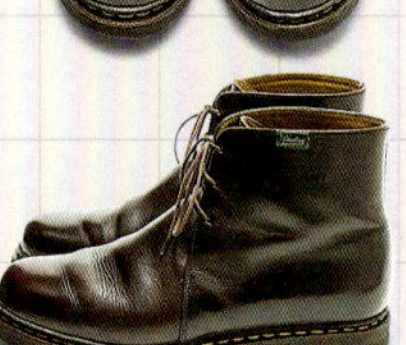
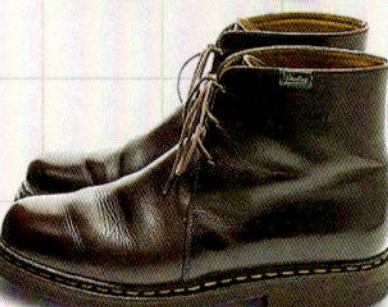

パラブーツ

上品さと無骨さがバランスよく融合した独自のシルエットが魅力のチャッカ

Number_02

ハミングバーズヒル ショップ
プレス

小林直人さん

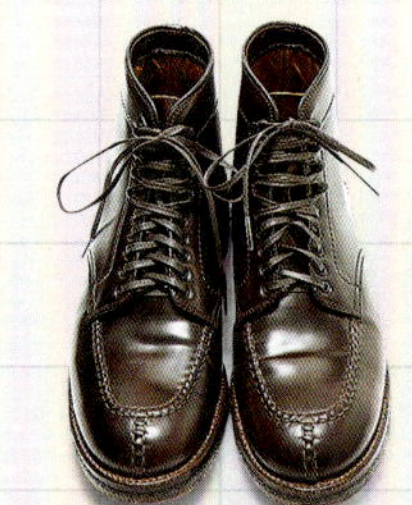
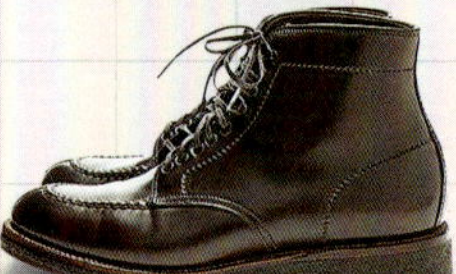

オールデン

デニムスタイルにもマッチするオールデンの名作モデル、タンカーブーツ

Number_03

バーガス プラス
ディレクター

谷口修さん

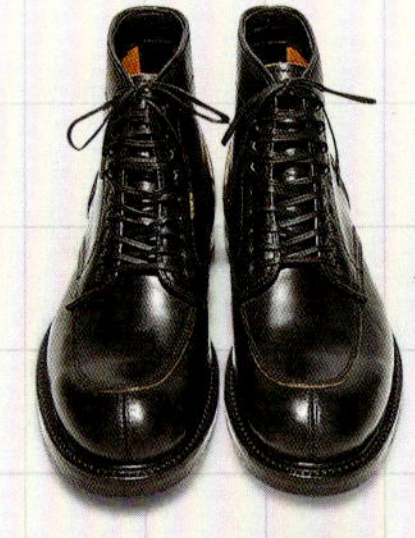
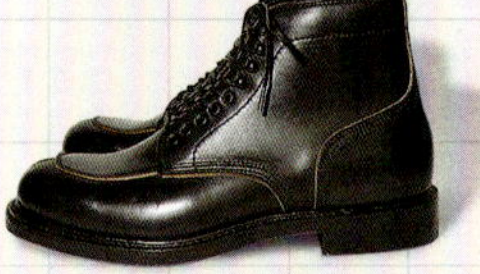

ウィールローブ

旧きよきアメリカを日本の職人技術で再構築した一足。上品な経年変化も魅力

Number_04

デサント
ショップディレクター

植木宣博さん

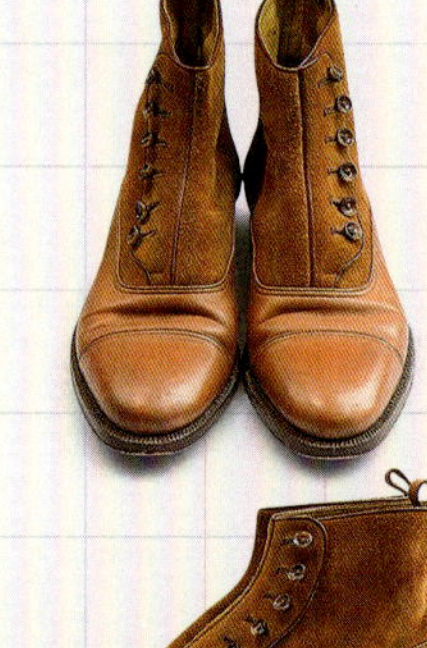
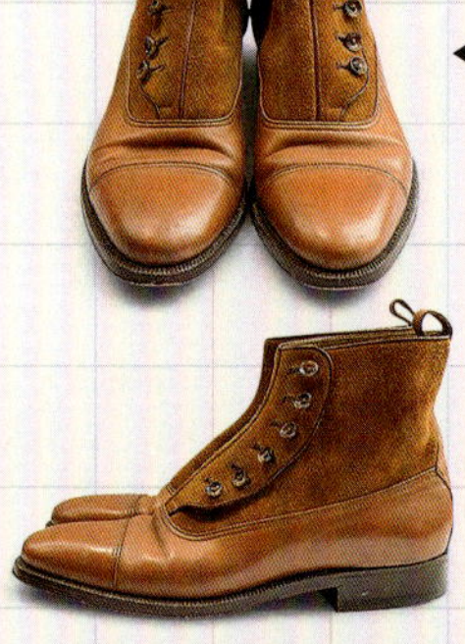

エンツォ ボナフェ

イタリアらしいシャープフォルムに加え、ボタン式のフロントデザインが目を引く

Number_05

ジャーナル スタンダード
プレス

久世直輝さん

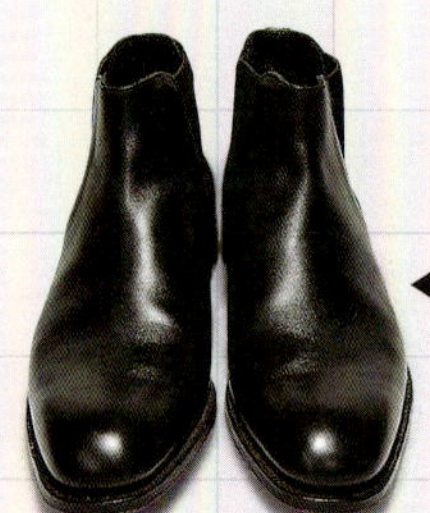
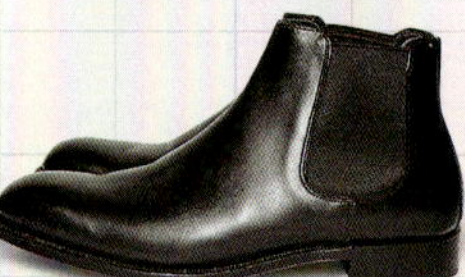

ジョセフ・チーニー ×ジャーナル スタンダード

ジャーナル スタンダードが別注したチーニーのサイドゴアは独自のデザイン

Number_06

レッド・ウィング ジャパン
代表

鈴木理也さん

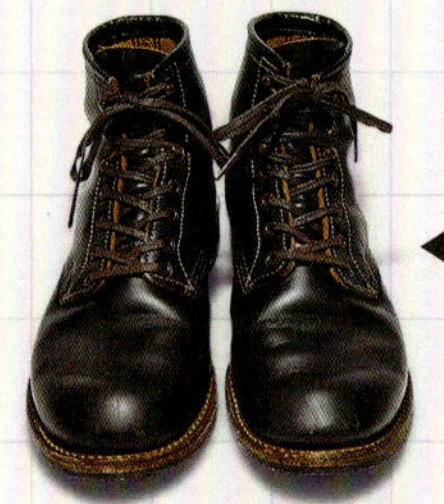
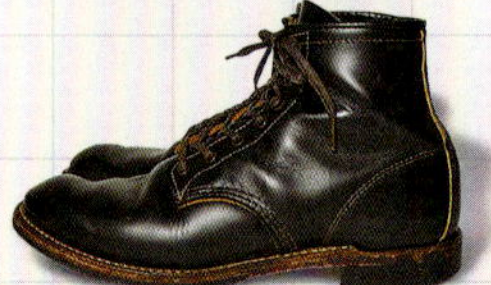

レッド・ウィング

先芯がないオーセンティックスタイルの6インチブーツが今季待望のリリース

Number_07

モト
デザイナー

本池作人さん

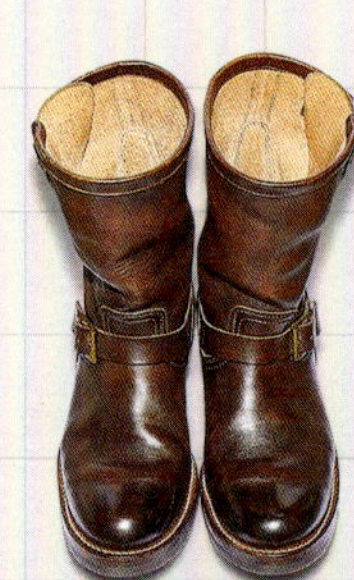
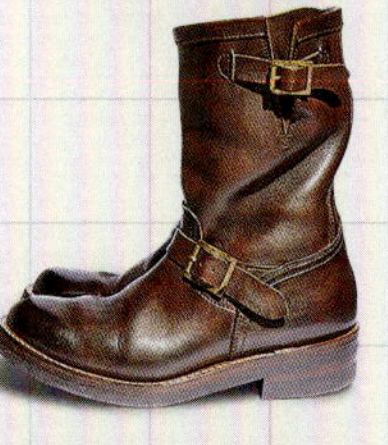

モーター

クロームエクセルの深みのある風合いが魅力。ヴィンテージ並みの風格が漂う

Number_08

バイブリーコート
デザイナー

下間由一さん

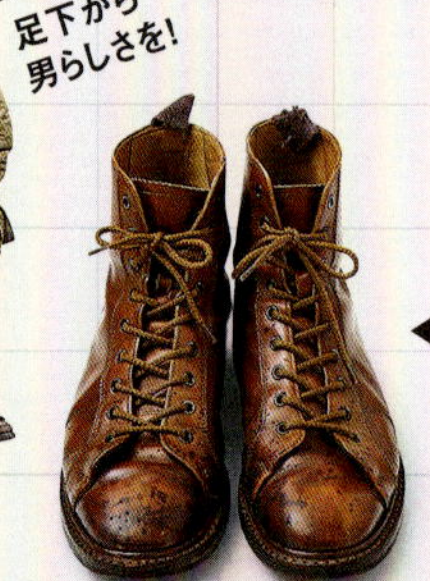
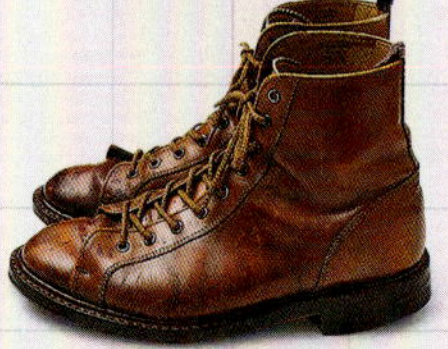

トリッカーズ

同社が誇る名作に数えられるカントリーブーツ。ぽってりとしたトゥもポイント

Number_09

足下から
男らしさを!

アウターリミッツ
セールスマネージャー

柴山一加さん

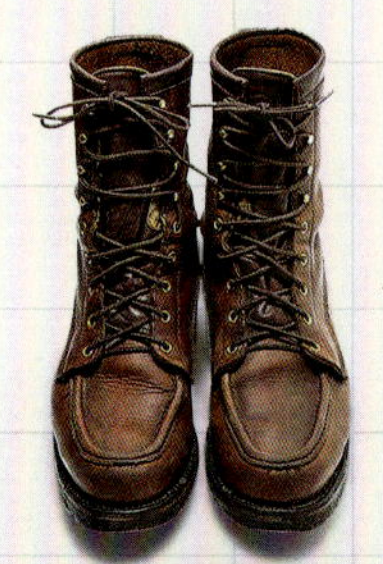
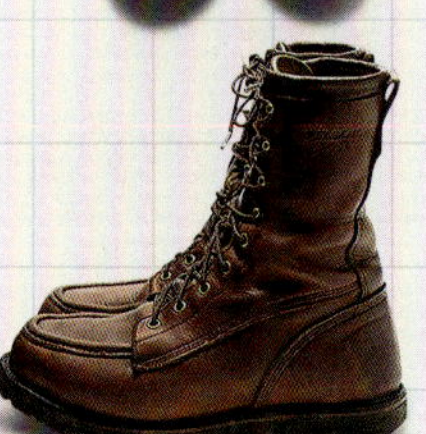

フィルソン

オイルドレザーとトリプルステッチの無骨なスタイルを踏襲するワークブーツ

Theme _05

スニーカーの潮流は ホワイト&ブラック。

大人のスニーカーとして定番のホワイト、手軽にスタイルを引き締めてくれるブラックが、圧倒的人気を誇っていた。色数を抑えた大人の着こなしのマストアイテムのようだ。

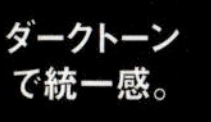

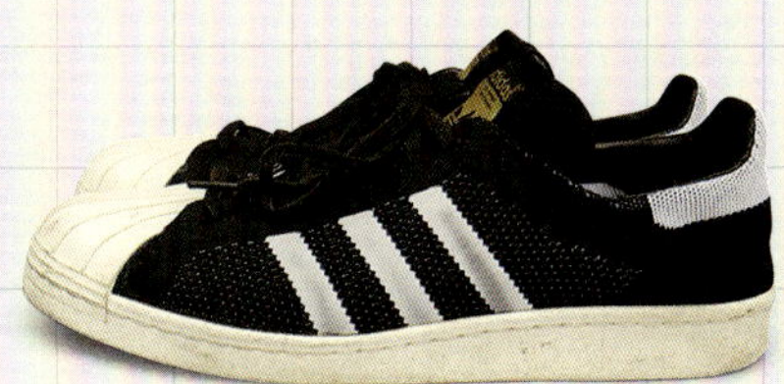

▲ Number_03

ランデブーオーグローブ/店長

松尾雄太さん

アディダス

名モデルのスーパースターに見えるが実はメッシュ生地。だから軽やかに履ける

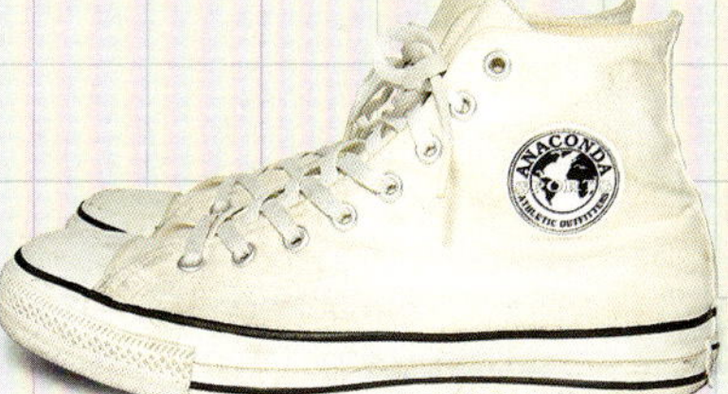

▲ Number_02

スノーピーク/プレス

山田昭一さん

アナコダンスポーツ×コンバース

'90年代のコラボモデルの［オールスター］。アナコンダスポーツのロゴが印象的

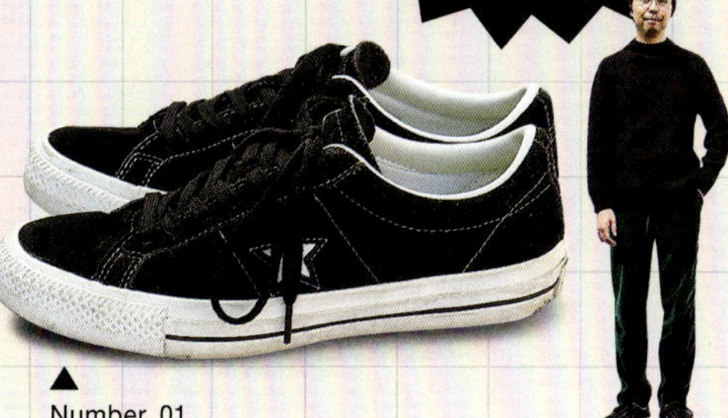

▲ Number_01

メイデンカンパニー/MD

甫坂浩幸さん

コンバース

ナイキ社のルナロンインソールを搭載した日本未発売のクラシカルな［ワンスター］

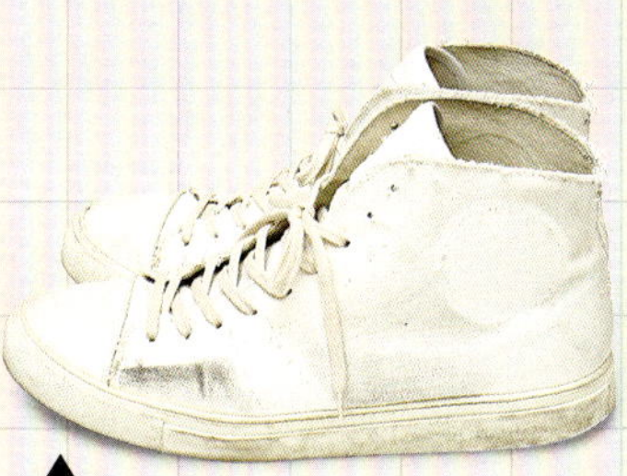

▲ Number_06

GMT/常務取締役商品企画部長

小島信裕さん

メゾン マルジェラ

履き込んだようなダメージ加工が入るキャンバスモデル。ライニングはレザー仕様に

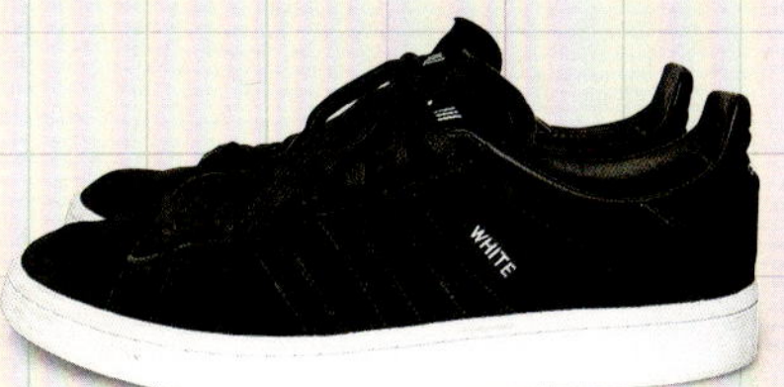

▲ Number_05

ベイクルーズ/取締役

森秀人さん

アディダス×ホワイトマウンテニアリング

ビッグスキンヌバックのアッパーとホワイトソールのコンビが上品なキャンパス

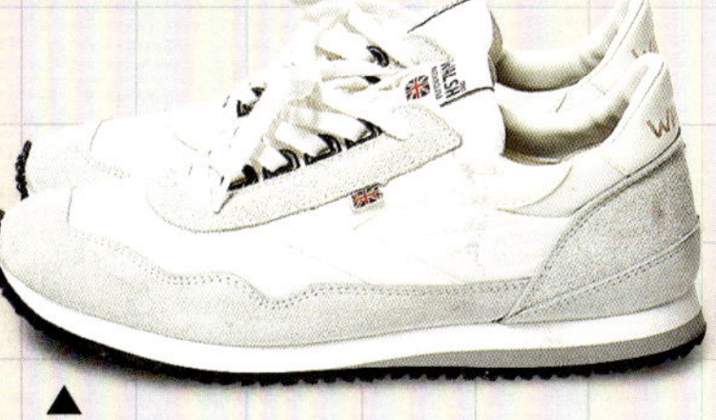

▲ Number_04

マスターピース/PRアシスタント

辻川直也さん

ウォルシュ

イングランド北西部グレーター・マンチェスターにある英国メイドの希少なブランド

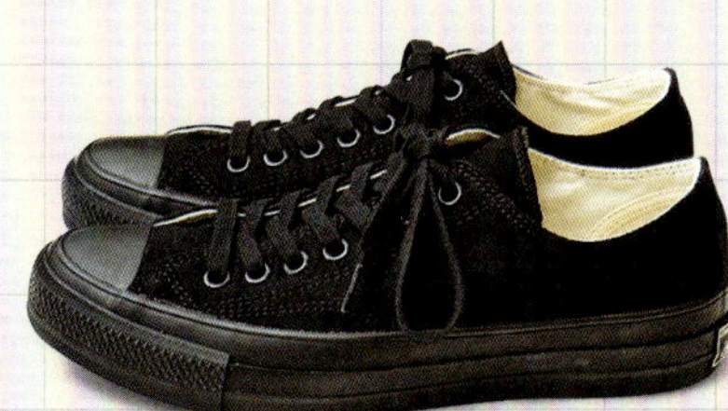

▲ Number_09

アメリカンラグ シー/プレスチーフ

中根吉浩さん

コンバース アディクト

シューレースやソール、縫い糸までストイックに黒で統一。とことんクールな趣に

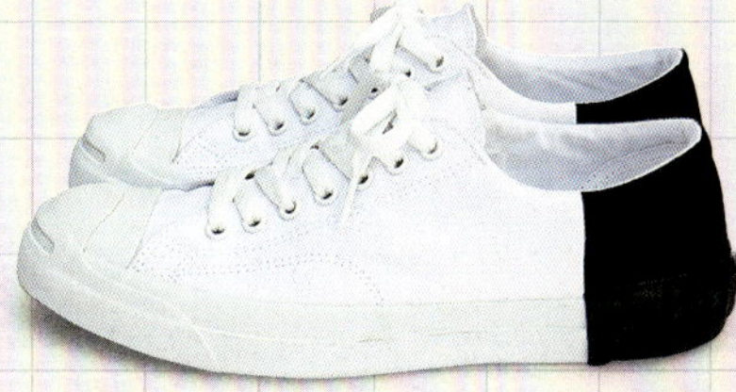

▲ Number_08

キャル オー ライン/デザイナー

金子敏治さん

コンバース

1935年に登場した［ジャックパーセル］より、今季登場のパターンアレンジモデル

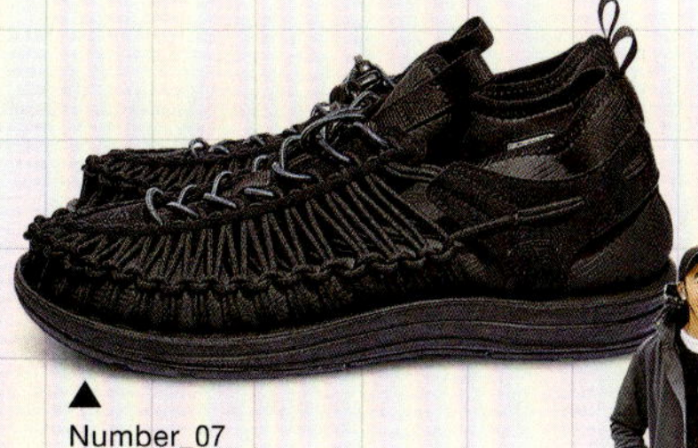

アウトドアにも最適な一足。

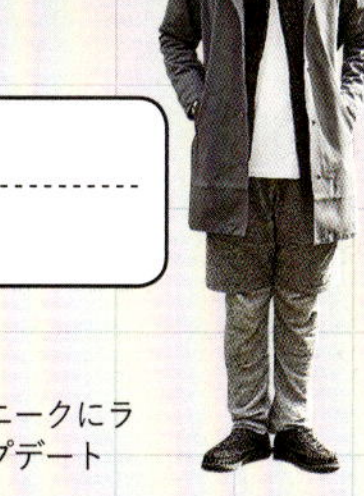

▲ Number_07

エアロポステール/ディレクター

菜花淳仁さん

キーン

今夏に大ヒットしたモデル、ユニークにライナーが付いて秋冬仕様にアップデート

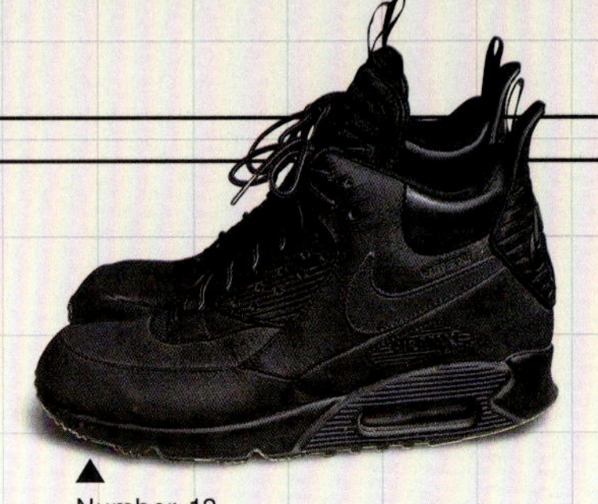

▲
Number_12

フランクリン テーラード/デザイナー
板井秀司さん

ナイキ
エアマックスにマウンテンブーツの意匠を取り入れた1足は、黒のボリュームで魅了

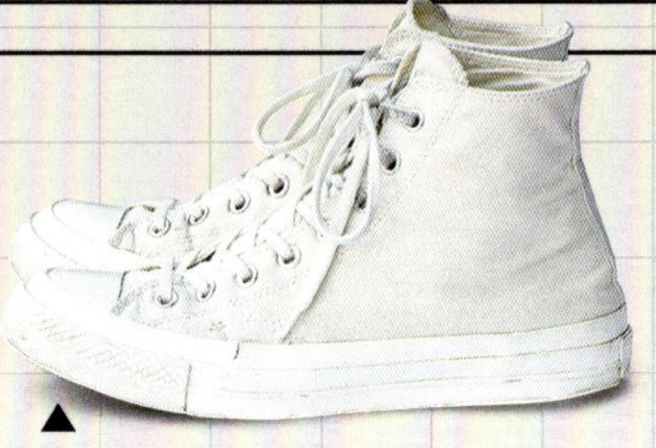

▲
Number_11

デンハム・ジャパン/リテールマネージャー
白澤研さん

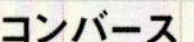

コンバース
コンバースUSAが企画する1970年代のチャックテイラーをモチーフにした［CT70］

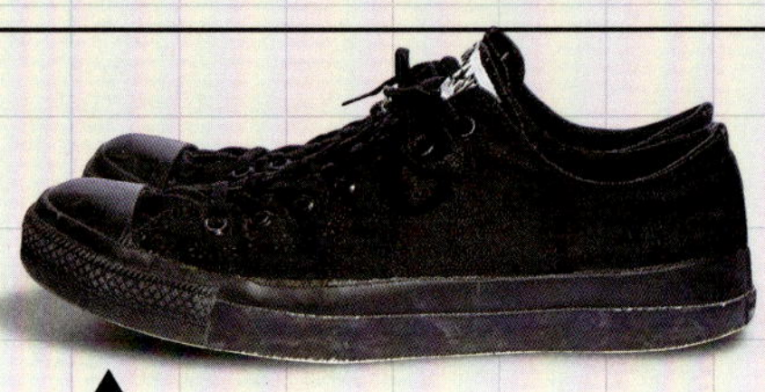

▲
Number_10

ベルベルジン/店長
藤原裕さん

コンバース
永遠の定番モデル、[オールスター]。スタイルを選ばずに使えるオールブラックモデル

白でクリーンな印象に。

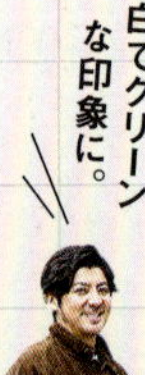

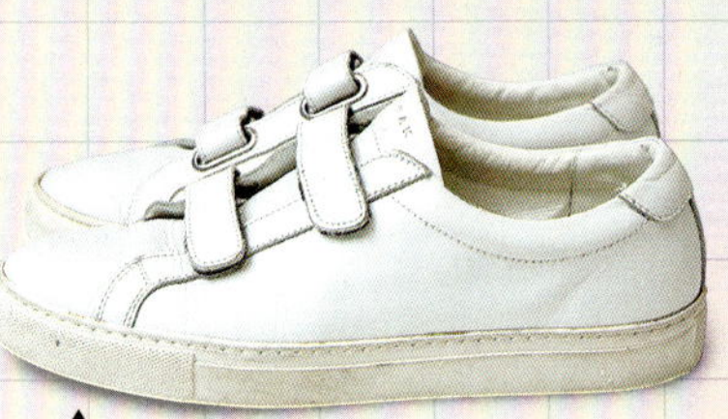

▲
Number_15

ヘムト PR/ディレクター
平山洋次さん

ヨーク
清潔感のある趣は大人にも嬉しい。上質なレザーにより美しい経年変化も楽しめる

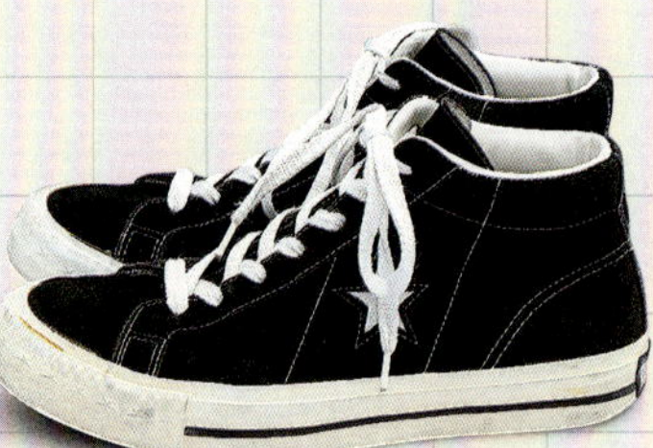

▲
Number_14

GMT/プレス
三浦由貴さん

コンバース
［ワンスター プロ スウェード ミッドカット］の稀少なオリジナルモデル

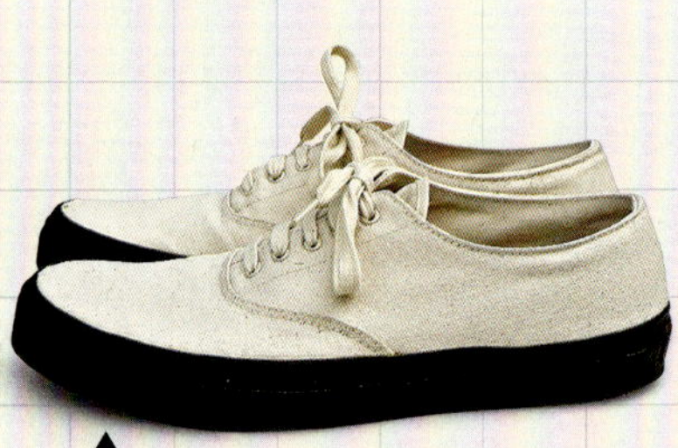

▲
Number_13

ランチキ/代表
前川拓史さん

アナトミカ バイ ワクワ
機能服のハズしとして履かれたキャンバススニーカーは、経年変化が楽しみ

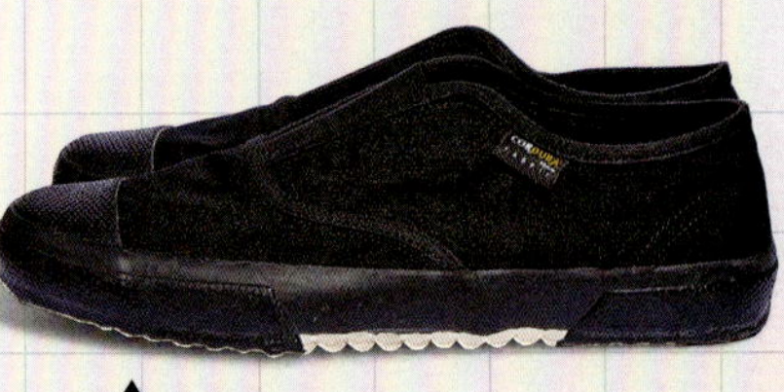

▲
Number_18

ダブワークス/代表
上田大輔さん

リプロダクション オブ ファンド
イタリア軍のトレーニングシューズをベースにしたスリッポン。撥水性も高い一足

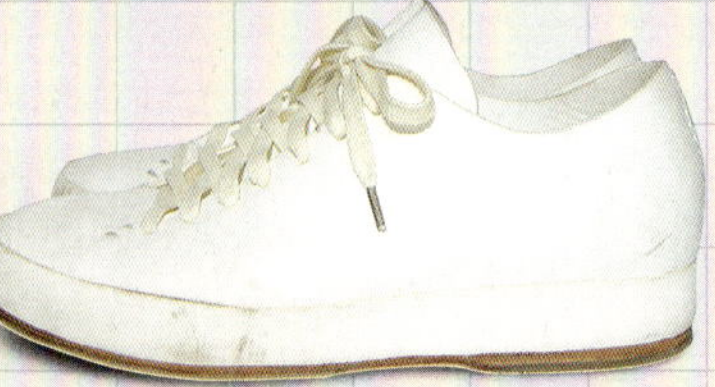

▲
Number_17

グローブスペックス/代表
岡田哲哉さん

フェイト
ベーシックだけどラグジュアリーな雰囲気の漂う、ハンドメイドのレザーシューズ

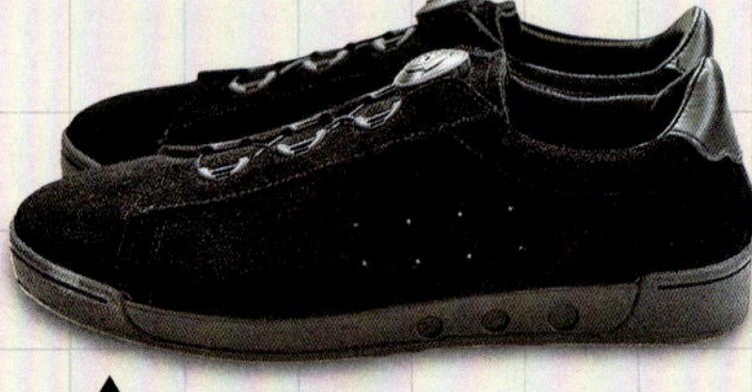

▲
Number_16

1LDK/ディレクター
三好良さん

ターミガン
突起部を回転させて緩めたり締めたりするフリーロックシステムを採用

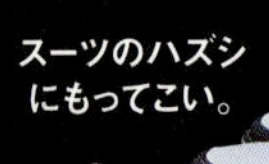

スーツのハズシにもってこい。

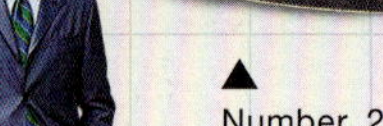

▲
Number_21

サーフ&テーラー モート/代表
堀哲郎さん

ヴァンズ
程よくハズしたい時にチョイスされるというこちらは、黒ソールが印象的

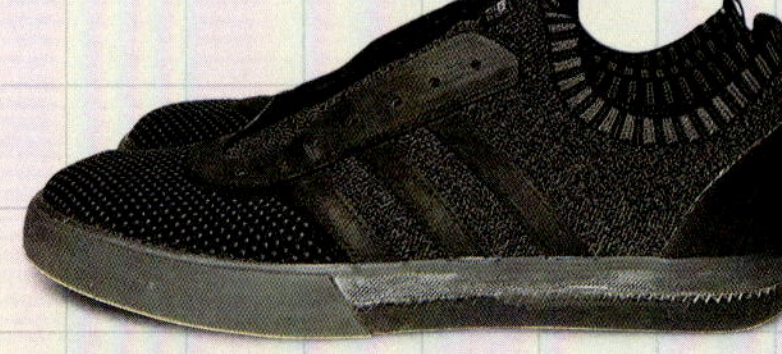

▲
Number_20

ボナム/マネージャー
生田輝正さん

アディダス スケートボーディング
プロスケーター、ルーカス・プイグのモデル、プレミア プライムニットスニーカー

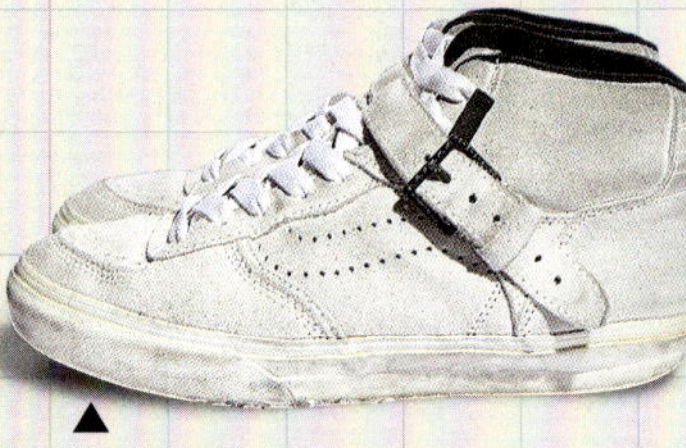

▲
Number_19

ザ・ノース・フェイス/プレス
宮崎浩さん

ヴァンズ
アクティブシーンにも対応するミッドカットモデルは、ストラップもアクセント

Theme _06

……とはいえハズしの王道は柄モノに限ります。

前ページは大人はモノトーン……、的な内容だったが、もちろんハズしとしてスニーカーを使う定番技も多く取り入れられていた。そんな主張マックスなモデルをご確認アレ。

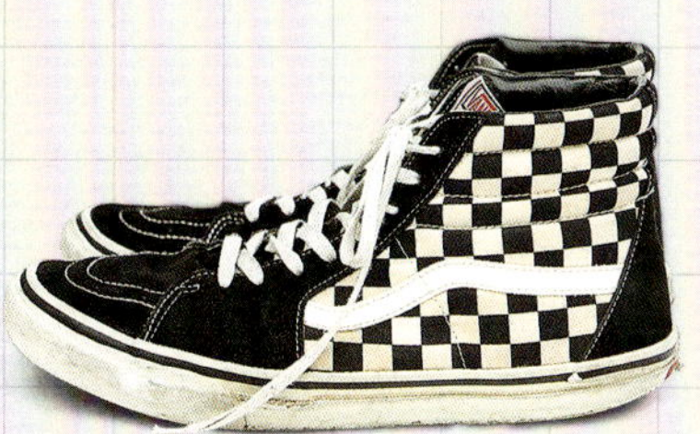

Number_02

フリークス ストア/メンズMD

西村卓馬さん

ヴァンズ

［スケートハイ］のチェッカーフラッグ柄はヴァンズのアイコン的存在

Number_01

スロウガン/代表

小林学さん

ヴァンズ

名作［スケートハイ］をカスタムして、ミドル気味の絶妙なシルエットに

ハイカットをカスタム。

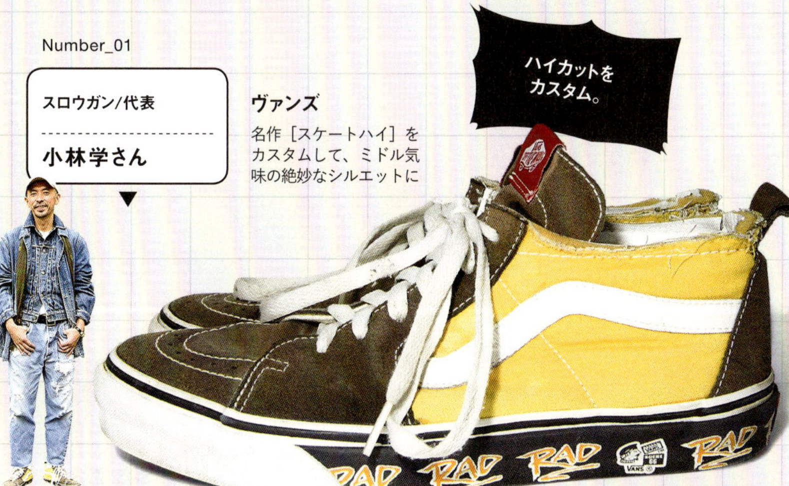

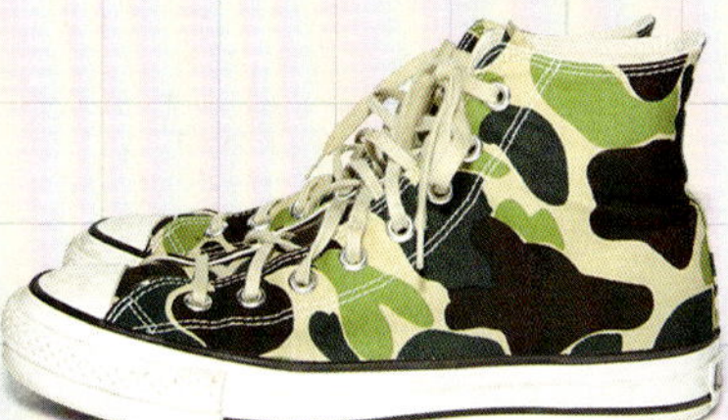

Number_05

フリーランスプランナー

白井教政さん

コンバース アディクト

'80年代にリリースされたカモ柄を復刻したオールスター。足下のアクセントに最適

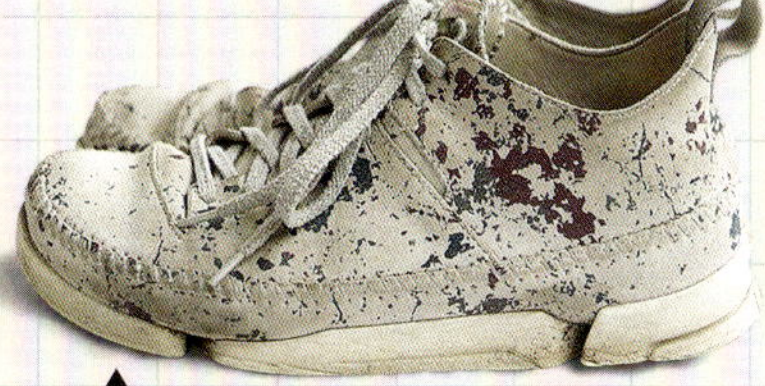

Number_04

ジャパンブルーブルージーンズ渋谷店/店長

赤木裕太さん

クラークス

アッパー全面に大胆なドリッププリントを施してストリートな雰囲気に

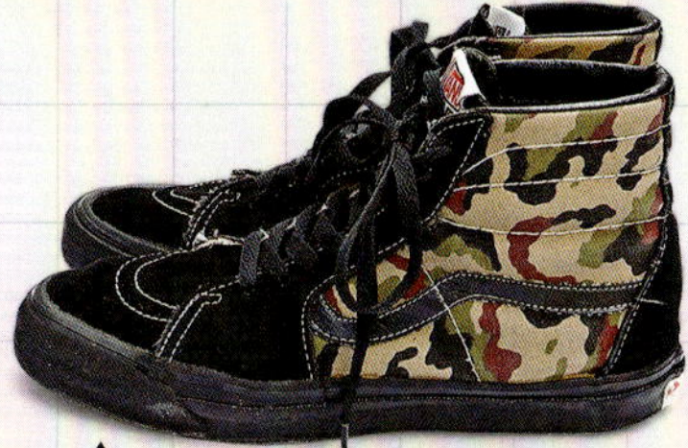

Number_03

フィルメランジェ/ディレクター

関口文也さん

ヴァンズ

'90年代に閉鎖されたアメリカ工場時代の［SK8 HI-TOP］。もちろんMADE IN U.S.A.

Number_07

ビューティ&ユース ユナイテッドアローズ 関西プレス

村尾真一さん

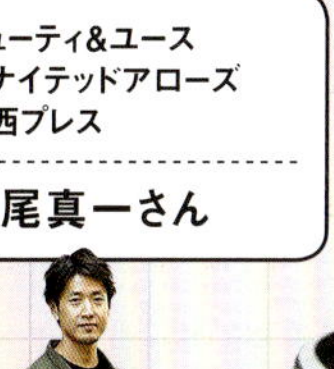

ヴァンズ

人気の高い名作のフレイムが最近、オールドスクールとなって復刻

柄モノを効かせる。

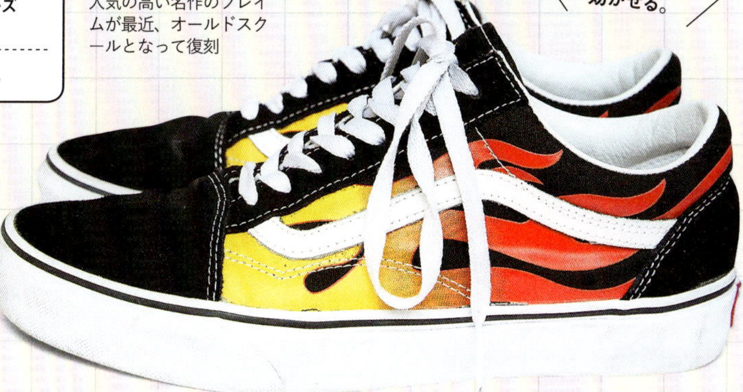

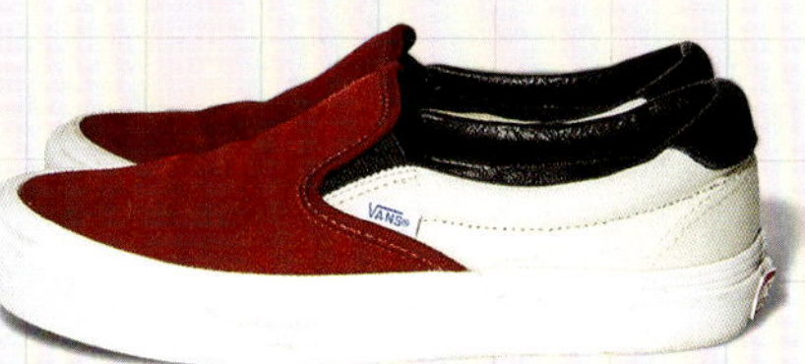

Number_06

ラフ&スウェル/ディレクター

森牧人さん

ヴァンズ

定番のスリッポンも美配色の2トーンモデルは、ラフに見えすぎず上品な印象に

Theme _07

アノ気になる足下は、やっぱりハイテク顔でした。

思わず振り返って凝視してしまうハイテクスニーカーはいつだってオトコ心を誘う魅力がつきまとうもの。スナップで気になったアノ人たちの足下もやっぱり主張強めなり。

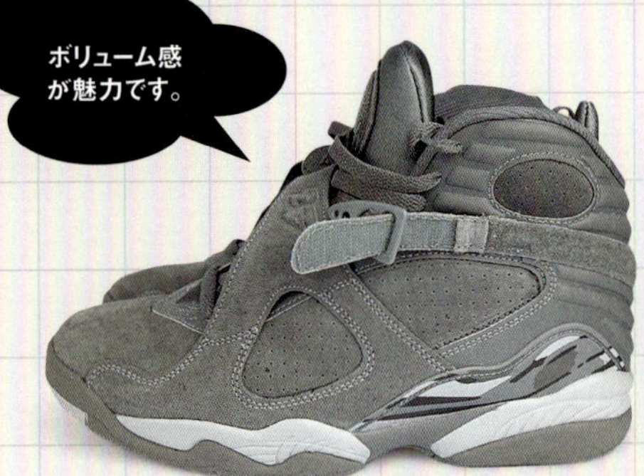

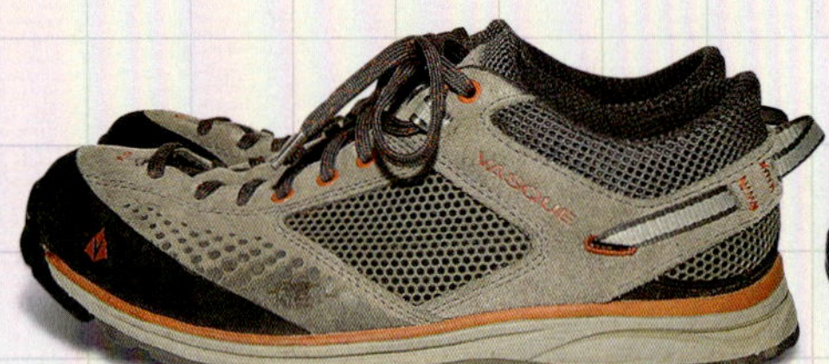

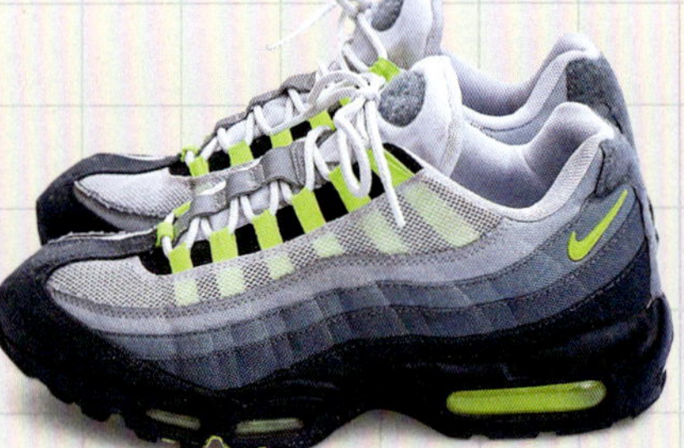

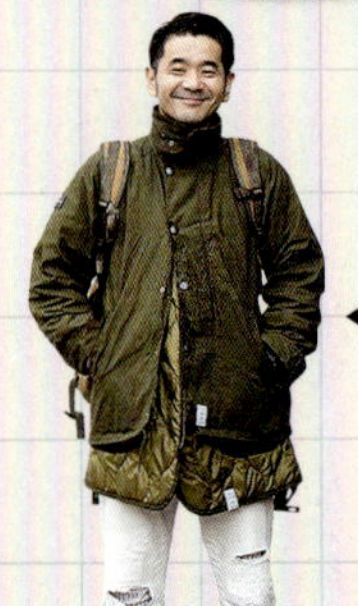

Number_03

フリーエディター

岸伸和さん

ナイキ

クロスしたストラップが特徴の［エアジョーダン8］もグレーでシックに

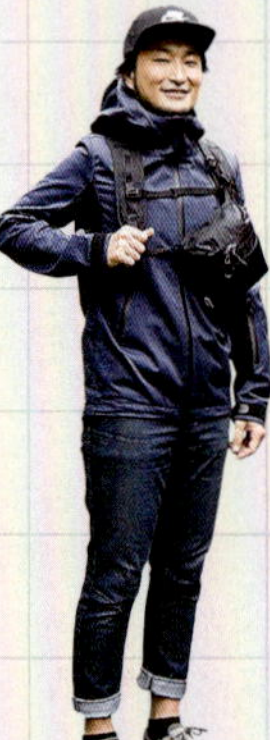

Number_02

ベルーフ/デザイナー

高杉住克さん

バスク

ハードなトレランにも対応するマウンテンシューズ［グランドトラバース］

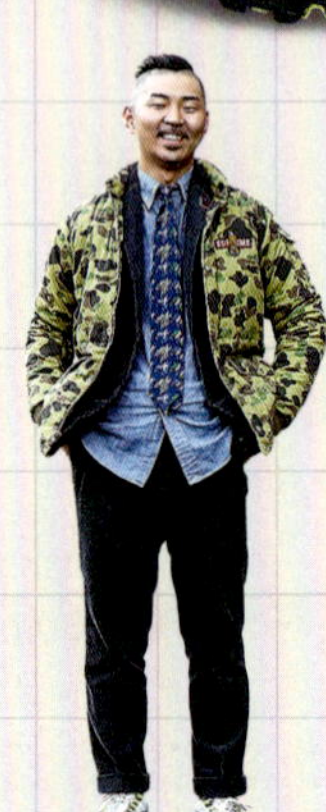

Number_01

アイネックス
ディレクター

栗田匠さん

ナイキ

気負わないタイドアップに'90sを代表するハイテクスニーカーがマッチ

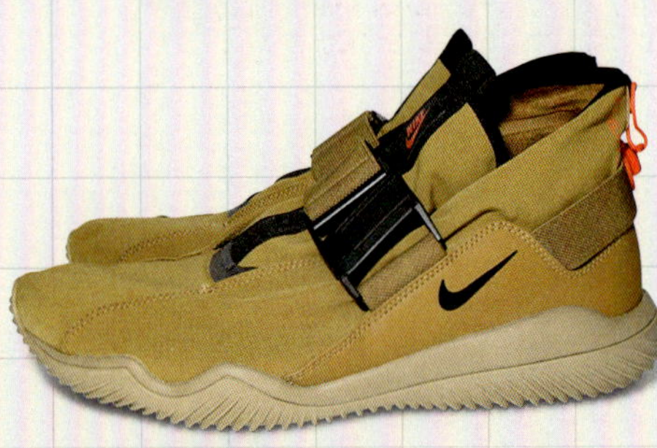

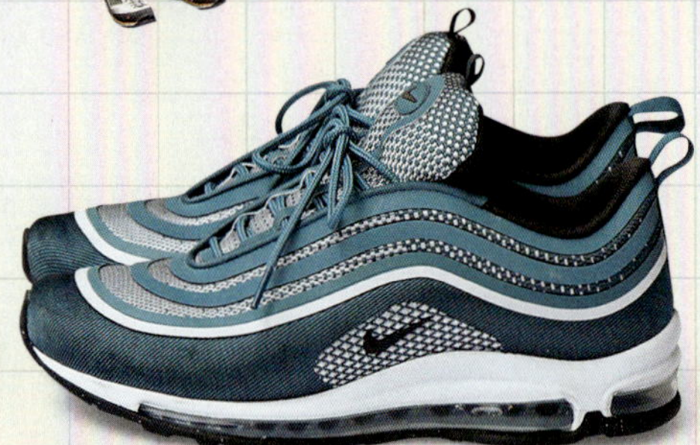

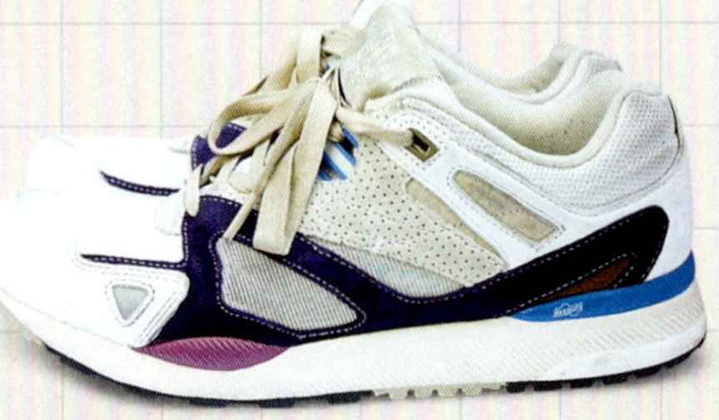

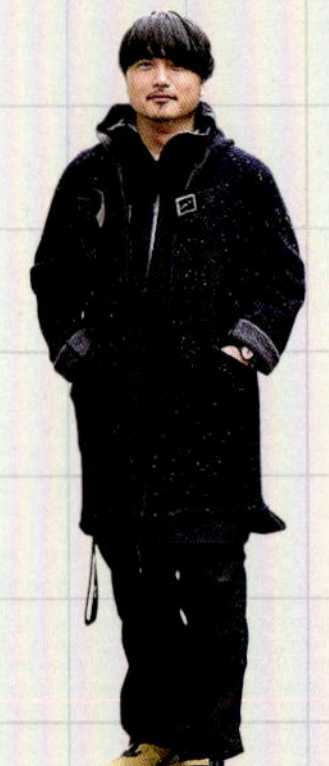

Number_06

オープンユアイズ/PR

平沼久幸さん

ナイキACG

伝説のモデル［07.KMTR］が復刻。独創的なスタイルは今見ても斬新

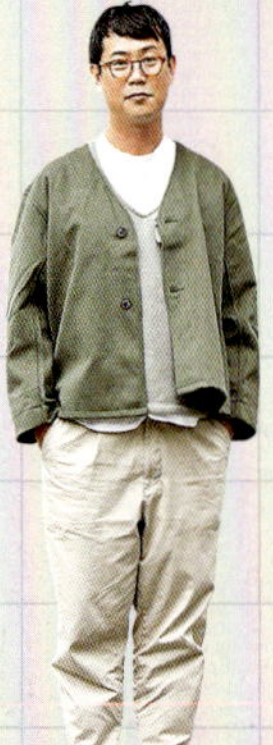

Number_05

ビューティ&ユース
PR/SP

大野亮さん

ナイキ

こちらの［ナイキ エア マックス 97 ウルトラ］は、B&Yのみでの展開色

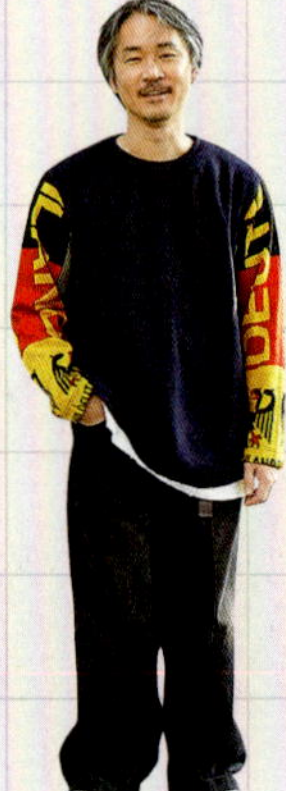

Number_04

フレイフレイ/デザイナー

古谷一平さん

リーボック

スポーティなルックに合わせたのは、英国のショップ、ガープストア別注

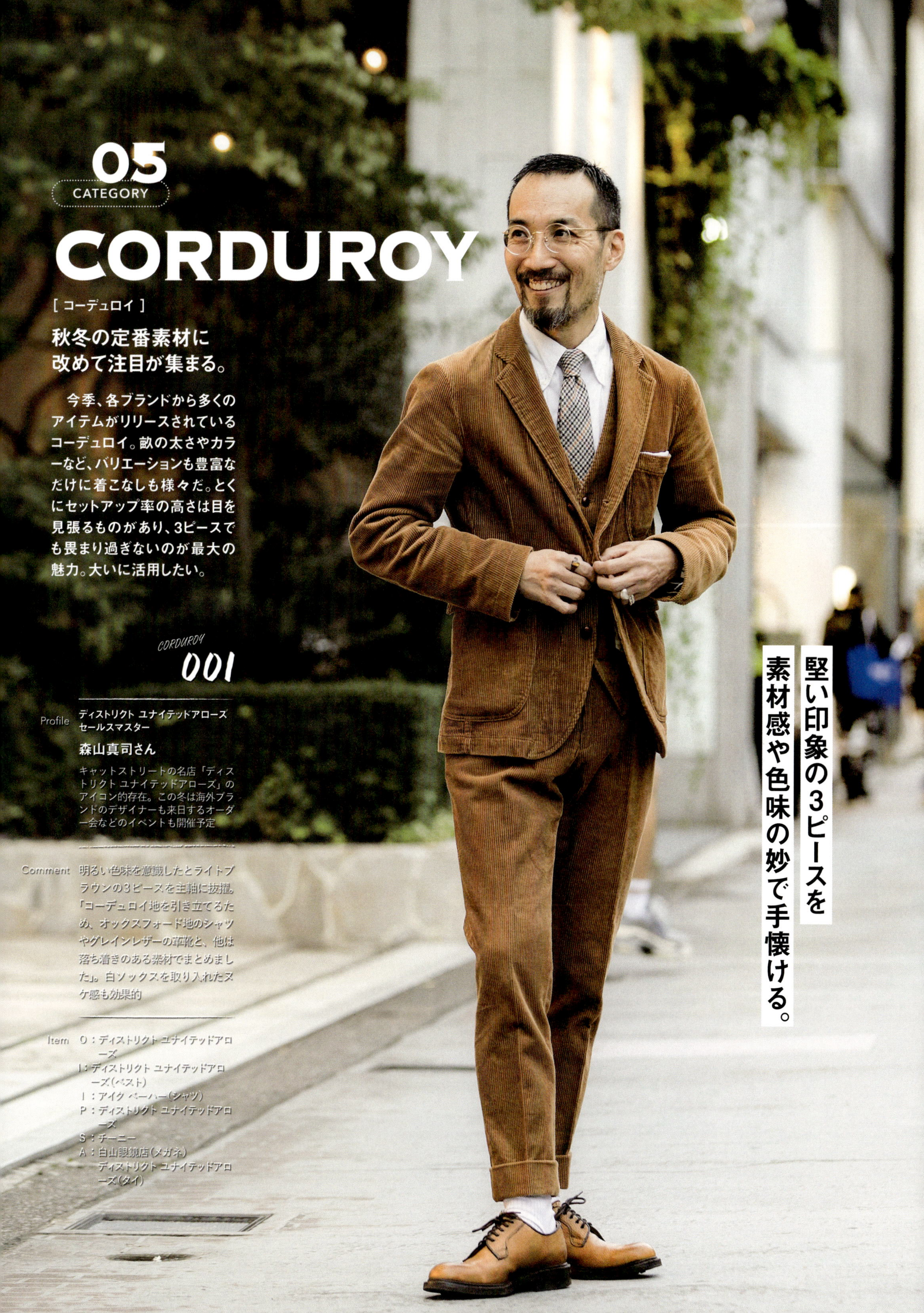

05
CATEGORY

CORDUROY

[コーデュロイ]

秋冬の定番素材に改めて注目が集まる。

今季、各ブランドから多くのアイテムがリリースされているコーデュロイ。畝の太さやカラーなど、バリエーションも豊富なだけに着こなしも様々だ。とくにセットアップ率の高さは目を見張るものがあり、3ピースでも畏まり過ぎないのが最大の魅力。大いに活用したい。

堅い印象の3ピースを素材感や色味の妙で手懐ける。

CORDUROY
001

Profile ディストリクト ユナイテッドアローズ セールスマスター

森山真司さん

キャットストリートの名店「ディストリクト ユナイテッドアローズ」のアイコン的存在。この冬は海外ブランドのデザイナーも来日するオーダー会などのイベントも開催予定

Comment 明るい色味を意識したとライトブラウンの3ピースを主軸に抜擢。「コーデュロイ地を引き立てるため、オックスフォード地のシャツやグレインレザーの革靴と、他は落ち着きのある素材でまとめました」。白ソックスを取り入れたヌケ感も効果的

Item
O：ディストリクト ユナイテッドアローズ
I：ディストリクト ユナイテッドアローズ(ベスト)
I：アイク ベーハー(シャツ)
P：ディストリクト ユナイテッドアローズ
S：チーニー
A：白山眼鏡店(メガネ)
ディストリクト ユナイテッドアローズ(タイ)

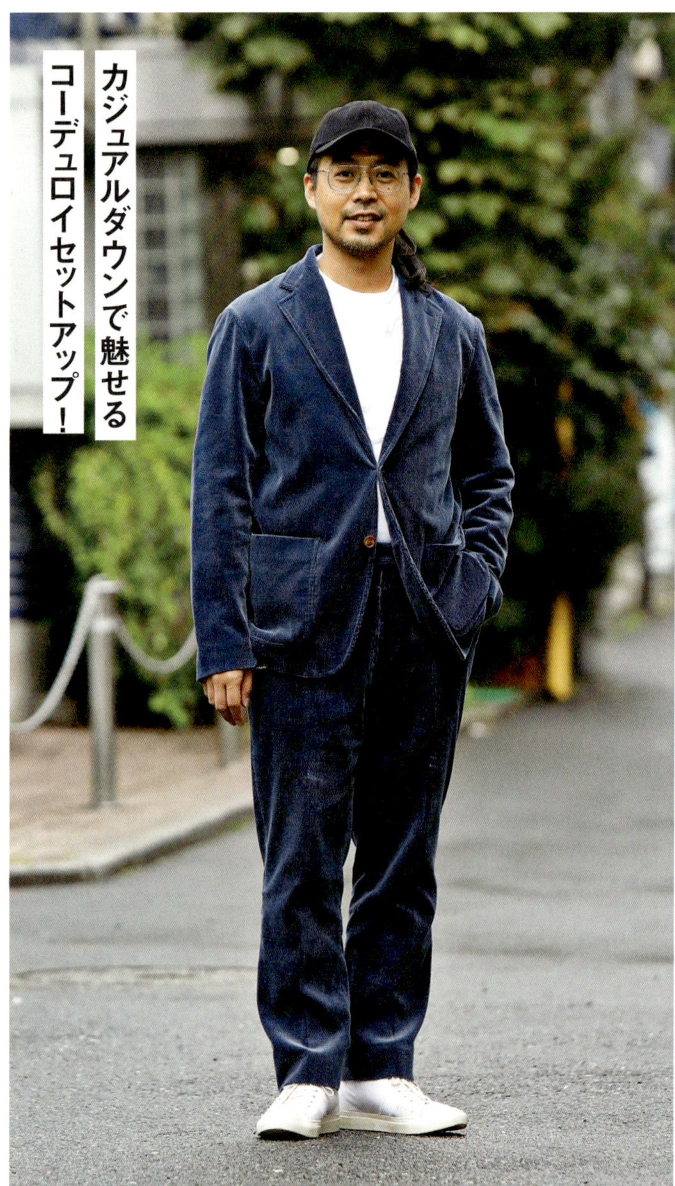

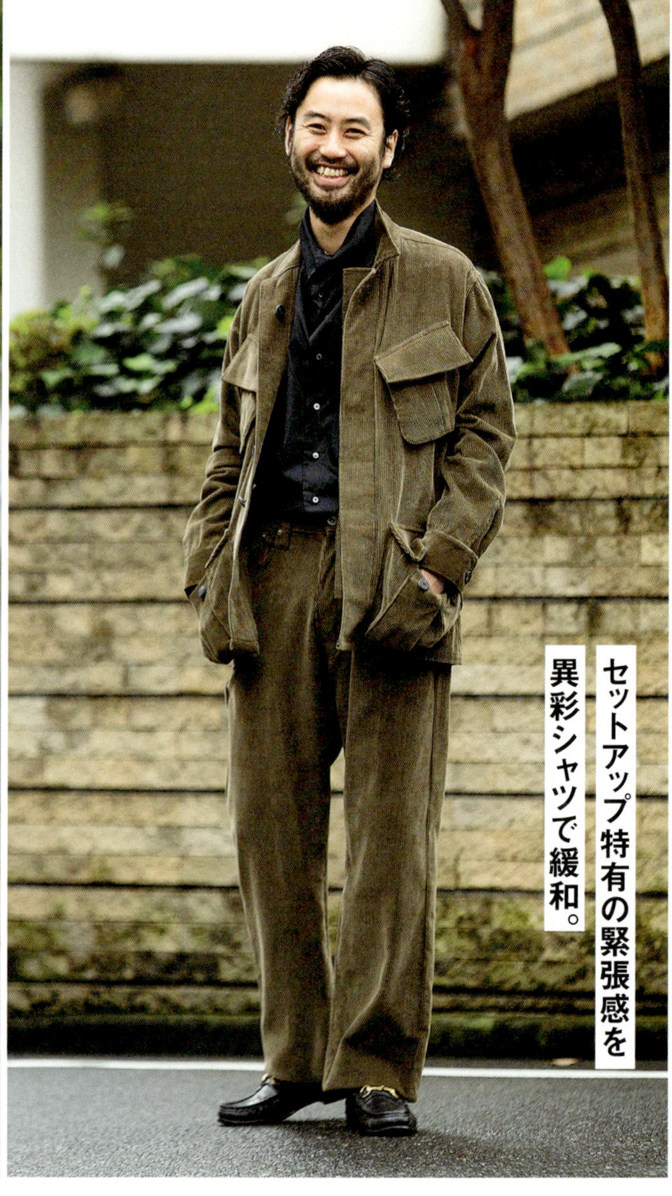

CORDUROY 003

Profile

GMT
常務取締役商品企画部長

小島信裕さん

シューインポーター、GMTのキーパーソンのひとり。早くも2018年秋冬企画のため、現在はヨーロッパへ出張中。「GMTがG.H.BASSの日本総代理店となりました！」

Item

O：オーラリー
I：キャンバー
P：オーラリー
S：メゾン マルジェラ
A：パターソン（帽子）
　ルノア（メガネ）

Comment

人気ブランド、オーラリーのコーデュロイセットアップをさり気なくドレスダウン。「滑らかな肌触りが最高のコーデュロイは、ごわつきもなく軽い着心地で、さすがオーラリーという感じです。キャップとスニーカーを合わせてカジュアルに落とし込みました」

CORDUROY 002

Profile

トゥモローランド
メンズバイヤー

神谷真太郎さん

名古屋ラシック店や丸の内店の販売スタッフとして経験を積んだ後、メンズ部門のドレスバイヤーに就任。世界各地からエレガントでユニークなアイテムを選ぶ目は業界随一

Item

O：ル ヴェルヌイユ
I：バグッタ
P：ル ヴェルヌイユ
S：グッチ

Comment

「カッチリしそうですが、コーデュロイ地により自然なカジュアルダウンとトレンド感を得られます」と採用したのはル ヴェルヌイユのセットアップ。また、「タートルネック型の斬新シャツがいいハズしになるんです」とインナーにユニークなギミックも加えている

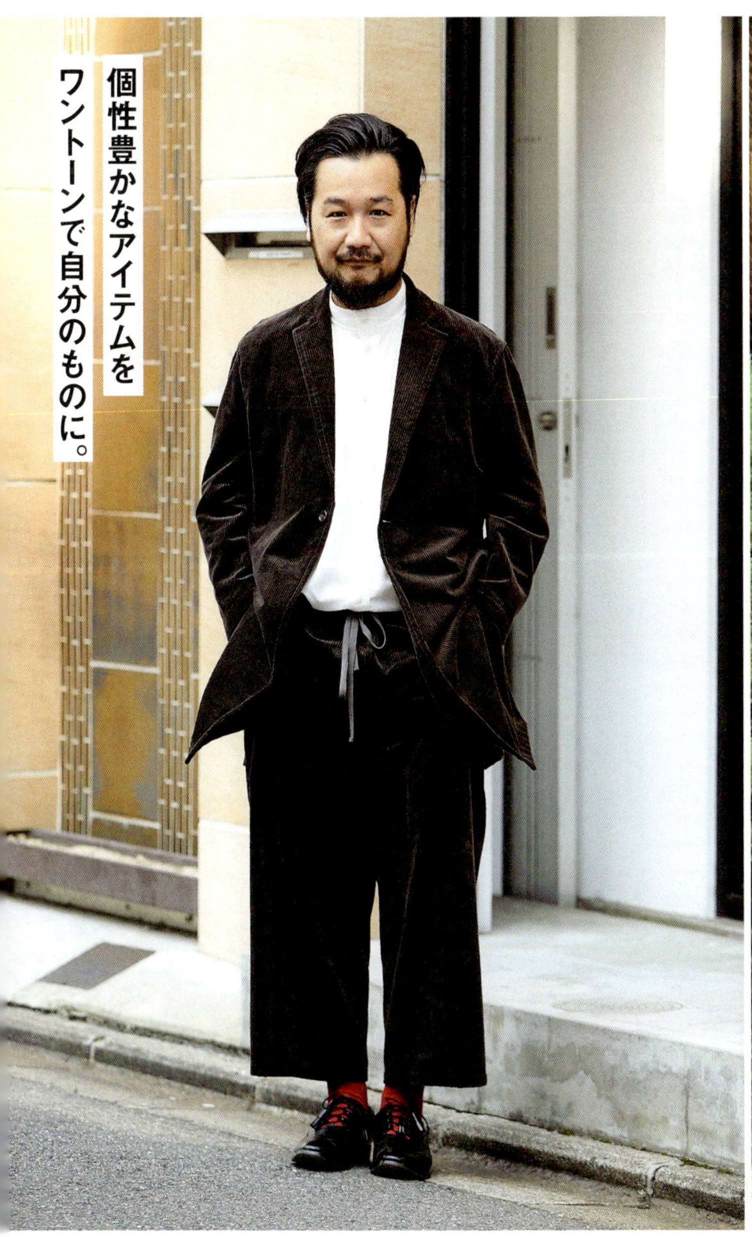

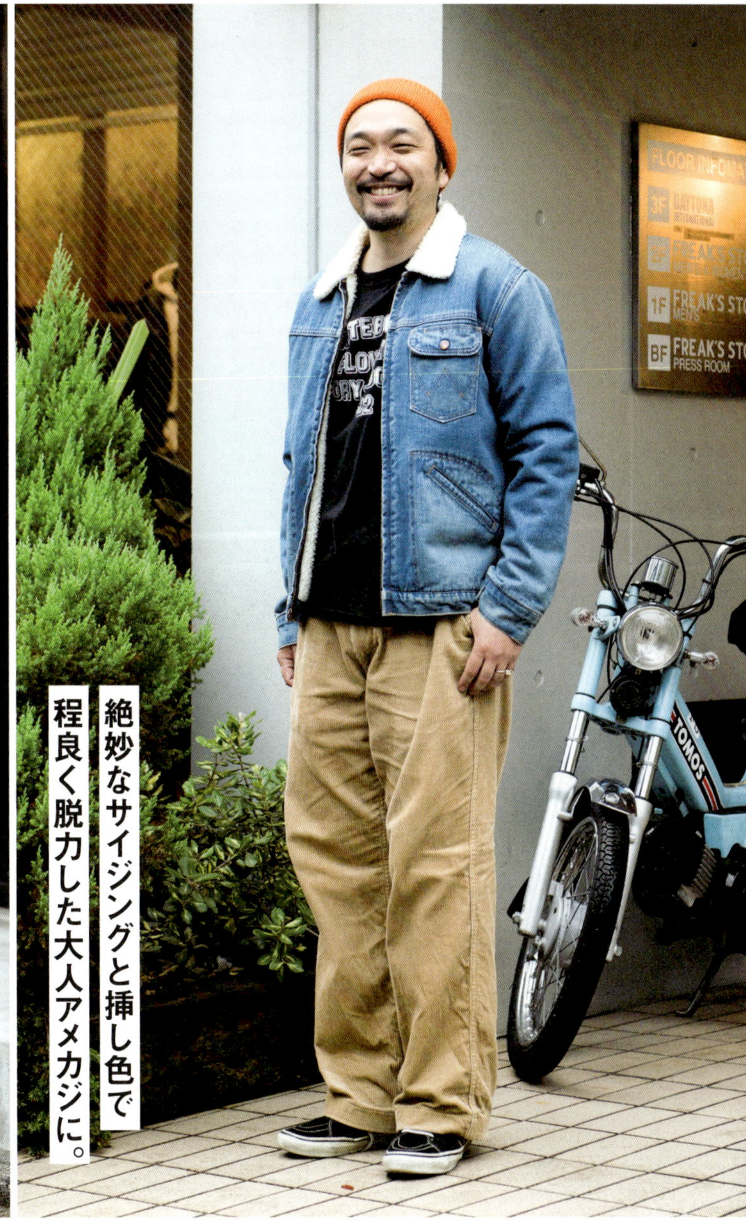

CORDUROY
005

Profile
レインメーカー
デザイナー
渡部宏一さん

伝統的な洋服作りを大切にしつつ、斬新な発想から生まれるプロダクトに定評のあるレインメーカー。今季は西陣織の「細尾」が提供する生地を使用したアイテムが登場

Item
O：レインメーカー
I：レインメーカー
P：レインメーカー
S：レインメーカー

Comment 「歴史や伝統を持つ服から特に刺激を受けます」。和装にインスパイアされたという極太パンツと、テディジャケットをベースに生まれたロング丈のジャケットによるセットアップ。難易度高めの着こなしだが、ワントーンでまとめることで品の良さが醸し出されている

CORDUROY
004

Profile
フリークス ストア
メンズMD
西村卓馬さん

昨年30周年を迎えた「フリークス ストア」のメンズMD。「趣味はフットサルですが、最近はゴルフにも夢中になっています」とプライベートではアクティブに行動する

Item
O：ラングラー×フリークス ストア
I：パーク デリ
P：フリークス アメリカ
S：ヴァンズ
A：ロイヒトフォイヤー（帽子）

Comment ボアジャケットを主役にしたアメカジコーデは、コーデュロイパンツとの絶妙なサイズバランスがポイント。「ベーシックなスタイルですが、ボトムスにワイドめなパンツを選んでリラックス感を意識しました」。武骨な印象を和らげるキャップ使いもハズシとして有効

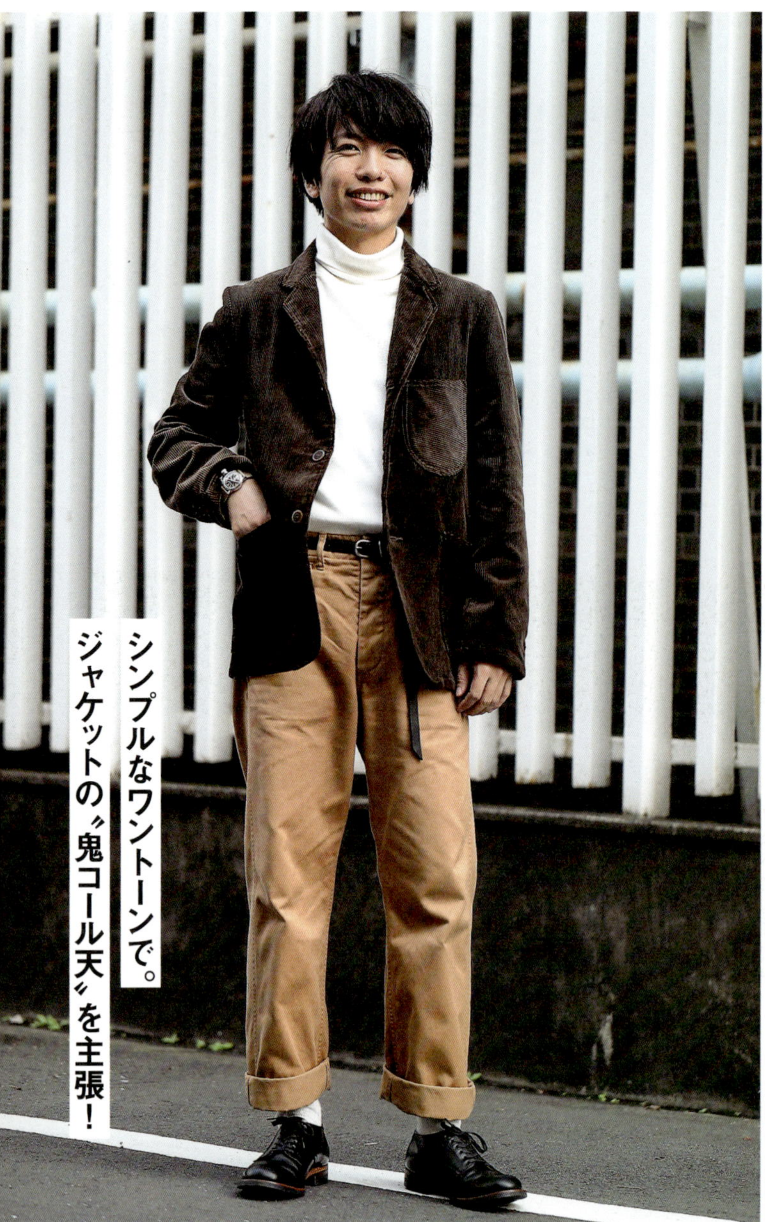

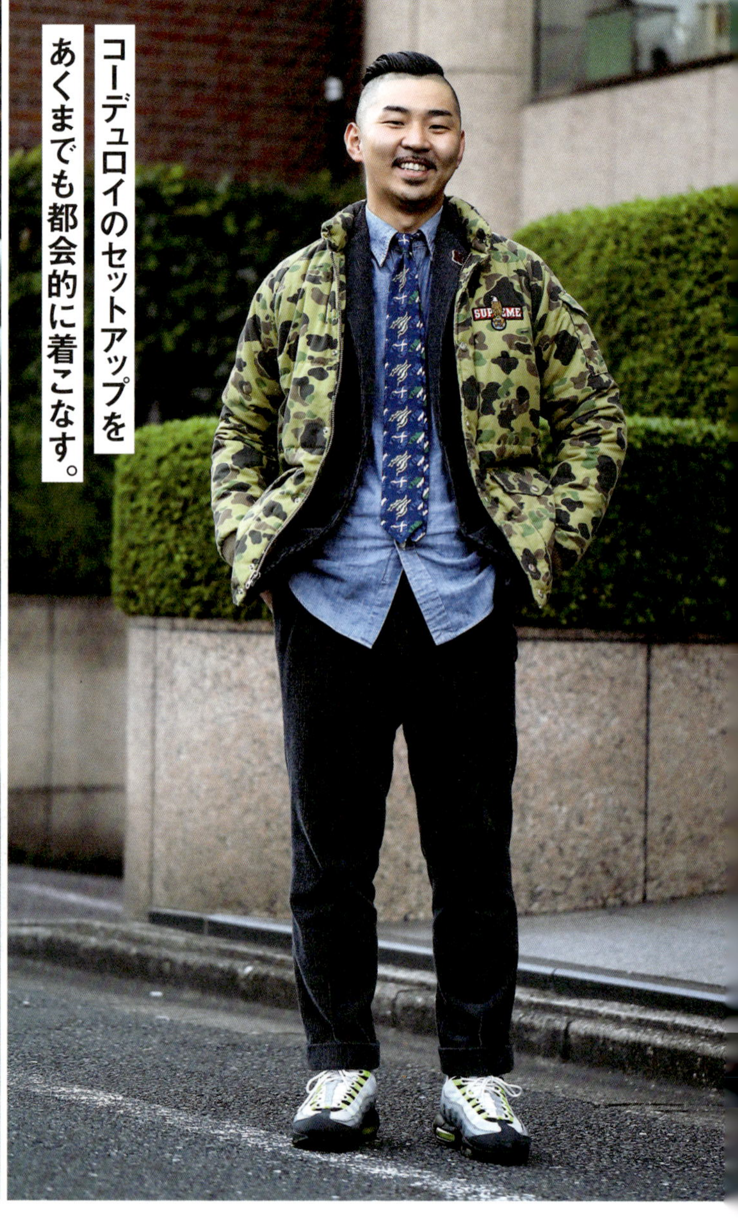

CORDUROY
007

Profile
東洋エンタープライズ 広報
川島尚さん
サンサーフ、シュガーケーン、バズリクソンズ、テーラー東洋など数々の本格派ブランドを展開する日本有数の老舗メーカー、東洋エンタープライズの広報を担当する

Item
O：シュガーケーン
I：ゴールド
P：バズリクソンズ
S：バズリクソンズ
A：バズリクソンズ(時計)
エンダースキーマ(ベルト)

Comment 通称〝鬼コール天〟と呼ばれる、現在では限られた織り機でしか織ることのできない9ウェル14オンスのヘビーコーデュロイで仕上げたジャケットがメイン。「太畝コーデュロイにインパクトがあるので、合わせるアイテムはワントーンでシンプルにまとめてみました」

CORDUROY
006

Profile
アイネックス ディレクター
栗田匠さん
タイやスカーフといったネックウエアを中心的な商材とするアイネックスに2012年入社。オリジナルブランドのニューリータイズでディレクターのポジションに就いている

Item
O：シュプリーム
I：シップス(ジャケット)
ポロ ラルフローレン(B.D.シャツ)
P：シップス
S：ナイキ
A：ニューリータイズ(タイ)

Comment 「もともとコーデュロイ素材は好きなのですが、今年はブラウン系ではないカラーで都会っぽく装いたいと思います」。シャンブレーシャツをタックアウトで合わせながらタイドアップ。迷彩柄アウターを羽織ってストリート感も演出するというバランスが見事

CORDUROY
008

→

Profile

**フィルメランジェ
ディレクター**

関口文也さん

某シューズインポーターにてセールス&バイヤーを経てフィルメランジェのディレクターに。「直営店のハウス・フィルメランジェでは、秋冬の新作モデルが揃っています」

Item

O：フィルメランジェ
I：アクロニウム
P：Used
S：Vintage ヴァンズ

Comment

「ゴアテックスのコートの上にウールボアのベストをレイヤードすることで、素材の差を楽しむスタイリングに仕上げてみました」。さらにパンツには古着のコーデュロイと、あらゆる素材をミックスしながら、全体を落ち着いた色にまとめることで統一感をキープ

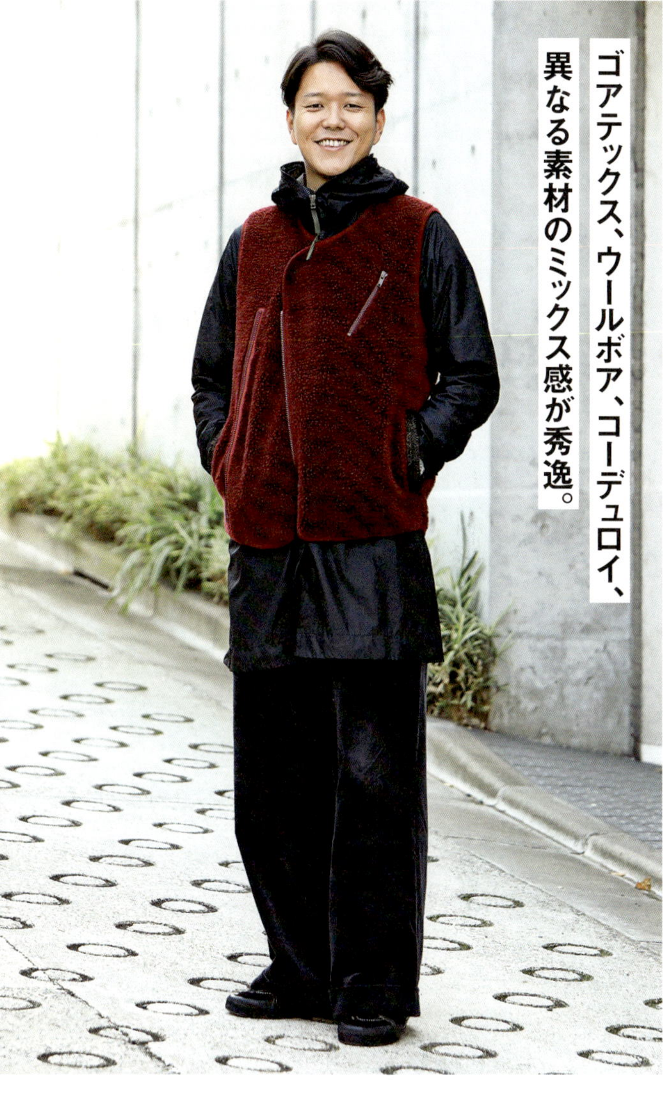

ゴアテックス、ウールボア、コーデュロイ、異なる素材のミックス感が秀逸。

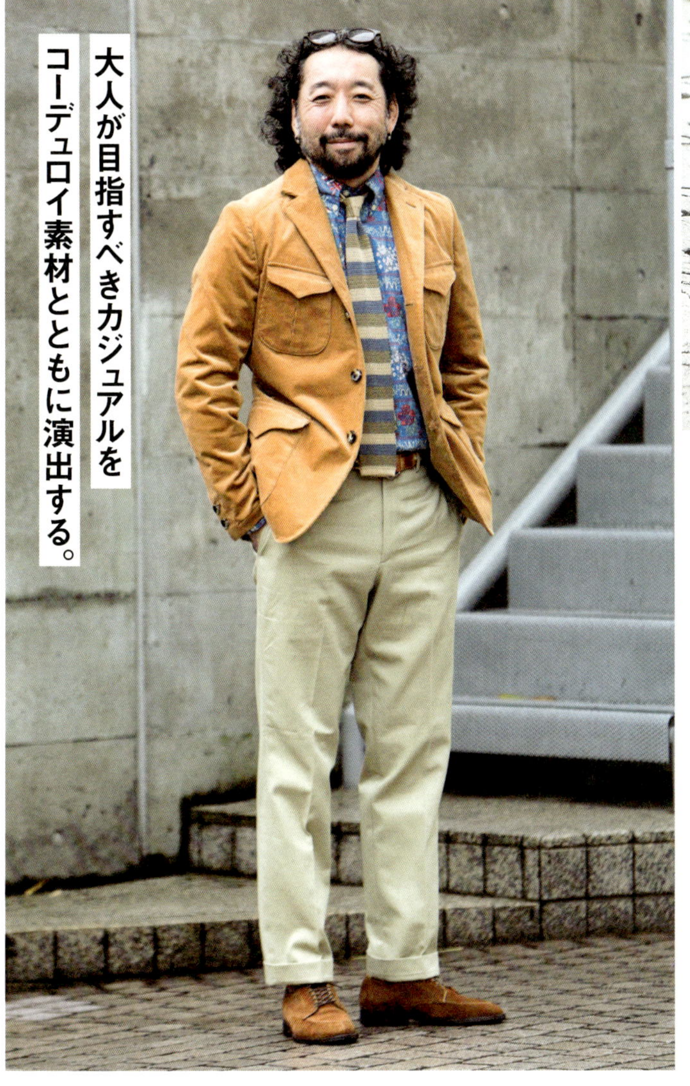

大人が目指すべきカジュアルをコーデュロイ素材とともに演出する。

CORDUROY
009

←

Profile

**バーンストーマー
ディレクター**

海老根モンロウさん

父親が手掛けたブランドを2014年に復活。仕立て屋の技法を駆使したチノパンは定番人気に。またチノパンもシャツもよく洗いしっかりアイロンをかけることを信条にする

Item

O：バーンストーマー
I：レインスプーナー
P：トムソン バイ シップス
S：オールデン
A：ニュー バイ ケーツー アパートメント(メガネ)

Comment

太畝のコーデュロイジャケットにオーソドックスなチノパン。対して、そのVゾーンはアロハシャツにカラフルなニットタイとかなり個性的。「大人のムードの中に大胆な遊びを取り入れていく。それが最近心掛ける大人としてのカジュアルスタイルですね」

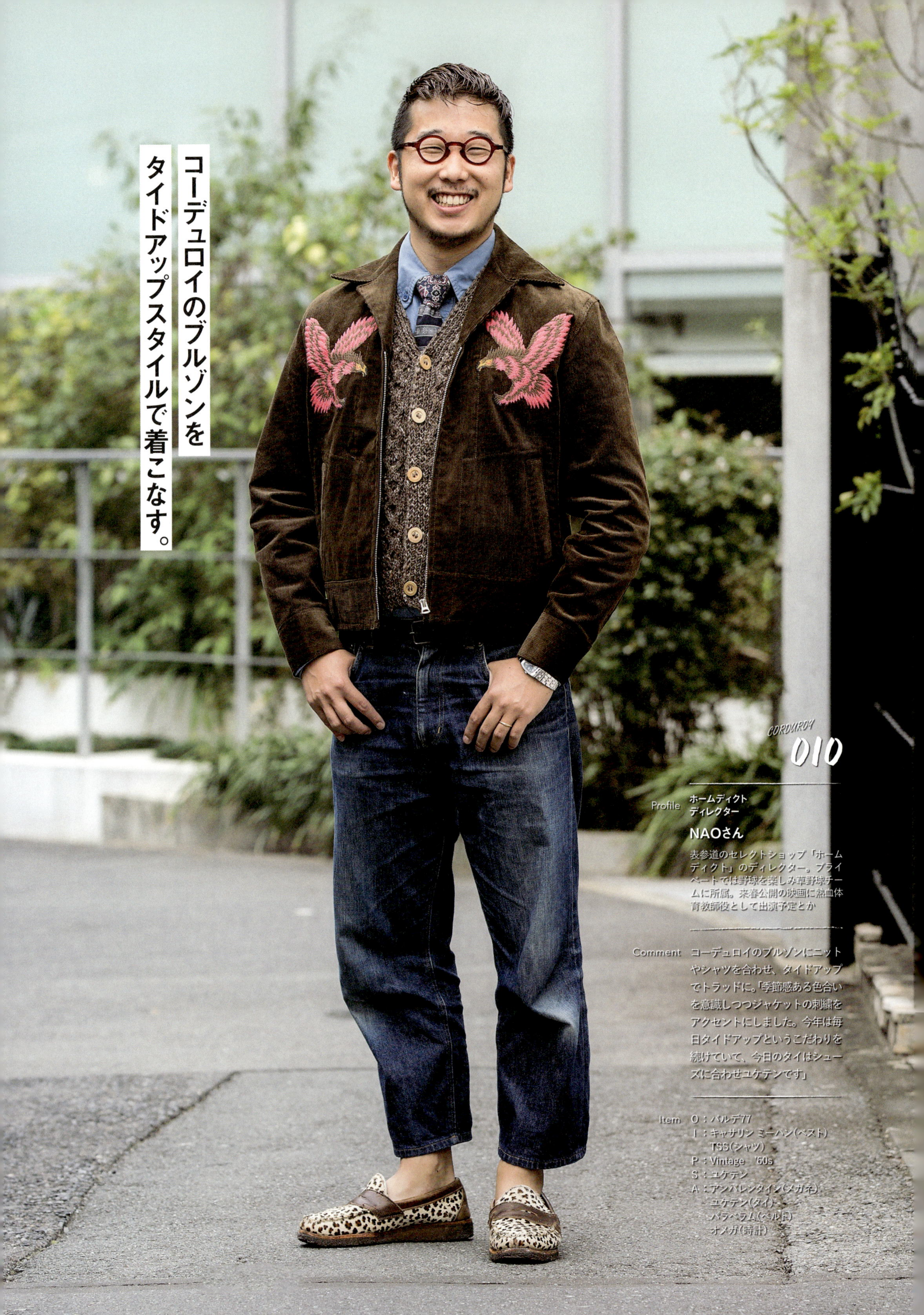

コーデュロイのブルゾンをタイドアップスタイルで着こなす。

CORDUROY 010

Profile ホームディクト ディレクター

NAOさん

表参道のセレクトショップ「ホームディクト」のディレクター。プライベートでは野球を楽しみ草野球チームに所属。来春公開の映画に熱血体育教師役として出演予定とか

Comment コーデュロイのブルゾンにニットやシャツを合わせ、タイドアップでトラッドに。「季節感ある色合いを意識しつつジャケットの刺繍をアクセントにしました。今年は毎日タイドアップというこだわりを続けていて、今日のタイはシューズに合わせユケテンです」

Item
O：バルデ77
I：キャサリン ミーハン(ベスト)
　TSS(シャツ)
P：Vintage　'60s
S：ユケテン
A：アンバレンタイン(メガネ)
　ユケテン(タイ)
　パラベラム(ベルト)
　オメガ(時計)

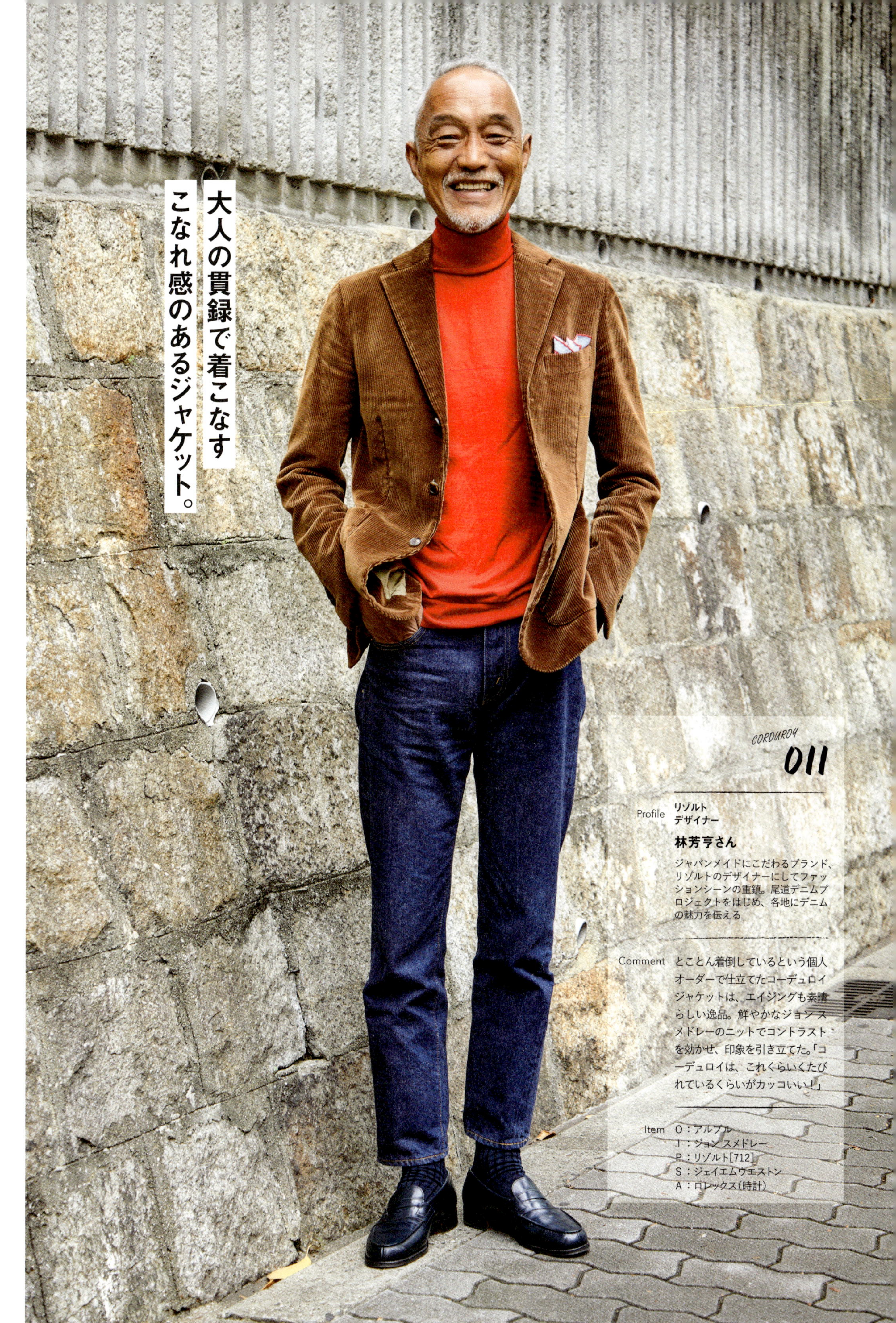

大人の貫録で着こなすこなれ感のあるジャケット。

CORDUROY

011

Profile
リゾルト デザイナー

林芳亨さん

ジャパンメイドにこだわるブランド、リゾルトのデザイナーにしてファッションシーンの重鎮。尾道デニムプロジェクトをはじめ、各地にデニムの魅力を伝える

Comment
とことん着倒しているという個人オーダーで仕立てたコーデュロイジャケットは、エイジングも素晴らしい逸品。鮮やかなジョン スメドレーのニットでコントラストを効かせ、印象を引き立てた。「コーデュロイは、これくらいくたびれているくらいがカッコいい！」

Item
O：アルブル
I：ジョン スメドレー
P：リゾルト[712]
S：ジェイエムウエストン
A：ロレックス(時計)

CORDUROY
012

→

Profile

**デサント
ショップディレクター**

植木宣博さん

セレクトショップ運営を経験後、デサントへ入社。現在はデサントポーズのマーチャンダイジング、オルテラインのセールスなど、ブランドの中心に立ちながら幅広く活動

Item

O：デサント ポーズ
I：デサント(ベスト)
P：ポロ バイ ラルフローレン
S：エンツォボナフェ
A：ヤングアンドオルセン(キャップ)

Comment

シルエットはゆったりめだが、だらしなく見えないのはベージュ系統の色味で潔くまとめ、素材感で落ち着きのある着こなしに仕上げたため。コーデュロイのボトムやキャップ、ウールボアベストに機能素材のソリッドなアウターコートを足したミックス感も絶妙だ

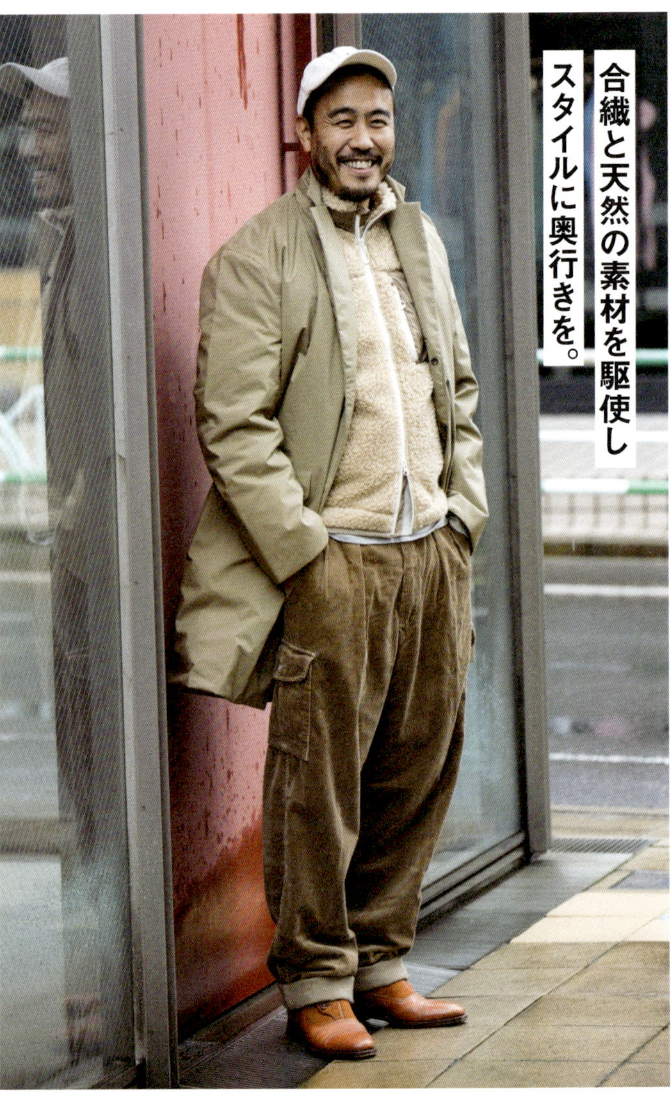

合織と天然の素材を駆使しスタイルに奥行きを。

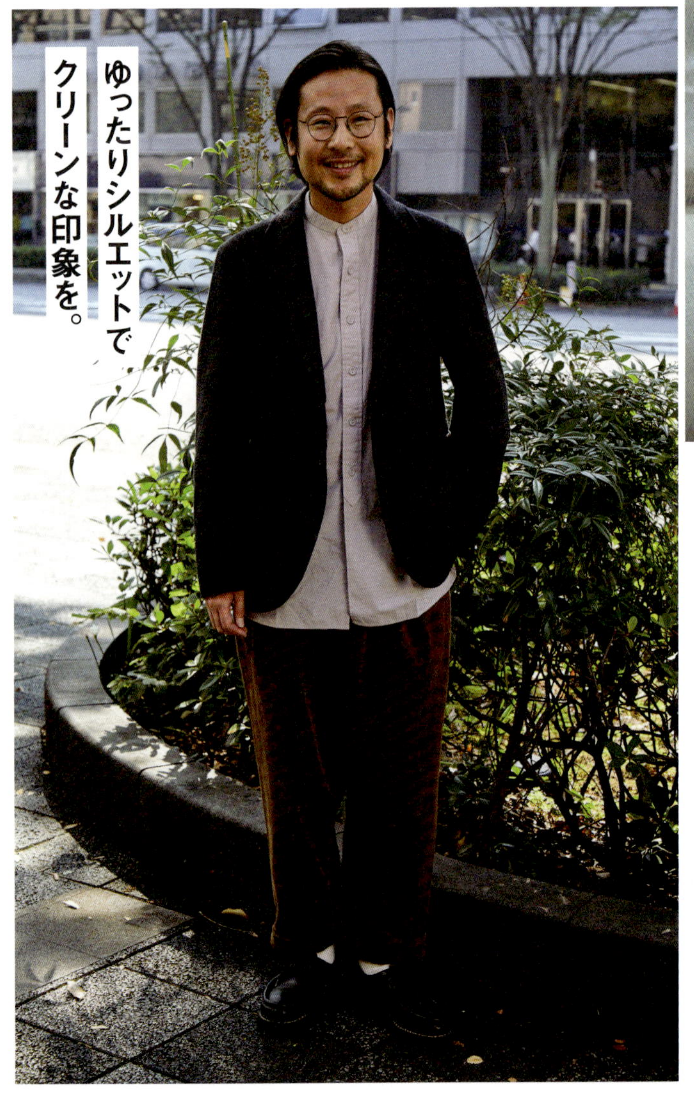

ゆったりシルエットでクリーンな印象を。

CORDUROY
013

←

Profile

**G.B.ガファス京都
店長**

岡田卓也さん

G.B.ガファス全店舗で店長の経験を持つ、グループきってのベテラン。豊富なファッションの知識と愛情を持ち、アイウエアを含めたトータルスタイルの提案が身上

Item

O：ウィム ニールス
I：ヴァイオレットバッファローワローズ
P：ビームス プラス
S：パラブーツ
A：イエローズプラス×G.B.ガファス(メガネ)

Comment

ゆったりしたコーデュロイパンツをベースに、シャツとジャケットもシルエットを合わせてスタイリング。決してだらしなく見えない丈感や、インナーのノーカラーシャツがクリーンな雰囲気を醸し出す。「落ち着いた印象になるよう、細フレームのメガネを選びました」

CORDUROY
014

→

Profile

ネストローブ コンフェクト ディレクター

宮之原健さん

自然素材や上質な着心地にこだわるブランド、ネストローブ コンフェクトの企画からショップのバイイングなどを担当。「質感やサイズのバランス」をこだわりにあげる

Item

O：ネストローブ コンフェクト
I：ネストローブ コンフェクト
P：ネストローブ コンフェクト
S：エンダースキーマ

Comment

「洗いをかけたウールリネンのコート、コーデュロイパンツ、そしてハラコのサンダルを取り入れ、柔らかく優しい印象の素材でまとめました」。落ち着きのあるブラウン系カラーで統一し、ユルめのシルエットでリラックス感も演出した大人の休日感が肝

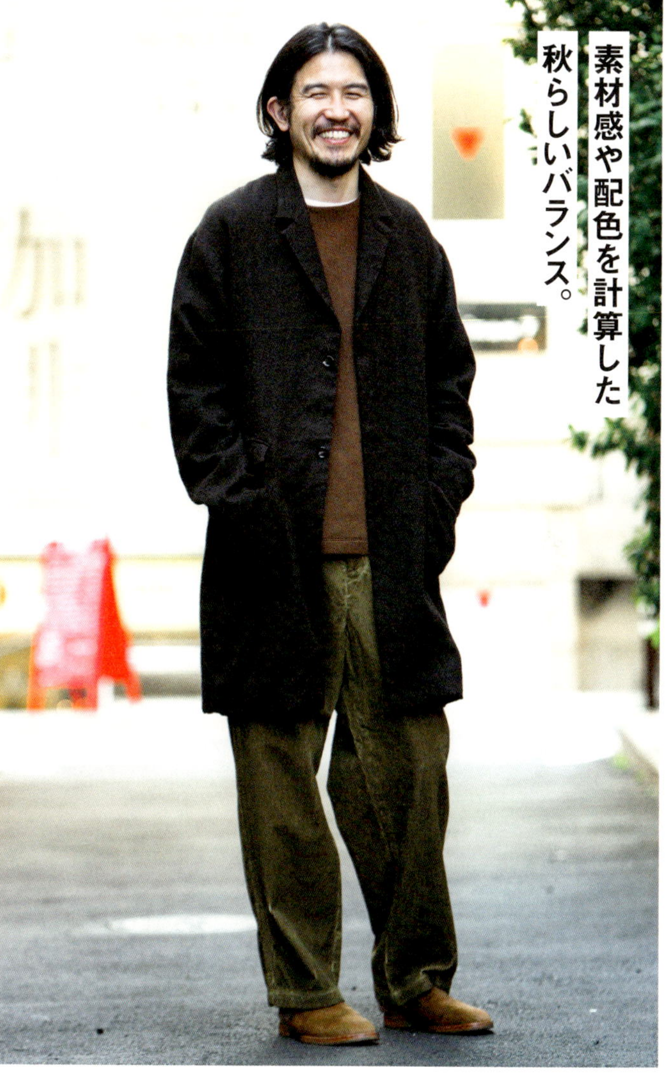

素材感や配色を計算した秋らしいバランス。

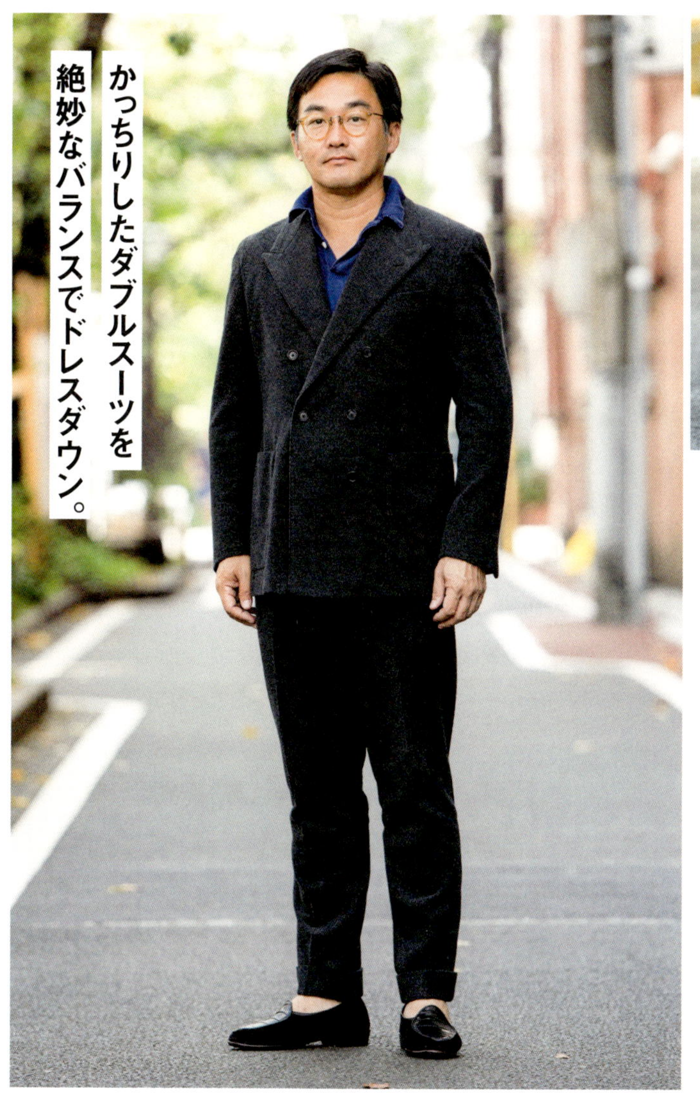

かっちりしたダブルスーツを絶妙なバランスでドレスダウン。

CORDUROY
015

←

Profile

オカベアンドパートナーズ 専務取締役

岡部成哲さん

国内アパレルブランドのOEM事業に従事する傍ら、インポートブランドの販売代行も行う。最近は趣味のゴルフやジムでのトレーニングをもっと楽しみたいと願っている日々

Item

O：カモシタ ユナイテッドアローズ
I：JJ
P：カモシタ ユナイテッドアローズ
S：ボウドイン&ラング
A：オリバーピープルズ（メガネ）

Comment

ダブルブレストのセットアップスタイルに、ニットポロやスリッポンで絶妙な抜け感を演出している。「スーツはウール混の中畝コーデュロイで秋冬らしい温かみのある表情がお気に入り。フォーマルにも着られて、今回のように着くずせる守備範囲の広さも満足です」

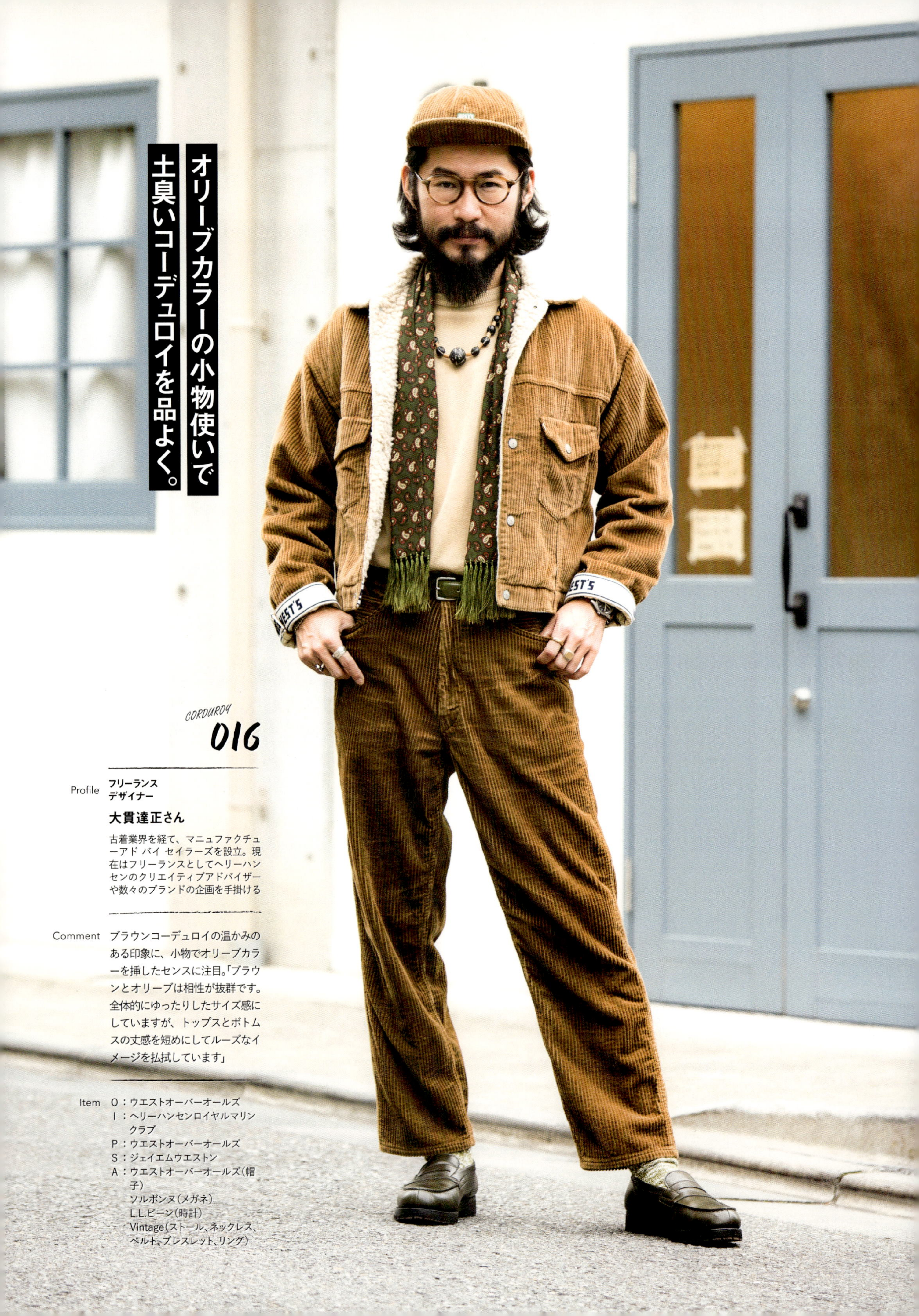

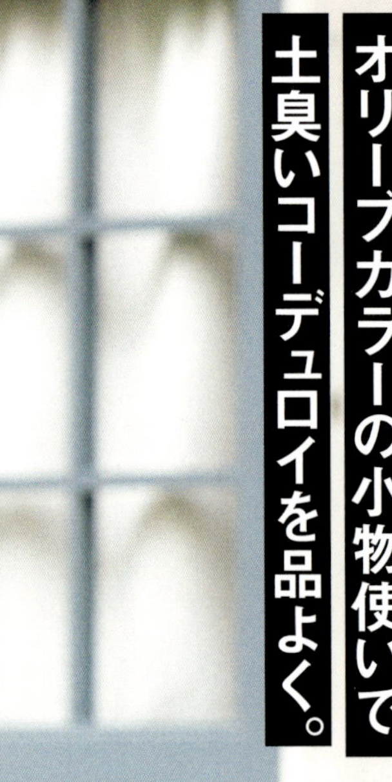

オリーブカラーの小物使いで土臭いコーデュロイを品よく。

CORDUROY
016

Profile
フリーランス
デザイナー

大貫達正さん

古着業界を経て、マニュファクチュ ーアド バイ セイラーズを設立。現在はフリーランスとしてヘリーハンセンのクリエイティブアドバイザーや数々のブランドの企画を手掛ける

Comment
ブラウンコーデュロイの温かみのある印象に、小物でオリーブカラーを挿したセンスに注目。「ブラウンとオリーブは相性が抜群です。全体的にゆったりしたサイズ感にしていますが、トップスとボトムスの丈感を短めにしてルーズなイメージを払拭しています」

Item
O：ウエストオーバーオールズ
I：ヘリーハンセンロイヤルマリンクラブ
P：ウエストオーバーオールズ
S：ジェイエムウエストン
A：ウエストオーバーオールズ（帽子）
ソルボンヌ（メガネ）
L.L.ビーン（時計）
Vintage（ストール、ネックレス、ベルト、ブレスレット、リング）

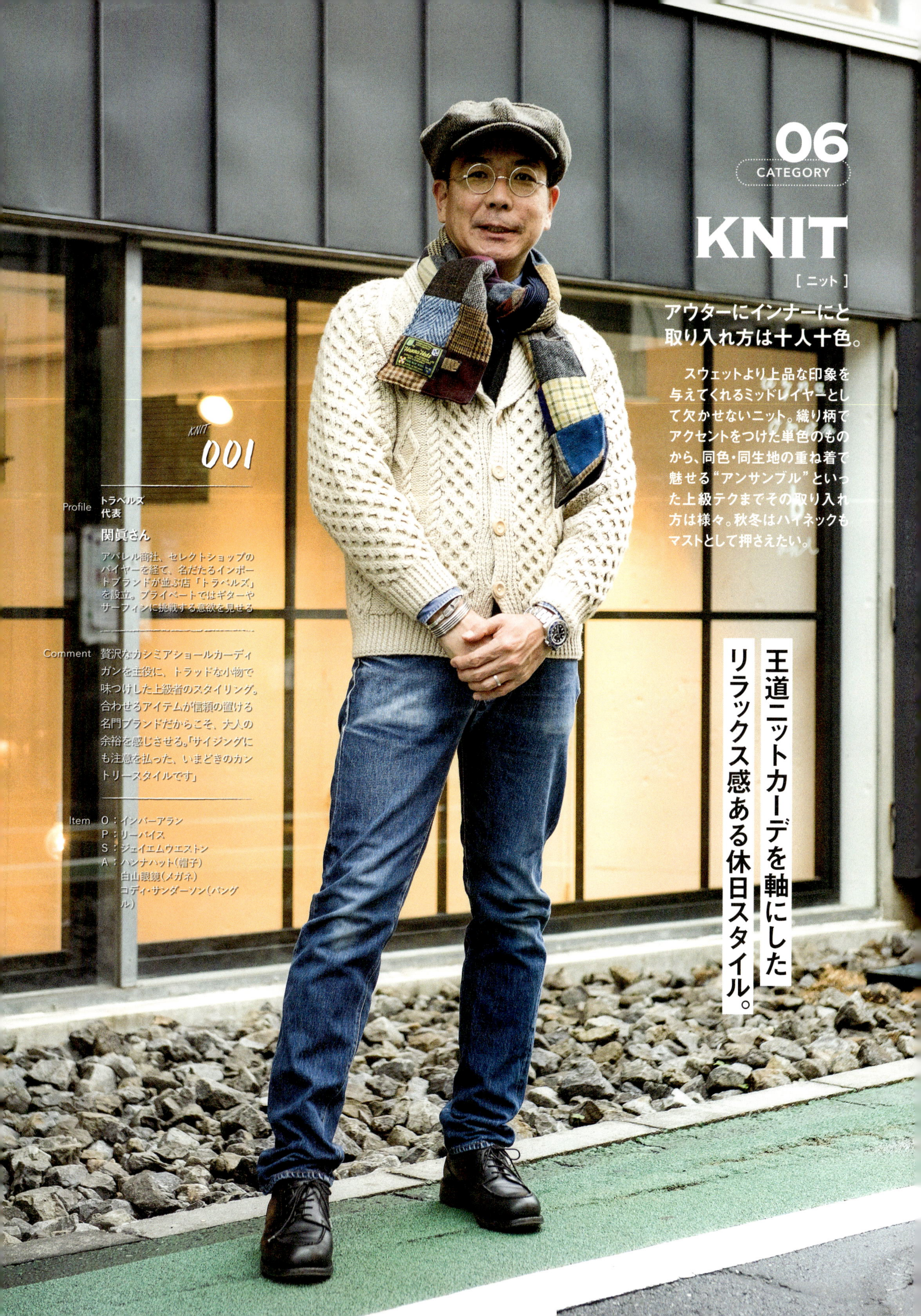

06
CATEGORY

KNIT

[ニット]

アウターにインナーにと取り入れ方は十人十色。

スウェットより上品な印象を与えてくれるミッドレイヤーとして欠かせないニット。織り柄でアクセントをつけた単色のものから、同色・同生地の重ね着で魅せる“アンサンブル”といった上級テクまでその取り入れ方は様々。秋冬はハイネックもマストとして押さえたい。

KNIT 001

Profile トラベルズ 代表

関眞さん

アパレル商社、セレクトショップのバイヤーを経て、名だたるインポートブランドが並ぶ店「トラベルズ」を設立。プライベートではギターやサーフィンに挑戦する意欲を見せる

Comment 贅沢なカシミアショールカーディガンを主役に、トラッドな小物で味つけした上級者のスタイリング。合わせるアイテムが信頼の置ける名門ブランドだからこそ、大人の余裕を感じさせる。「サイジングにも注意を払った、いまどきのカントリースタイルです」

Item
O：インバーアラン
P：リーバイス
S：ジェイエムウエストン
A：ハンナハット(帽子)
白山眼鏡(メガネ)
コディ・サンダーソン(バングル)

王道ニットカーデを軸にしたリラックス感ある休日スタイル。

KNIT
002

→

Profile

**グリフィンインターナショナル
営業**

香取宗一郎さん

出版社で編集業務と広告営業を経験後、海外の名門ブランドを取り扱うグリフィンインターナショナルへ。「最近は塊根植物に夢中で、植木鉢との合わせを楽しんでいます」

Item

O：スローン
P：セレクティブ
S：クロケット&ジョーンズ
A：オメガ(時計)
ヤ バスタ(リング)

Comment

「クラシックなアイテムを普段からよく着ていますが、どうしても重い色使いになりがちなので、今季はこんな発色の良いケリーグリーンのニットが気分です」。合わせるアイテムによっては子供っぽく見えるニットも、スラックスとチャッカブーツで上品にしている

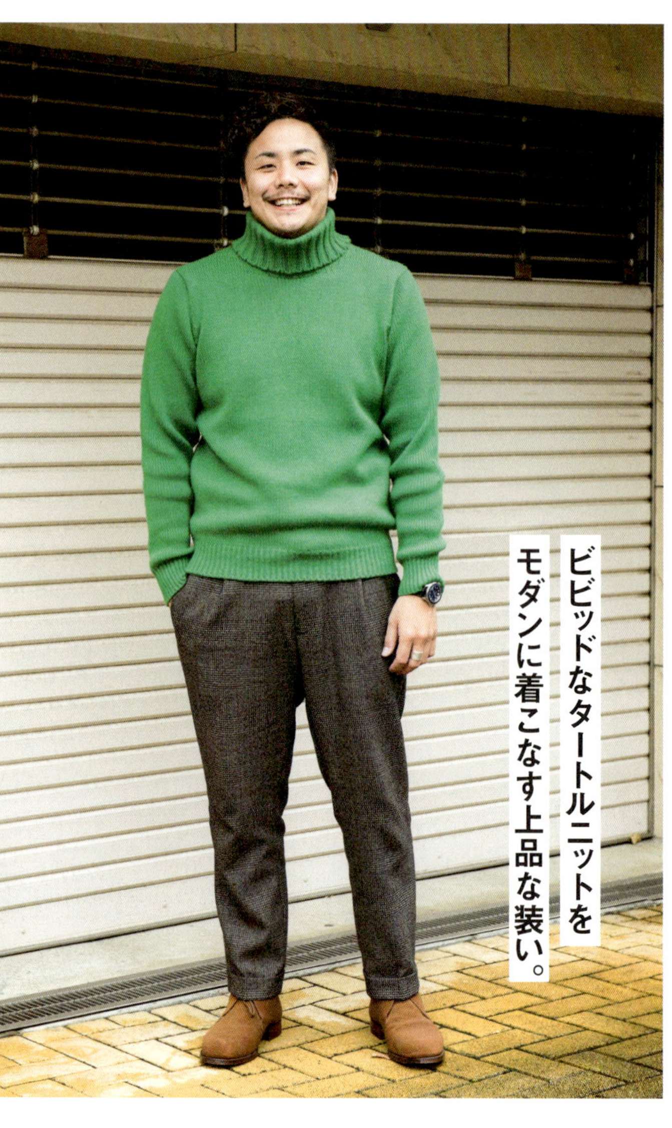

ビビッドなタートルニットをモダンに着こなす上品な装い。

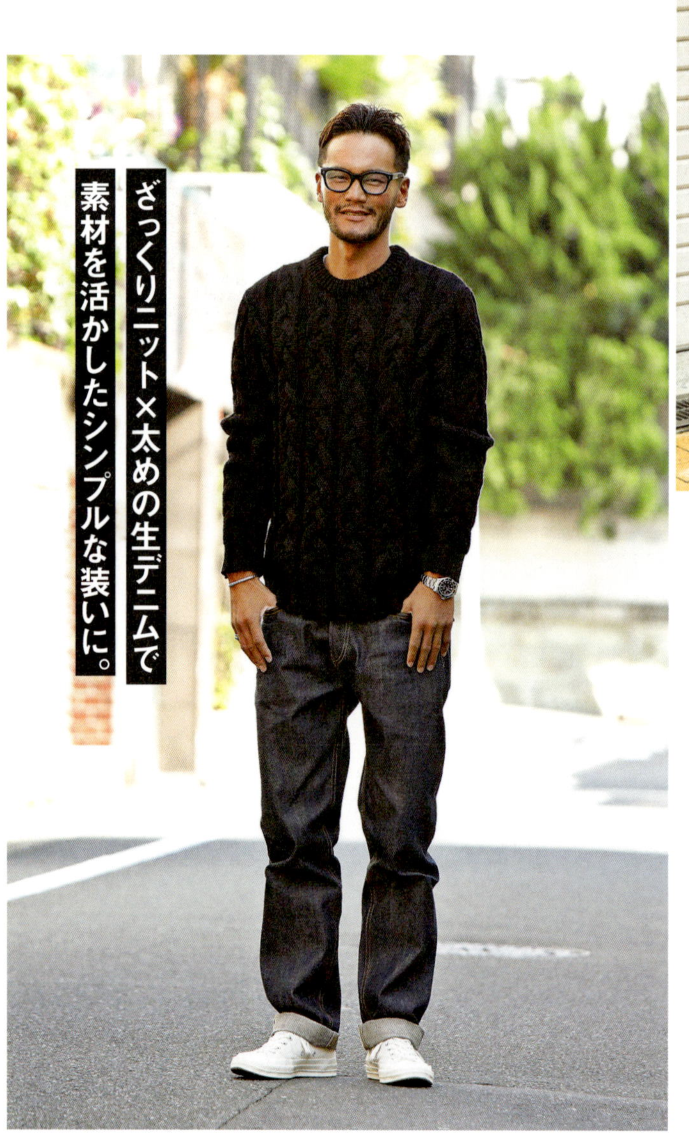

ざっくりニット×太めの生デニムで素材を活かしたシンプルな装いに。

KNIT
003

←

Profile

**デンハム・ジャパン
リテールマネージャー**

白澤研さん

2012年にデンハム・ジャパン入社。ホールセール事業部長を経て、リテールマネージャーとして活躍。ハマっているゴルフに最適なシーズンとなり、ワクワクしているとか

Item

O：デンハム
P：デンハム
S：コンバース
A：エフェクター(メガネ)
ロレックス(時計)

Comment

ニット×デニム。シンプルな組み合わせだからこそ、自分の身体を熟知したサイジングやシルエットが重要。「紡績、編み立て、縫製、仕上げとすべての工程を日本製にこだわった、ざっくりニットがポイントです。合わせるのは、太めの生デニムがいまの気分」

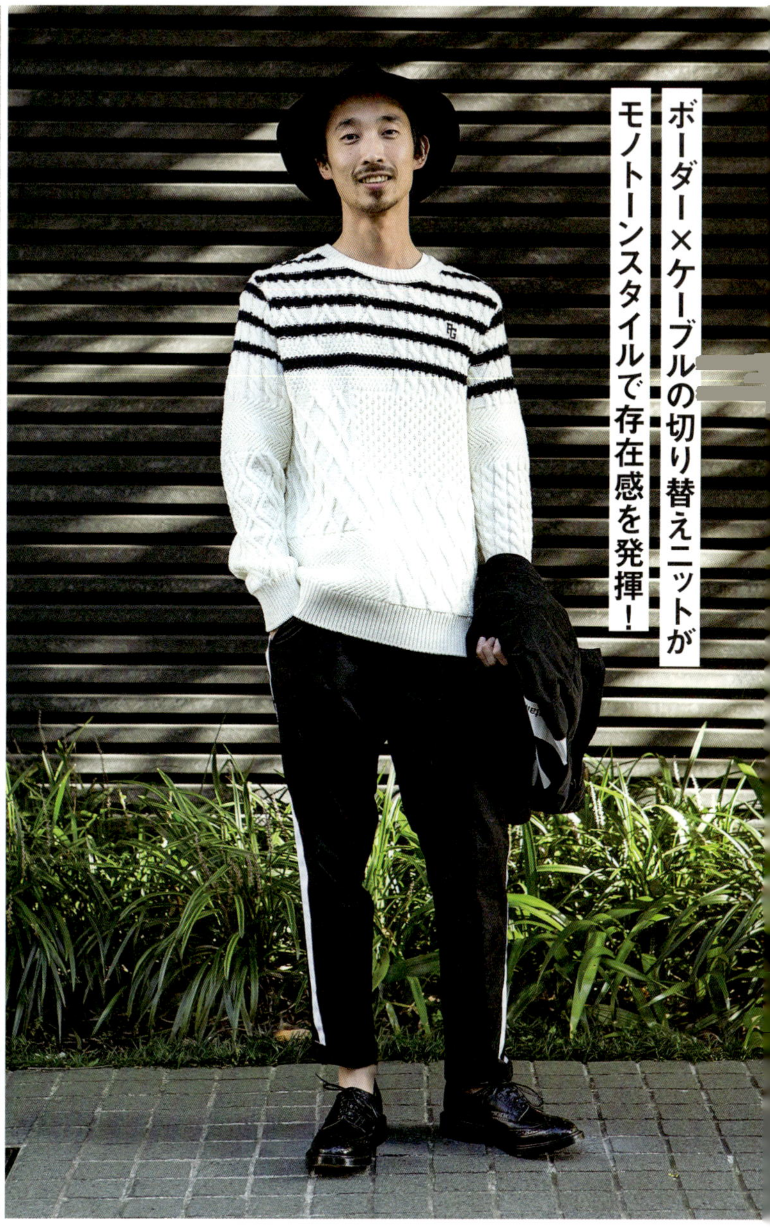

KNIT
004

Profile
パーリーゲイツ
プレス
廣瀬信太郎さん

古着、メンズブランドのショップスタッフを経て、2012年に現TSIグルーヴ＆スポーツ入社。現在は同社が展開するゴルフアパレルブランド、パーリーゲイツでプレスを担当

Item
O：ホワイトマウンテニアリング
I：パーリーゲイツ
P：ユナイテッドアローズ
S：トリッカーズ×パーリーゲイツ
A：パーリーゲイツ（ハット）

Comment
ゴルフブランドのものとは思えないほど、街にも馴染むニットとハット。シンプルにモノトーンで仕上げた装いは、足下のコードバンシューズで引き締めている。「ボーダーとケーブルの切り替えによる表情豊かなニットが、コーディネイトのメインアイテムです」

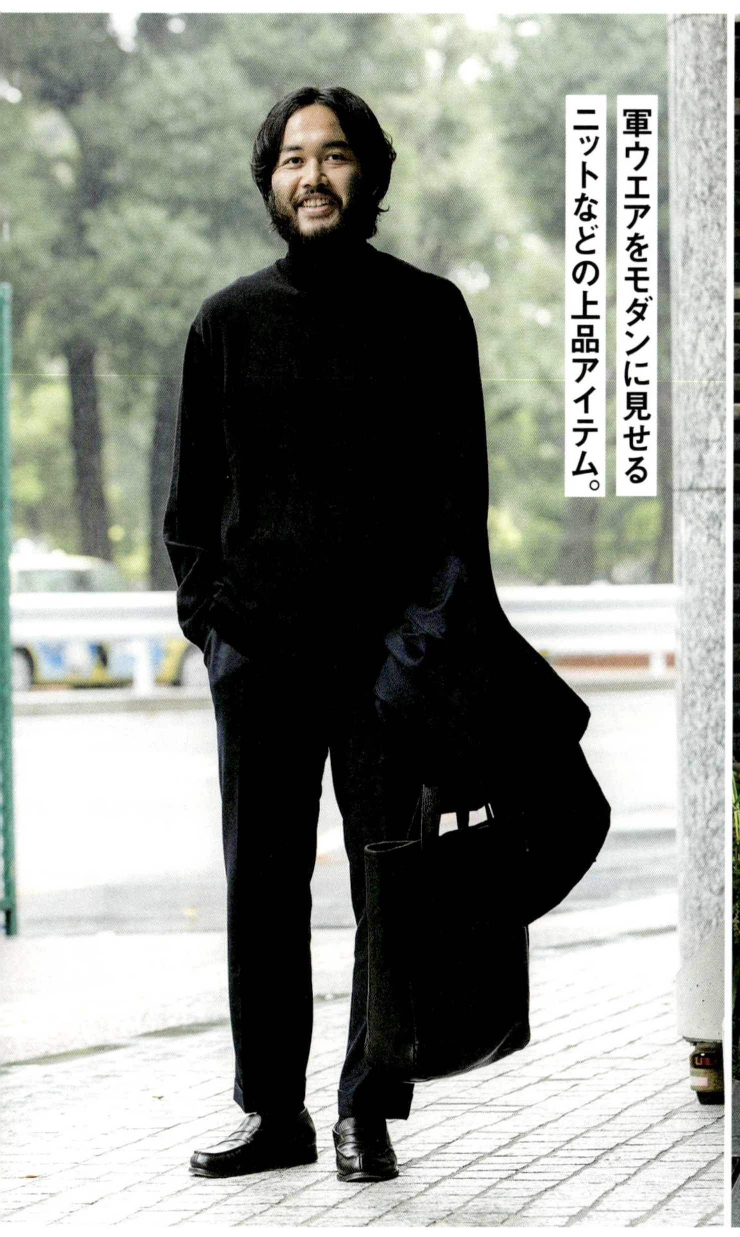

KNIT
005

Profile
メゾンドリーファー
バイヤー
佐藤惟吾さん

日常からトラベルまで、様々なシーンで活躍するアイテムを揃えるメゾンドリーファーのバイヤー。身につける服はワークやミリタリーがメインで音楽や古着の知識も豊富

Item
O：カンタータ
I：Used
P：インコテックス
A：コム デ ギャルソン（バッグ）

Comment
「オーセンティックなアイテムが好き」と軍アウターを軸にメイク。「コテコテに見えないように、ハイゲージのニットやスラックス然としたボトムスを取り入れた」ことから、全体はミリタリーらしからぬモダンな装いに。ダークネイビーでまとめた点もポイントだ

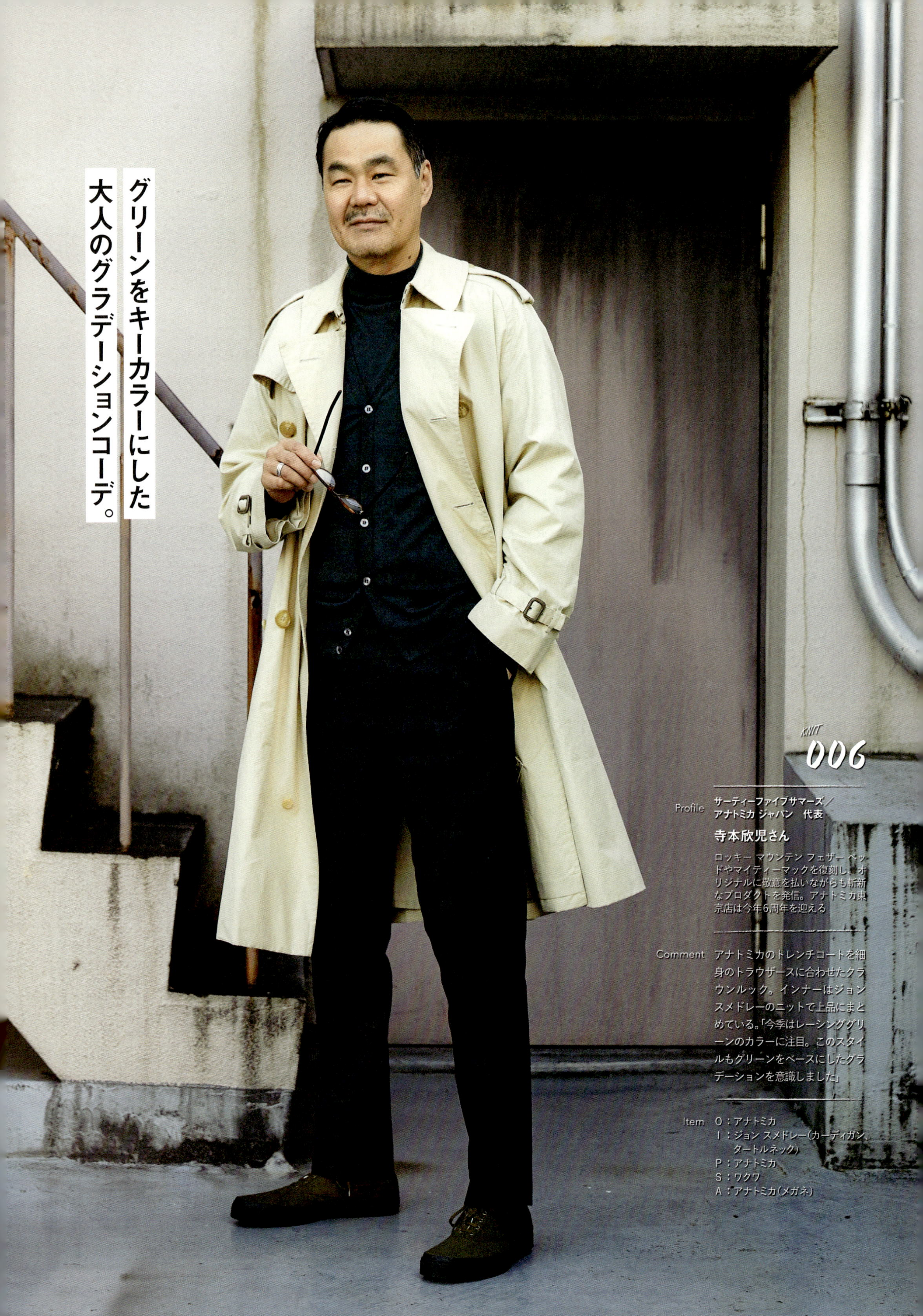

グリーンをキーカラーにした大人のグラデーションコーデ。

KNIT 006

Profile
サーティーファイブサマーズ／アナトミカ ジャパン　代表

寺本欣児さん

ロッキー マウンテン フェザー ベッドやマイティーマックを復刻し、オリジナルに敬意を払いながらも斬新なプロダクトを発信。アナトミカ東京店は今年6周年を迎える

Comment
アナトミカのトレンチコートを細身のトラウザースに合わせたクラウンルック。インナーはジョン スメドレーのニットで上品にまとめている。「今季はレーシンググリーンのカラーに注目。このスタイルもグリーンをベースにしたグラデーションを意識しました」

Item
O：アナトミカ
I：ジョン スメドレー（カーディガン、タートルネック）
P：アナトミカ
S：ワクワ
A：アナトミカ（メガネ）

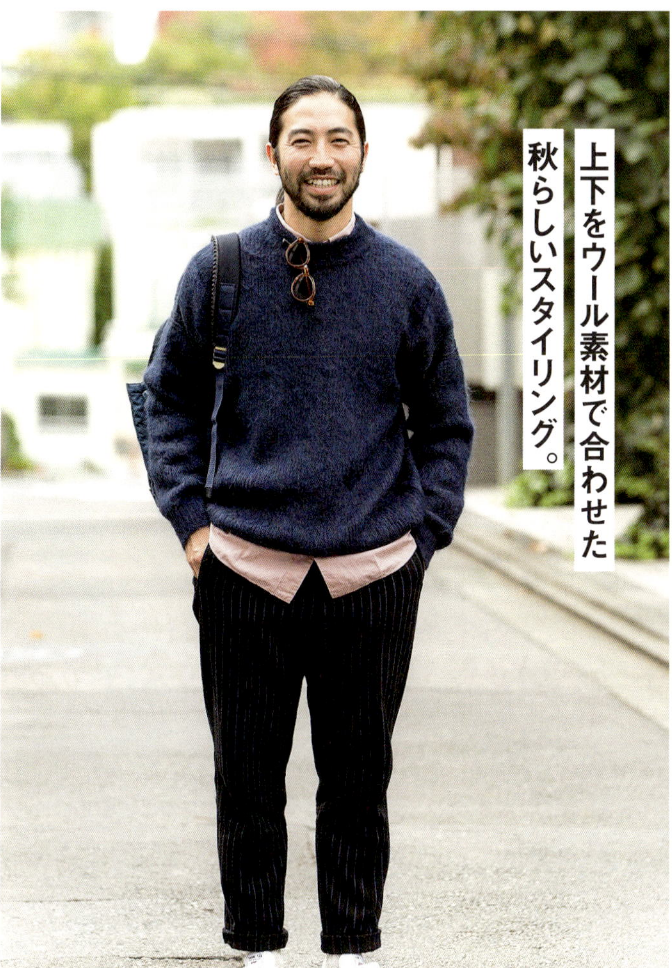

KNIT 007

←

Profile

マスターピース
PRアシスタント

辻川直也さん

2010年MSPCに入社。大阪・京都のショップマネージャーを経て、東京プレスルームに配属。現在はマスターピースのPRを担当する。ヴィンテージウエアにも造詣が深い

Item

O：ヤシキ
I：Used イッセイミヤケ
P：トニー
S：ウォルシュ
A：ブラン（サングラス）
　マスターピース（バッグ）

Comment

シックな色みに映えるペールトーンのシャツ使いは、まさに上級者。「季節感のあるコーディネイトにすべく、ニットとパンツはともにウール系の素材で合わせました。全体的にキレイめな装いですが、足下だけは機動力重視でスニーカーをセットしています」

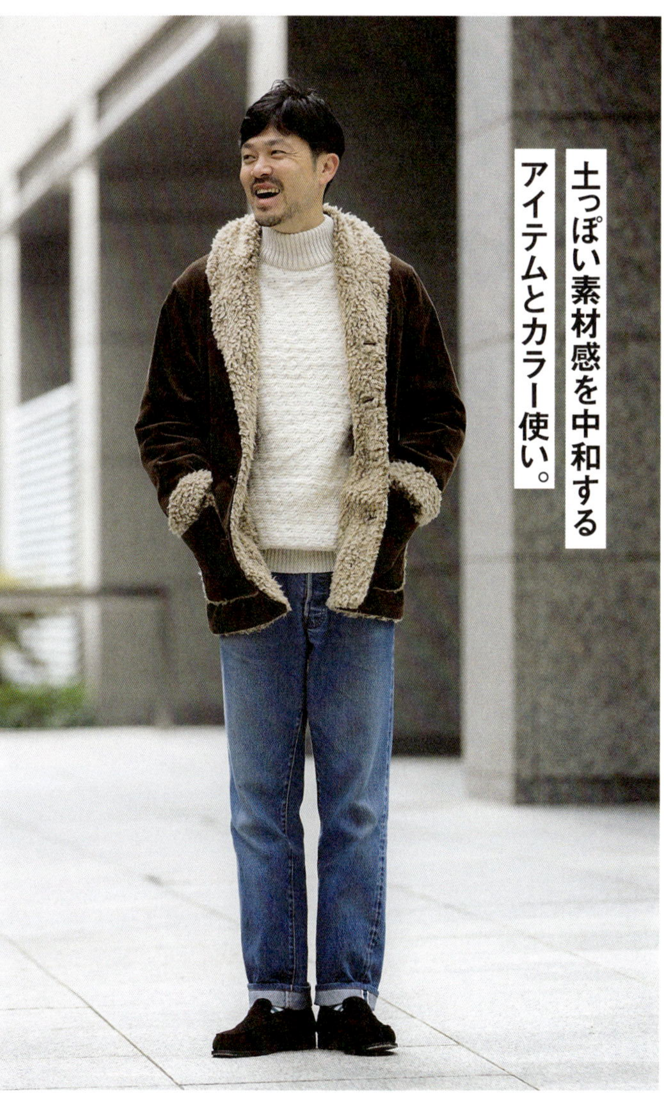

KNIT 008

→

Profile

八木通商
メンズPRマネージャー

大畑広志さん

欧州を中心とした海外ブランドを取り扱う八木通商にてメンズPRを担当。最近は土いじりがもっぱらのハマりごとで、自宅のベランダにてパクチーやプチトマトを栽培する

Item

O：ウールリッチ
I：S.N.S.ハーニング
P：Vintage リーバイス[501]
S：ジェイエムウエストン

Comment

「素材感でいまの空気を取り込みたい」とボアジャケをコーデの主役へ。「古着のジーンズとの合わせは野太いアメカジを連想させますが、クリーンなニットやローファーで中和させました」と、“足し引き”が絶妙。グラデ調で合わせたカラートーンもポイント

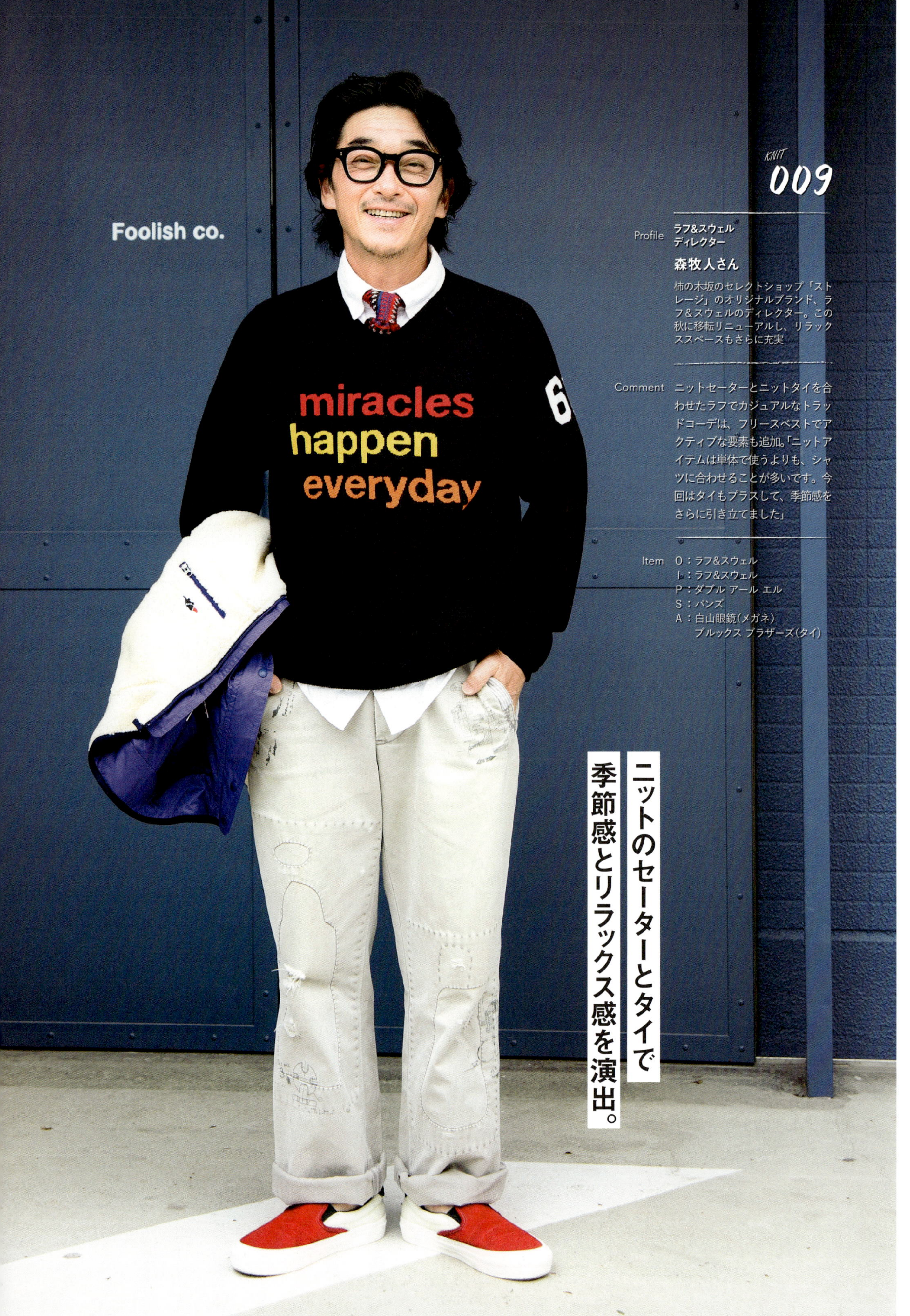

KNIT 009

ニットのセーターとタイで季節感とリラックス感を演出。

Profile

ラフ&スウェル ディレクター

森牧人さん

柿の木坂のセレクトショップ「ストレージ」のオリジナルブランド、ラフ&スウェルのディレクター。この秋に移転リニューアルし、リラックススペースもさらに充実

Comment

ニットセーターとニットタイを合わせたラフでカジュアルなトラッドコーデは、フリースベストでアクティブな要素も追加。「ニットアイテムは単体で使うよりも、シャツに合わせることが多いです。今回はタイもプラスして、季節感をさらに引き立てました」

Item

O：ラフ&スウェル
I：ラフ&スウェル
P：ダブル アール エル
S：バンズ
A：白山眼鏡(メガネ)
ブルックス ブラザーズ(タイ)

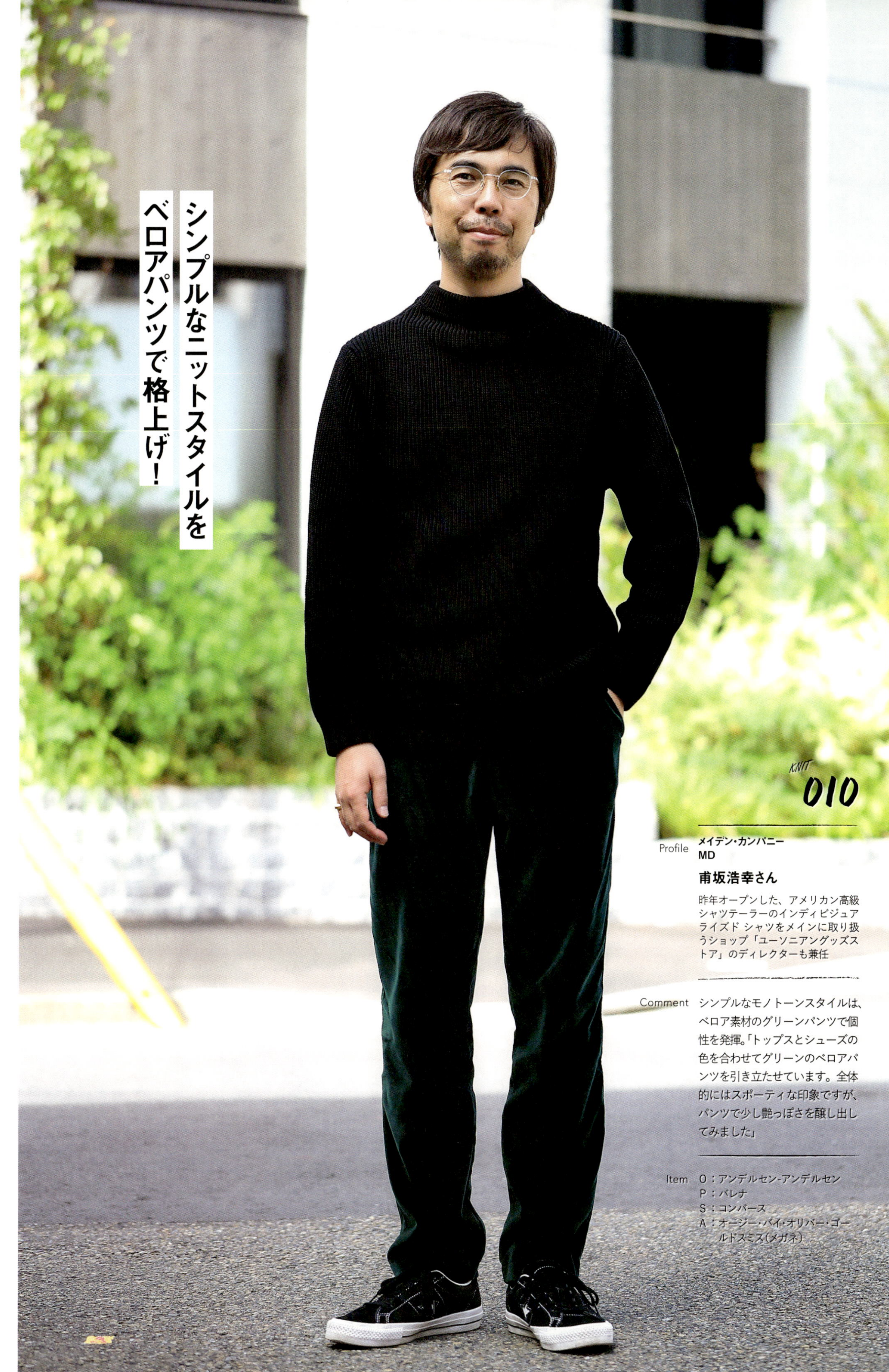

シンプルなニットスタイルをベロアパンツで格上げ!

KNIT 010

Profile　メイデン・カンパニー
MD

甫坂浩幸さん

昨年オープンした、アメリカン高級シャツテーラーのインディビジュアライズド シャツをメインに取り扱うショップ「ユーソニアングッズストア」のディレクターも兼任

Comment　シンプルなモノトーンスタイルは、ベロア素材のグリーンパンツで個性を発揮。「トップスとシューズの色を合わせてグリーンのベロアパンツを引き立たせています。全体的にはスポーティな印象ですが、パンツで少し艶っぽさを醸し出してみました」

Item
O：アンデルセン-アンデルセン
P：バレナ
S：コンバース
A：オージー・バイ・オリバー・ゴールドスミス(メガネ)

KNIT 011

→

Profile

サンハウス
サブマネージャー

遠川保則さん

上野と渋谷の2エリアで展開するアメカジ系セレクトショップ「サンハウス」のサブマネージャー。ヴィンテージのフィギュアやアンティーク雑貨などの収集が趣味

Item

O：ビズビム
I：キャプテン サンシャイン
P：バーガスプラス
S：アサヒシューズ
A：バズリクソンズ（帽子）

Comment

ミリタリージャケットをベースにした無骨な半纏と、ソフトな質感のハイネックニットセーターを合わせた和洋折衷な着こなし。「半纏にボリュームがあるので、デニムも少しルーズなシルエットにしています。帽子もミリタリーテイストで揃えてみました」

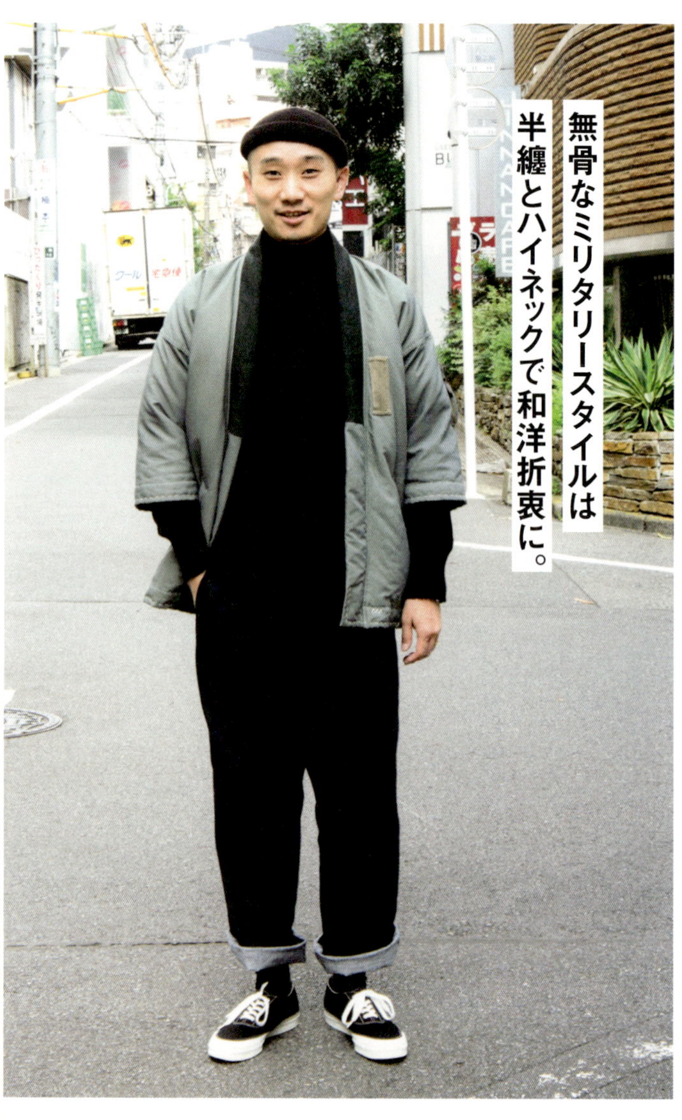

無骨なミリタリースタイルは半纏とハイネックで和洋折衷に。

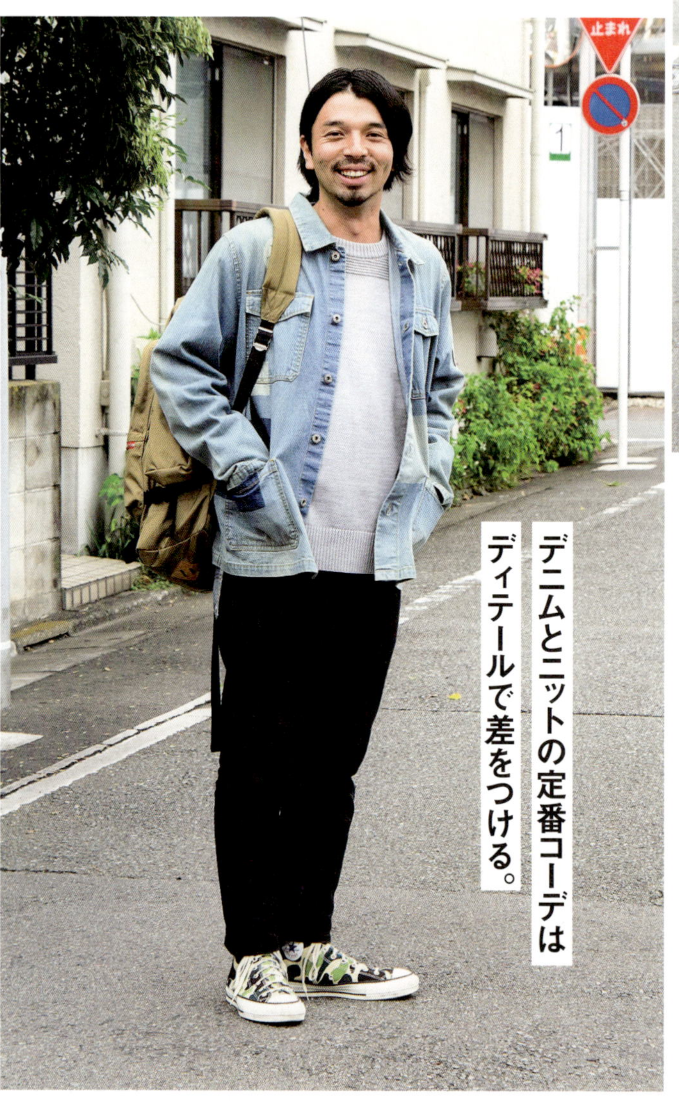

デニムとニットの定番コーデはディテールで差をつける。

KNIT 012

←

Profile

フリーランスプランナー

白井教政さん

プランナーとプレス業務を兼任するマルチフリーランサー。現在はドメスティックブランドや、ンポートブランドのPRをメインに、販促プロモーションなども手掛ける

Item

O：ターンミーオン
I：ターンミーオン
P：メタファー
S：コンバース
A：ケルティ

Comment

ライトオンスのカバーオールを羽織ったカジュアルコーデ。「このアウターは加工でパッチワークを表現した珍しいデザイン。インナーのニットも首回りの編み込みがアクセント。どちらもさりげなくディテールがおもしろい、存在感のあるアイテムです」

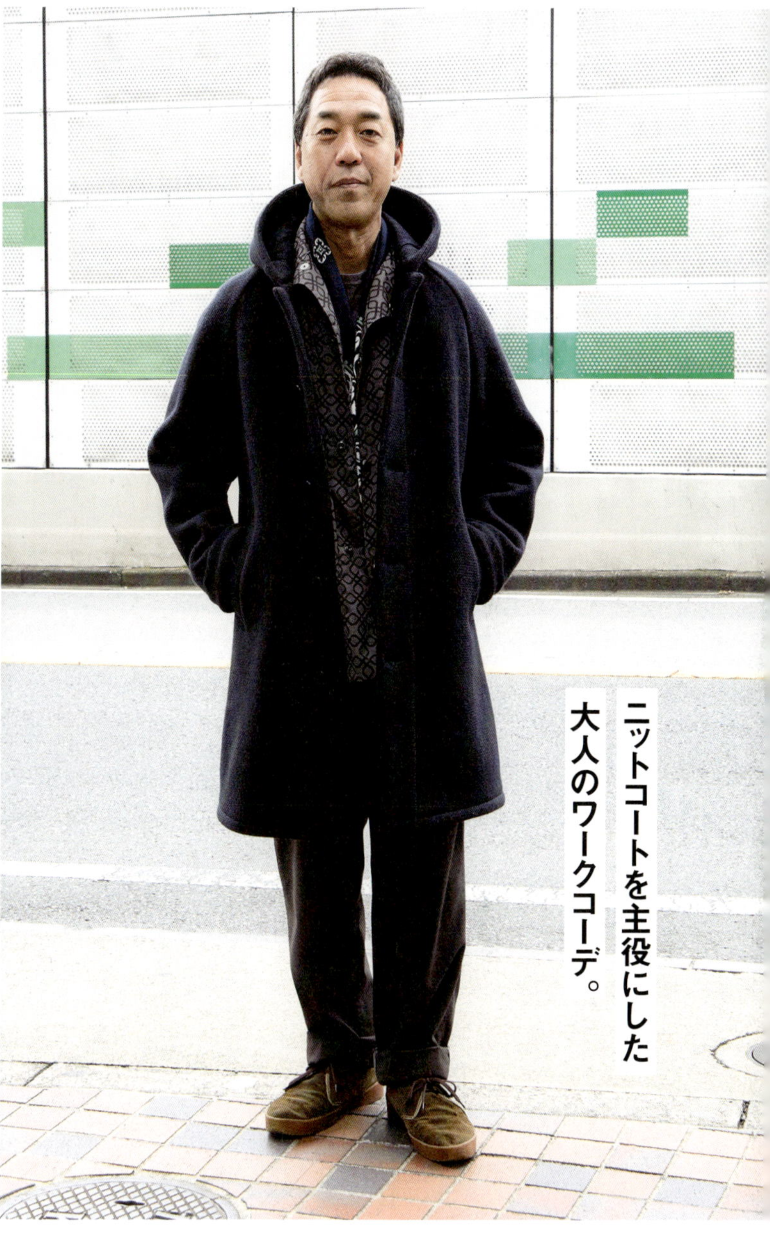

ニットコートを主役にした大人のワークコーデ。

KNIT 013

Profile
コロナ
代表
西秀昭さん

大人が着用できるユーティリティウエアを提案するブランド、コロナの代表。シンプルな機能美を追求したアイテムを展開中。「秋はキャンプ、冬はスキーをしたいですね」

Item
O：コロナ
I：コロナ（カバーオール、Tシャツ）
P：コロナ
S：スペースメイト
A：コロナ（スカーフ）

Comment 季節感漂うニットコートで上品な雰囲気を漂わせた着こなし。「今年はニット系のアウターに注目しています。このコートは素材感を活かしたシンプルなデザインなので、インナーに柄モノを合わせました。ウールのワークパンツのシルエットもポイントです」

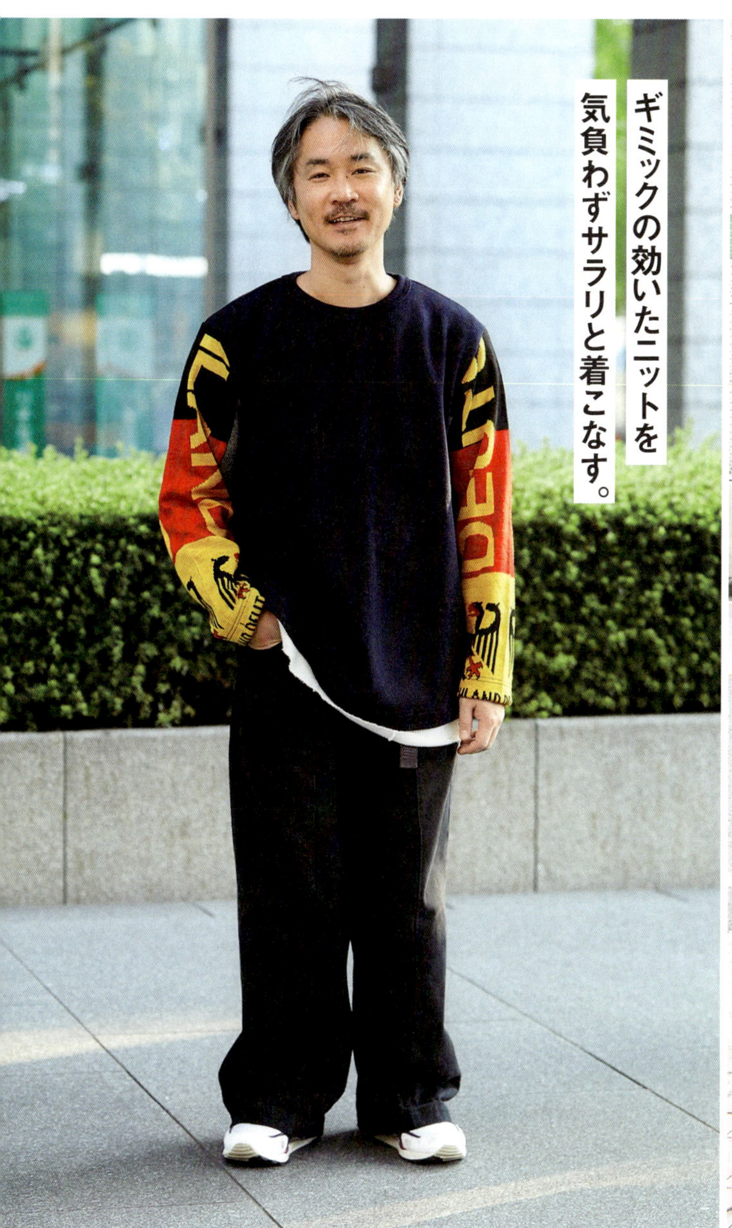

ギミックの効いたニットを気負わずサラリと着こなす。

KNIT 014

Profile
フレイフレイ
デザイナー
古谷一平さん

目新しくインパクトのあるアイテムを世に送り続ける、フレイフレイのデザイナー。ほかにはない変幻自在なラインナップに、全国の服道楽が絶えずその動向を追っている

Item
O：フレイフレイ
I：フレイフレイ
P：フレイフレイ
S：リーボック×ガーブストア

Comment ユーズドのサッカーマフラーをモチーフにデザインされた、唯一無二の存在感を持つニットが着こなしの主役。背中にはナンバリングもプリントされ、スポーティテイストを後押しする。「ゆったりしたシルエットにまとめ、大人の余裕が感じられるよう意識しました」

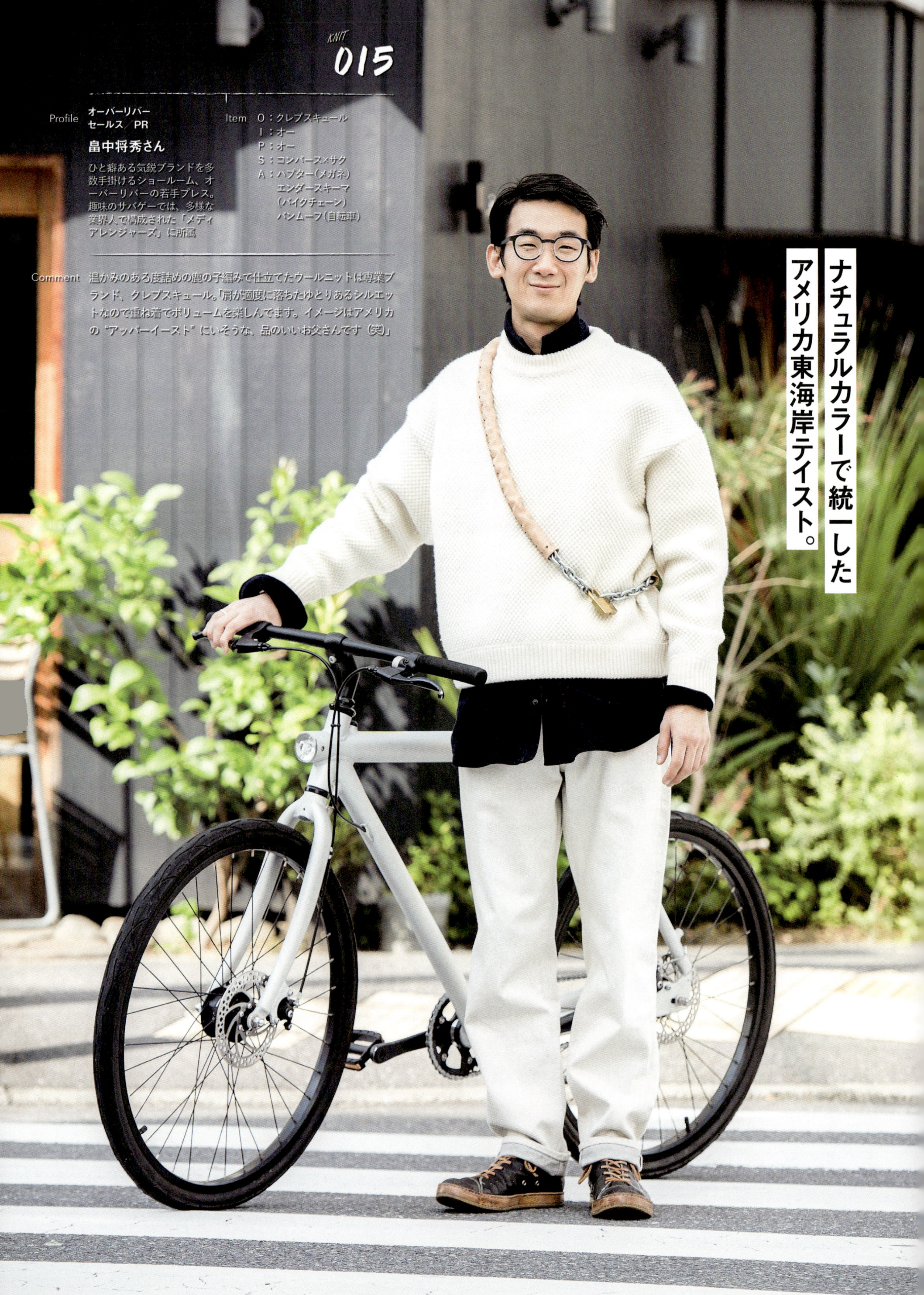

KNIT 015

Profile
オーバーリバー
セールス／PR

畠中将秀さん

ひと癖ある気鋭ブランドを多数手掛けるショールーム、オーバーリバーの若手プレス。趣味のサバゲーでは、多様な業界人で構成された「メディアレンジャーズ」に所属

Item
O：クレプスキュール
I：オー
P：オー
S：コンバース×サク
A：ハプター(メガネ)
エンダースキーマ
(バイクチェーン)
バンムーフ(自転車)

Comment
温かみのある度詰めの鹿の子編みで仕立てたウールニットは専業ブランド、クレプスキュール。「肩が適度に落ちたゆとりあるシルエットなので重ね着でボリュームを楽しんでます。イメージはアメリカの“アッパーイースト”にいそうな、品のいいお父さんです（笑）」

ナチュラルカラーで統一したアメリカ東海岸テイスト。

休日は、パパと一緒にお洒落してお出かけ!

本誌でもお馴染みのお洒落なパパたちが
お子さんと一緒にスナップに登場してくれました。
コーディネイトもポーズもばっちりキマッたすてきな親子をキャッチ!

Photo/S.Omura　大村聡志
T.Katayama　片山貴博
S.Oura　大浦真吾（Studio Sarrut）
Text/Y.Ouchi　大内康行
H.Okabe　岡部遥佳

…父　…娘　…息子

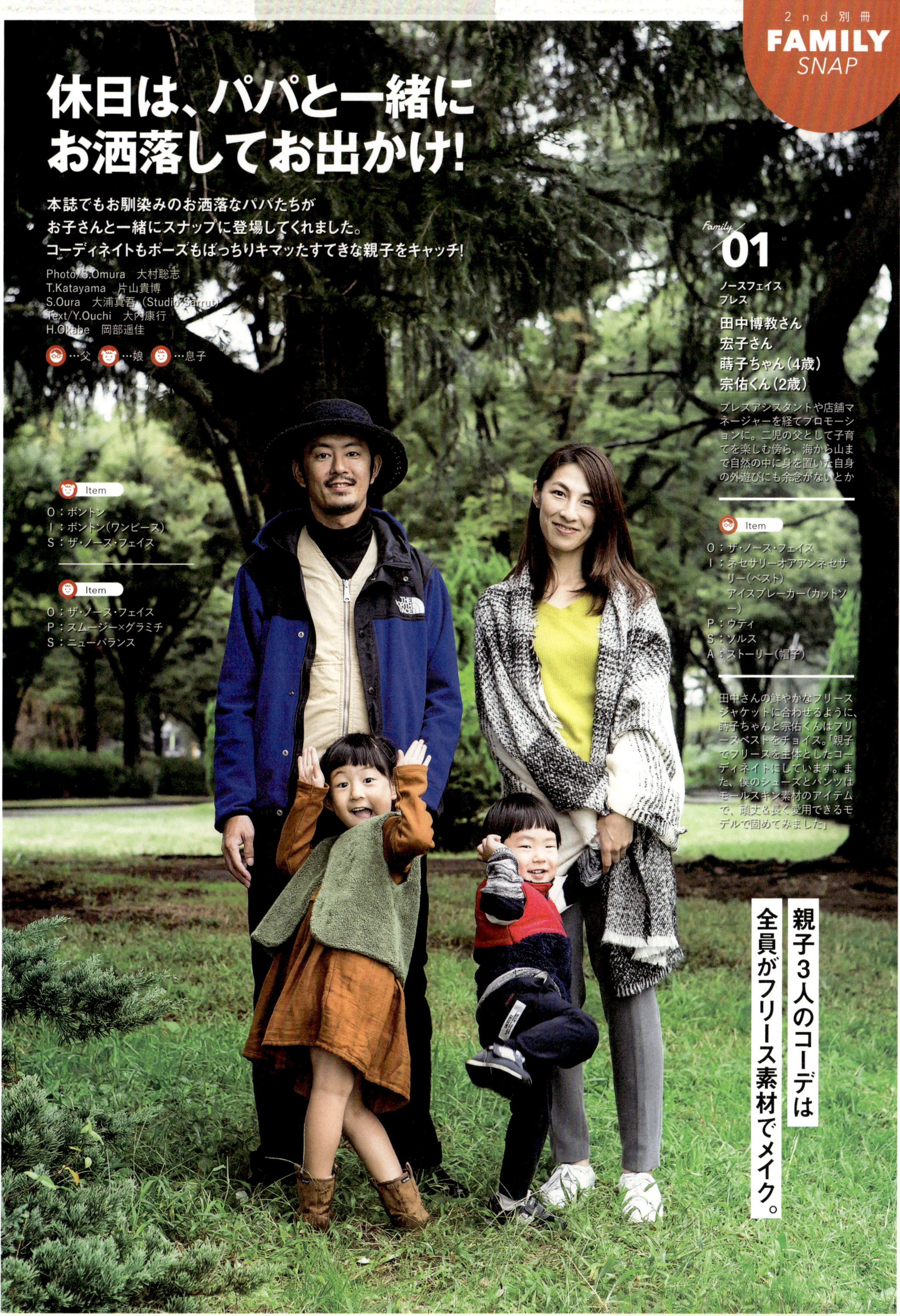

Family 01

ノースフェイス
プレス

田中博教さん
宏子さん
蒔子ちゃん（4歳）
宗佑くん（2歳）

プレスアシスタントや店舗マネージャーを経てプロモーションに。二児の父として子育てを楽しむ傍ら、海から山まで自然の中に身を置いた自身の外遊びにも余念がないとか

Item（父）
O：ザ・ノース・フェイス
I：ネセサリーオアアンネセサリー（ベスト）
アイスブレーカー（カットソー）
P：ウティ
S：ソルス
A：ストーリー（帽子）

Item（娘）
O：ボントン
I：ボントン（ワンピース）
S：ザ・ノース・フェイス

Item（息子）
O：ザ・ノース・フェイス
P：スムージー×グラミチ
S：ニューバランス

田中さんの鮮やかなフリースジャケットに合わせるように、蒔子ちゃんと宗佑くんはフリースベストをチョイス。「親子でフリースを主体としたコーディネイトにしています。また、僕のシューズとパンツはモールスキン素材のアイテムで、頑丈&長く愛用できるモデルで固めてみました」

親子3人のコーデは全員がフリース素材でメイク。

Family 02

スノーピーク 丸の内店
スタッフ

小林奏夢さん
暖(ひなた)ちゃん(4歳)

小林さんはスノーピークに入社して1年、丸の内店で働く1児のパパでもある。「娘がご機嫌ナナメになったときは、大好物のメントスでなだめています(笑)」

Item

O：スノーピーク
I：スノーピーク
P：スノーピーク
S：アディダス
A：オリバーピープルズ(メガネ)

難燃加工が施された黒のアウターと、中綿が入った暖かい黒のパンツでシックにまとめた。「パンツは細身なのに暖かいんです。ストレッチが効いているので動きやすく、履き心地抜群です。娘のワンピースと同じ素材なんですが、動き回る子供でもストレスなく着られるのはいいですね」

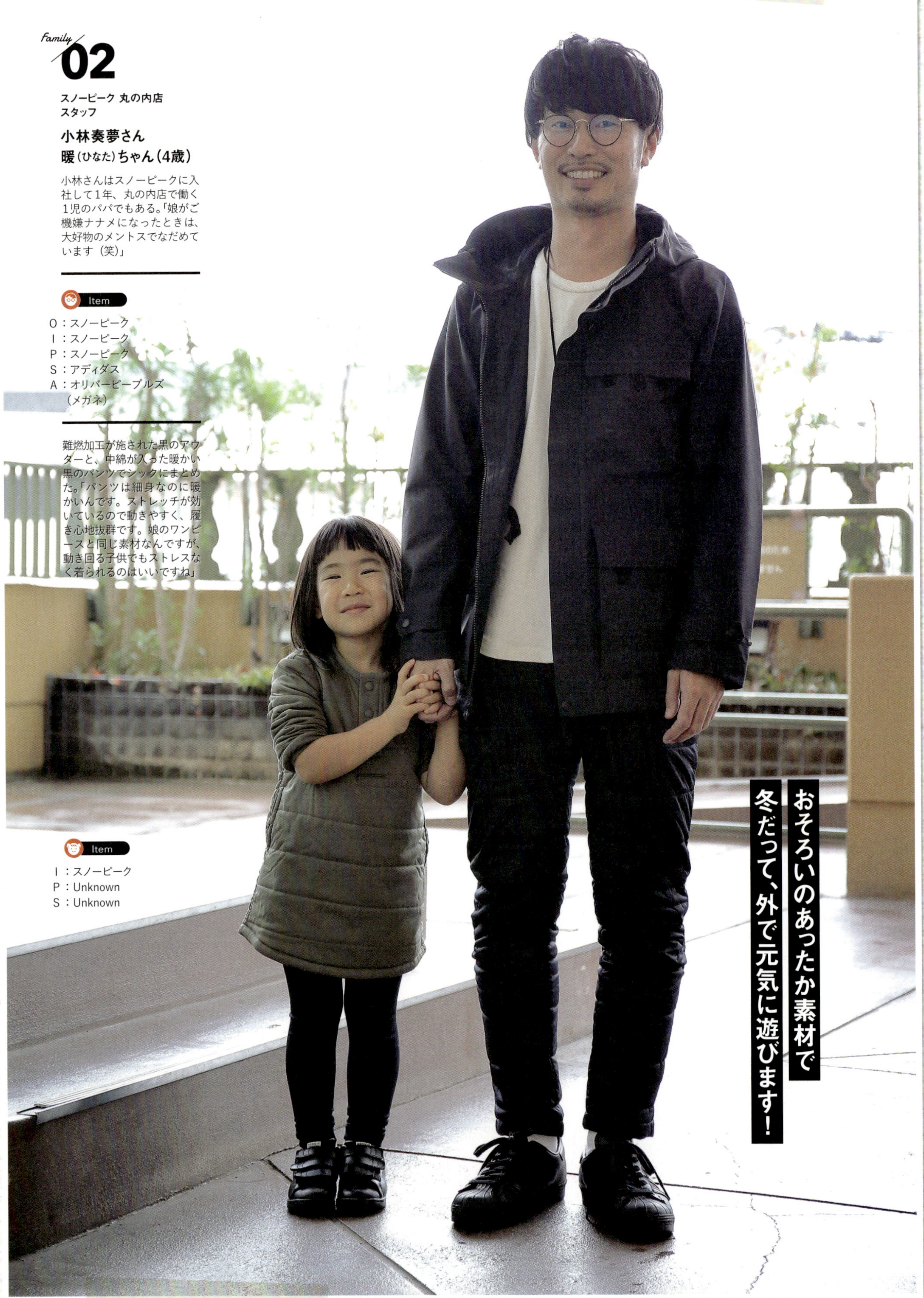

Item

I：スノーピーク
P：Unknown
S：Unknown

おそろいのあったか素材で冬だって、外で元気に遊びます！

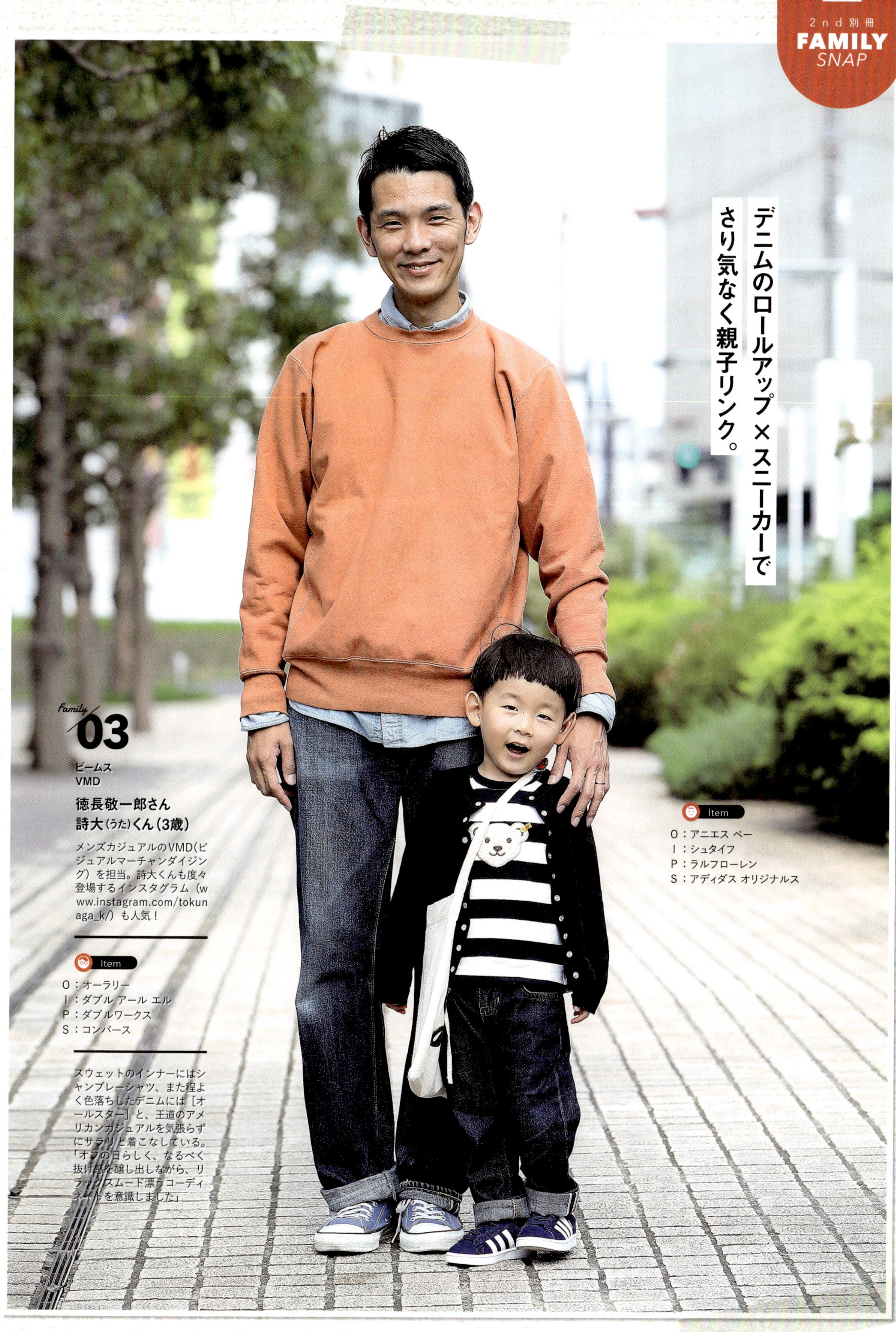

デニムのロールアップ×スニーカーでさり気なく親子リンク。

Family 03

ビームス
VMD

徳長敬一郎さん
詩大(うた)くん(3歳)

メンズカジュアルのVMD(ビジュアルマーチャンダイジング)を担当。詩大くんも度々登場するインスタグラム(www.instagram.com/tokunaga_k/)も人気!

Item

O:オーラリー
I:ダブル アール エル
P:ダブルワークス
S:コンバース

スウェットのインナーにはシャンブレーシャツ、また程よく色落ちしたデニムには[オールスター]と、王道のアメリカンカジュアルを気張らずにサラリと着こなしている。「オフの日らしく、なるべく抜け感を醸し出しながら、リラックスムード漂うコーディネイトを意識しました」

Item

O:アニエス ベー
I:シュタイフ
P:ラルフローレン
S:アディダス オリジナルス

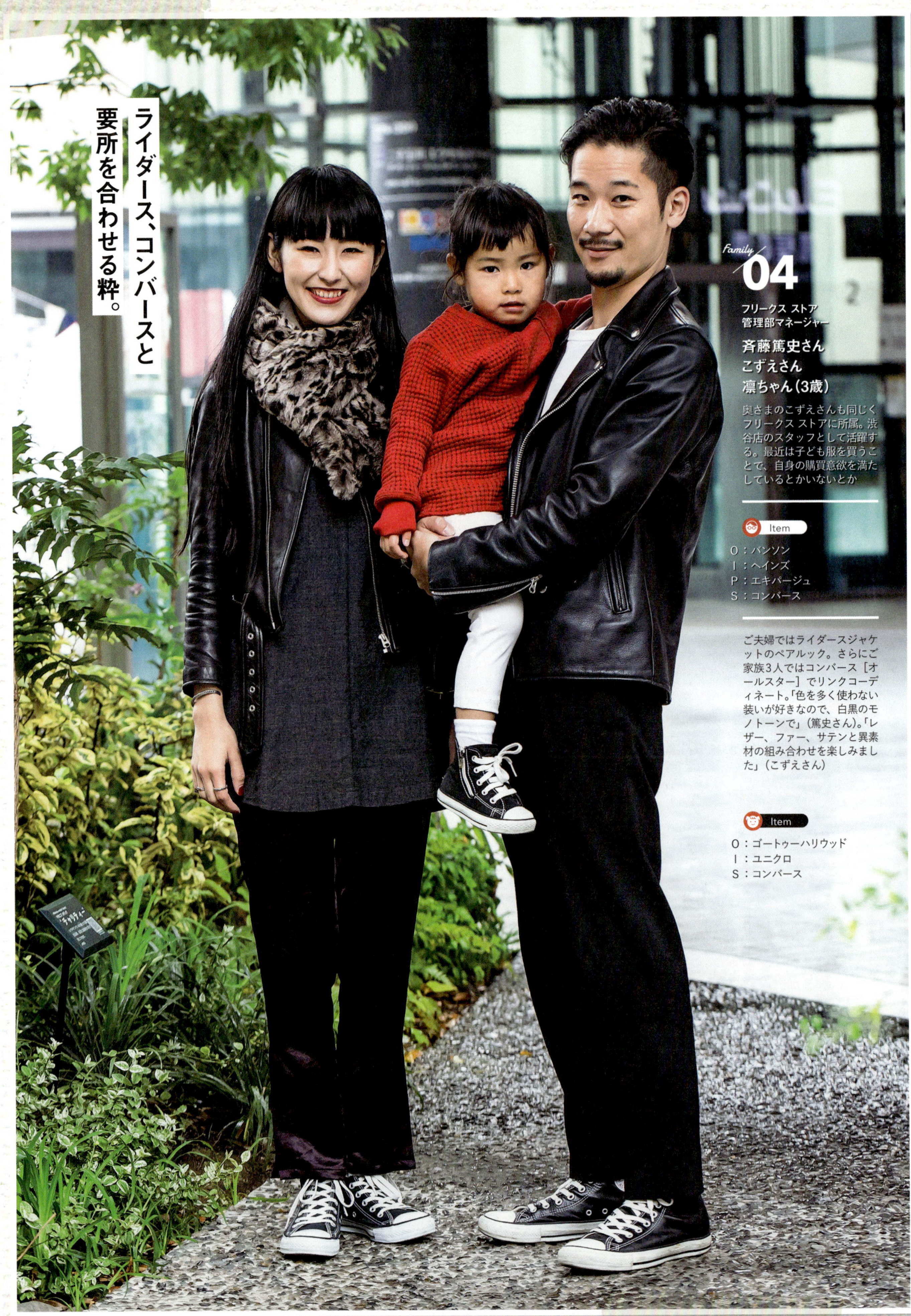

ライダース、コンバースと要所を合わせる粋。

Family 04

フリークス ストア
管理部マネージャー

斉藤篤史さん
こずえさん
凛ちゃん（3歳）

奥さまのこずえさんも同じくフリークス ストアに所属。渋谷店のスタッフとして活躍する。最近は子ども服を買うことで、自身の購買意欲を満たしているとかいないとか

Item

O：バンソン
I：ヘインズ
P：エキパージュ
S：コンバース

ご夫婦ではライダースジャケットのペアルック。さらにご家族3人ではコンバース［オールスター］でリンクコーディネート。「色を多く使わない装いが好きなので、白黒のモノトーンで」（篤史さん）。「レザー、ファー、サテンと異素材の組み合わせを楽しみました」（こずえさん）

Item

O：ゴートゥーハリウッド
I：ユニクロ
S：コンバース

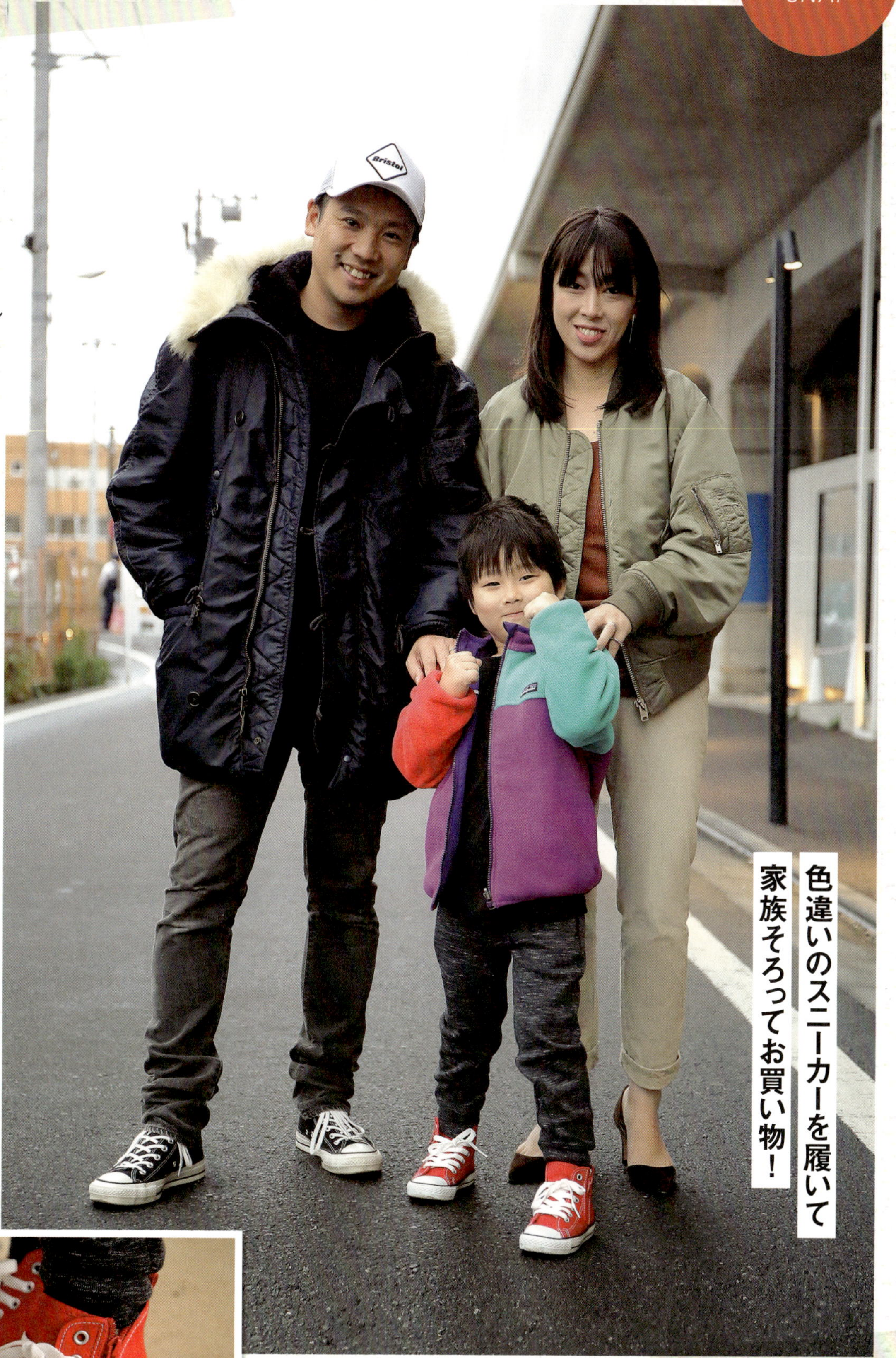

Family

05

ユナイテッドアローズ
六本木ヒルズ店／セールスパーソン

田中裕人さん
朝子さん
健翔（けんと）くん（5歳）

田中さんはユナイテッドアローズひと筋で17年、カジュアル、ミックス、ドレスなど様々なレーベルを経ていまに至る。息子の健翔くんは仮面ライダービルドに夢中な5歳

Item

O：Vintage '50s
I：ヘインズ
P：リカー、ウーマン&ティアーズ
S：コンバース
A：ロレックス（時計）
ソフ（キャップ）

ネイビーのN3-Aをメインにシンプルにコーディネイト。「ミリタリーものの本物が欲しくて購入しました。オリーブよりキレイめに着こなせて、合わせやすいんです。ふだん仕事ではスーツを着るので、休日にカジュアルな着こなしをする時は思い入れのある洋服を着るようにしています」

色違いのスニーカーを履いて家族そろってお買い物！

赤が大好きな健翔くんが買ってもらったばかりだというスニーカーは、パパと色違いの真っ赤なコンバース

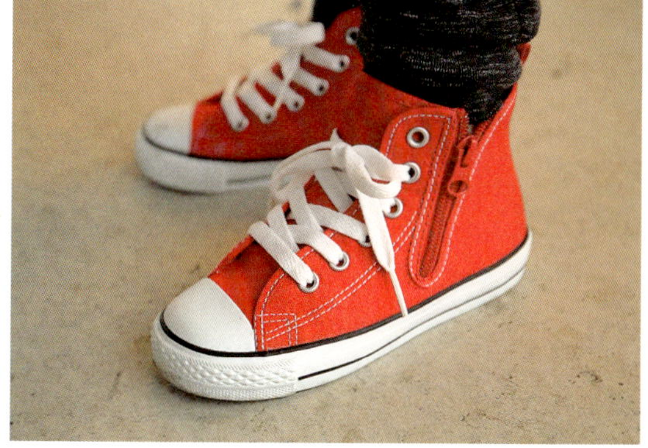

Item

O：パタゴニア
I：Unknown
P：Unknown
S：コンバース

Item

O：ジーユー
P：ジーユー
S：ニューバランス
A：ステューシー（帽子）

Item

O：ジーユー
P：ジーユー
S：ニューバランス
A：ステューシー（帽子）

ペールトーンとコーデュロイでさり気なくシンクロ。

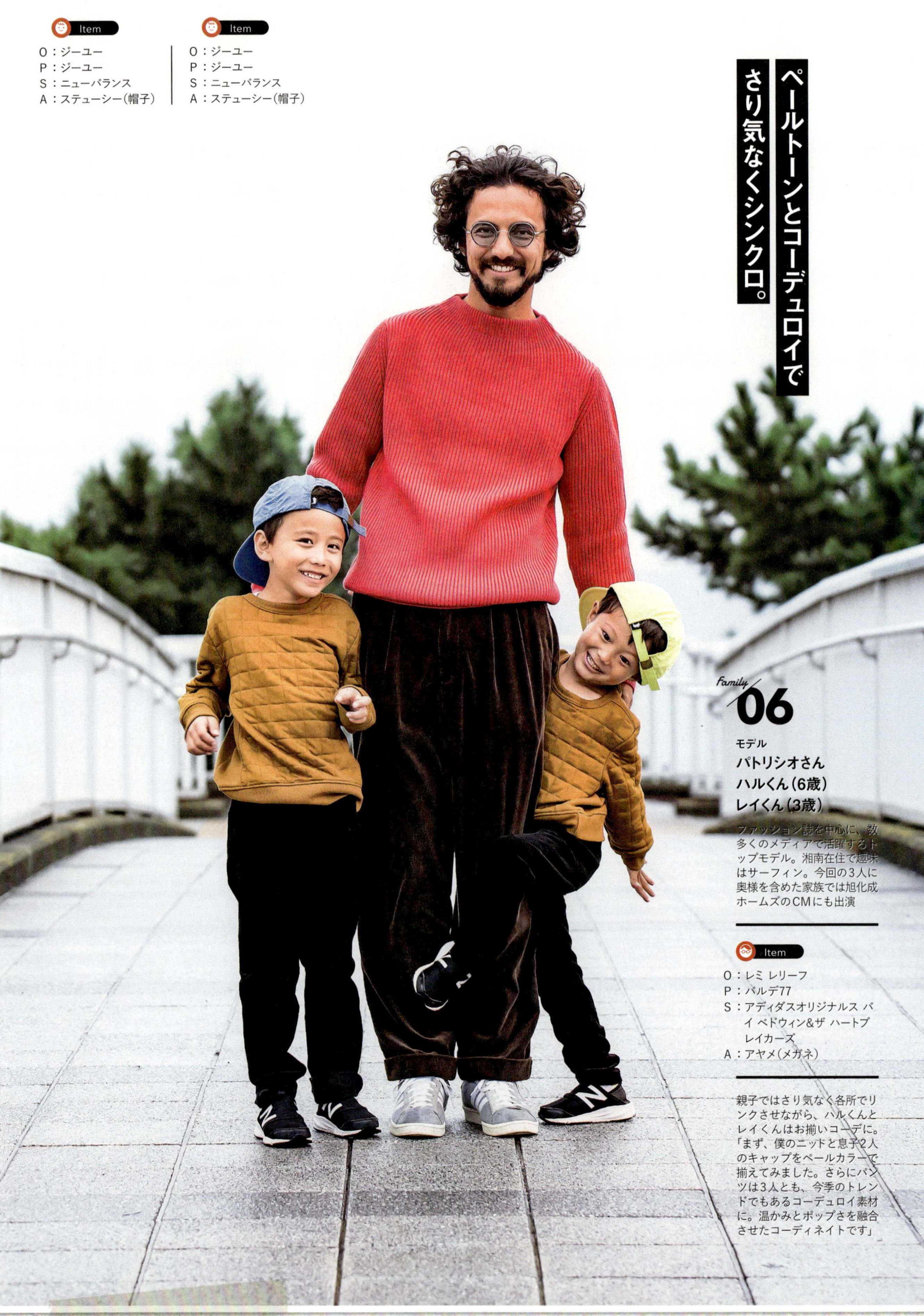

Family 06

モデル

パトリシオさん
ハルくん（6歳）
レイくん（3歳）

ファッション誌を中心に、数多くのメディアで活躍するトップモデル。湘南在住で趣味はサーフィン。今回の3人に奥様を含めた家族では旭化成ホームズのCMにも出演

Item

O：レミ レリーフ
P：バルデ77
S：アディダスオリジナルス バイ ベドウィン&ザ ハートブレイカーズ
A：アヤメ（メガネ）

親子ではさり気なく各所でリンクさせながら、ハルくんとレイくんはお揃いコーデに。「まず、僕のニットと息子2人のキャップをペールカラーで揃えてみました。さらにパンツは3人とも、今季のトレンドでもあるコーデュロイ素材に。温かみとポップさを融合させたコーディネイトです」

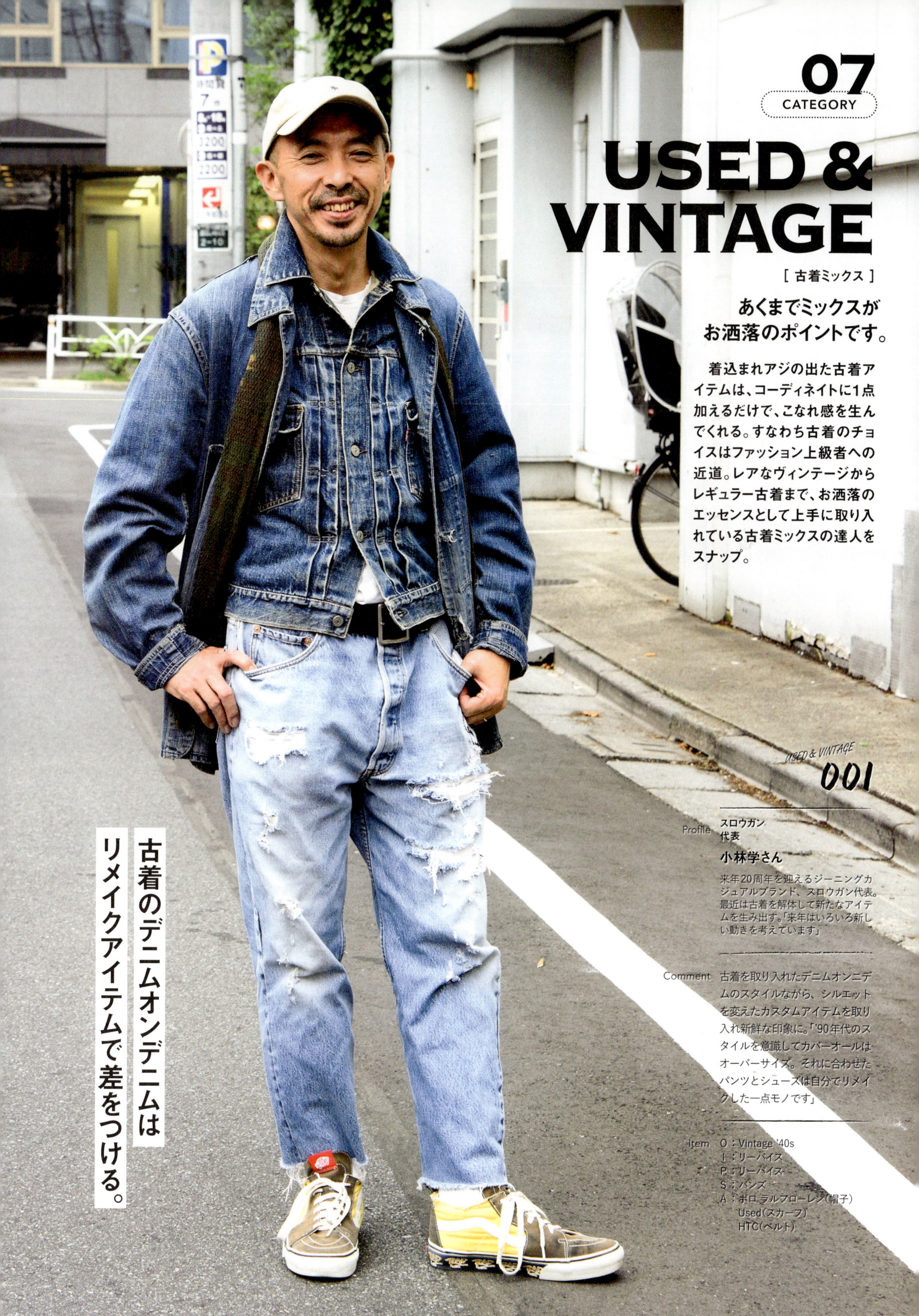

07
CATEGORY

USED & VINTAGE

[古着ミックス]

あくまでミックスがお洒落のポイントです。

着込まれアジの出た古着アイテムは、コーディネイトに1点加えるだけで、こなれ感を生んでくれる。すなわち古着のチョイスはファッション上級者への近道。レアなヴィンテージからレギュラー古着まで、お洒落のエッセンスとして上手に取り入れている古着ミックスの達人をスナップ。

USED & VINTAGE 001

Profile　スロウガン
代表
小林学さん
来年20周年を迎えるジーニングカジュアルブランド、スロウガン代表。最近は古着を解体して新たなアイテムを生み出す。「来年はいろいろ新しい動きを考えています」

Comment　古着を取り入れたデニムオンデニムのスタイルながら、シルエットを変えたカスタムアイテムを取り入れ新鮮な印象に。「'90年代のスタイルを意識してカバーオールはオーバーサイズ。それに合わせたパンツとシューズは自分でリメイクした一点モノです」

Item　O：Vintage '40s
I：リーバイス
P：リーバイス
S：バンズ
A：ポロ ラルフローレン(帽子)
Used(スカーフ)
HTC(ベルト)

古着のデニムオンデニムはリメイクアイテムで差をつける。

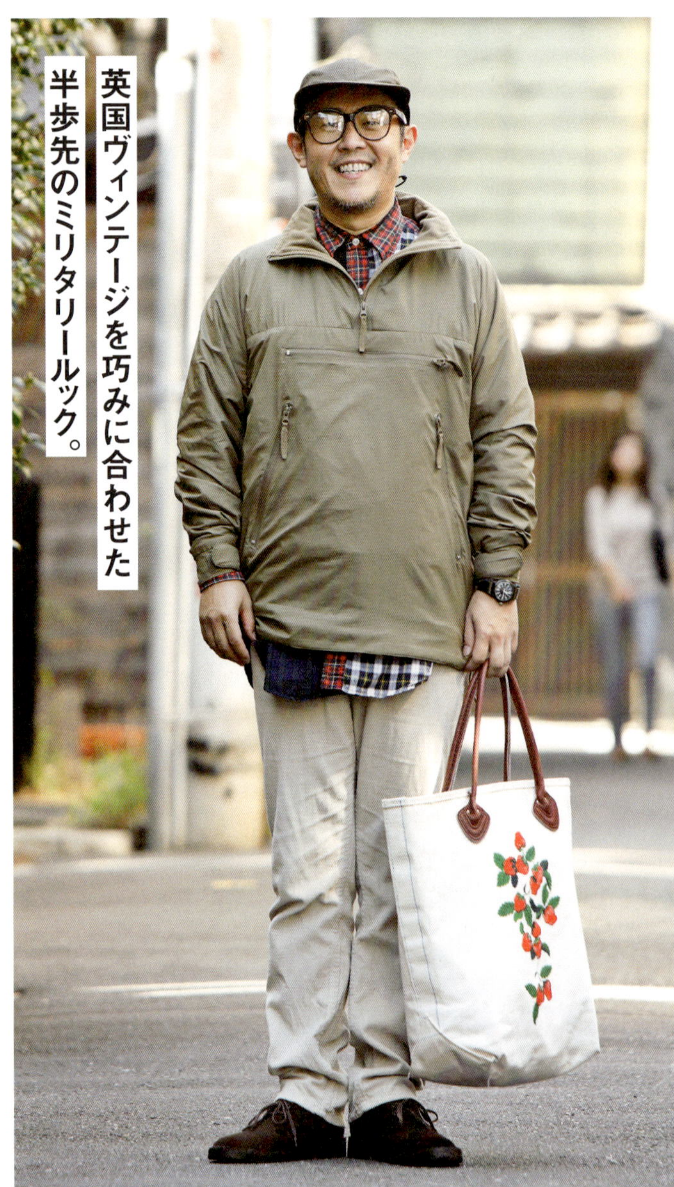

英国ヴィンテージを巧みに合わせた半歩先のミリタリールック。

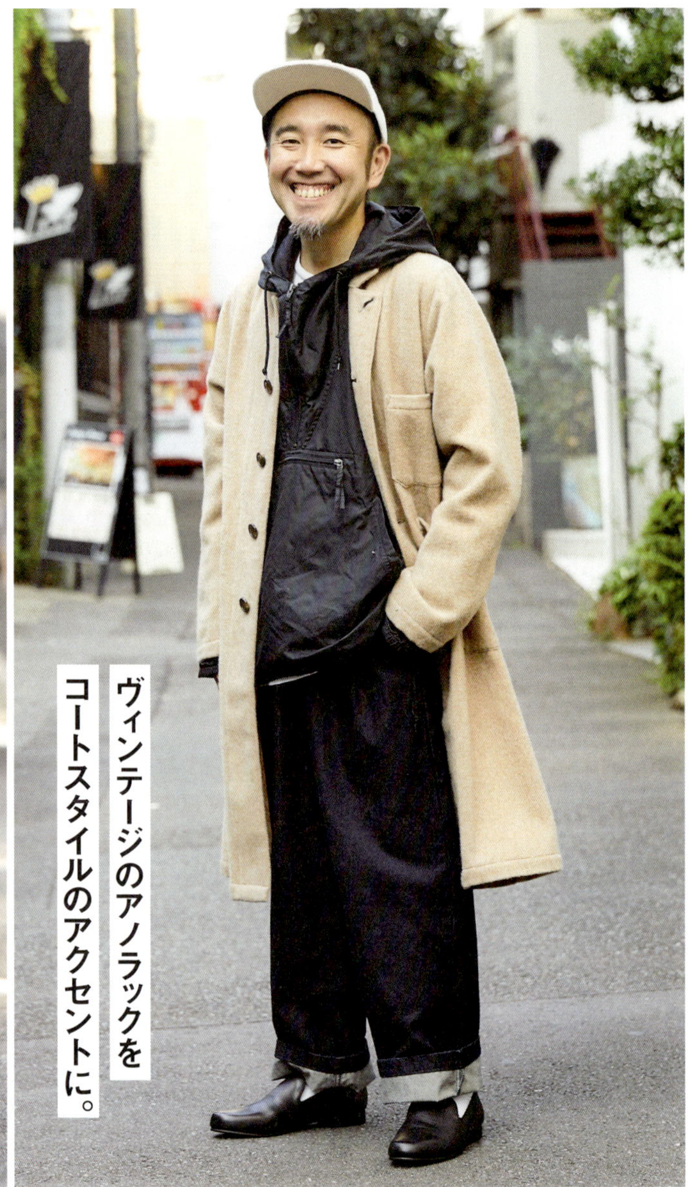

ヴィンテージのアノラックをコートスタイルのアクセントに。

USED & VINTAGE **003**

Profile
ビームス ゴルフ バイヤー
西脇哲さん
オリジナルはもちろん、日本ではビームス ゴルフでしか手に入らない、海外で直接買い付けたアイテムも数多く揃える同ブランドの敏腕バイヤー。古着にも精通する

Item
O：Deadstock
I：Vintage ブルックス ブラザーズ
P：Vintage リーバイス
S：クラークス オリジナルズ
A：ビームス プラス(帽子)
スチューシー(メガネ)
ベンラス(時計)
Vintage L.L.ビーン(バッグ)

Comment デッドストックで手に入れた英国ミリタリーのプルオーバーや、コーデュロイ素材のスリムフィット、リーバイスの［518］など、古着上級者ならではのセレクト。「アメリカと英国モノのヴィンテージをミックス。アメリカと違うミリタリースタイルがテーマです」

USED & VINTAGE **002**

Profile
14ショールーム ディレクター
田村貴之さん
エイチ.ユニット ストア レーベルやパブリッシュなどのインポートブランドをPRする14ショールームのディレクター。最近待望の第一子が生まれ、イクメンぶりを発揮中

Item
O：エイチ.ユニット ストア レーベル
I：Vintage
P：テクスチャー ウィー メイド
S：ピカーシ
A：パーム ハイ

Comment 「今季はプルオーバーのアイテムが気になります」とヴィンテージのアノラックをミドラーに使用したスタイル。「上品なショップコートですがドロップショルダーなのでスポーティなアイテムとも相性抜群。アノラックとのサイズバランスだけ気をつけました」

USED & VINTAGE
004

→

Profile

イラストレーター

faceさん

雑誌から広告まで様々な媒体で活躍するイラストレーター。最近はPS4にハマっており、仲間たちと夜な夜なゲームを楽しんでいる。来年は国内外で個展を開催する予定

Item

O：Used
I：シュプリーム
P：ナミキ
S：ブローム

Comment

シュプリームのアノラックの上からモッズコートを羽織った古着ミックスコーデ。「主にバイク移動なので、防風性が高くてラフなスタイルが多いです。パンツはオーダーメイドで仕立てた1点モノ。シューズはルームシューズの延長として愛用しています」

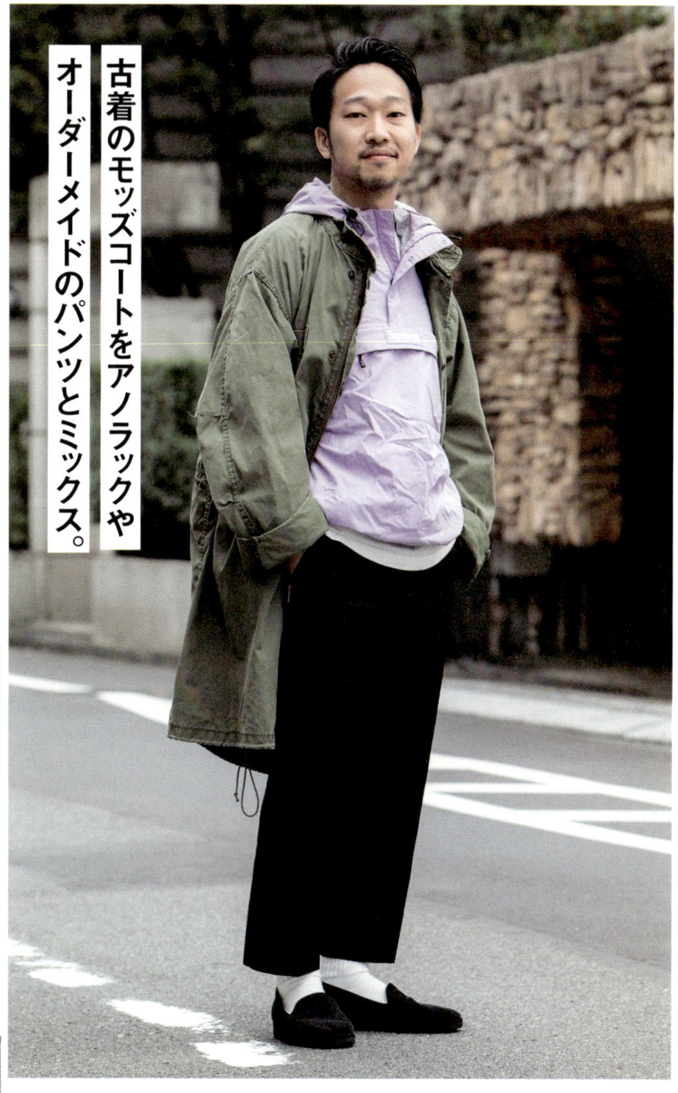

古着のモッズコートをアノラックやオーダーメイドのパンツとミックス。

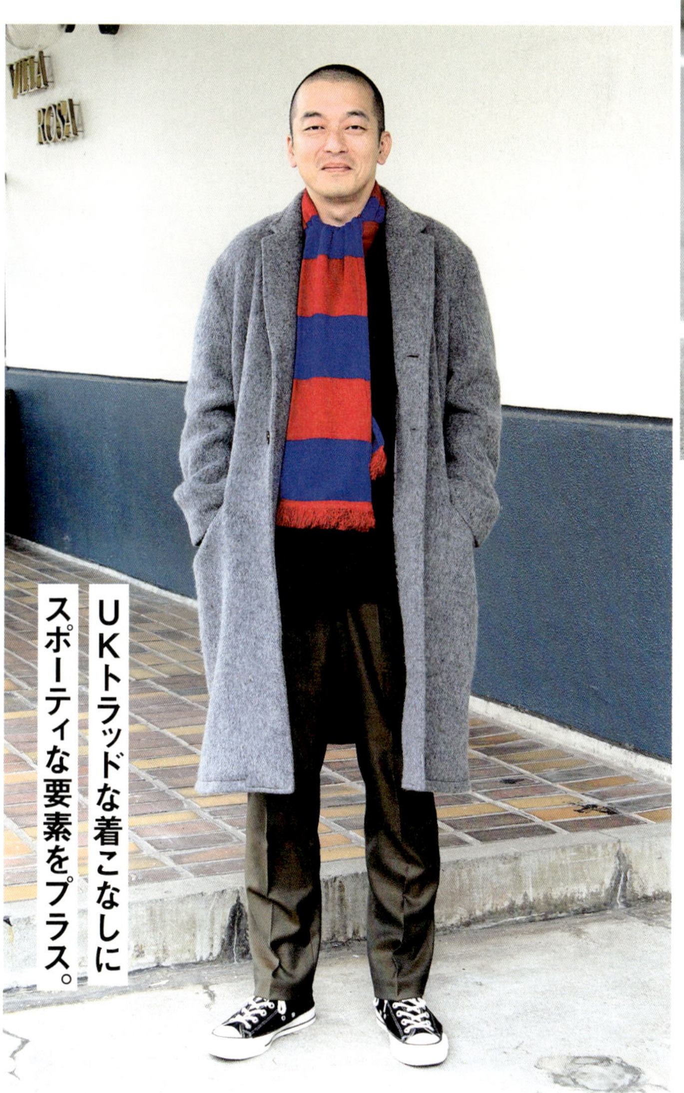

UKトラッドな着こなしにスポーティな要素をプラス。

USED & VINTAGE
005

←

Profile

**ハンクス
代表**

山田光洋さん

作り手の顔がしっかりと見えるブランドにこだわりPRする会社、ハンクスの代表。英国カルチャーを発信するクルー、"Royal Warrant Society"のメンバーとしても活躍

Item

O：セグレイ
I：サウスフォー F17-6
P：Vintage '60s
S：コンバース
A：ヴァンフォーレ甲府(マフラー)

Comment

ルーズなモヘアコートとヴィンテージのスラックスを合わせたUKトラッドな着こなし。そこにサッカーチームのマフラーやスニーカーでスポーティ要素をプラス。「イギリスのカジュアルズ的な雰囲気を意識しました。日本のサッカーマフラーも結構使えます」

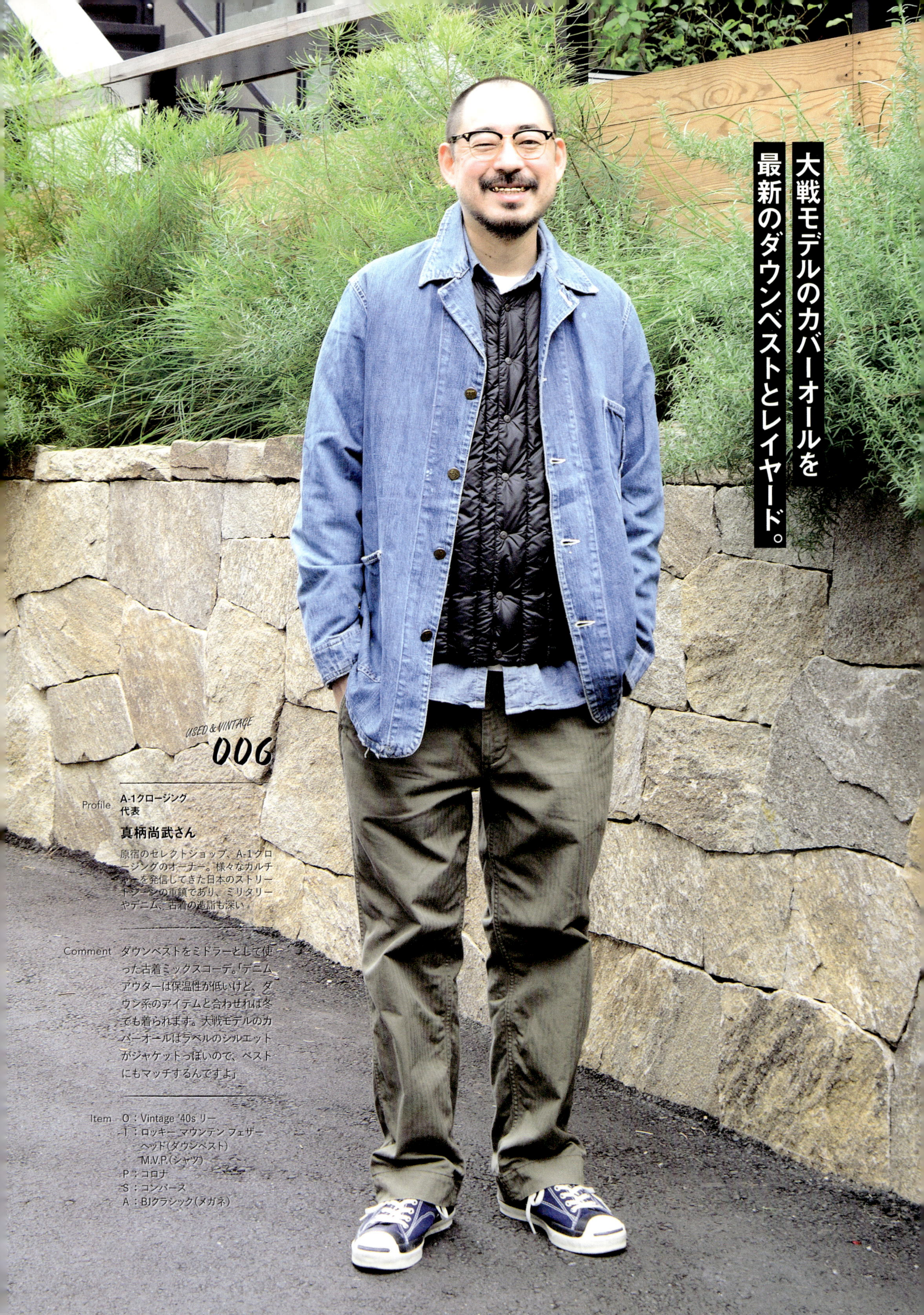

大戦モデルのカバーオールを最新のダウンベストとレイヤード。

USED & VINTAGE

006

Profile

A-1クロージング
代表

真柄尚武さん

原宿のセレクトショップ、A-1クロージングのオーナー。様々なカルチャーを発信してきた日本のストリートシーンの重鎮であり、ミリタリーやデニム、古着の造詣も深い

Comment

ダウンベストをミドラーとして使った古着ミックスコーデ。「デニムアウターは保温性が低いけど、ダウン系のアイテムと合わせれば冬でも着られます。大戦モデルのカバーオールはラペルのシルエットがジャケットっぽいので、ベストにもマッチするんですよ」

Item

O：Vintage '40s リー
I：ロッキー マウンテン フェザーヘッド(ダウンベスト)
M.V.P.(シャツ)
P：コロナ
S：コンバース
A：BJクラシック(メガネ)

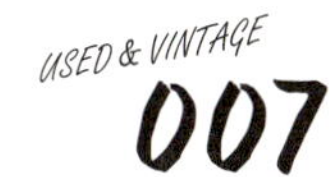

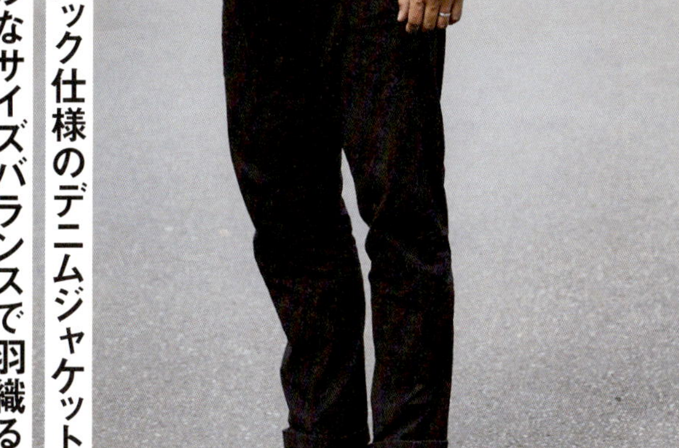

Tバック仕様のデニムジャケットを絶妙なサイズバランスで羽織る。

←

Profile

ベルベルジン
店長

藤原裕さん

来年20周年を迎える原宿の老舗古着店「ベルベルジン」の店長。ヴィンテージデニムアドバイザーとしても活躍中。「来年に向けてアニバーサリー企画を仕込み中です」

Item

O：Vintage '40s リーバイス
I：Vintage '40s チャンピオン
P：パタゴニア
S：コンバース
A：ゴローズ（ネックレス）
エルメス（バングル）
ウォレットチェーン）

Comment

オーバーサイズのデニムジャケットを羽織った、古着ミックスのアメカジコーデは、絶妙なサイズバランスがポイント。「デニムジャケットは最近古着市場で価格が高騰しているファースト506XXのTバック仕様。10年前に入手して以来ずっと愛用しています」

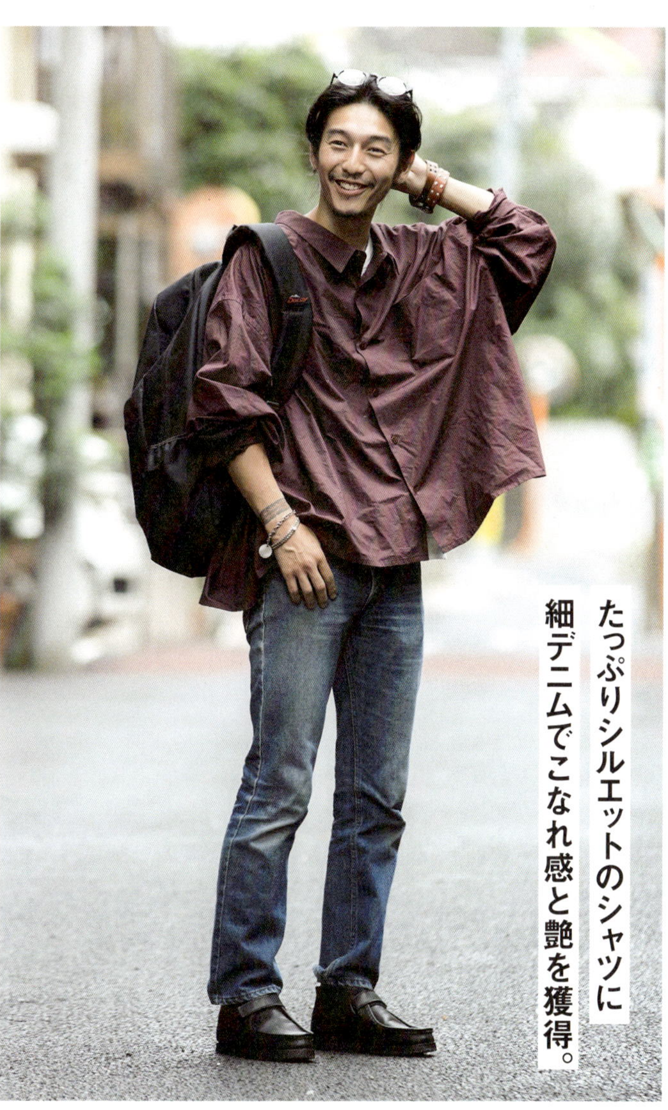

たっぷりシルエットのシャツに細デニムでこなれ感と艶を獲得。

USED & VINTAGE
008

→

Profile

フリッジ セタガヤ
店長

内田優さん

大手セレクトショップで販売を経験後、他にはないセレクトが好評で業界内にもファンが多い「フリッジ セタガヤ」の店長に。代表の熊坂氏とともにバイイングも行なう

Item

O：フーワット
P：Used リーバイス
S：ダブルフットウェア
A：セイバー×フリッジ セタガヤ（サングラス）
A：ドルディ（バッグ）

Comment

「大人っぽさを手に入れたい」と袖を通したのは、女性アーティストからの信頼も厚いフーワットのシャツ。たっぷりとしたフォルムはいまっぽくエレガントで、「背を大きく見せたくて」と古着の細ジーンズで脚長効果を狙ったのも功を奏した

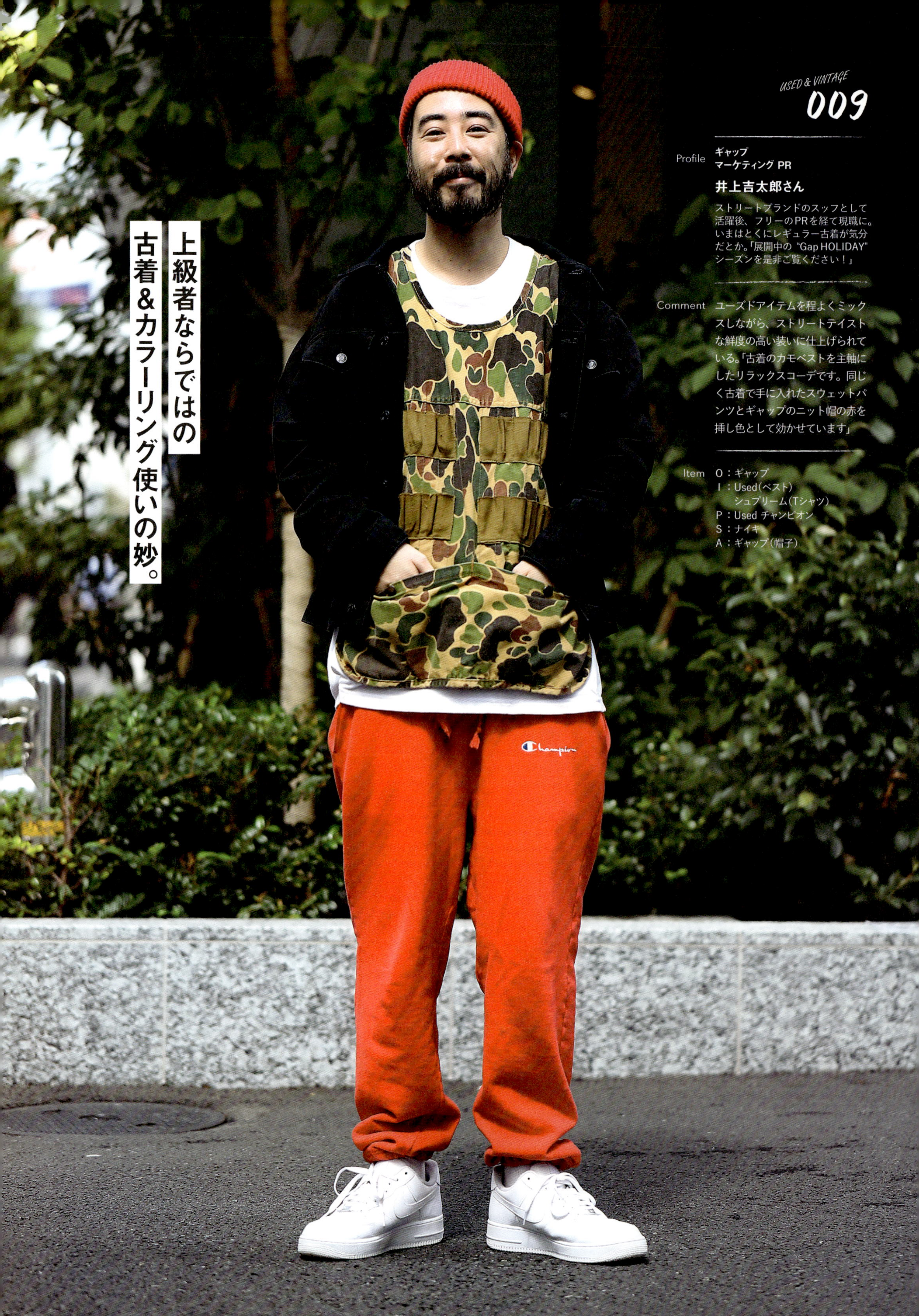

上級者ならではの古着&カラーリング使いの妙。

USED & VINTAGE
009

Profile
ギャップ
マーケティング PR
井上吉太郎さん

ストリートブランドのスッフとして活躍後、フリーのPRを経て現職に。いまはとくにレギュラー古着が気分だとか。「展開中の“Gap HOLIDAY”シーズンを是非ご覧ください！」

Comment
ユーズドアイテムを程よくミックスしながら、ストリートテイストな鮮度の高い装いに仕上げられている。「古着のカモベストを主軸にしたリラックスコーデです。同じく古着で手に入れたスウェットパンツとギャップのニット帽の赤を挿し色として効かせています」

Item
O：ギャップ
I：Used（ベスト）
シュプリーム（Tシャツ）
P：Used チャンピオン
S：ナイキ
A：ギャップ（帽子）

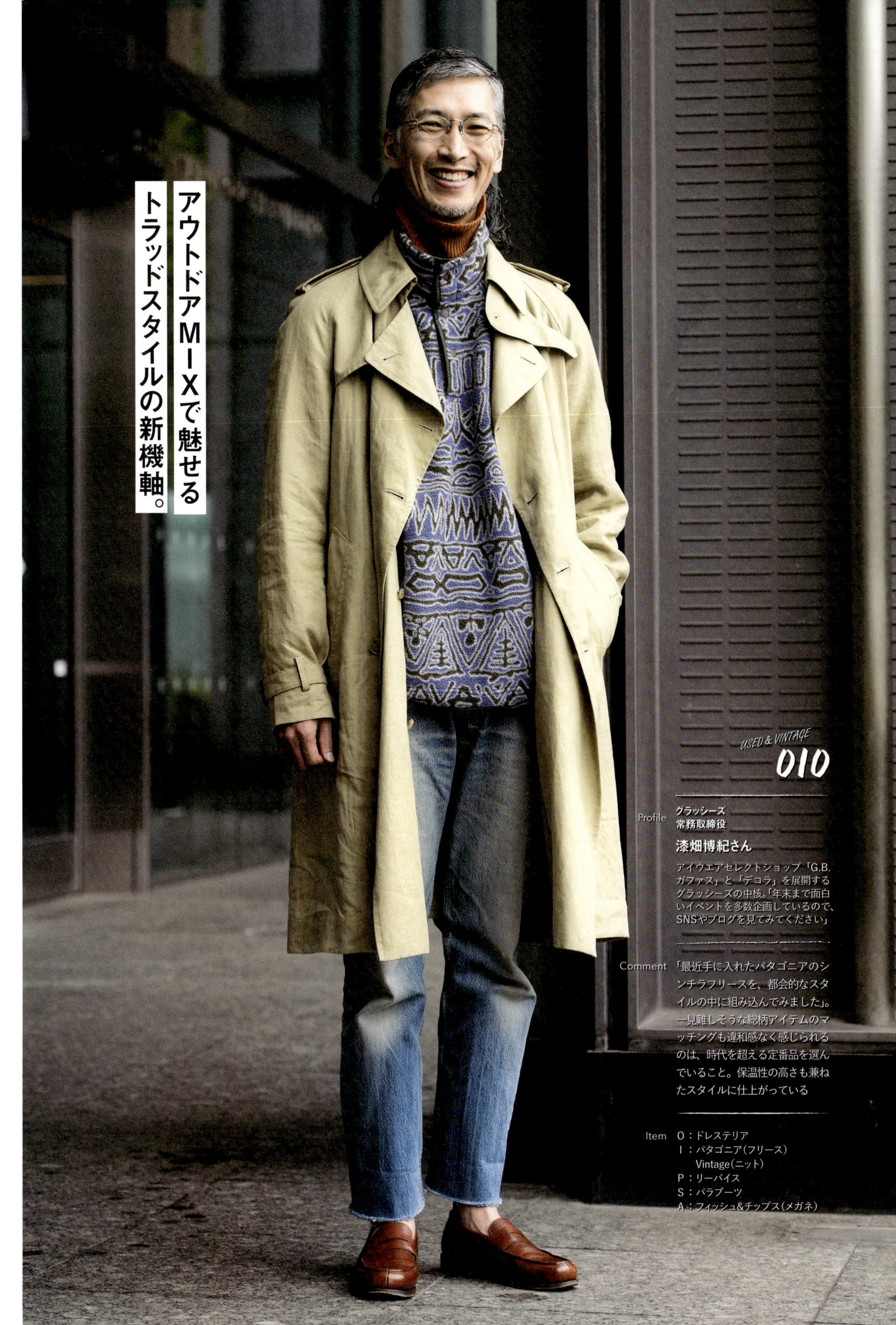

アウトドアMIXで魅せるトラッドスタイルの新機軸。

USED & VINTAGE

010

Profile

グラッシーズ
常務取締役

漆畑博紀さん

アイウエアセレクトショップ「G.B.ガファス」と「デコラ」を展開するグラッシーズの中核。「年末まで面白いイベントを多数企画しているので、SNSやブログを見てみてください」

Comment

「最近手に入れたパタゴニアのシンチラフリースを、都会的なスタイルの中に組み込んでみました」。一見難しそうな総柄アイテムのマッチングも違和感なく感じられるのは、時代を超える定番品を選んでいること。保温性の高さも兼ねたスタイルに仕上がっている

Item

O：ドレステリア
I：パタゴニア(フリース)
Vintage(ニット)
P：リーバイス
S：パラブーツ
A：フィッシュ&チップス(メガネ)

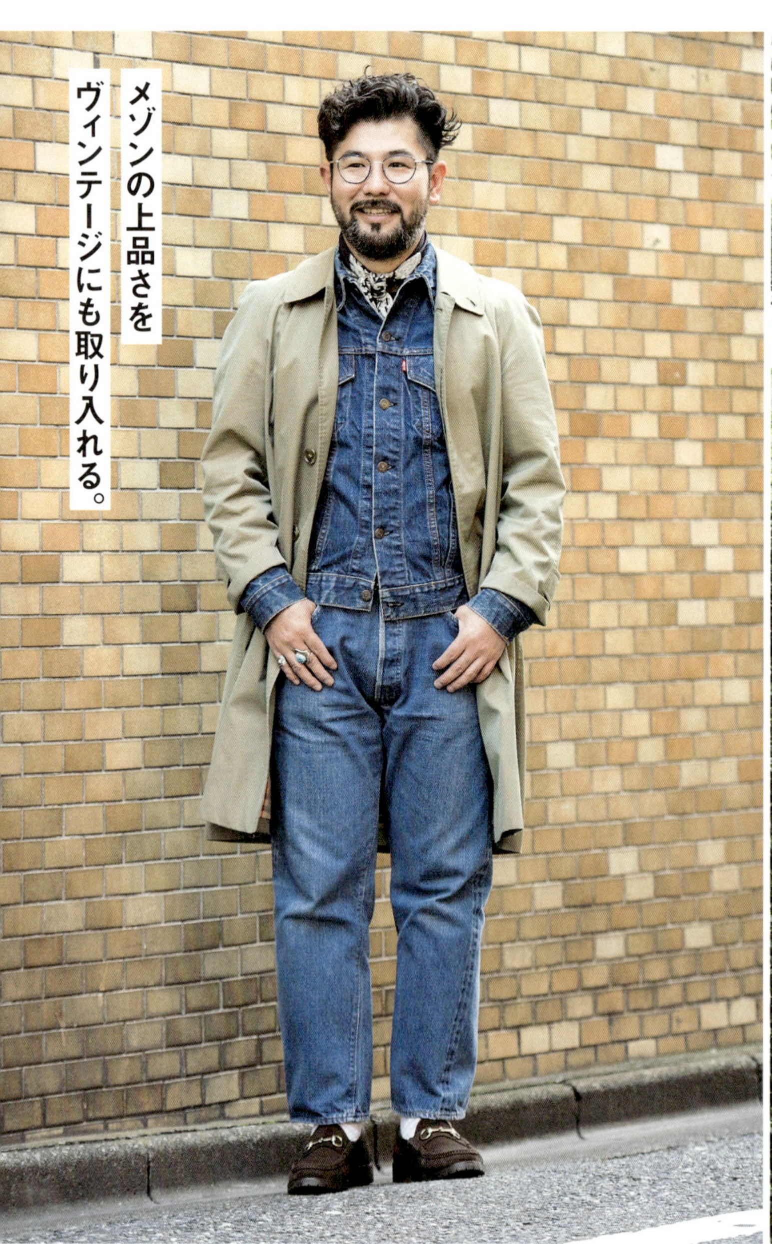

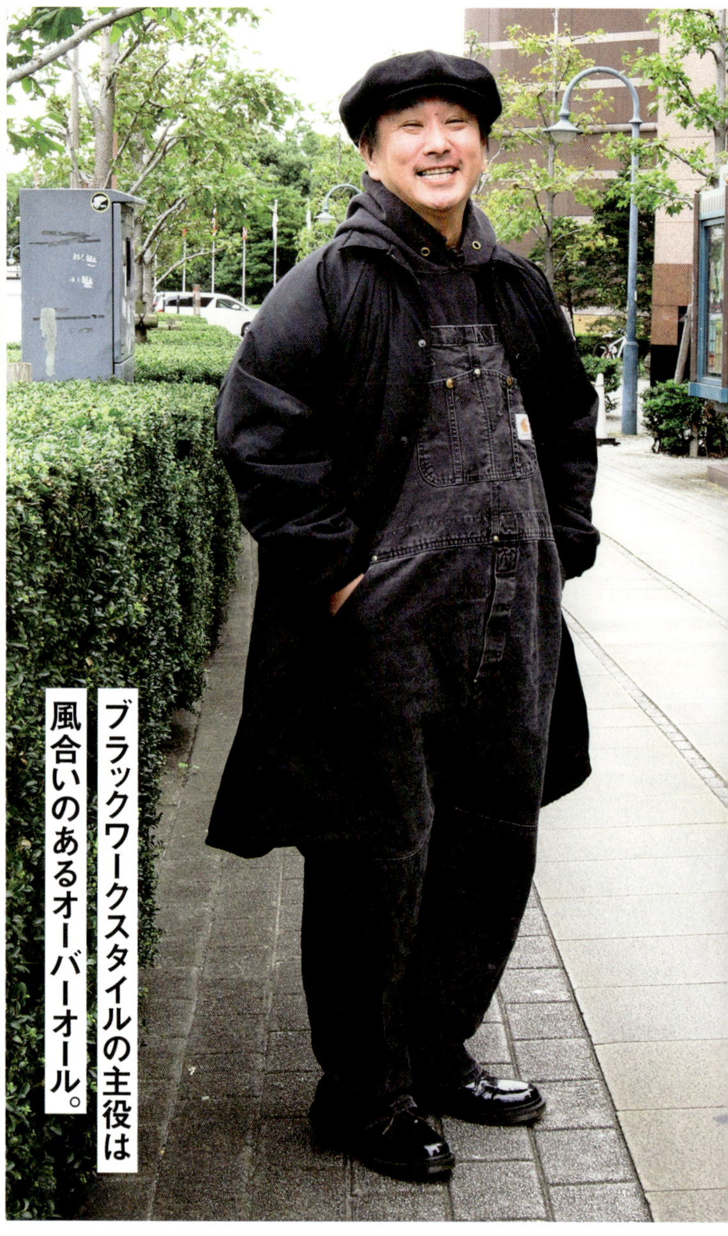

USED & VINTAGE
012

Profile
クラビットラ
オーナー
伊藤一将さん

武骨なヴィンテージから、メゾンブランドの近年作まで古着店のイメージを変える商品展開で注目の「クラビットラ」。グッチのビットローファーの充実した品揃えは必見

Item
O：バーバリー '80s前半製
I：リーバイス ビッグE
P：リーバイス［501］66前期
S：グッチ '80s中期製
A：ロッツァ（メガネ）
エトロ（スカーフ）
Vintage インディアンジュエリー

Comment 往年のヴィンテージデニムスタイルをグッチやバーバリーのラグジュアリーアイテムと織り混ぜることでヨーロピアンな雰囲気を演出。「アメカジ的な古着もヨーロッパのメゾンブランドも同じくらい好きで、あえてミックスすることが旬なスタイリングと思います」

USED & VINTAGE
011

Profile
ラウンド
代表
松屋わたるさん

Tシャツのコンサルタントを手がけるラウンド代表。大規模なTシャツ流通からセレクトショップのものまで、幅広く活躍中。現在はハワイと日本を往復する生活を送る

Item
O：ビームス
I：チャンピオン
P：カーハート
S：ビームス×ドクターマーチン
A：タカユキキジマ（帽子）

Comment ロング丈のコーチジャケットを羽織ったオールブラックのワークスタイルは、ほどよくアタリが出たオーバーオールがポイント。パーカも負けず劣らずいい風合い。「パーカとオーバーオールは、どちらもヴィンテージ。それをさらに自分で着込みました」

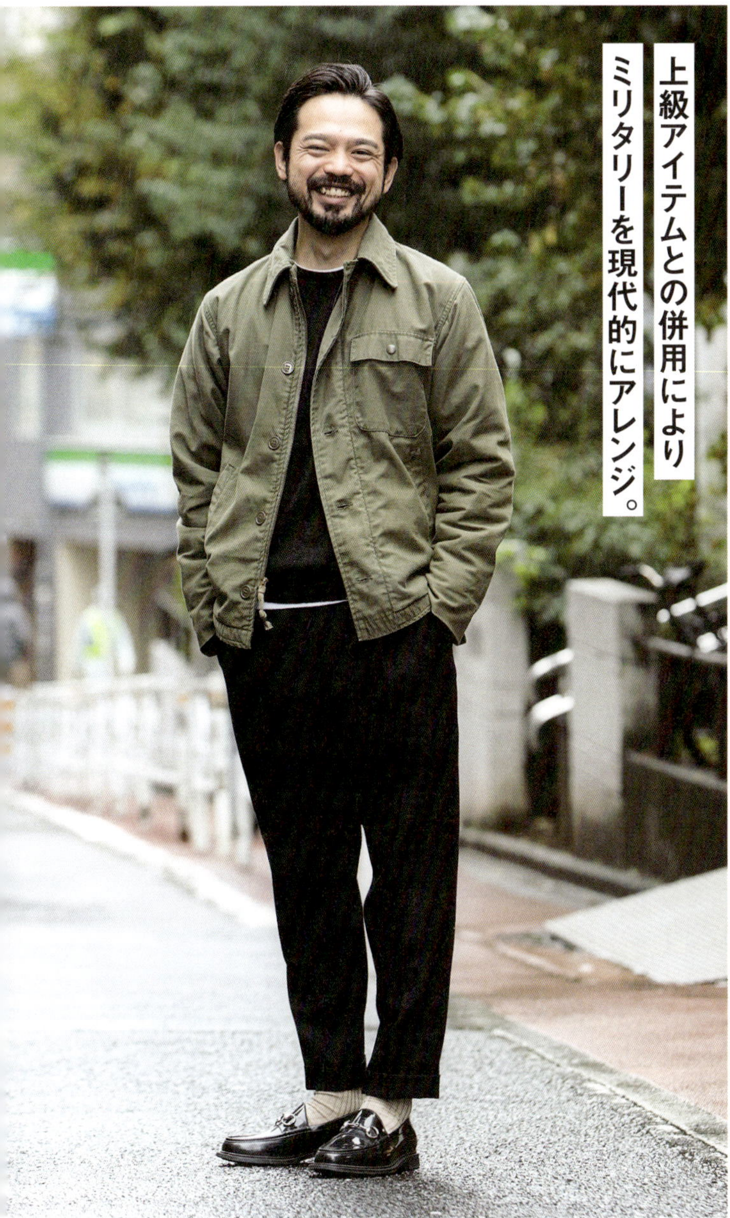

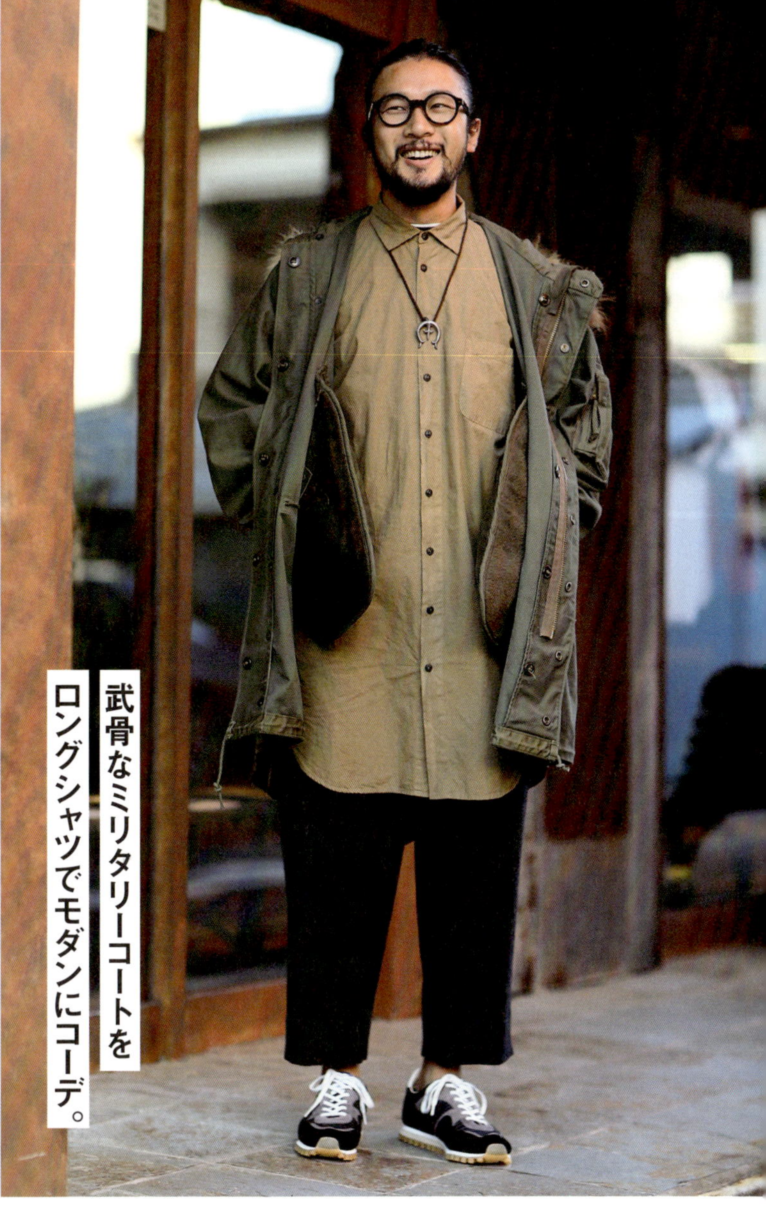

USED & VINTAGE 014

Profile イルミネート
バイヤー

雨宮功治さん

バブアーやジョンス メドレーなど、英国ものを幅広く扱う古着ショップ「イルミネート」でバイイングを担当。古着を軸にそこへ上品なアイテムを加えたスタイルを愛す

Item O：Vintage USネイビー
I：ジョン スメドレー
P：リッチフィールド
S：グッチ

Comment ミリタリーウエアをこよなく愛し、1970年代のUSネイビー［A-2デッキ］をチョイス。「コスプレにならないようヨーロッパや旬のアイテムとミックスするのがマイルールです」とジョン スメドレーのハイゲージニットやグッチのビットローファーで品をプラス

USED & VINTAGE 013

Profile ミュージアム アーク
ショップスタッフ

竹石直也さん

宇都宮に拠点を置くアークネッツの主要セレクトショップ「ミュージアム アーク」で日々店頭に立つ傍ら、休日は湘南までショートトリップする大の自転車好き

Item O：Vintage［A-11モッズコート］
I：ゴールド
P：マーカ
S：スパルウォート
A：トム・ブラウン（メガネ）
Vintage インディアンジュエリー（ネックレス）

Comment ［M-51］などの前身でありミリタリーウエア初のフィッシュテールコートである希少な［A-11モッズコート］が主役。ロング丈×ロング丈のトップスバランスが今季らしい。「ヴィンテージの土臭さをスニーカーで洗練されたアーバンスタイルに仕上げました」

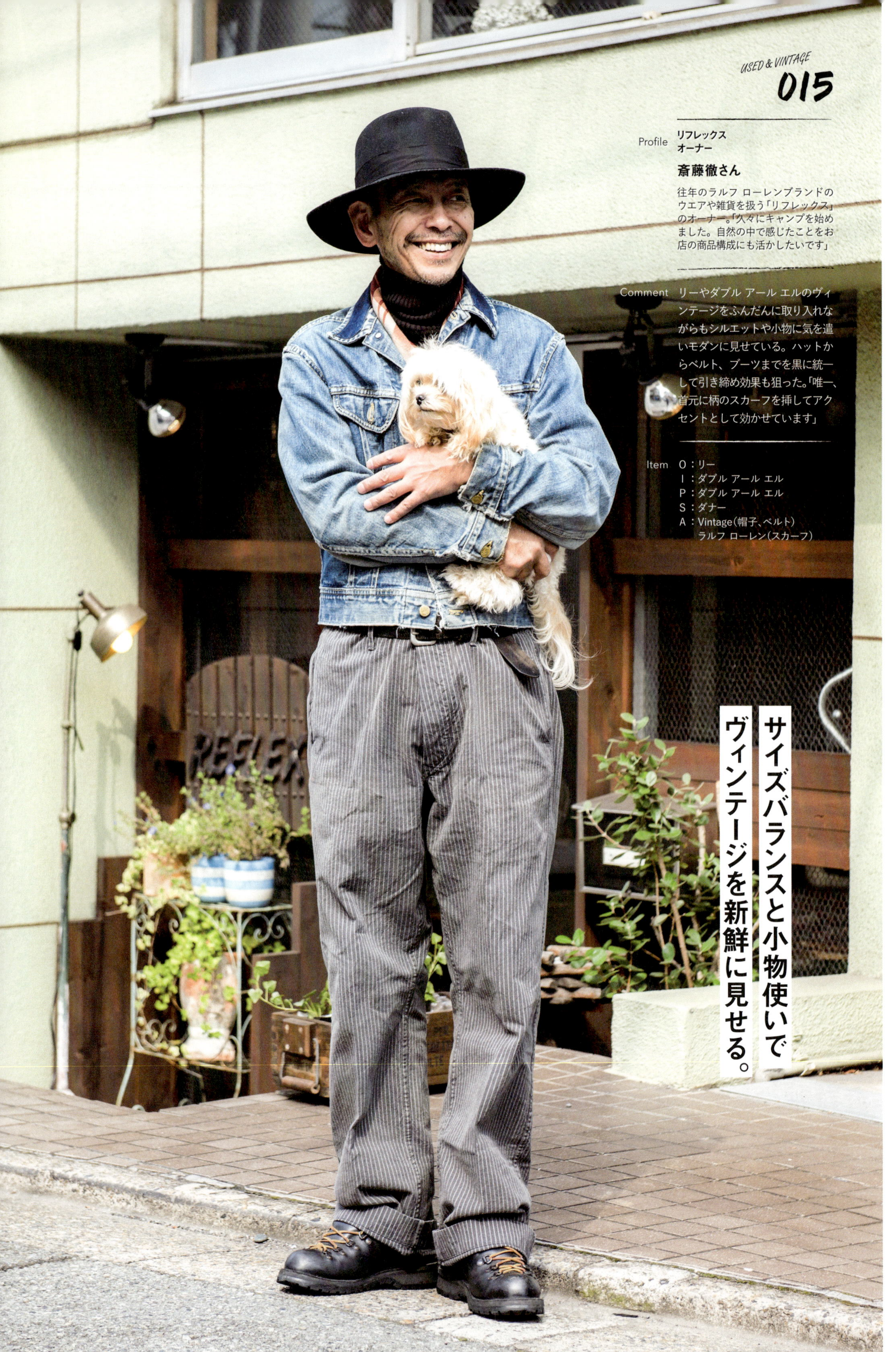

USED & VINTAGE

015

サイズバランスと小物使いでヴィンテージを新鮮に見せる。

Profile　リフレックス
オーナー

斎藤徹さん

往年のラルフ ローレンブランドのウエアや雑貨を扱う「リフレックス」のオーナー。「久々にキャンプを始めました。自然の中で感じたことをお店の商品構成にも活かしたいです」

Comment　リーやダブル アール エルのヴィンテージをふんだんに取り入れながらもシルエットや小物に気を遣いモダンに見せている。ハットからベルト、ブーツまでを黒に統一して引き締め効果も狙った。「唯一、首元に柄のスカーフを挿してアクセントとして効かせています」

Item
O：リー
I：ダブル アール エル
P：ダブル アール エル
S：ダナー
A：Vintage（帽子、ベルト）
ラルフ ローレン（スカーフ）

08
CATEGORY

DENIM

[デニム]

スタンダードだからこそテクニックで差をつけたい。

誰もが持つスタンダードアイテムだからこそ、ちょっとのテクニックで差がつくもの。ワイドからタイトシルエット、また感度の高い人は、早くもブラックデニムを導入するなど、多種多様なデザインを使いこなした達人たちの絶妙なアンバイを見習いたい。

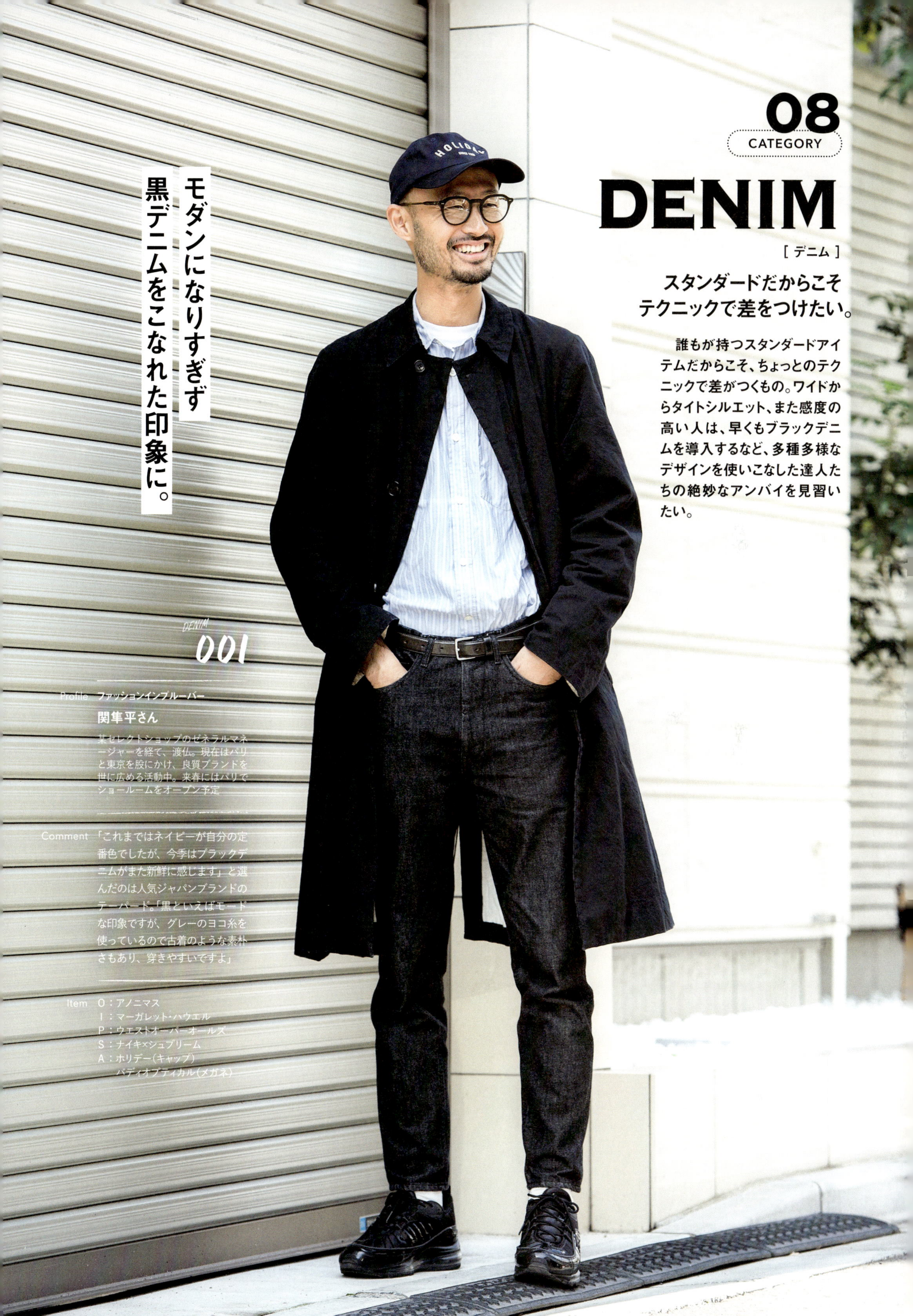

モダンになりすぎず黒デニムをこなれた印象に。

DENIM 001

Profile　ファッションインプルーバー
関隼平さん
某セレクトショップのゼネラルマネージャーを経て、渡仏。現在はパリと東京を股にかけ、良質ブランドを世に広める活動中。来春にはパリでショールームをオープン予定

Comment　「これまではネイビーが自分の定番色でしたが、今季はブラックデニムがまた新鮮に感じます」と選んだのは人気ジャパンブランドのテーパード。「黒といえばモードな印象ですが、グレーのヨコ糸を使っているので古着のような素朴さもあり、穿きやすいですよ」

Item
O：アノニマス
I：マーガレット・ハウエル
P：ウエストオーバーオールズ
S：ナイキ×シュプリーム
A：ホリデー（キャップ）
　　バディオプティカル（メガネ）

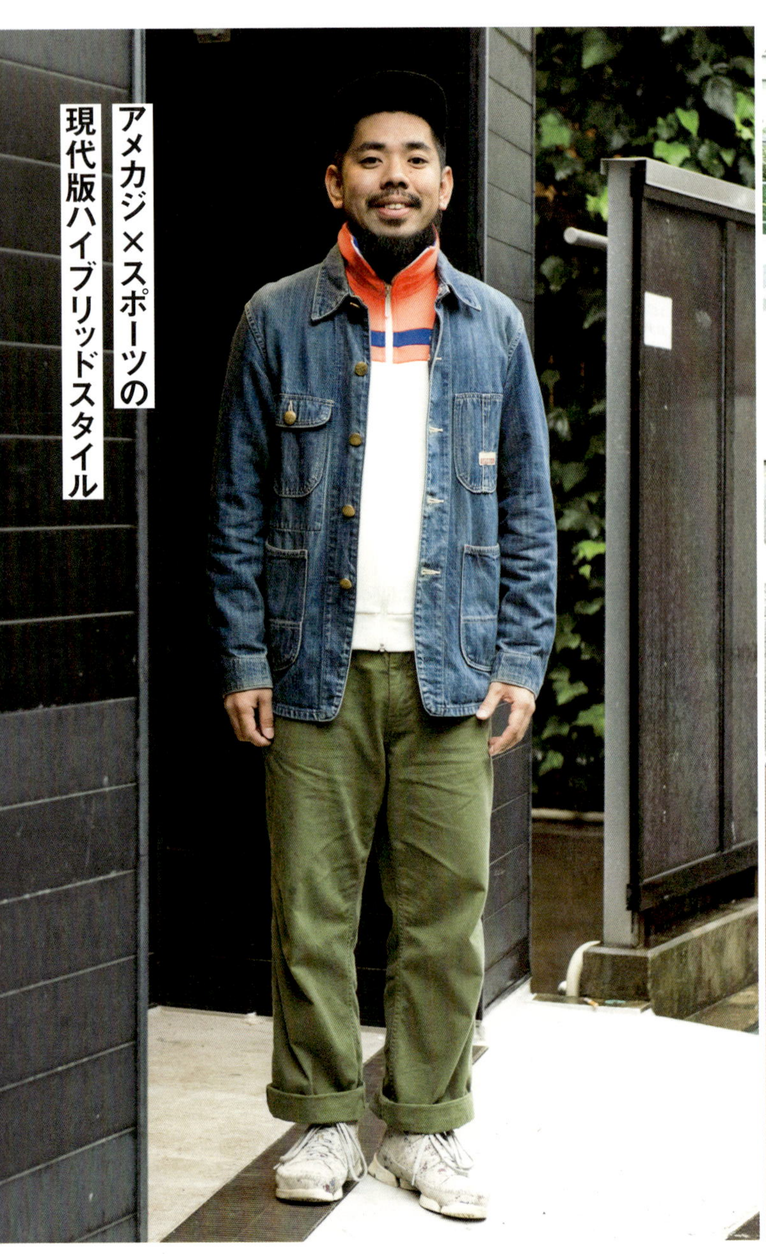

アメカジ×スポーツの現代版ハイブリッドスタイル

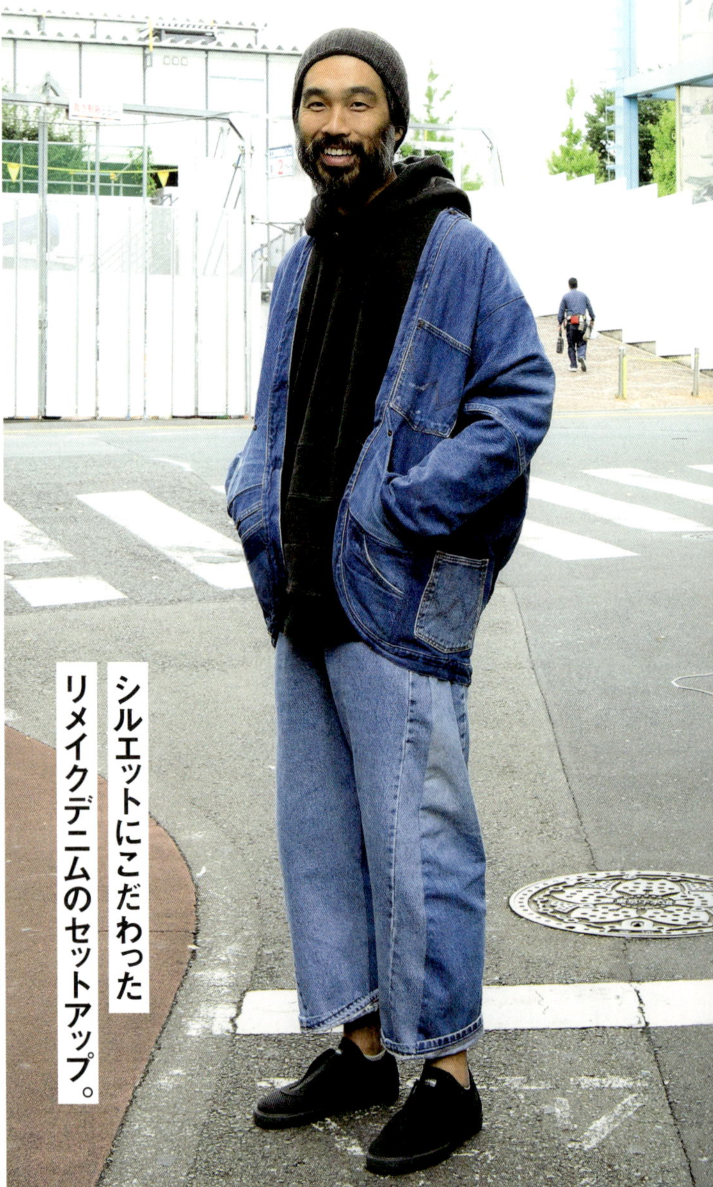

シルエットにこだわったリメイクデニムのセットアップ。

DENIM
003

Profile ジャパンブルージーンズ渋谷店店長

赤木裕太さん

ジーンズを売り続けて12年。現在は国産デニムの雄、ジャパンブルージーンズの渋谷店店長として活躍する。「知人の柿渋染め職人とコラボアイテムを企画中です」

Item
O：デラックスウエア
I：アディダス
P：ジャパンブルージーンズ
S：クラークス
A：ザ エイチダブリュー ドッグ アンドコー（帽子）

Comment 「蛍光色のトラックジャケットにデニムのカバーオールという、真逆のテイストを組み合わせるミックス感を楽しんでいます」。ミリタリー感のあるカーキのパンツに、スポーティなクラークスの［トライジェニックフレックス］を合わせるセンスにも目を見張る

DENIM
002

Profile ボナム マネージャー

生田輝正さん

オーダーからリメイクまで幅広く展開するデニムブランド、ボナムのマネージャー。下北沢にオープン予定の新店舗の準備のため、最今は多忙な日々を送っている

Item
O：ボナム
I：ボナム
P：ボナム
S：アディダス
A：キャップ（ジャーナル スタンダード）

Comment ヴィンテージのデニムをリメイクしたセットアップは、バランスのよいオーバーサイズが魅力。「上下共に丸みのあるシルエットにこだわったアイテムで、かなりルーズな着こなしが楽しめます。インナーのパーカも古着のリメイクで、黒に染め直したんです」

DENIM
004

→

Profile

ボタンワークス
代表

小菅淳美さん

オリジナルボタンや、ボタンをメインにしたアクセサリーを展開するボタンワークスの代表。大のカープファンとしてもお馴染み。「秋は日本シリーズを楽しみます」

Item

O：スタンダードカリフォルニア
I：スタンダードカリフォルニア（パーカ）
バックドロップ（シャツ）
P：スティーブンソン オーバーオール
S：ナイキ×シュプリーム
A：ベリーナード（メガネ）
ハンドライト（ポーチ）

Comment

ダック地のワークジャケットとデニムパンツという無骨なスタイルに、パーカでカジュアル感をプラス。「この時季は毎年シンプルなアウターを羽織るけれど、ダック地のワークジャケットは定番のデニムパンツとも相性がいいから、セットで愛用すること多いです」

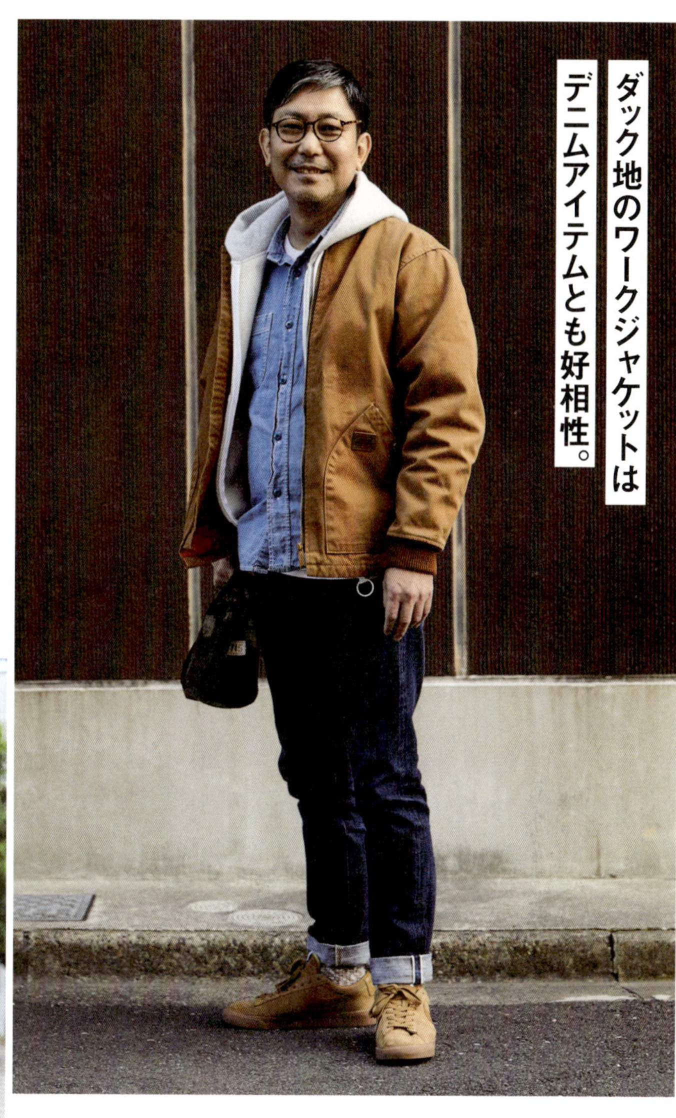

ダック地のワークジャケットはデニムアイテムとも好相性。

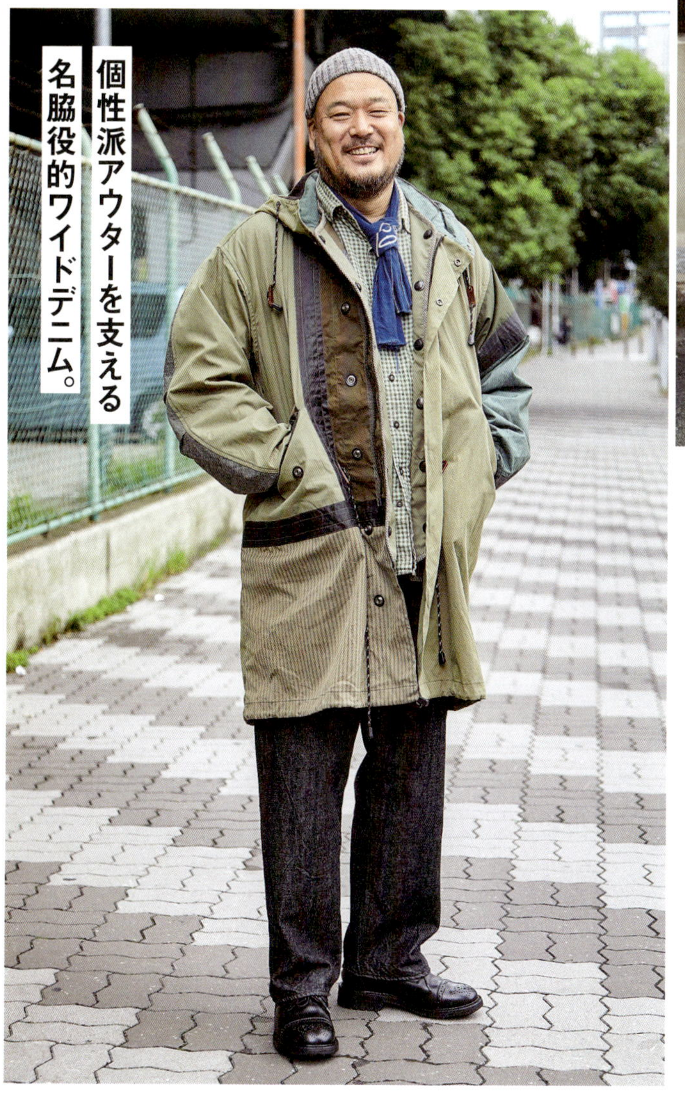

個性派アウターを支える名脇役的ワイドデニム。

DENIM
005

←

Profile

アンクルサム
代表

宮田英敏さん

"ヘビーデューティ"をテーマに国内外のブランドをセレクトする大阪の老舗セレクトショップ「アンクルサム」。豊富な引き出しに加え、柔和な人柄で顧客に慕われている

Item

O：クイルプ×サイエンス
I：インディビジュアライズド シャツ
P：ブルーナボイン
S：クイルプ バイ トリッカーズ
A：ハードマンズ（帽子）
ポストオーバーオールズ（スカーフ）

Comment

「引き算ではなく、あえての足し算コーディネイトがまさに気分です」と、リメイクコートのインパクトに負けないよう、ずどんと極太のデニムパンツを合わせたラギッドなスタイル。土臭さを和らげるためスカーフやドレスシューズで、上品なテイストに

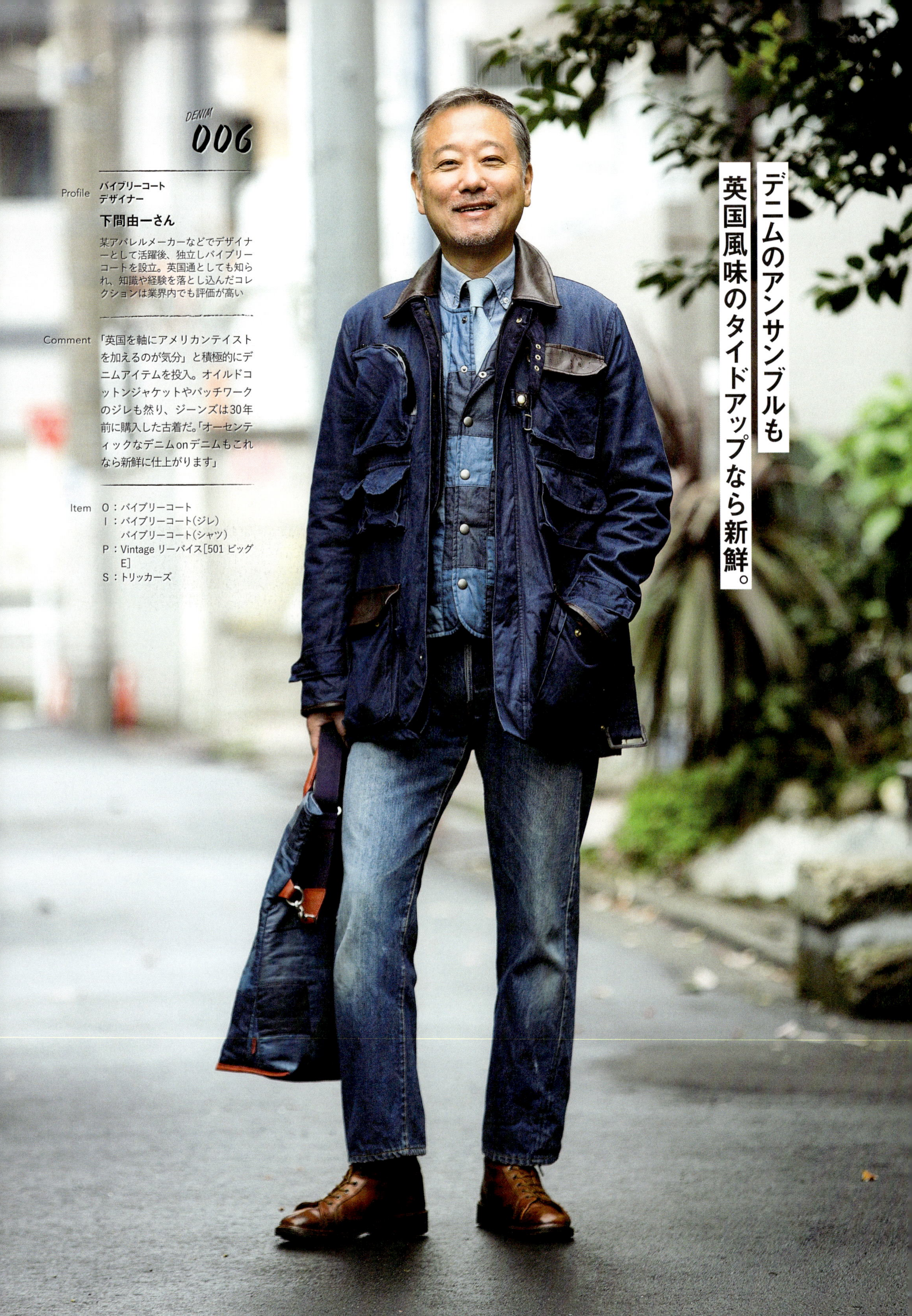

DENIM 006

デニムのアンサンブルも英国風味のタイドアップなら新鮮。

Profile バイブリーコート デザイナー

下間由一さん

某アパレルメーカーなどでデザイナーとして活躍後、独立しバイブリーコートを設立。英国通としても知られ、知識や経験を落とし込んだコレクションは業界内でも評価が高い

Comment 「英国を軸にアメリカンテイストを加えるのが気分」と積極的にデニムアイテムを投入。オイルドコットンジャケットやパッチワークのジレも然り、ジーンズは30年前に購入した古着だ。「オーセンティックなデニムonデニムもこれなら新鮮に仕上がります」

Item
O：バイブリーコート
I：バイブリーコート（ジレ）
バイブリーコート（シャツ）
P：Vintage リーバイス[501 ビッグE]
S：トリッカーズ

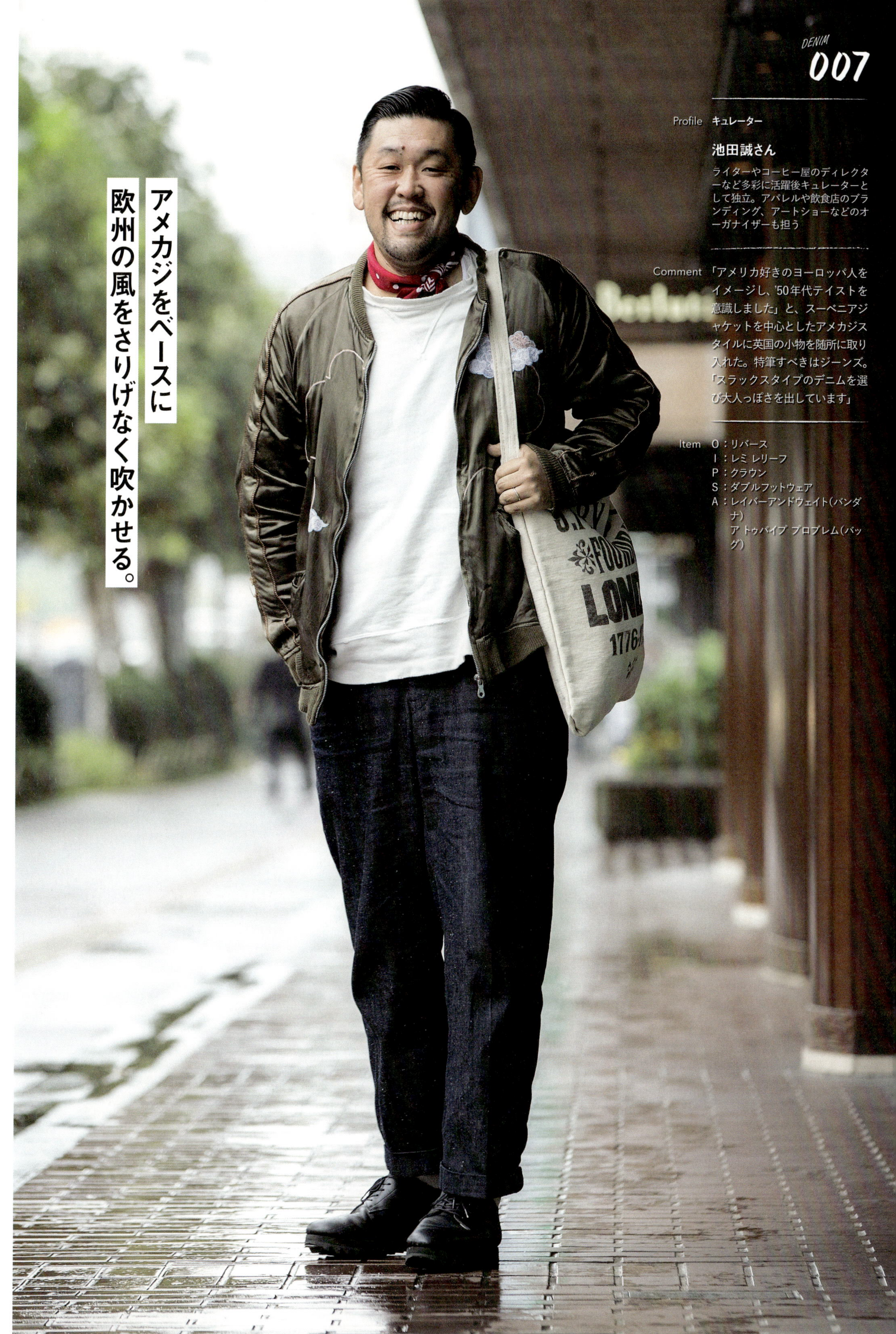

DENIM
007

アメカジをベースに
欧州の風をさりげなく吹かせる。

Profile キュレーター

池田誠さん

ライターやコーヒー屋のディレクターなど多彩に活躍後キュレーターとして独立。アパレルや飲食店のブランディング、アートショーなどのオーガナイザーも担う

Comment 「アメリカ好きのヨーロッパ人をイメージし、'50年代テイストを意識しました」と、スーベニアジャケットを中心としたアメカジスタイルに英国の小物を随所に取り入れた。特筆すべきはジーンズ。「スラックスタイプのデニムを選び大人っぽさを出しています」

Item O：リバース
I：レミ レリーフ
P：クラウン
S：ダブルフットウェア
A：レイバーアンドウェイト（バンダナ）
ア トゥバイブ プロブレム（バッグ）

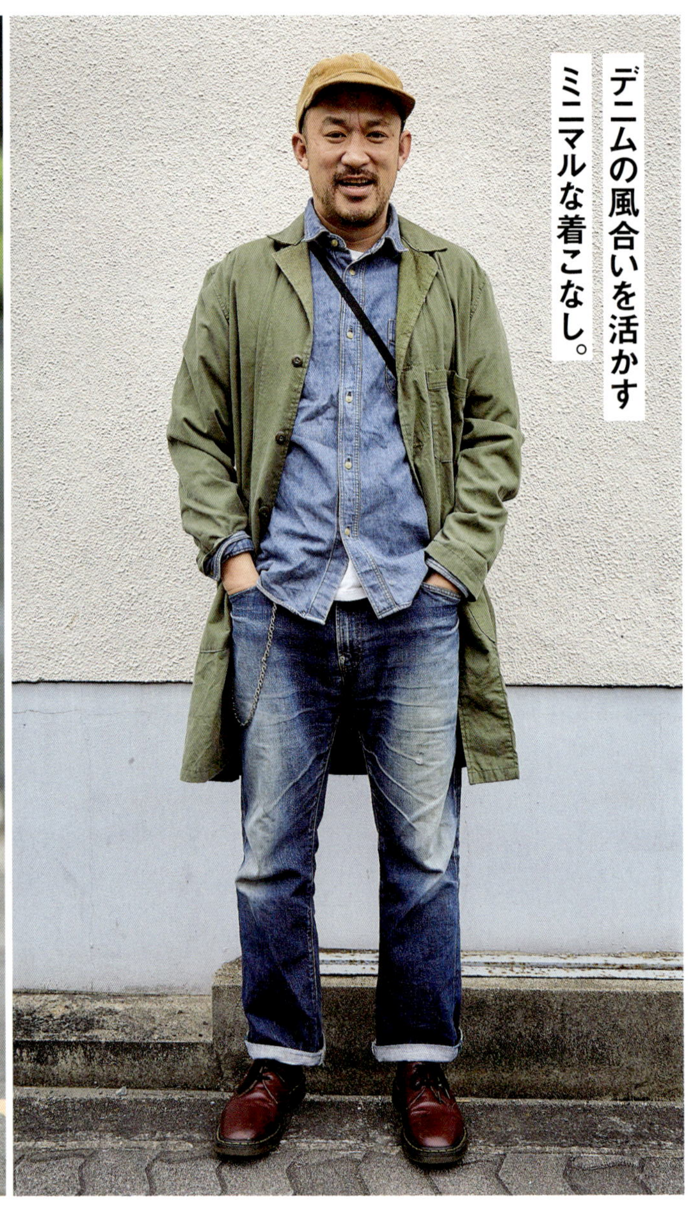

DENIM 008

Profile
ザ ユニオン
長
牧田耕平さん
様々なブランドをオーガナイズしながら自身のブランド、ザ ファブリックを手掛ける。オンラインストアの「THAT STORE」が近日リニューアル予定

Item
O：インク
I：ザ ファブリック
P：ザ オーバーオールズ
S：ドクターマーチン×シュプリーム
A：ザ カラー（帽子）

Comment シャツとパンツのデニムonデニムにライトウエイトのミリタリーコートを羽織り、キャップやサコッシュといった小物で味付け。パンツの絶妙なエイジングやシャツの風合いが、こなれ感のあるスタイリングのキモ。「デニムを着る時は、シンプルな合わせが多いです」

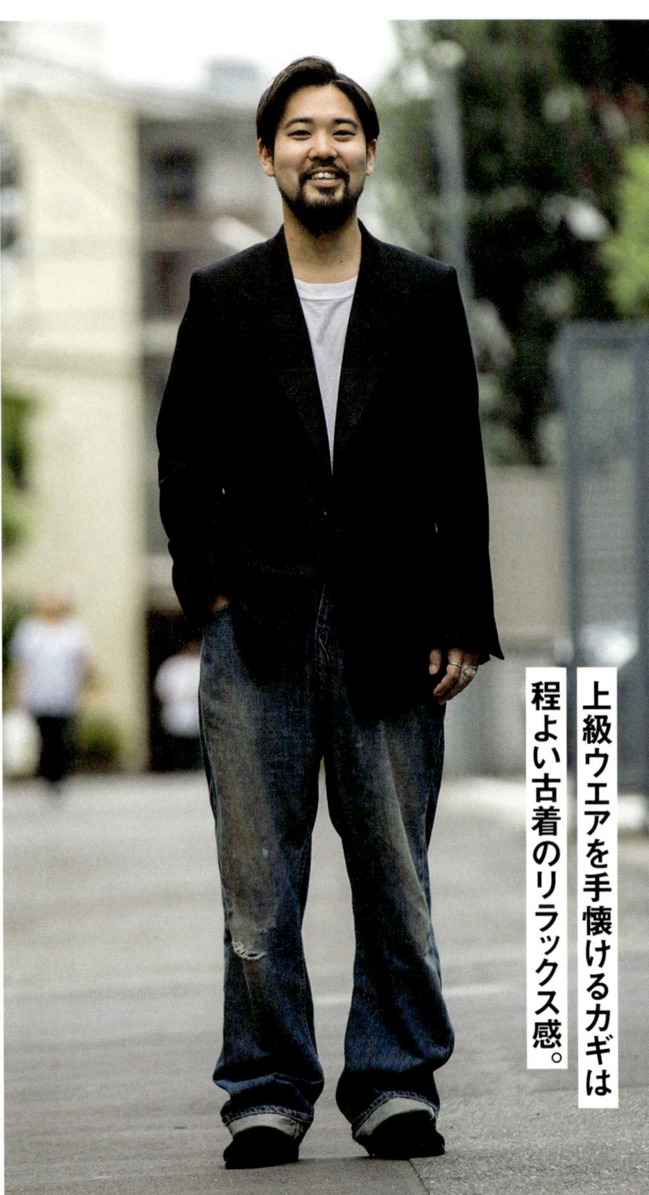

DENIM 009

Profile
レショップ
ショップマネージャー／プレス
古明地拓朗さん
目利きの業界人も感度の高いファッショニスタも足繁く通うショップ「レショップ」のショップマネージャー。スタイリストへのリースや取材対応など、プレス業務も兼任

Item
O：リパーパス
I：リパーパス
P：Vintage フォアモスト
S：マルテガーニ

Comment 上質なモノをラフに着る、独自のスタンスを体現。「極上生地で仕立てた端正な表情が目を引くジャケットに、あえてたっぷりとしたシルエットでくすみも見られる古着のジーンズと合わせました。インナーもクタっとしたTシャツで、気負わないことが大事です」

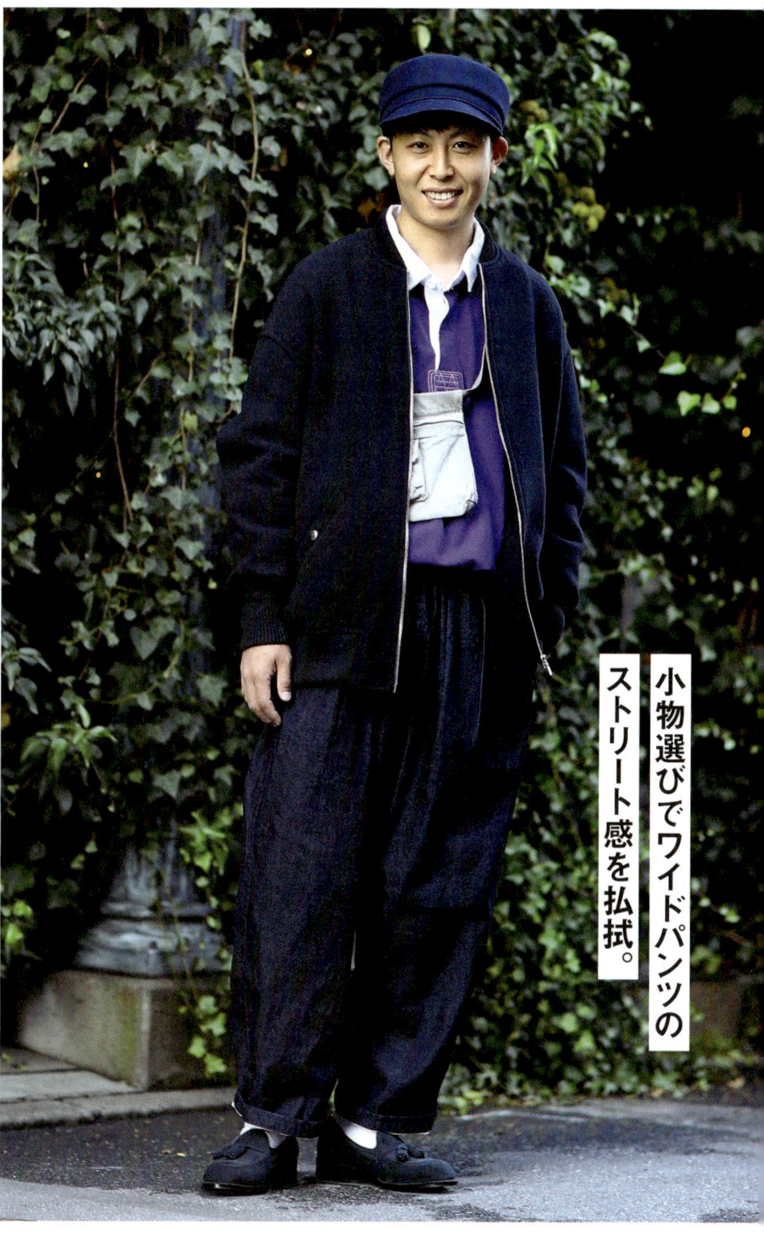

DENIM **010**

Profile アークネッツ プレス

冨田好晃さん

宇都宮を中心に18店舗を展開するアークネッツの敏腕バイヤー。カジュアルからモードまで国内外問わず様々なジャンルのアイテムをセレクトするショップのキーパーソン

Item
O：サイ×ミュージアム アーク
I：マギル ロサンゼルス
P：ゴールド
S：オールデン×ミュージアム アーク
A：ポコデコ（帽子）
　エンダースキーマ（バッグ）

Comment ウエスト部分がイージー仕様になった極太シルエットのタック入りデニムパンツを着用。「流行のビッグシルエットですがタックインでストリート感が出ないよう意識しました。色数を抑えて、帽子や革靴などの小物までネイビーカラーで統一しています」

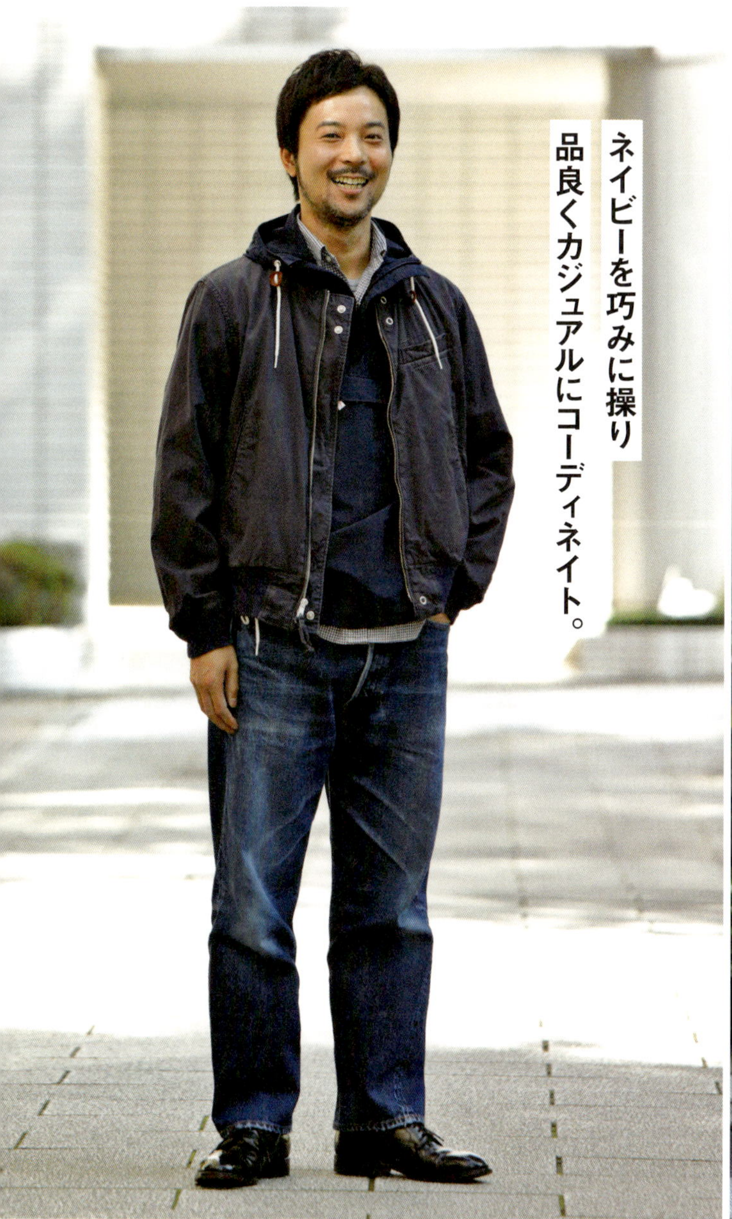

DENIM **011**

Profile ラコタ／プレス

吉川雅也さん

「オールデン約40年ぶりの新作として話題をさらったミシガンブーツ。アッパー素材が取り扱い終了となるため、オリジナルの日本入荷は2017年秋冬で最後かも!?」

Item
O：エンジニアド ガーメンツ
I：パテンウェア（アノラック）
　Pt.アルフレッド（シャツ）
P：ボンクラ
S：オールデン

Comment タテ落ちやヒゲなど、美しい色落ちが目を引くボンクラデニムを、カジュアルながらも品良くまとめている。「単調になりがちなワンカラーコーデですが、各アイテムでトーンを変え、さらに経年変化したネイビーも用いてメリハリを持たせています」

リメイクした一点モノの501は ほどよい色落ち加減とリペア感が魅力。

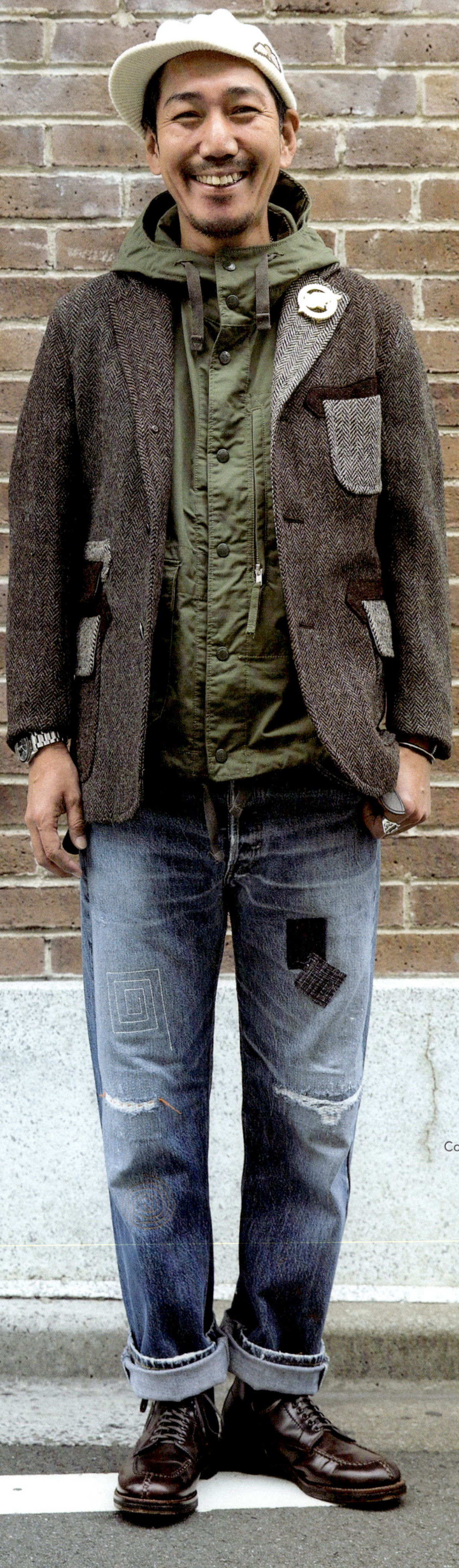

DENIM 012

Profile ハミングバーズヒル ショップ プレス

小林直人さん

ハミングバーズヒルショップの名物店長“テンチョーコバヤシ”を経てプレスに就任。業界関係者が在籍するサバゲーチーム、メディアレンジャーズのメンバーでもある

Comment ミリタリーのフードベストとハリスツイードのジャケットをレイヤードしたスタイルのボトムは、リーバイス501のリメイクモデルをセレクト。「パンツは一点モノで、クレイジーパターンのジャケットにも相性がいい、ほどよい色落ち加減とリペア感が魅力です」

Item
O：ハミングバーズヒル ショップ×ヒピハパ
I：エンジニアドガーメンツ
P：アトリエ アンド リペアーズ
S：オールデン（タンカー）
A：ナイジェルケーボン（帽子）、ホワイトハウスコックス（ベルト）
オメガ（時計）
ナバホ（バングル）
メディアレンジャーズ（バッジ）

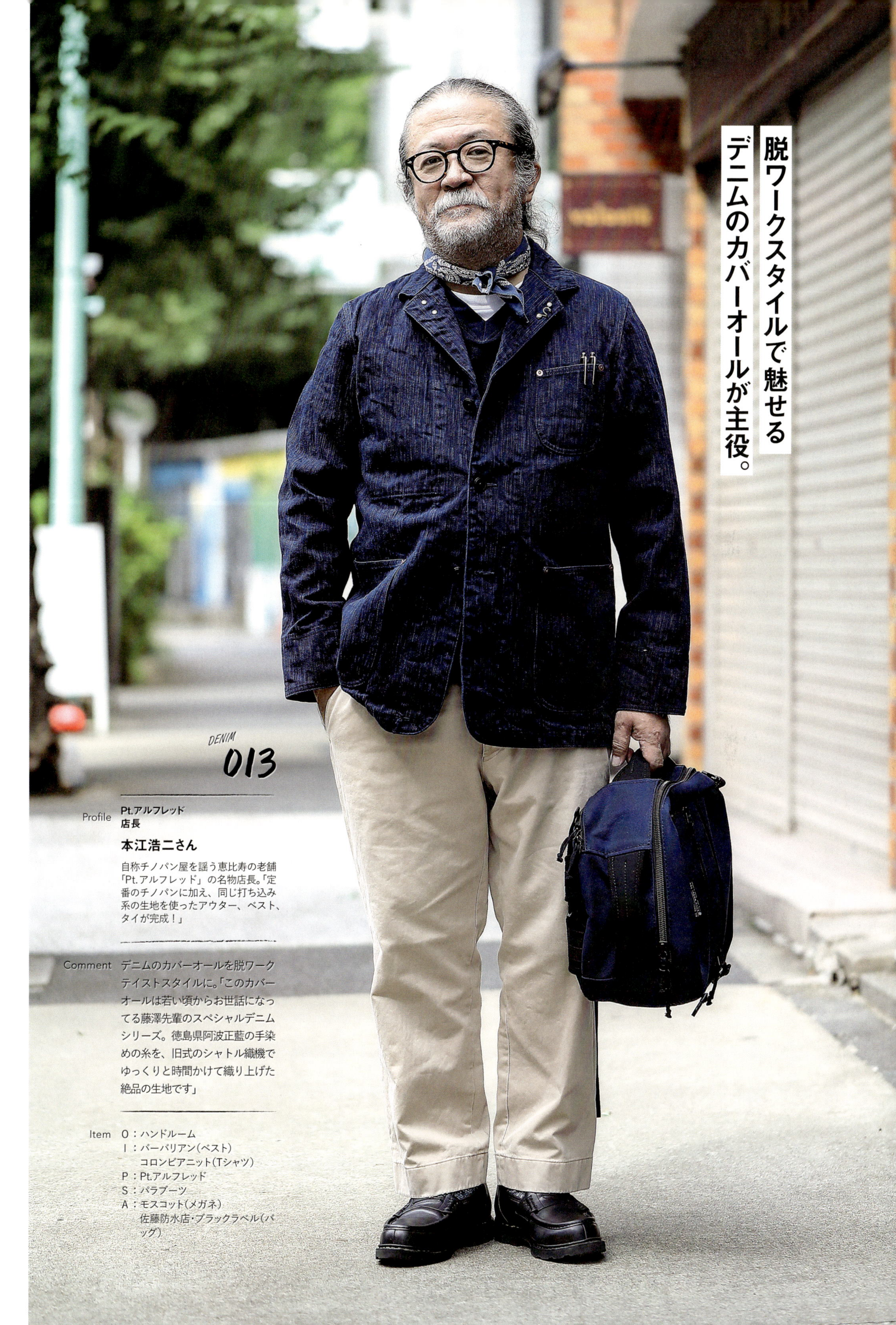

脱ワークスタイルで魅せるデニムのカバーオールが主役。

DENIM
013

Profile
Pt.アルフレッド
店長

本江浩二さん

自称チノパン屋を謡う恵比寿の老舗「Pt.アルフレッド」の名物店長。「定番のチノパンに加え、同じ打ち込み系の生地を使ったアウター、ベスト、タイが完成！」

Comment
デニムのカバーオールを脱ワークテイストスタイルに。「このカバーオールは若い頃からお世話になってる藤澤先輩のスペシャルデニムシリーズ。徳島県阿波正藍の手染めの糸を、旧式のシャトル織機でゆっくりと時間かけて織り上げた絶品の生地です」

Item
O：ハンドルーム
I：バーバリアン(ベスト)
コロンビアニット(Tシャツ)
P：Pt.アルフレッド
S：パラブーツ
A：モスコット(メガネ)
佐藤防水店・ブラックラベル(バッグ)

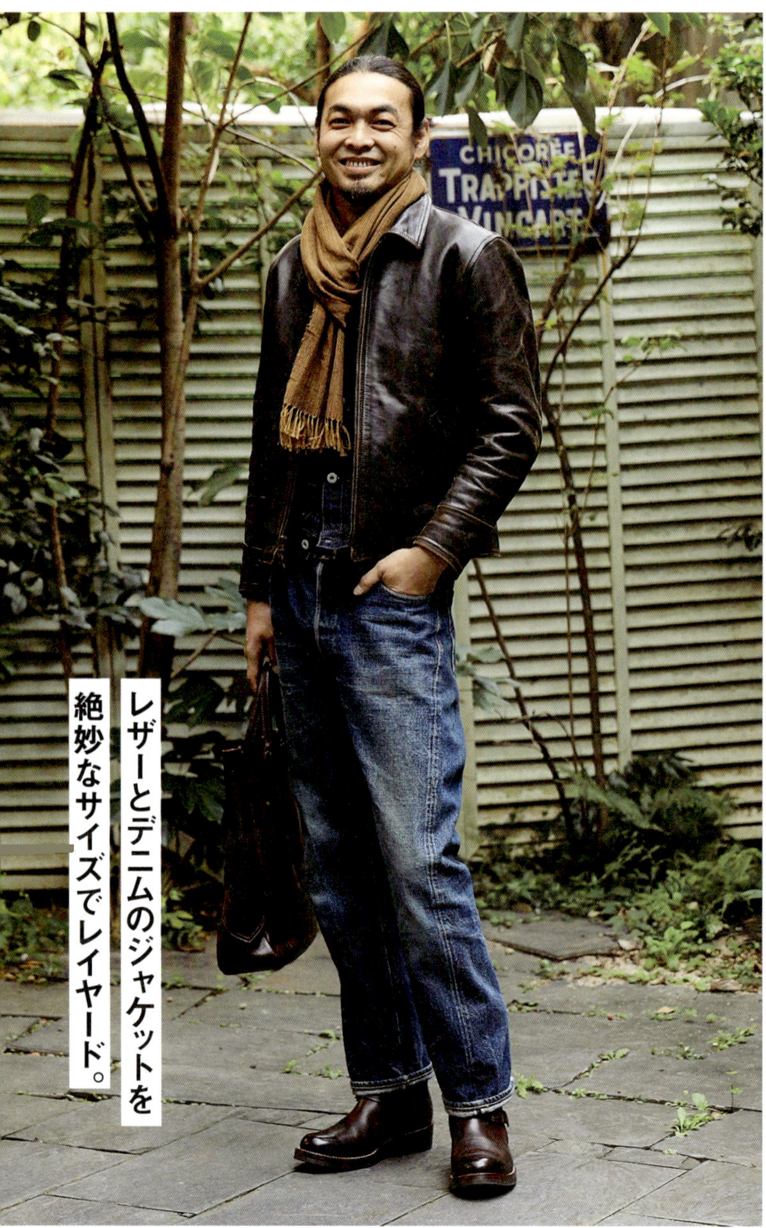

レザーとデニムのジャケットを絶妙なサイズでレイヤード。

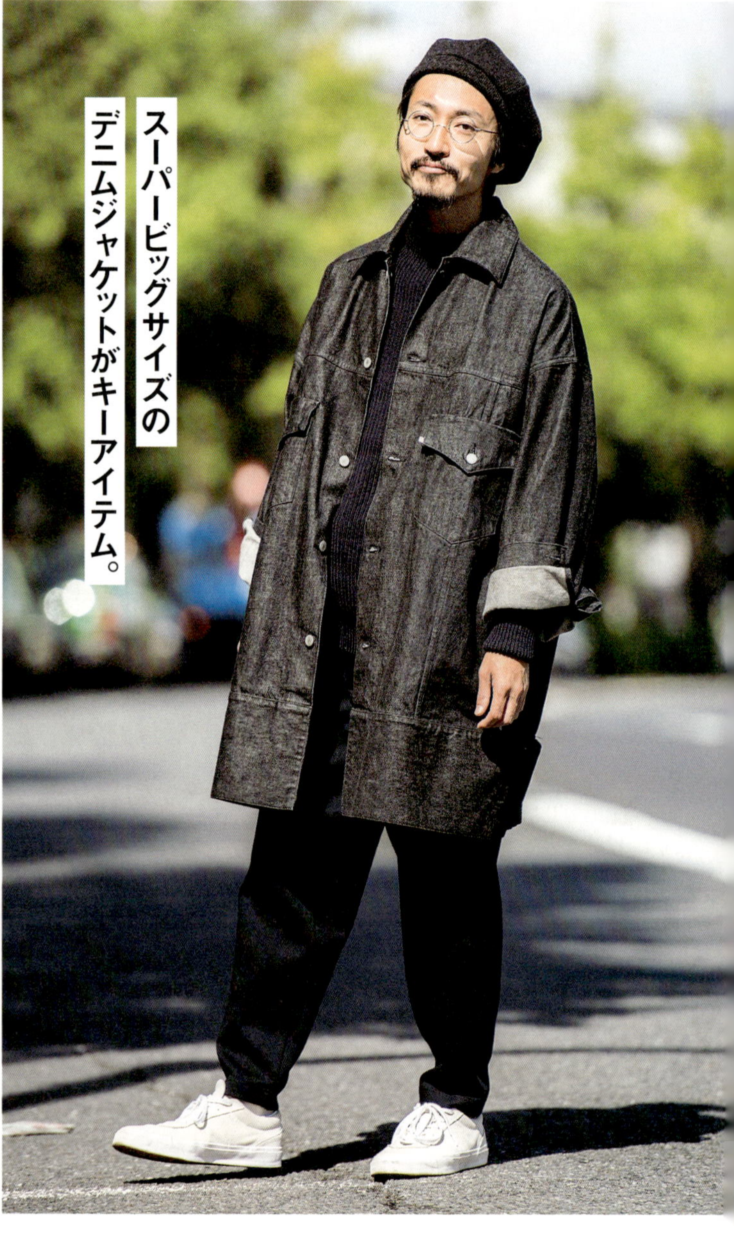

スーパービッグサイズのデニムジャケットがキーアイテム。

DENIM **015**

Profile モト
デザイナー
本池作人さん

レザーブランド、モトのデザインを手掛ける。アートワークとクラフトワークをバランスよく追求している生粋の革職人。「この秋冬はツーリングを楽しみたいです」

Item
O：モーター
I：モーター
P：モーター
S：モーター
A：モト(バッグ、ベルト)
村穂久美雄(スカーフ)

Comment シンプルなレザージャケットとデニムジャケットのレイヤードスタイルは絶妙なサイズ感がポイント。「デニムのセットアップが今季の気分ですが、それだけでは寒いのでレザーを羽織りました。作家モノのアイテムならではのクラフト感も意識しています」

DENIM **014**

Profile トフ
バイヤー
岡本碧さん

目黒区五本木のセレクトショップ「トフ」の若手バイヤー。「スタンダードアイテムを展開するオリジナルブランドのほか、ショップ初となる革靴の取り扱いもはじめました」

Item
O：ウエストオーバーオールズ
I：アンデルセン-アンデルセン
P：トフ,メイドインゴホンギ
S：コンバース
A：カムズ・アンド・ゴーズ(帽子)
パディオプティカル(メガネ)

Comment Gジャンをそのままスーパービッグサイズにしているというデニムコートのようなアウターが主役。「定番アイテムをサイズレンジで遊んだお気に入りの一着です。癖が強いですがダークトーンのアイテムでまとめて、大人らしく落ち着いた印象になるよう心掛けてます」

Text/Y.Ouchi 大内康行

やっぱり毎年イケてます。

**ファッション好きなち歩くものにだって当然こだわりを持っている。
定番なものまで、バッグの中から趣味やライフスタイルを暴いていこう。**

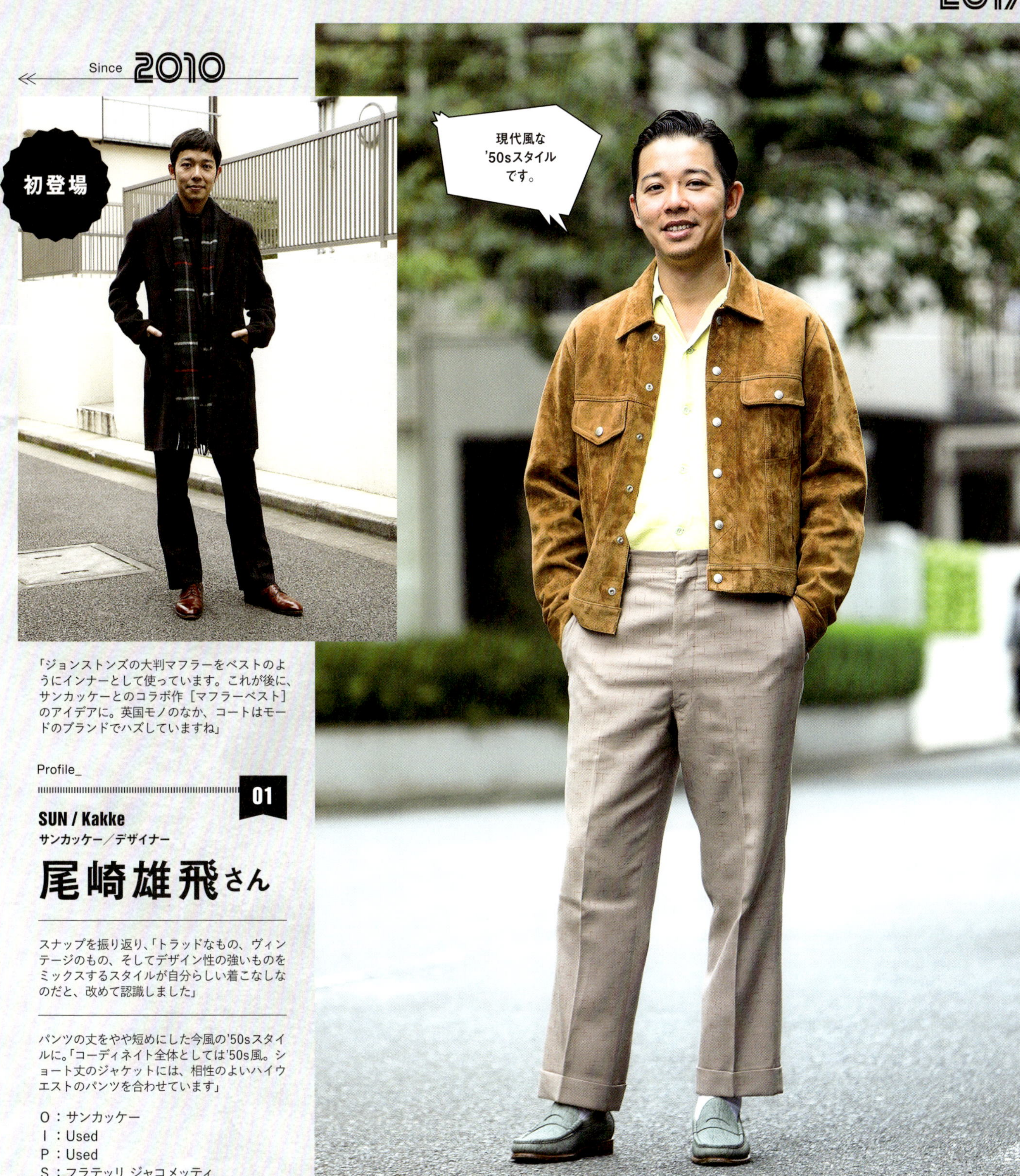

「ジョンストンズの大判マフラーをベストのようにインナーとして使っています。これが後に、サンカッケーとのコラボ作［マフラーベスト］のアイデアに。英国モノのなか、コートはモードのブランドでハズしていますね」

Profile_

01

SUN / Kakke
サンカッケー／デザイナー

尾崎雄飛さん

スナップを振り返り、「トラッドなもの、ヴィンテージのもの、そしてデザイン性の強いものをミックスするスタイルが自分らしい着こなしなのだと、改めて認識しました」

パンツの丈をやや短めにした今風の'50sスタイルに。「コーディネイト全体としては'50s風。ショート丈のジャケットには、相性のよいハイウエストのパンツを合わせています」

O：サンカッケー
I：Used
P：Used
S：フラテッリ ジャコメッティ

2nd SNAP 10号記念

Brand_ SUN/Kakke

Name_ Yuhi Ozaki

スナップ常連のあの人は、

Since 2013

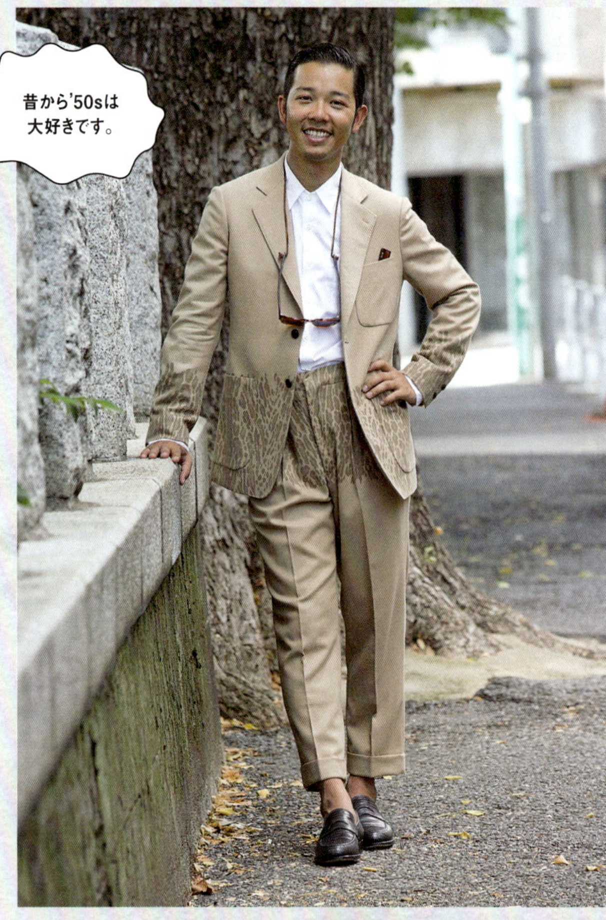

「アメリカン'50sをテーマにしたサンカッケーのスーツが常軌を逸したムードを醸し出しています(笑)。実は胸ポケットに刺したコームと首から下げたサングラスの色を合わせています。策士ですね(笑)」

Since 2013

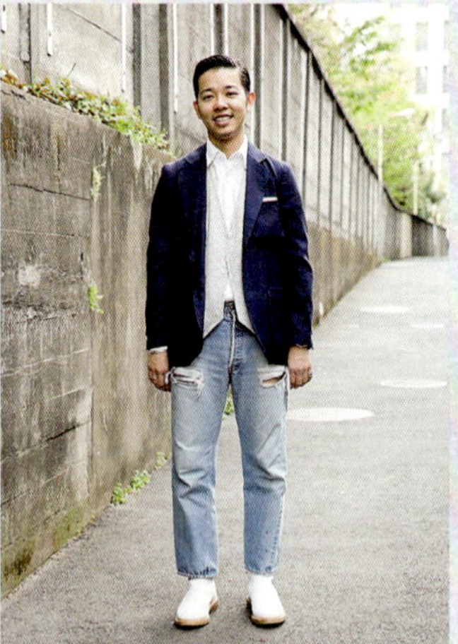

「トリッカーズでオーダーした、ホワイトヌバックのサイドゴアブーツを中心にしたコーデです。トラッド感がありつつも、気が抜けたような着こなしが好き」

Since 2012

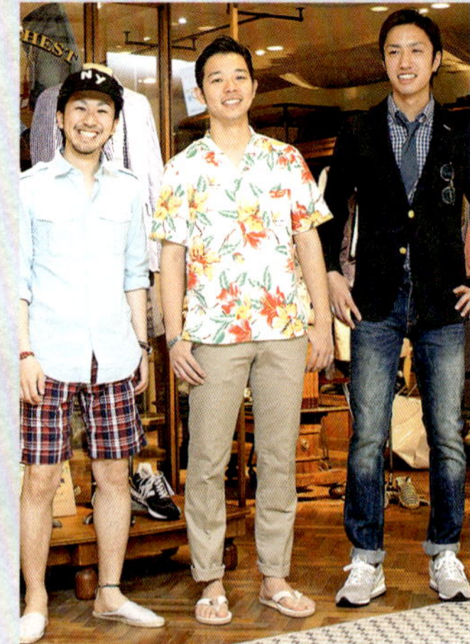

「当時バイイングをしていた店が、アメリカ東海岸と西海岸の対比がテーマでしたので、これは西海岸をイメージした装い。少しずつ太り始めていますね(笑)」

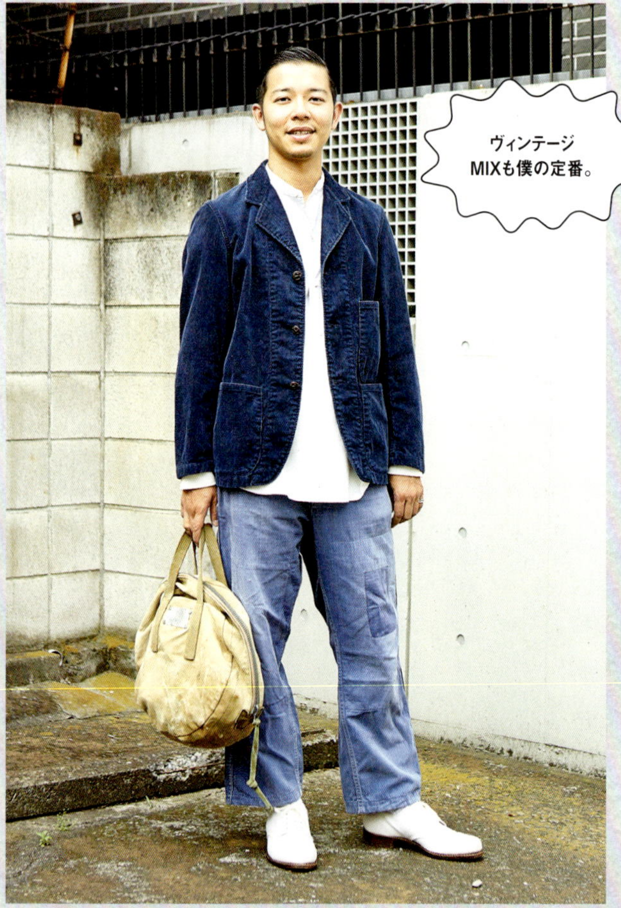

「サンカッケーのジャケットとシャツを、ボロボロのヴィンテージアイテムたちとコーデ。この時履いていたキャンバスシューズを、最近、英国のアルフレッド・サージェントに持ち込んで商品化しました」

Since 2014

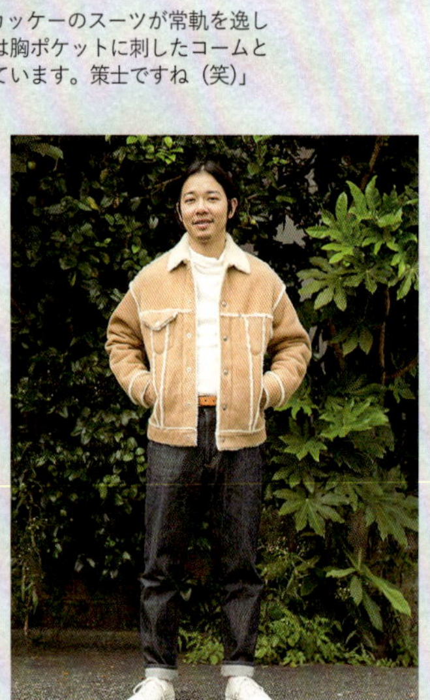

「ヤングアンドオルセンを始動した頃ですね。田舎臭いアメリカンスタイルは小さな頃からの憧れで、アメリカ映画やドラマの脇役のオジサンがイメージです」

Since 2015

「クラスのインパクトあるレースアップTシャツをインナーに、クセのあるヴィンテージ、靴はオールデンのサドルシューズを合わせ、無国籍な感じの装いに」

Since 2016

Since 2017

Since 2010

初登場

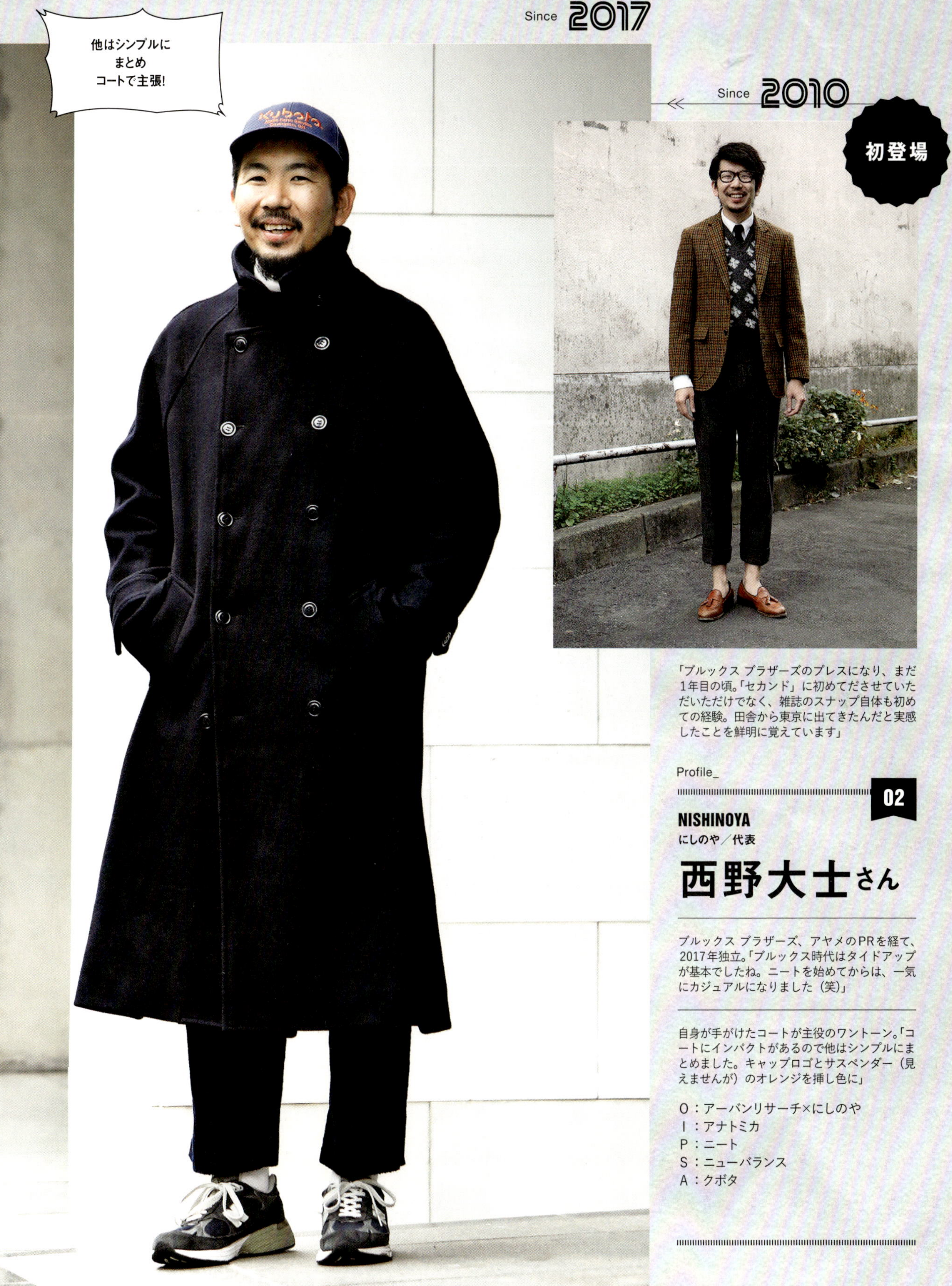

「ブルックス ブラザーズのプレスになり、まだ1年目の頃。「セカンド」に初めてださせていただいただけでなく、雑誌のスナップ自体も初めての経験。田舎から東京に出てきたんだと実感したことを鮮明に覚えています」

Profile_

02

NISHINOYA

にしのや/代表

西野大士さん

ブルックス ブラザーズ、アヤメのPRを経て、2017年独立。「ブルックス時代はタイドアップが基本でしたね。ニートを始めてからは、一気にカジュアルになりました（笑）」

自身が手がけたコートが主役のワントーン。「コートにインパクトがあるので他はシンプルにまとめました。キャップロゴとサスペンダー（見えませんが）のオレンジを挿し色に」

O：アーバンリサーチ×にしのや
I：アナトミカ
P：ニート
S：ニューバランス
A：クボタ

Company_ NISHINOYA

Name_ Daishi Nishino

Since 2013

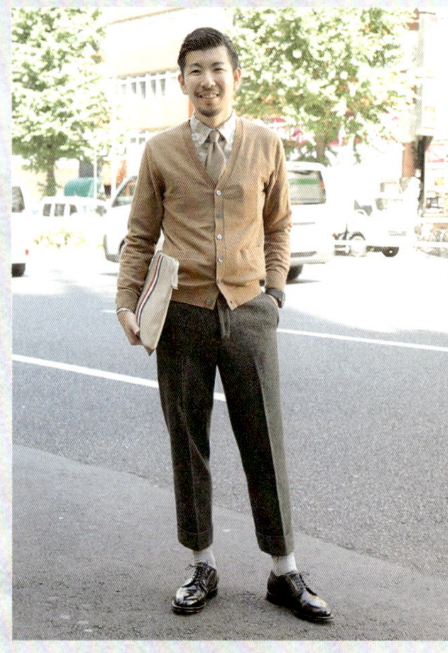

「他の仕事で新宿伊勢丹に行った際に、併せて僕のスナップも撮影をしていただきました。写真を見返すとやっぱりよくネクタイをしていましたね（笑）」

Since 2013

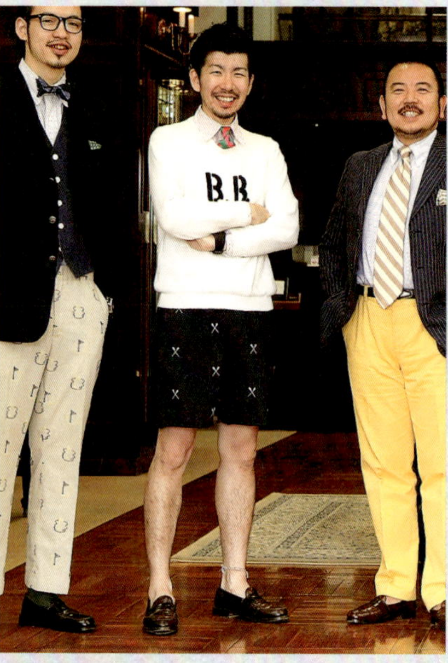

「2012年に続き、ブルックス ブラザーズ 青山本店の方々と集合撮影しました。お隣はキャリア30年以上の大御所でかなり緊張していたことを思い出します」

Since 2012

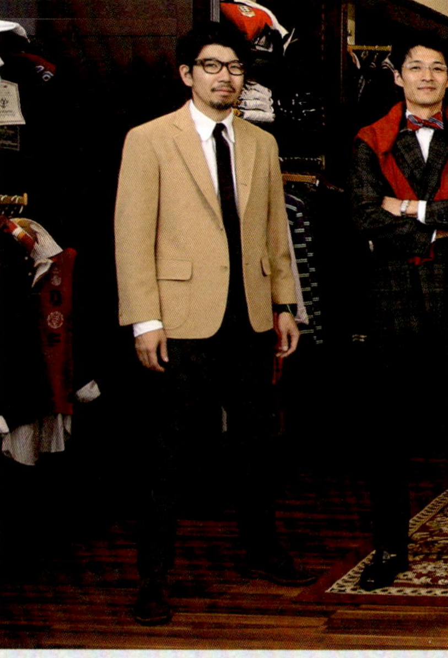

「ブルックス ブラザーズ 丸の内店のスタッフの方々と集合撮影した1枚。この時、本当は出る予定ではなかったのですが、人数合わせで入りました（笑）」

Since 2016

この頃は
オーバーオールが
気分でした。

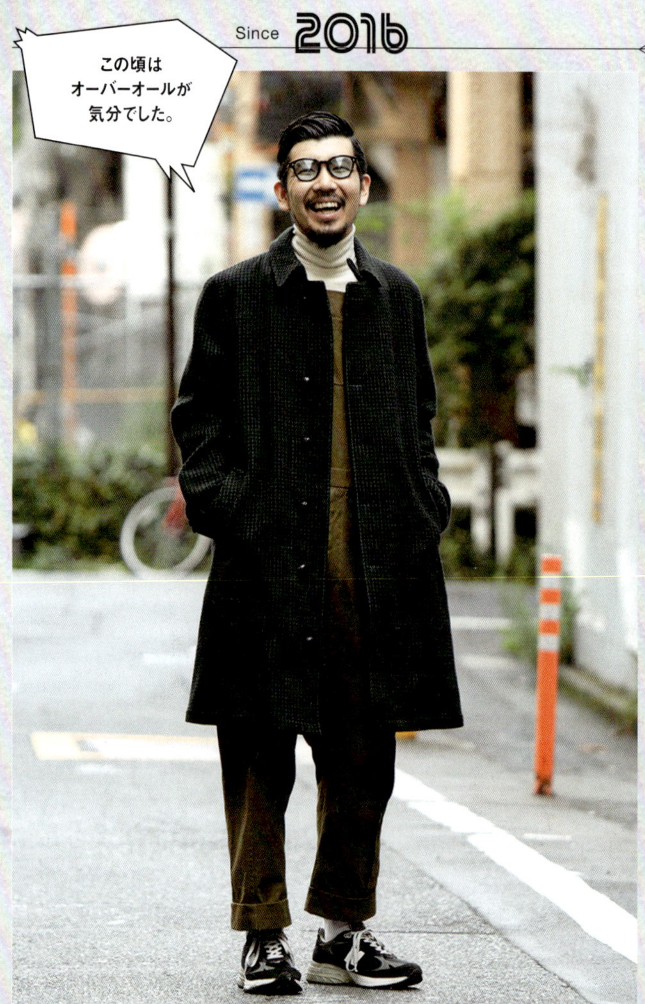

Since 2015

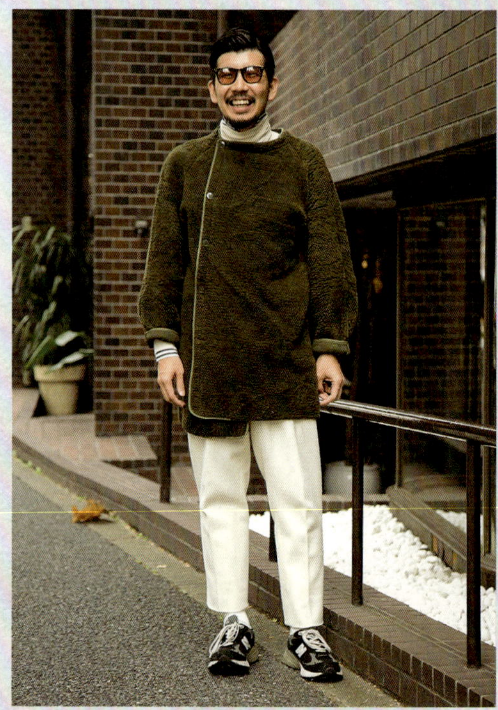

「自分のブランド、ニートを始動した1stシーズンの時です。格好が全然変わりました。ただ足下のニューバランス［M993］だけは変わってないですね（笑）」

「去年のコーディネイトなのですが、この頃は独立に向けて動いていた時期で、忙しくてあまりよく覚えていません（笑）。ただ、初期とはまったく違いますね」

Since 2017

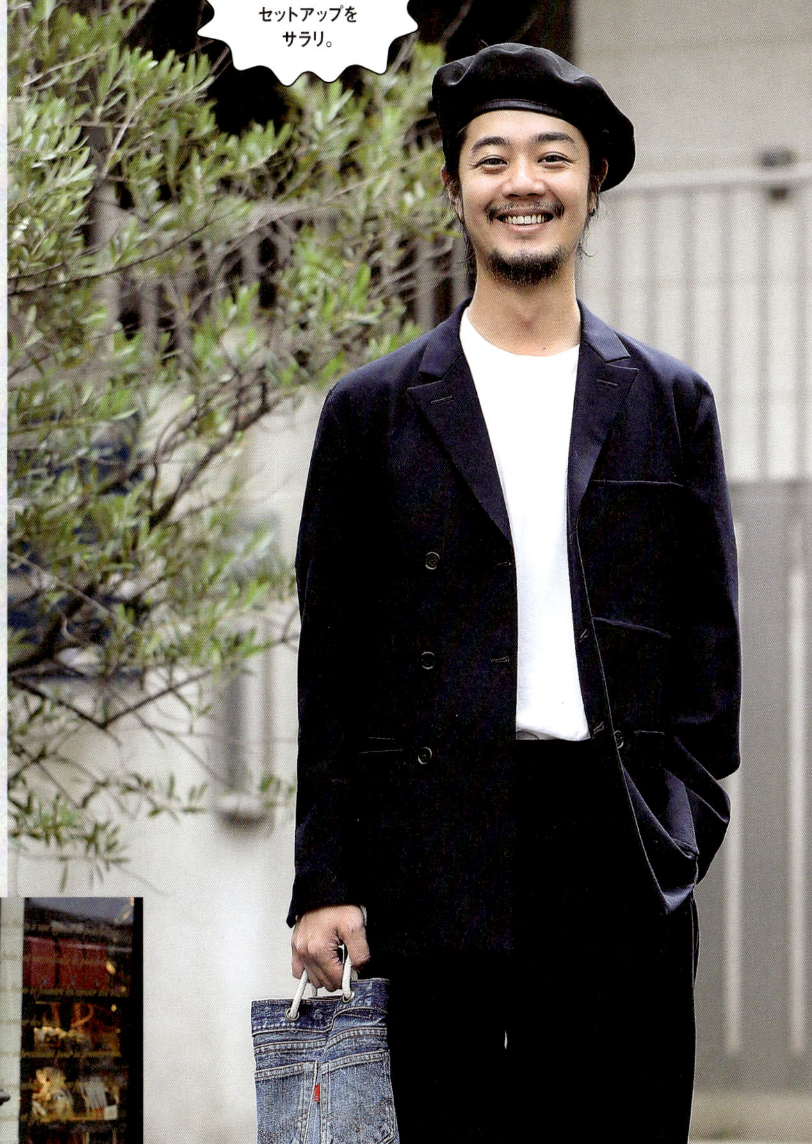

Profile_

03

GMT
GMT／プレス

三浦由貴さん

『2nd SNAP #2』にてMr.2ndグランプリに輝いたことも。「いま思えばこのグランプリを期にスナップの常連にしていただき、いまのプレスの仕事に繋がったと思います」

アクの強いサンカッケーのセットアップをサラッと着こなす上級者。「秋冬はセットアップでキチンと感を意識しています。あえてのスニーカーとベレーでカジュアル感をプラスしました」

O：サンカッケー
I：ブルックス ブラザーズ
P：サンカッケー
S：コンバース
A：サンカッケー（帽子）
Used（バッグ）

「なんか背伸びしてる感ありますね（苦笑）。当時はアナトミカやフランク・リーダーなどのヨーロッパインポートにハマってました。"土臭いヨーロッパモノ"と"キレイなアメリカモノ"に憧れていましたね。まだ痩せています」

初登場

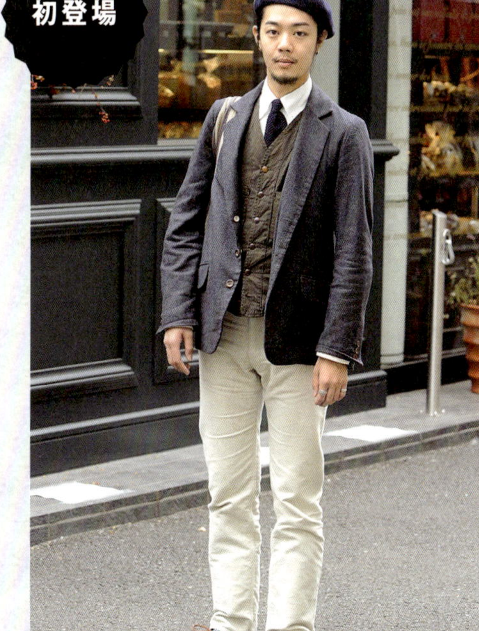

Since 2010

Company_ Name_

GMT *Yuuki Miura*

Since **2013**

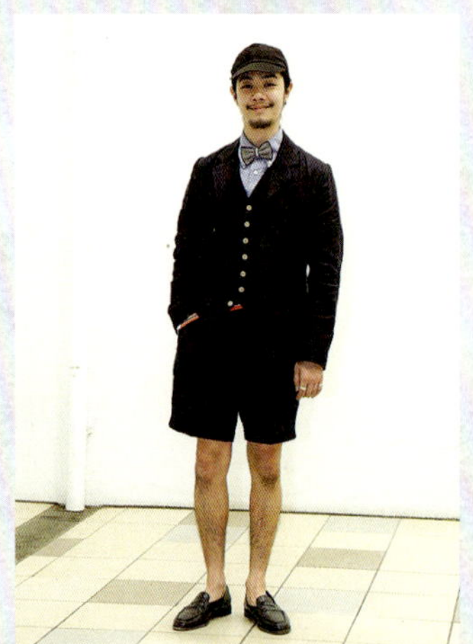

「バーニッシュの5周年パーティーの時。分かりづらいかも知れませんが5周年の別注で作ったハバーサックのヒョウ柄スリーピース。なかなか攻めてますね」

Since **2012**

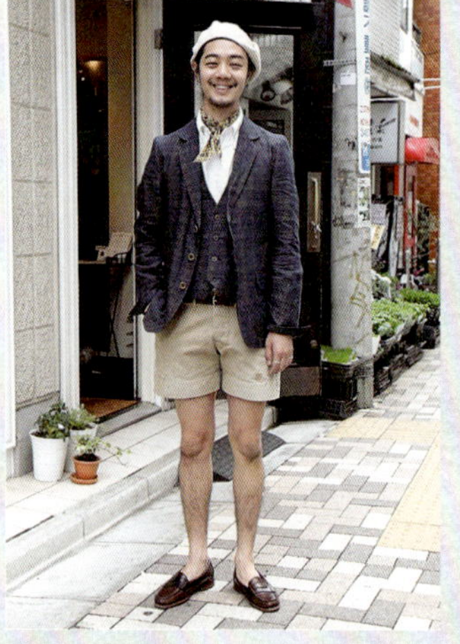

「基本的なスタイルは初登場の2010年から変わってないですね……。この時の方がちゃんと革靴を履いてる気がします(笑)。あと、ショーツが短いっ！」

Since **2011**

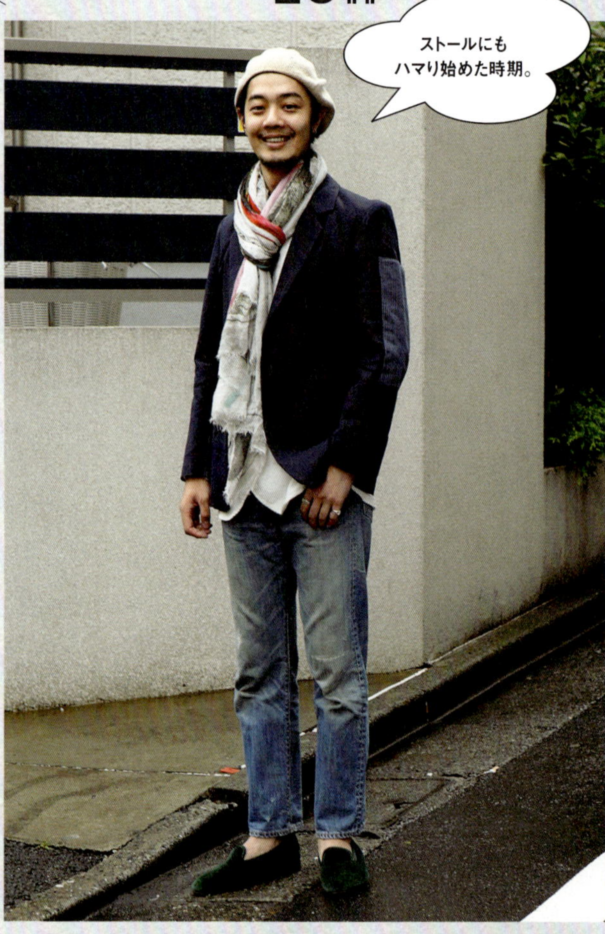

「これは懐かしい！　編集部より急にグランプリに選ばれましたと連絡をもらい驚愕したやつですね。ジャケットスタイルをどう着崩しながらカジュアルになりすぎないか、と微妙なところを狙っていました」

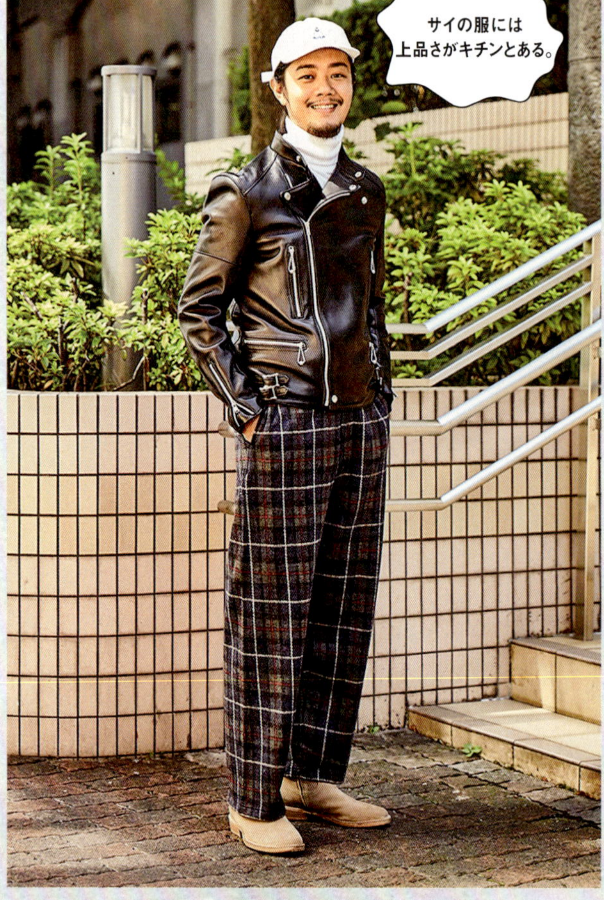

「ここまでで一番モテなそう(笑)。レザージャケットのインナーに白タートルとか変な人ですね。太めのボトムにシフト、チェックにもハマっていました。ここで白のキャップにするところが自分ぽいなぁと」

Since **2016**

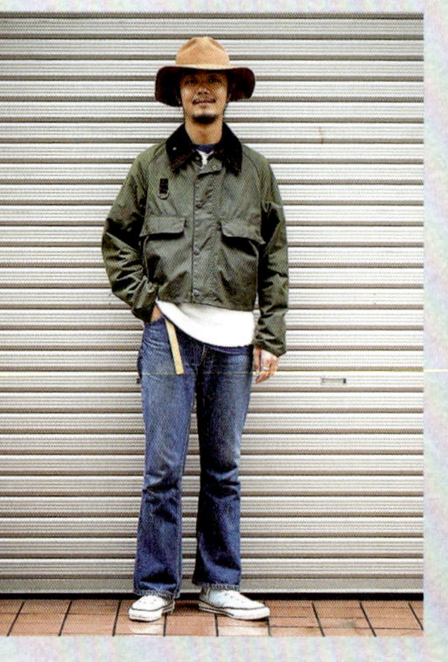

「これで2年前か……、いまとあんまり変わらない気が(苦笑)。時代錯誤なベルボトムを穿きたい天邪鬼コーディネイト。'70年代は常に意識しています」

Since **2015**

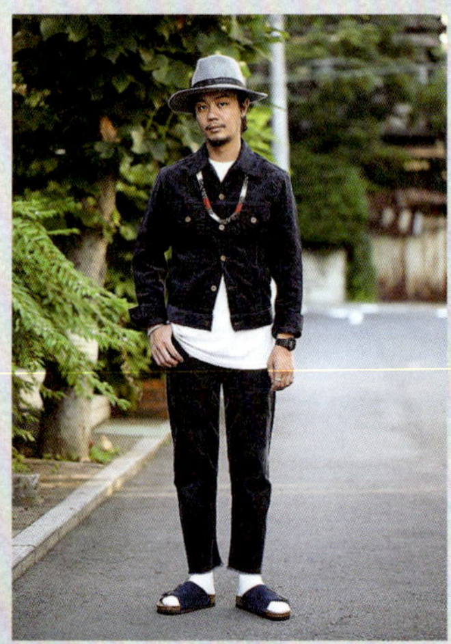

「プレスになってすぐの頃。このあたりになってくると、いままでとは逆パターンのカジュアルなコーデュロイセットアップに、小物で上品さをプラス感ですね」

Since **2014**

Since 2017

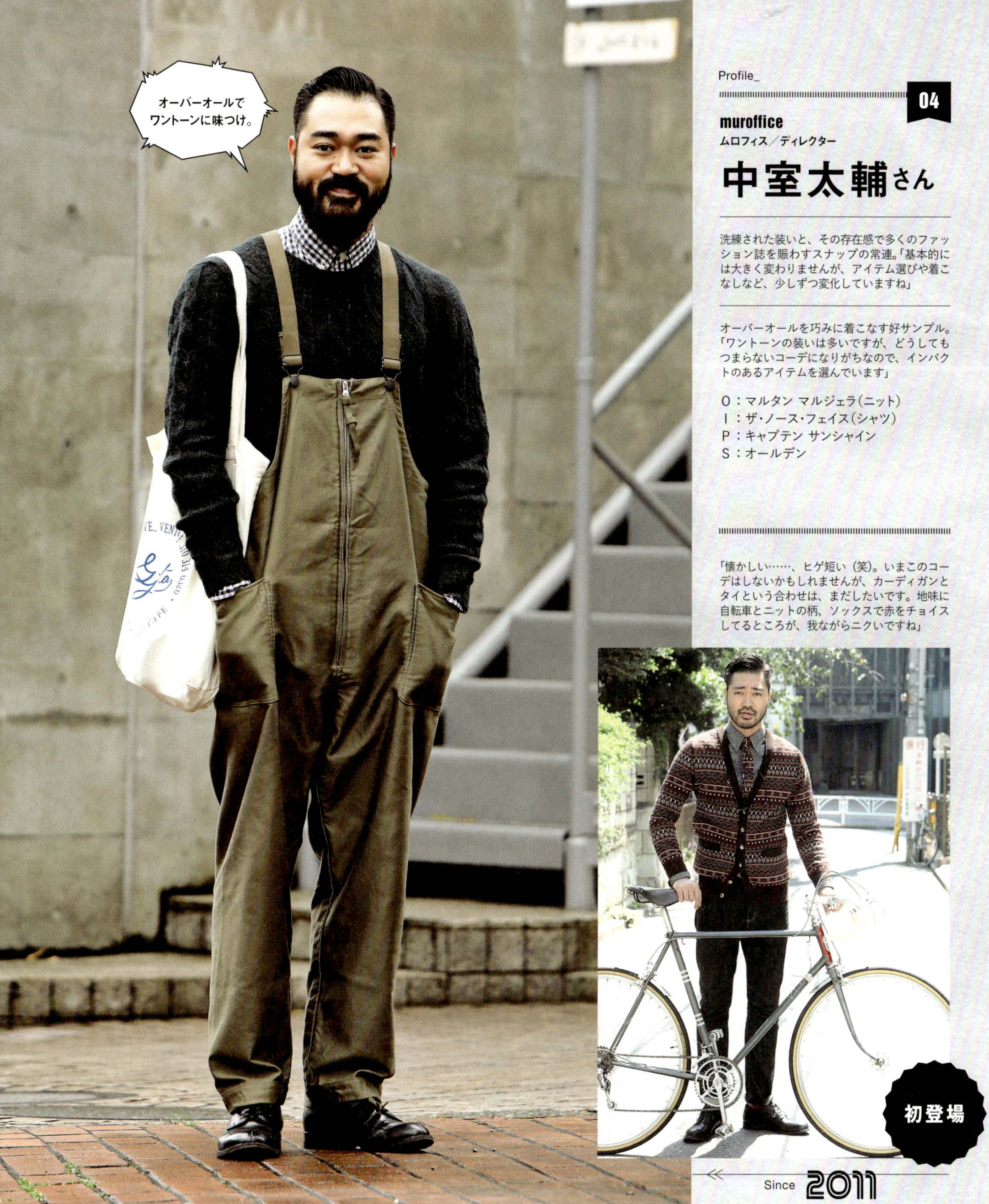

Profile_

04

muroffice
ムロフィス／ディレクター

中室太輔さん

洗練された装いと、その存在感で多くのファッション誌を賑わすスナップの常連。「基本的には大きく変わりませんが、アイテム選びや着こなしなど、少しずつ変化していますね」

オーバーオールを巧みに着こなす好サンプル。「ワントーンの装いは多いですが、どうしてもつまらないコーデになりがちなので、インパクトのあるアイテムを選んでいます」

O：マルタン マルジェラ（ニット）
I：ザ・ノース・フェイス（シャツ）
P：キャプテン サンシャイン
S：オールデン

「懐かしい……、ヒゲ短い（笑）。いまこのコーデはしないかもしれませんが、カーディガンとタイという合わせは、まだしたいです。地味に自転車とニットの柄、ソックスで赤をチョイスしてるところが、我ながらニクいですね」

Since 2011

Company_ muroffice

Name_ Taisuke Nakamuro

Since 2013 ≪ Since 2012

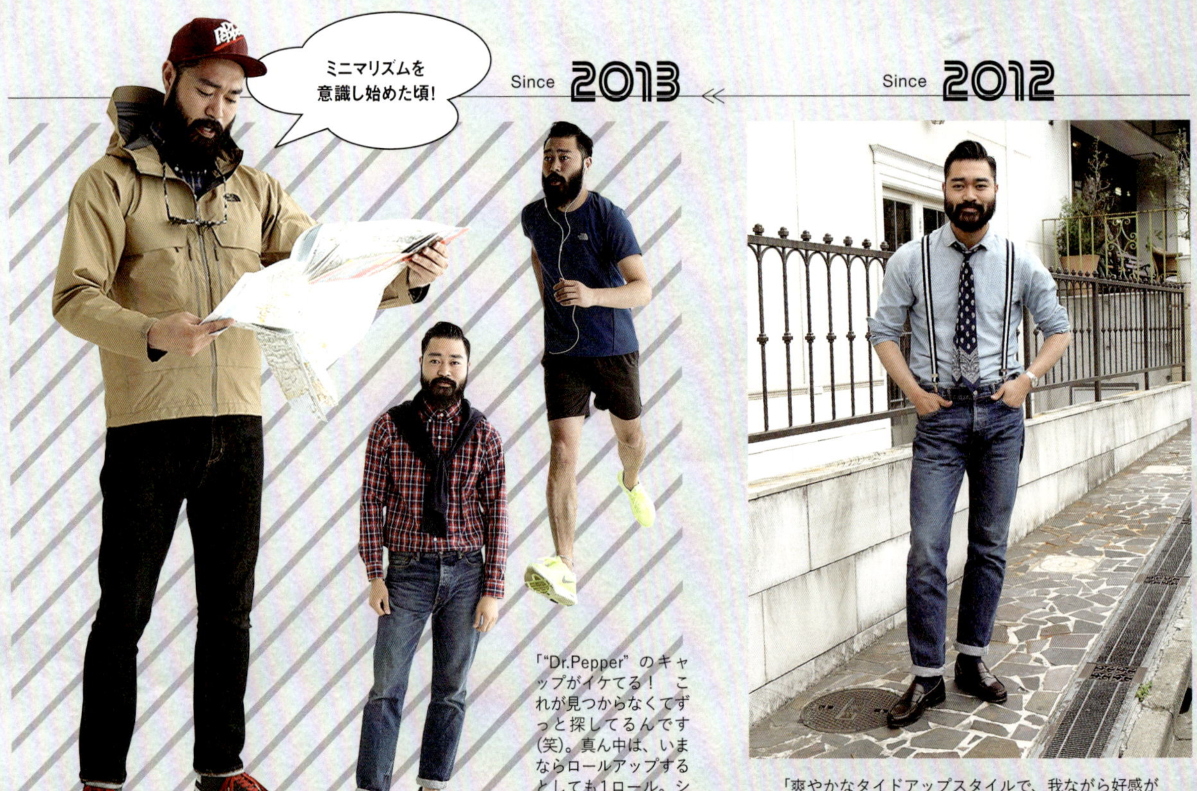

「"Dr.Pepper" のキャップがイケてる！ これが見つからなくてずっと探してるんです（笑）。真ん中は、いまならロールアップするとしても1ロール。シューズも少し軽いスリッポンにするはず」

「爽やかなタイドアップスタイルで、我ながら好感が持てます。当時は "個性派デニムスタイル" と謳われましたが、いま見ると全然普通の装いですね」

Since 2014 ≪ Since 2013

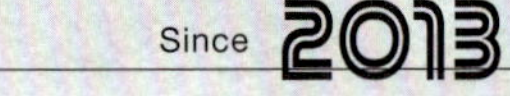

「ヒゲ面なのにいい人キャラなコーデ。それを演出してるのは、きっとチェックシャツとショールカラーのニットカーディガンですね。全国の強面のみなさん、"いい人"に見せたい時はこの組み合わせですよ」

「我ながらいいですね〜。シンプルなアイテム構成にエキゾチックな質感のレザーを挿すのはいまでも好きです。シューズもリネンで清涼感があるし、全体のアイテム数の割に重くなりすぎていないのも◎」

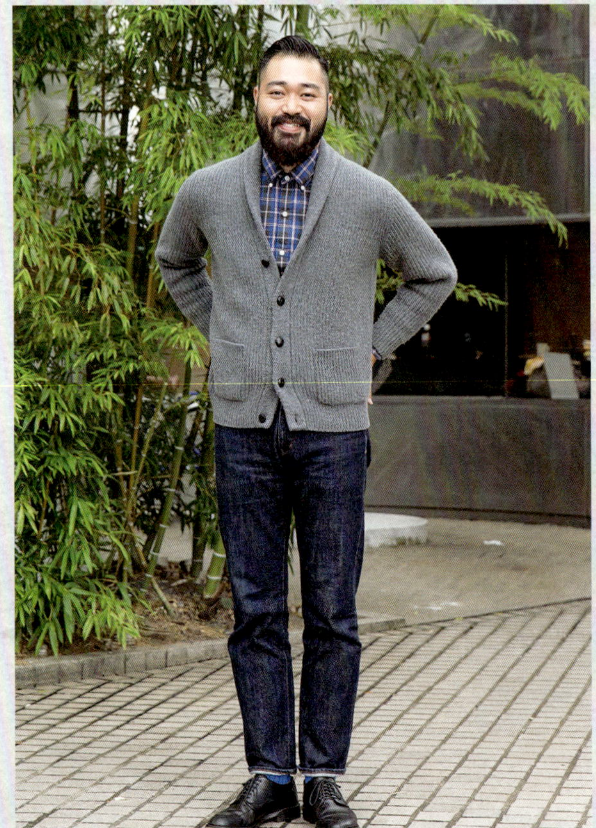

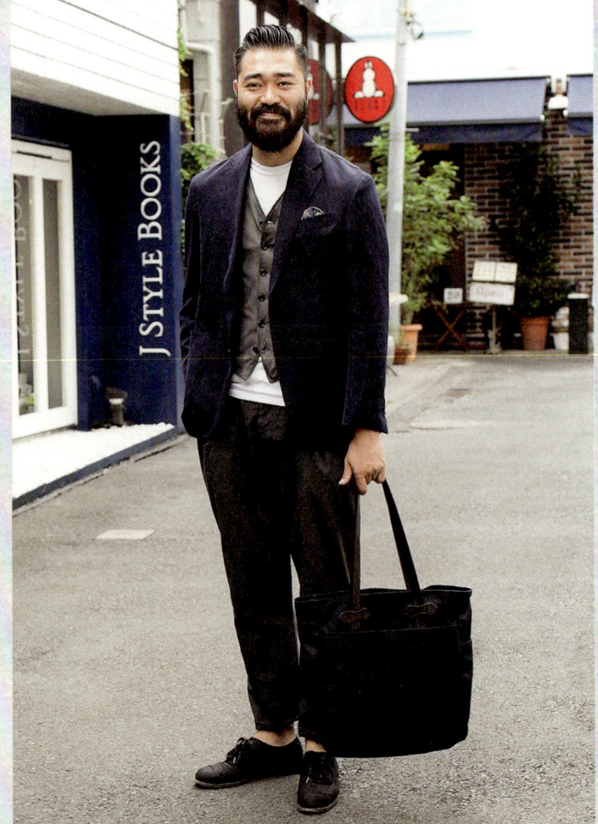

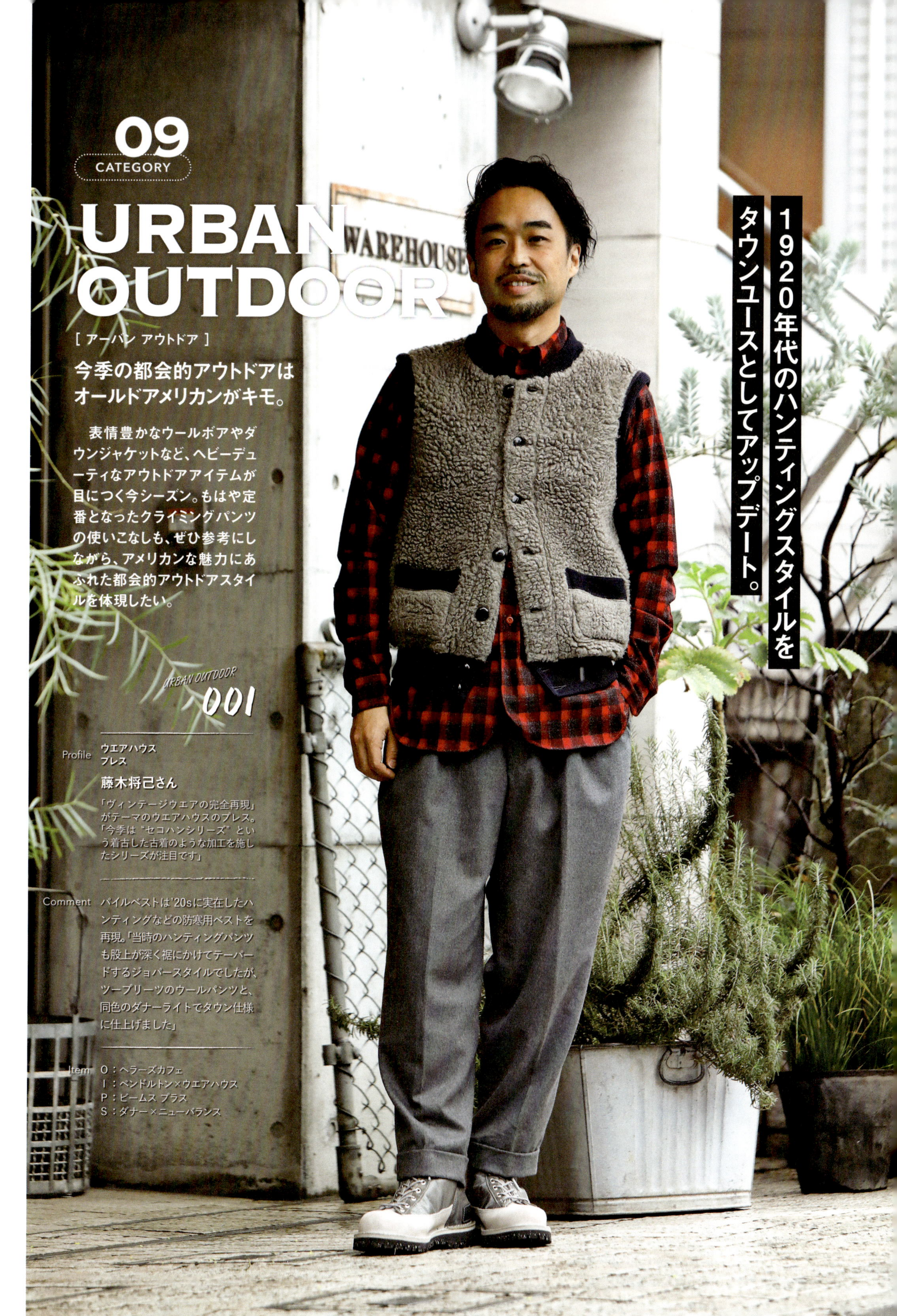

09
CATEGORY

URBAN OUTDOOR

[アーバン アウトドア]

今季の都会的アウトドアはオールドアメリカンがキモ。

表情豊かなウールボアやダウンジャケットなど、ヘビーデューティなアウトドアアイテムが目につく今シーズン。もはや定番となったクライミングパンツの使いこなしも、ぜひ参考にしながら、アメリカンな魅力にあふれた都会的アウトドアスタイルを体現したい。

1920年代のハンティングスタイルをタウンユースとしてアップデート。

URBAN OUTDOOR 001

Profile ウエアハウス プレス

藤木将己さん

「ヴィンテージウエアの完全再現」がテーマのウエアハウスのプレス。「今季は“セコハンシリーズ”という着古した古着のような加工を施したシリーズが注目です」

Comment パイルベストは'20sに実在したハンティングなどの防寒用ベストを再現。「当時のハンティングパンツも股上が深く裾にかけてテーパードするジョパースタイルでしたが、ツープリーツのウールパンツと、同色のダナーライトでタウン仕様に仕上げました」

Item
O：ヘラーズカフェ
I：ペンドルトン×ウエアハウス
P：ビームス プラス
S：ダナー×ニューバランス

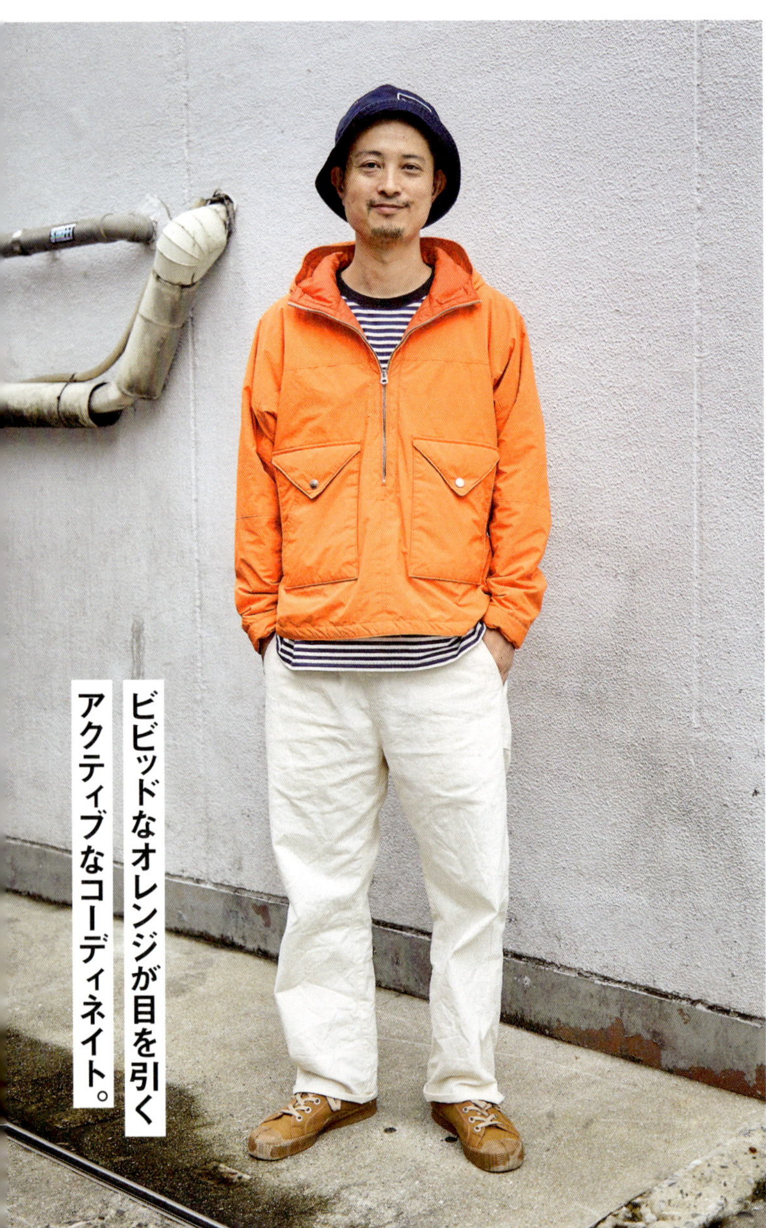

ビビッドなオレンジが目を引く
アクティブなコーディネイト。

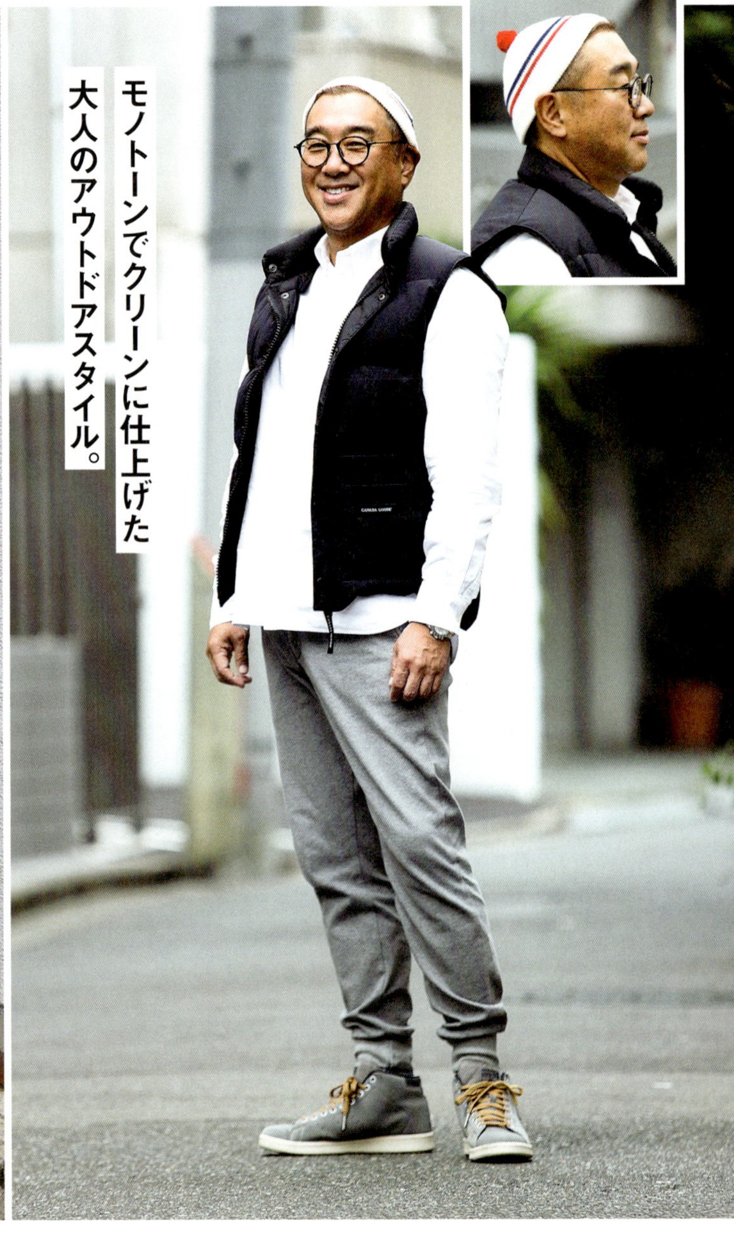

モノトーンでクリーンに仕上げた
大人のアウトドアスタイル。

URBAN OUTDOOR
003

Profile マンボラマ
セールス
中尾浩悦さん

大阪は東心斎橋の名店「マンボラマ」のスタッフとして店頭に立つほか、実用性と機能美を兼ね備えたネセサリー オア アンネセサリーとバッグンナウンのセールスを担当

Item
O：ネセサリー オア アンネセサリー
I：ネセサリー オア アンネセサリー
P：ネセサリー オア アンネセサリー
S：ネセサリー オア アンネセサリー
A：ネセサリー オア アンネセサリー(帽子)

Comment 目を引くオレンジのアノラックパーカをメインに、ゆったりとしたサイズバランスとバゲットハットを合わせた'90sさながらのストリートスタイルを提案。「子どもっぽい印象にならないよう、白やベージュ、ネイビーといった品のある色でまとめました」

URBAN OUTDOOR
002

Profile 栗原
代表
栗原亮さん

大正11年に創業し、今年で95周年を迎えた老舗帽子メーカー、栗原の代表取締役社長。オリジナル名義のオーバーライドを筆頭に、様々なブランドを展開している

Item
O：カナダグース
I：ザ スタイリストジャパン
P：J.W.ブライン
S：アディダス
A：ボートハウス×オーバーライド(帽子)
トム ブラウン(メガネ)

Comment ダウンベストを都会的かつクリーンに用いたアウトドアスタイル。「シャツで品の良さを、またリブパンツでリラック感も併せ持たせてみました。ボートハウス×オーバーライドによるコラボ湘南帽とミドルカットの［スタンスミス］もポイントですね」

URBAN OUTDOOR
004

→

Profile

[ミロック]
ディレクター

島田勝典さん

2005年から［ミロック］をスタート。プライベートでは釣りが好きで海や川に、音楽が好きでライブやクラブイベントに、写真やアートが好きで美術館に出向く行動派

Item

O：[ミロック]
I：[ミロック]
P：[ミロック]
S：メーカーズ×[ミロック]
A：Vintage　'60s　US ミリタリー(メガネ)

Comment

モコモコとしたウールパイル地のパーカは、モッズコートとポンチョを掛け合わせたようなルックスのビッグシルエットで、存在感が持ち味。「パンツは、横から見るとヒザの部分がアールを描いた丸いフォルム。アウターとパンツのシルエットで遊んでいます」

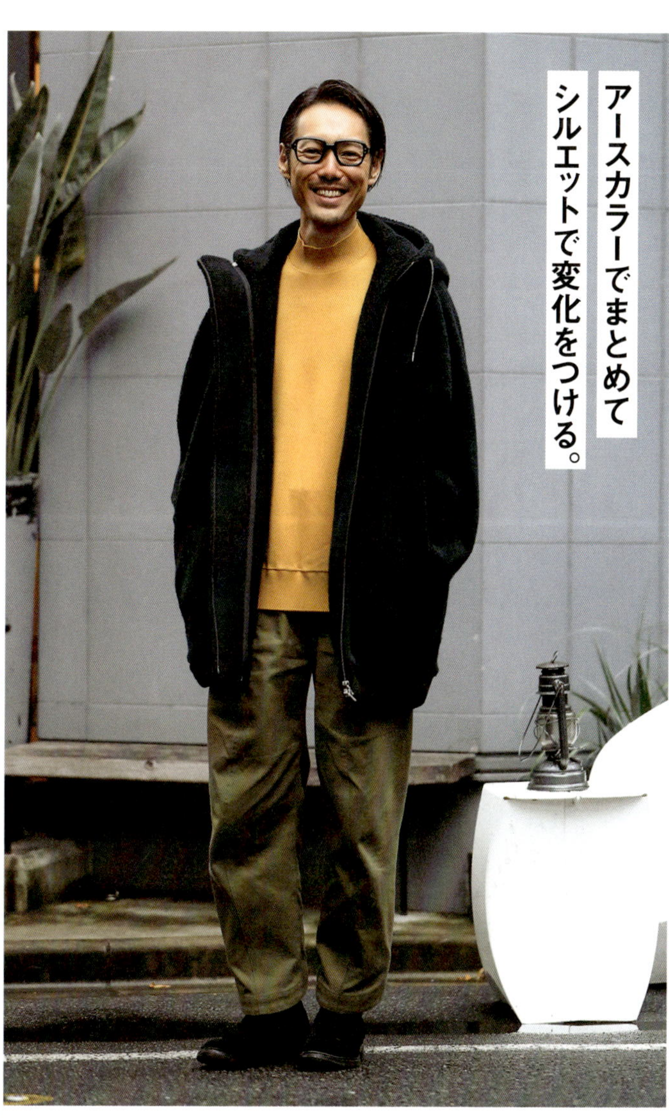

アースカラーでまとめて
シルエットで変化をつける。

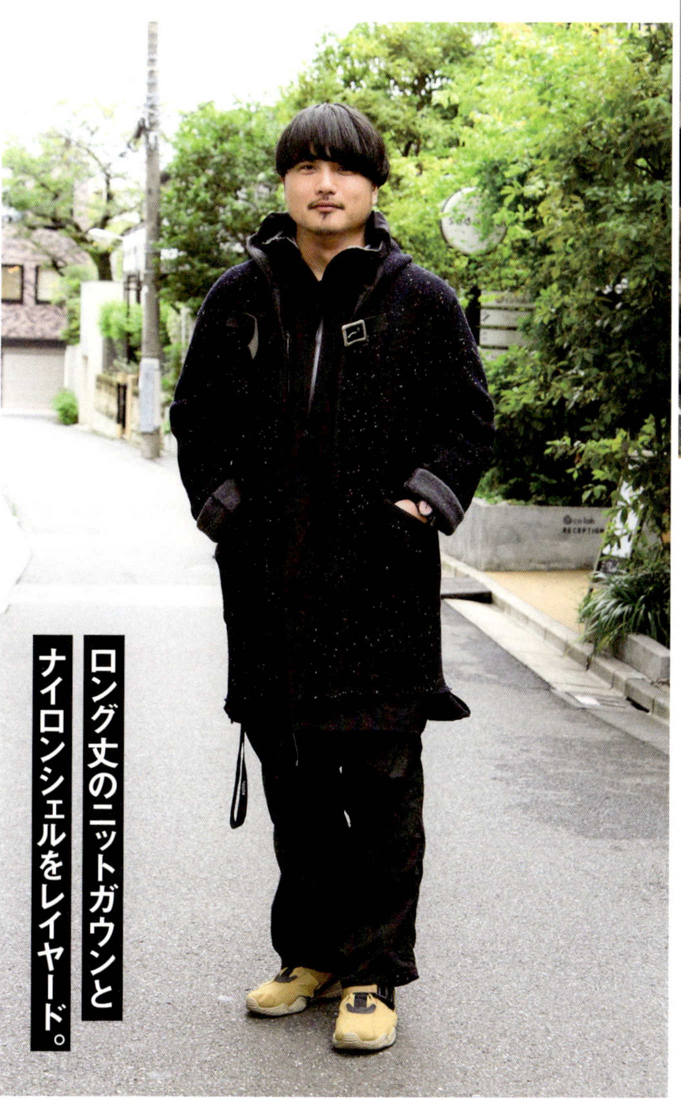

ロング丈のニットガウンと
ナイロンシェルをレイヤード。

URBAN OUTDOOR
005

←

Profile

オープン ユア イズ
PR

平沼久幸さん

オリジナルブランドF/CE.®やノルディスク キャンプ サプライ ストアbyルートを展開するオープンユアイズのPR。プライベートでTシャツの手擦りプリントも楽しむ

Item

O：ニューターム
I：F/CE.®
P：F/CE.®
S：ナイキACG
A：スウォッチ×ジェレミー・スコット(時計)
　ロトル(ネックピース)

Comment

テクニカル素材のシェルの上からニットガウンを羽織った都会的なアウトドアコーデ。「ナイロン素材は焚き火に弱いので、天然素材のアウターを上からレイヤードしています。サイズと丈感を意識し、なるべく野暮ったく見えないシルエットを目指しました」

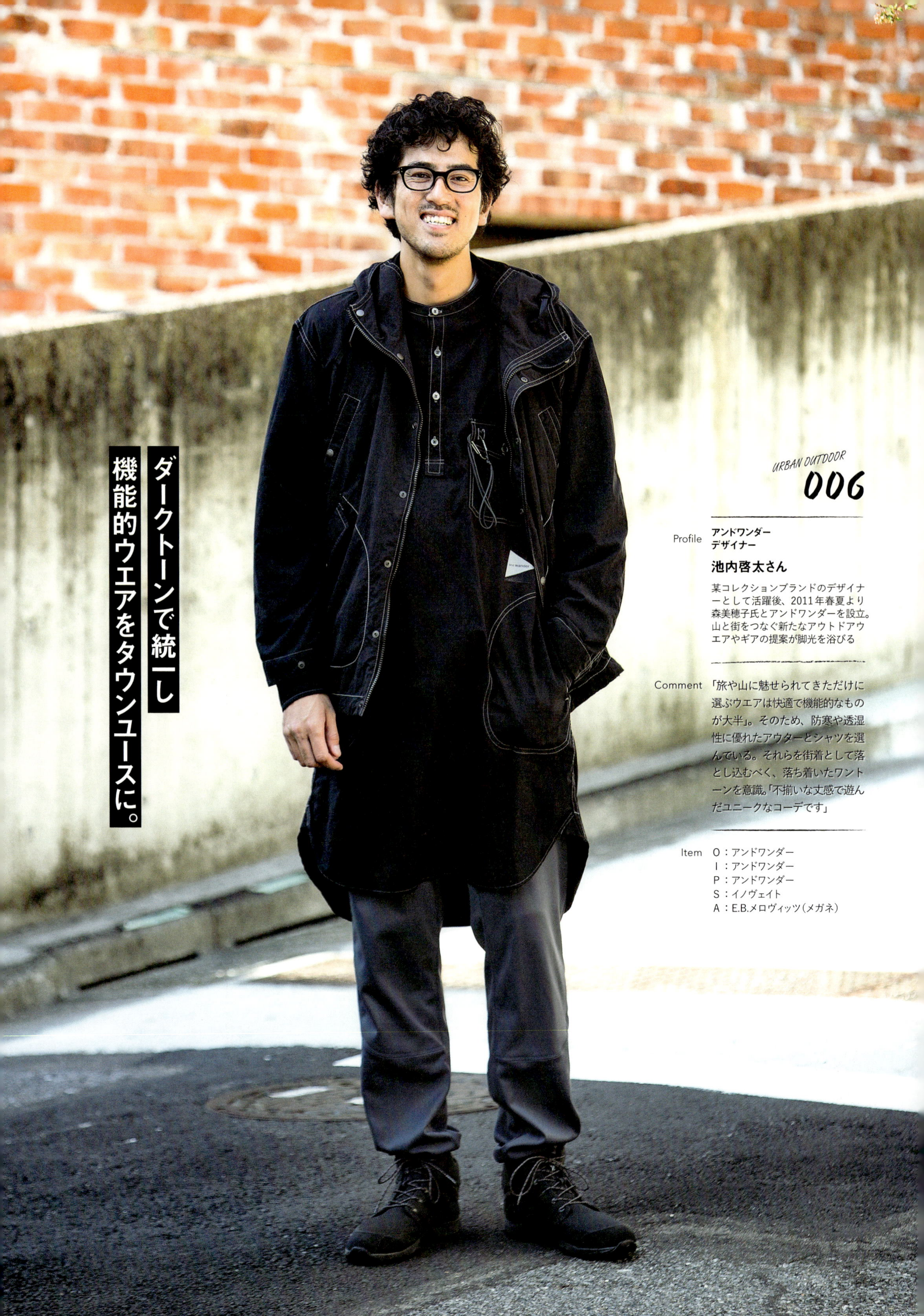

ダークトーンで統一し機能的ウエアをタウンユースに。

URBAN OUTDOOR

006

Profile

アンドワンダー
デザイナー

池内啓太さん

某コレクションブランドのデザイナーとして活躍後、2011年春夏より森美穂子氏とアンドワンダーを設立。山と街をつなぐ新たなアウトドアウエアやギアの提案が脚光を浴びる

Comment

「旅や山に魅せられてきただけに選ぶウエアは快適で機能的なものが大半」。そのため、防寒や透湿性に優れたアウターとシャツを選んでいる。それらを街着として落とし込むべく、落ち着いたワントーンを意識。「不揃いな丈感で遊んだユニークなコーデです」

Item

O：アンドワンダー
I：アンドワンダー
P：アンドワンダー
S：イノヴェイト
A：E.B.メロヴィッツ（メガネ）

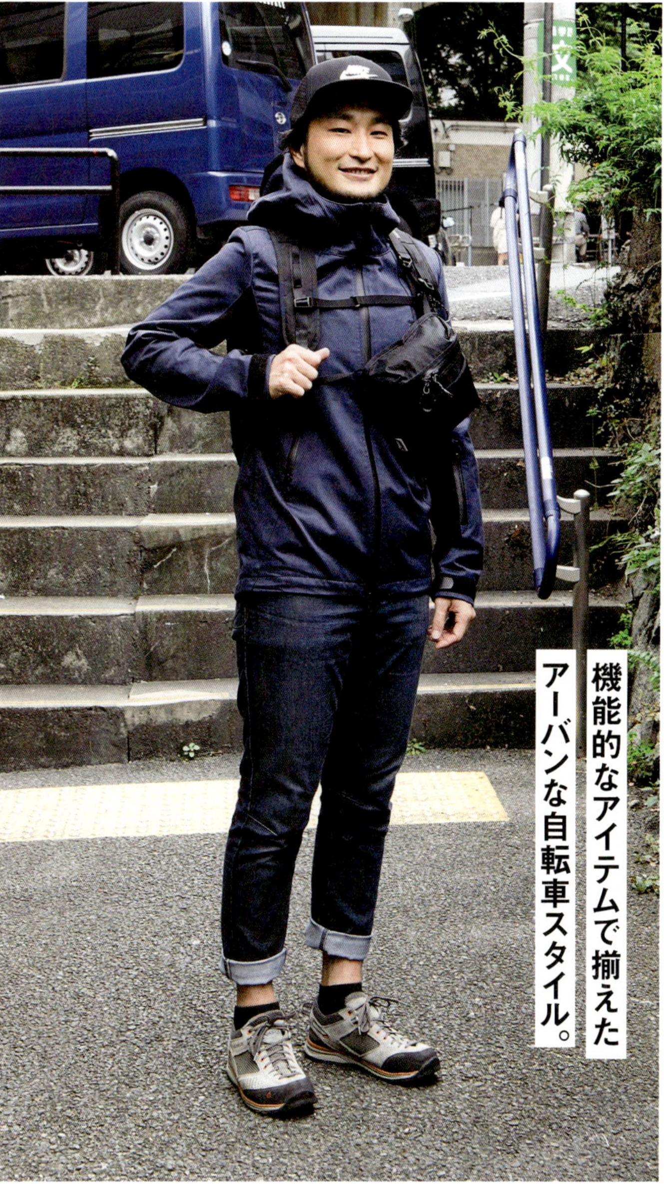

機能的なアイテムで揃えたアーバンな自転車スタイル。

URBAN OUTDOOR
007

Profile
ベルーフ
デザイナー
高杉住克さん

繊細な機能性を追求するバッグブランド、ベルーフのデザイナー。プライベートでは自転車や登山や嗜むアクティブな一面も。「この冬は雪中キャンプに挑戦したいです」

Item
O：リップヴァンウィンクル×ベルーフ
I：スワーブ
P：スワーブ
S：バスク
A：ナイキSB（キャップ）
ベルーフ（バッグ、ミニポーチ）

Comment
アーバンを意識したスタイリッシュな自転車スタイル。「上下共にストレッチ素材なので見た目以上に動きやすくて快適です。デニムはロールアップ部分にリフレクターがあり、夜の走行も安全。バッグは日常でも使える機能性とデザインを追求しました」

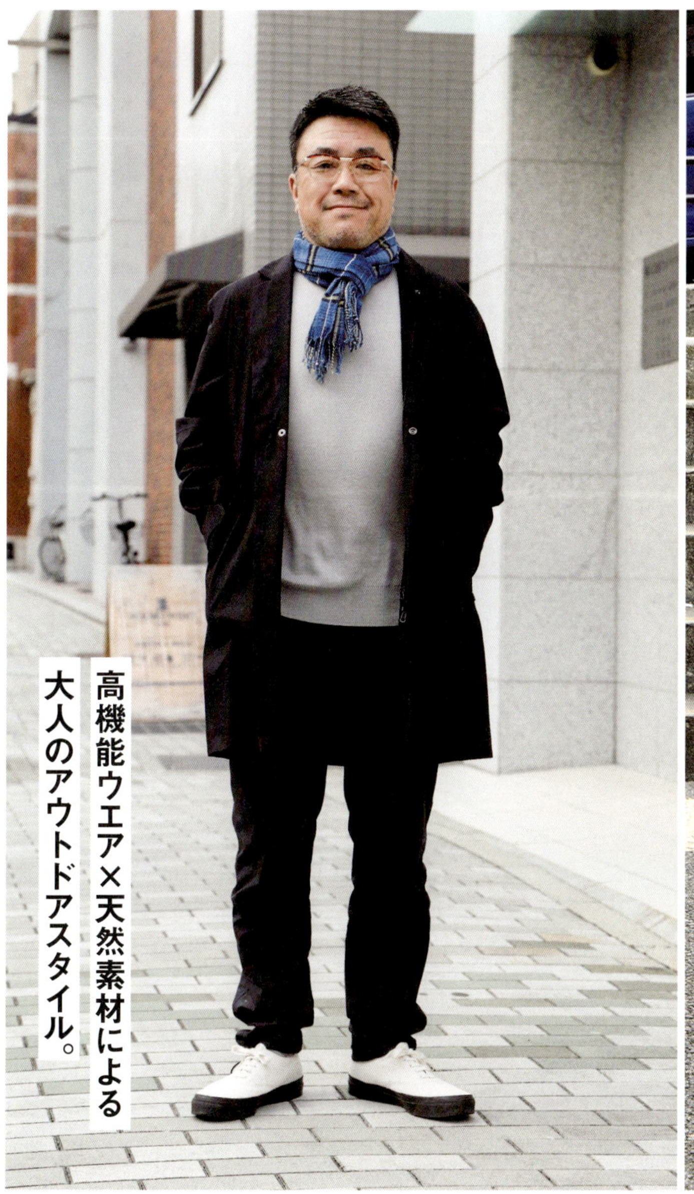

高機能ウエア×天然素材による大人のアウトドアスタイル。

URBAN OUTDOOR
008

Profile
ランチキ
代表
前川拓史さん

神戸を拠点に国籍、ジャンルなどを超越した独自スタイルを貫くセレクトショップ「ランチキ」の代表。丹波布など地場の伝統工芸品を取り入れたスタイリングにも注目

Item
O：N.ハリウッド×マウンテンハードウエア
I：ブラウン バイ ツータックス
P：N.ハリウッド
S：アナトミカ バイ ワクワ
A：ニードルズ（メガネ）
丹波布×ロカリナ（ストール）

Comment
「兵庫県下の産地へ足を運ぶため、現地で急な雨に見舞われても大丈夫なよう防水性に優れたアウターとボトムが基本です」。ハイスペックウエアを軸にシルクやコットン、キャンバスといった天然素材を多く取り入れ、表情豊かなスタイリングに仕上げた

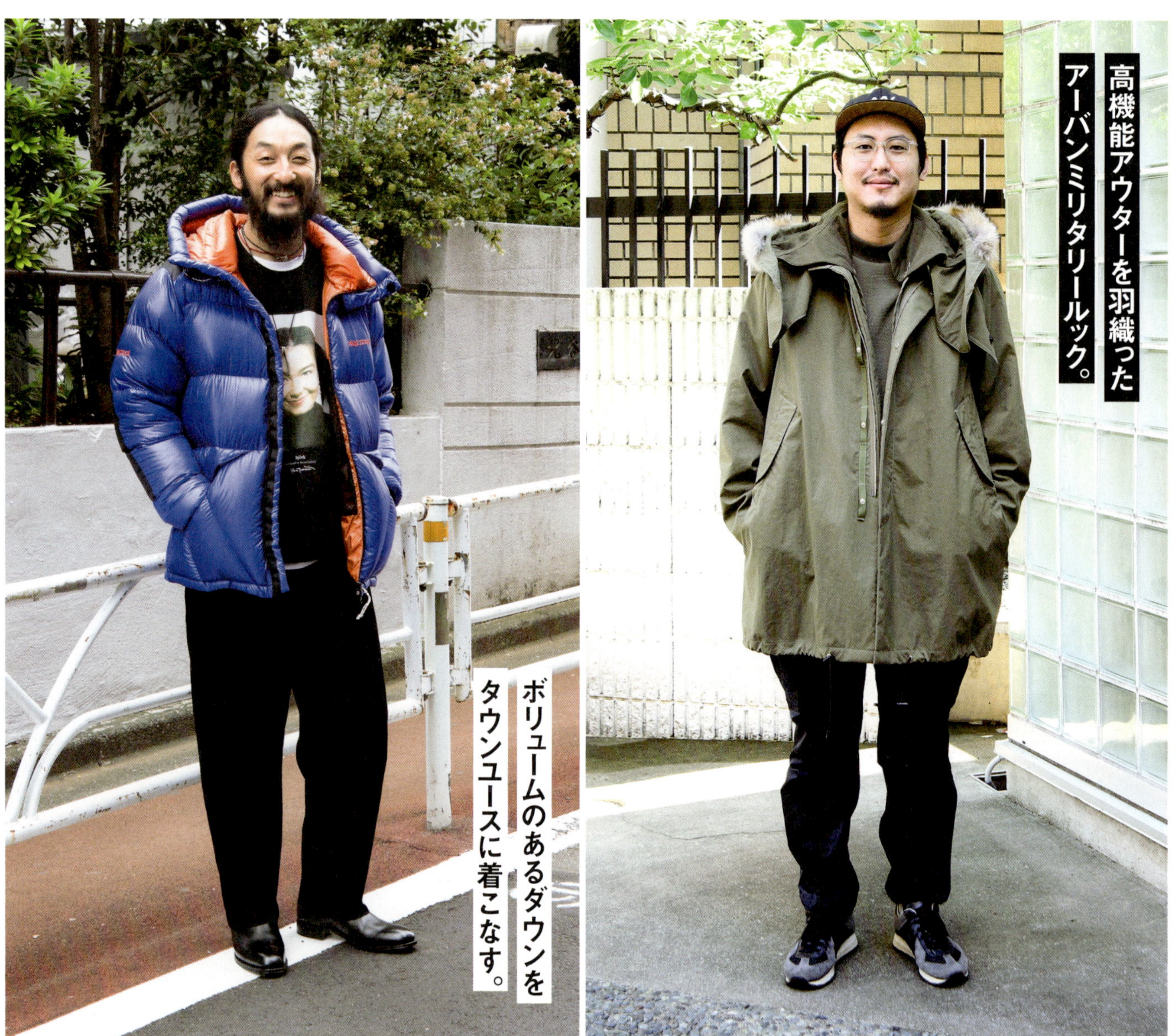

ボリュームのあるダウンをタウンユースに着こなす。

高機能アウターを羽織ったアーバンミリタリールック。

URBAN OUTDOOR
010

Profile
ジャーナル スタンダード プレス
久世直輝さん

ジャーナル スタンダードのプレスとして活躍し、プライベートではミュージシャンとしてライブも行う。「今年はショップが20周年なので様々な企画を行っています」

Item
O：キャプテン サンシャイン×マーモット フォー ジャーナル スタンダード
I：ケビン・カミンズ×ビョーク
P：エリック・ハンター×ジャーナル スタンダード
S：ジョセフ・チーニー×ジャーナル スタンダード
A：ジル・プラットナー（ネックレス）

Comment ボリュームのあるダウンを引き立てるため、それ以外のアイテムはブラックで統一。「アウトドアのアイテムを取り入れながらも、アーバンな雰囲気を出すために足下は英国靴でトラッド要素をプラスしました。全体的にルーズなシルエットもポイントです」

URBAN OUTDOOR
009

Profile
ミーンズワイル デザイナー
藤崎尚大さん

“日常着は衣装ではなく道具”というコンセプトで、斬新な機能美アイテムをリリースするミーンズワイルのデザイナー。出張ではホテルに泊まらずキャンプインが基本

Item
O：ミーンズワイル
I：ミーンズワイル
P：ミーンズワイル
S：マルタン マルジェラ
A：ミーンズワイル（キャップ）トロフィークロージング（メガネ）

Comment 独自のアタリ感が楽しめるモッズパーカとカーゴパンツを組み合わせたアーバンミリタリールック。「上下共に機能素材のアイテムで揃え、ミリタリーのタフな質感は控えめにしました。このモッズパーカはフードが取り外しできるので秋から翌春まで活躍します」

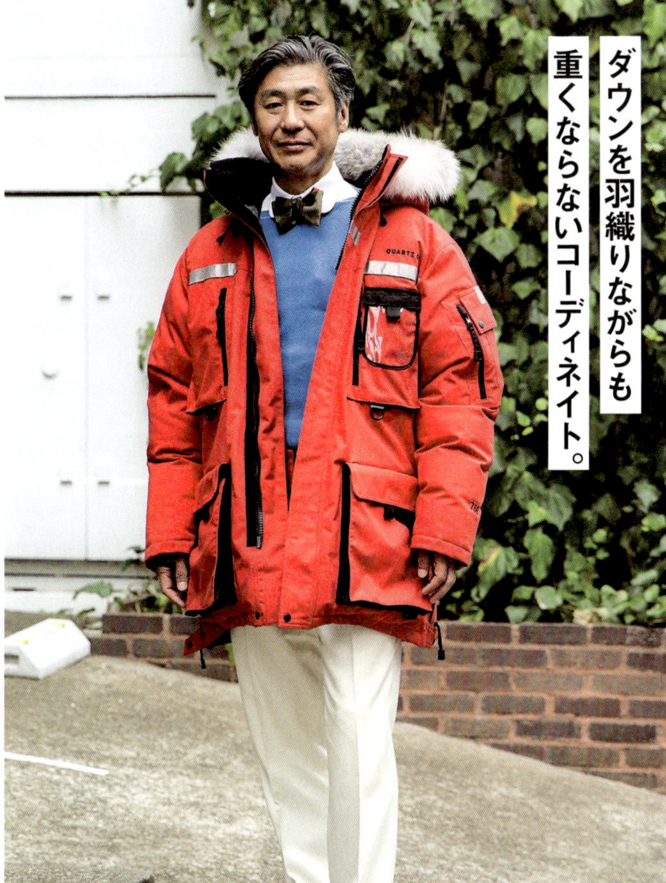

ダウンを羽織りながらも重くならないコーディネイト。

URBAN OUTDOOR
011

←

Profile

ベイクルーズ
上級取締役

和田健さん

40年近くベイクルーズに携わり、現在は取締役として活躍。猫を4匹飼う動物好きの一面も。「いまは新しいウェブストア、ボイスのセレクトに注力しています」

Item

O：クォーツ
I：フィールズ ダルボー(カットソー)
ギッドマン ブラザーズ(シャツ)
P：ポロ ラルフローレン
S：アディダス
A：シナブル(ボウタイ)

Comment

重くなりがちなダウンコートを羽織りながらも、ライトカラーでまとめ、軽やかなイメージに。「アウトドアブランドのアウターに、ボートネックのカットソーやシルク素材のパンツを合わせアーバンなトラッド感を出しました。ボウタイもアクセントです」

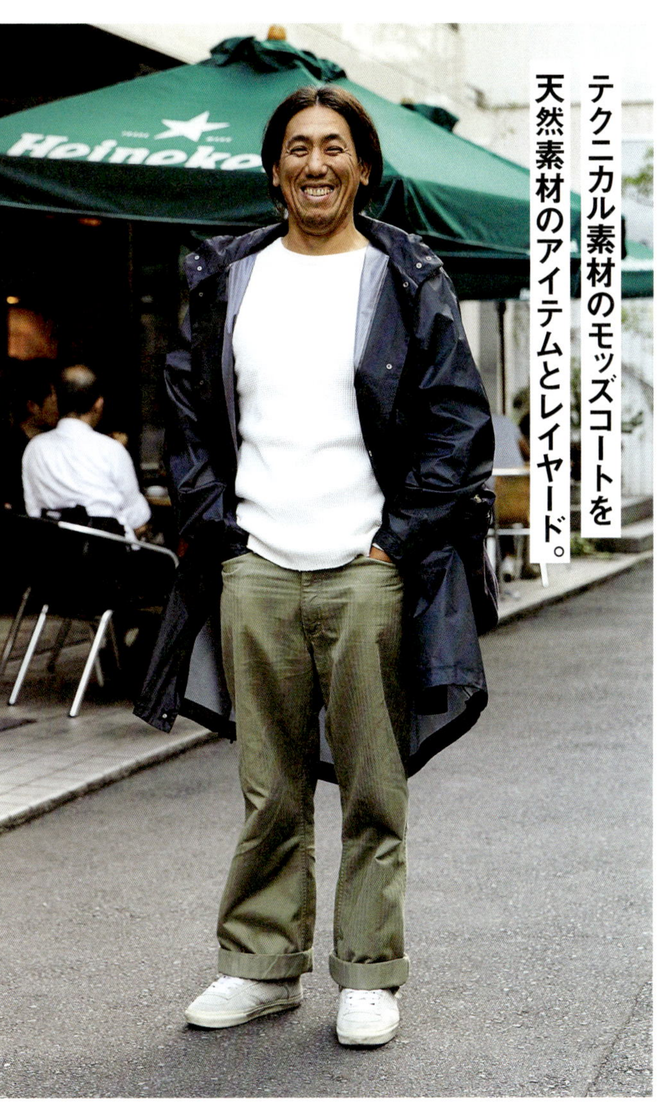

テクニカル素材のモッズコートを天然素材のアイテムとレイヤード。

URBAN OUTDOOR
012

→

Profile

ザ・ノース・フェイス
プレス

宮崎浩さん

ザ・ノース・フェイスのベテランプレス。ベーシックなアイテムをミックスしたアウトドアコーデに定評あり。この冬も登山とバックカントリースノーボードを満喫予定

Item

O：ザ・ノース・フェイス
I：Used
P：テンダーロイン
S：バンズ
A：フィルソン

Comment

撥水性の高い薄手のナイロンで作られたモッズパーカがコーデの主役。「アウターがテクニカル素材なので、他のアイテムは天然素材で着心地にこだわりました。このコートはパッカブル仕様なのでコンパクトに収納できるのも魅力。バッグに常備できます」

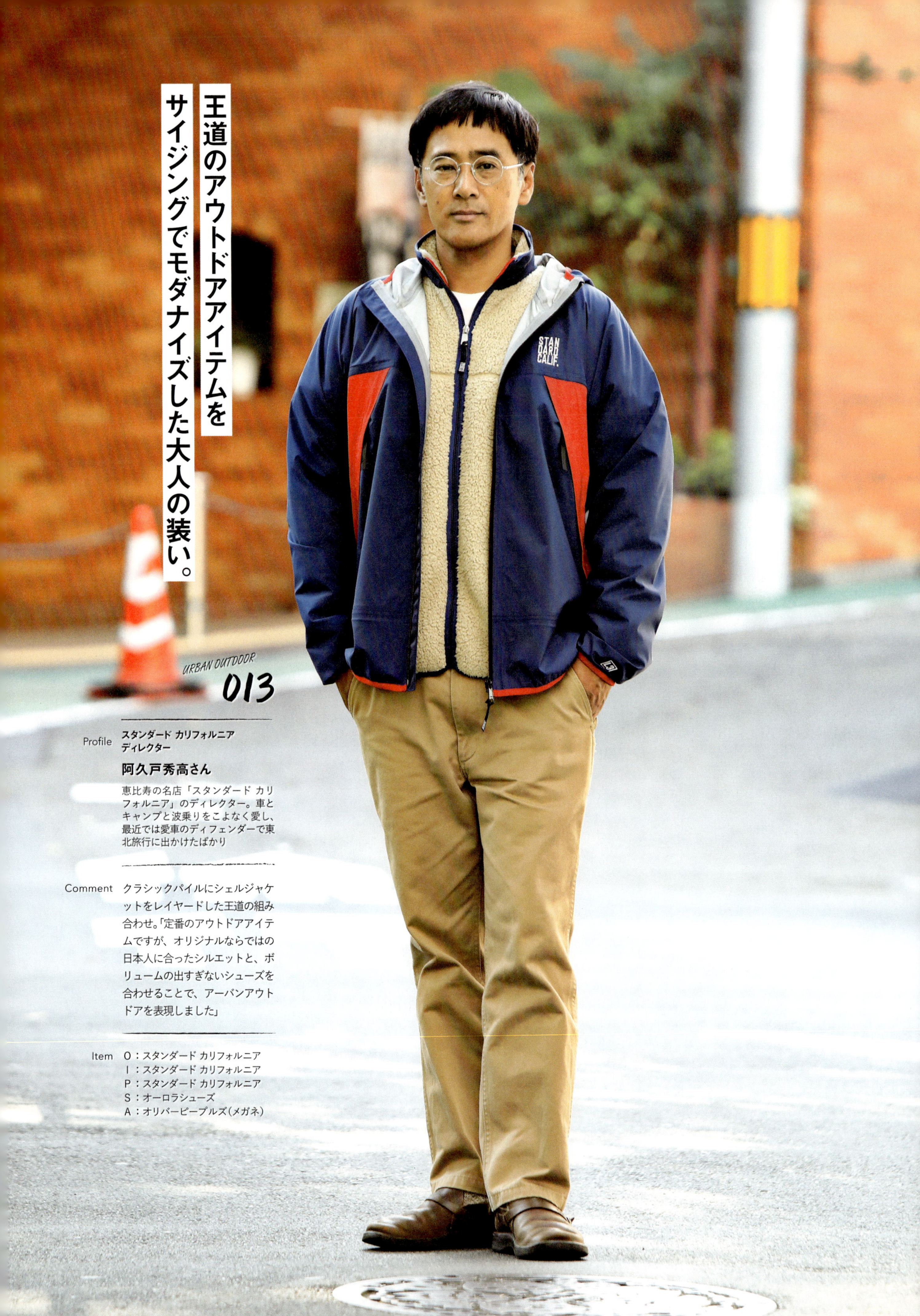

王道のアウトドアアイテムを
サイジングでモダナイズした大人の装い。

URBAN OUTDOOR
013

Profile
スタンダード カリフォルニア ディレクター
阿久戸秀高さん
恵比寿の名店「スタンダード カリフォルニア」のディレクター。車とキャンプと波乗りをこよなく愛し、最近では愛車のディフェンダーで東北旅行に出かけたばかり

Comment
クラシックパイルにシェルジャケットをレイヤードした王道の組み合わせ。「定番のアウトドアアイテムですが、オリジナルならではの日本人に合ったシルエットと、ボリュームの出すぎないシューズを合わせることで、アーバンアウトドアを表現しました」

Item
O：スタンダード カリフォルニア
I：スタンダード カリフォルニア
P：スタンダード カリフォルニア
S：オーロラシューズ
A：オリバーピープルズ（メガネ）

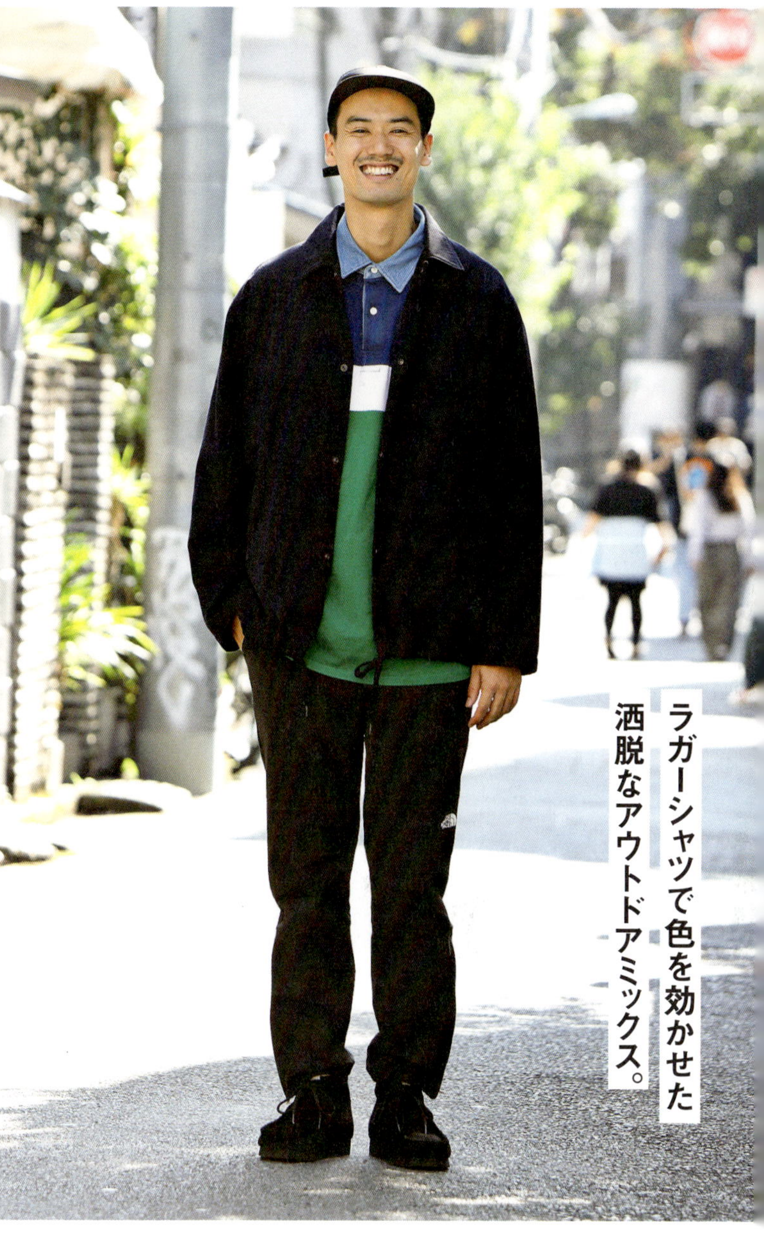

ラガーシャツで色を効かせた洒脱なアウトドアミックス。

URBAN OUTDOOR
014

Profile
ビームス
プレス
松下圭さん
2008年ビームス入社。さまざまな店舗で販売の経験を経て、メンズカジュアルのPRに就任。プレスとして、多忙な日々を送るなか、この10月に待望の第一子が誕生！

Item
O：コモリ×ビームス
I：ビームス
P：ザ・ノース・フェイス×ビームス
S：クラークス オリジナルズ
A：ザ・ノース・フェイス×ビームス(帽子)

Comment
コーチジャケットを主軸に全体をモノトーンベースでまとめながらも、インナーに挿したラガーシャツでアクセントを。「トップスでストリート感を出しつつ、ビームスが別注したザ・ノース・フェイスのパンツ＆キャップでアウトドアテイストもミックスしました」

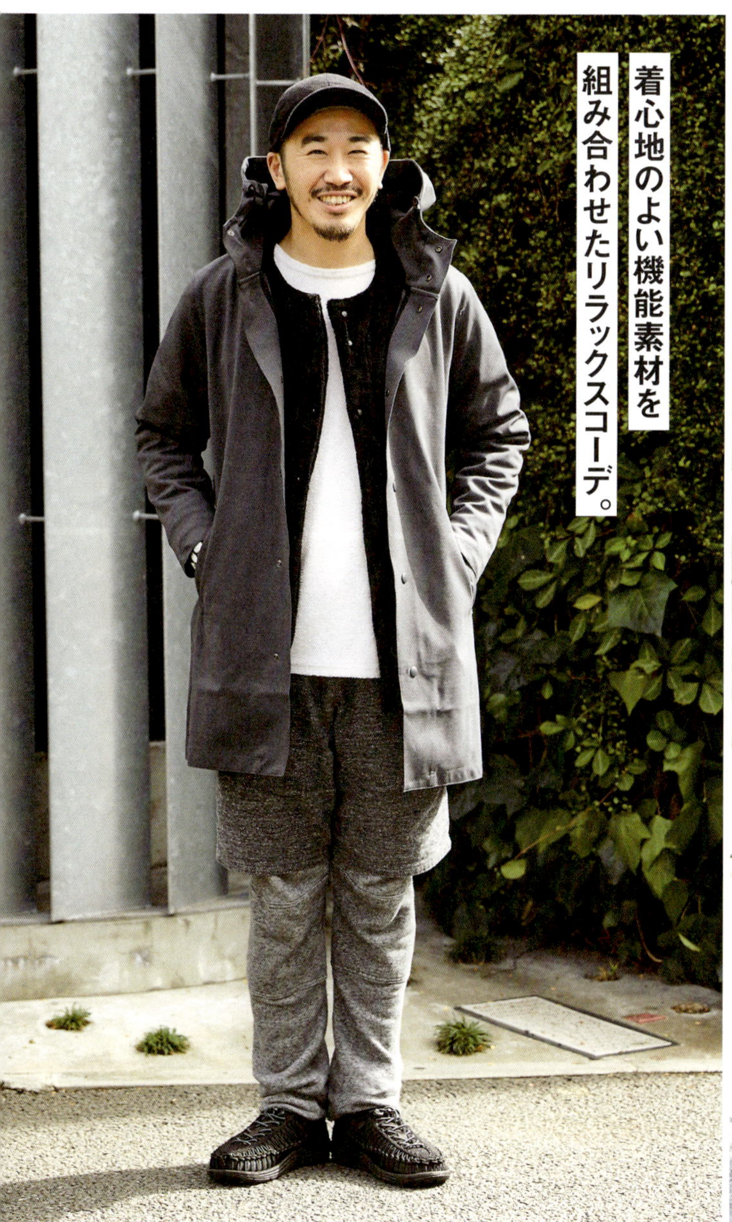

着心地のよい機能素材を組み合わせたリラックスコーデ。

URBAN OUTDOOR
015

Profile
エアロポステール
ディレクター
菜花淳仁さん
プレスから企画やデザイン、ディレクションまで担当する、エアロポステールのフロントマン。この秋冬はショップ内でエアロプレスのコーヒーイベントを開催予定

Item
O：ジャックマン
I：ヴォー(フリース)
　ヴォー(カットソー)
P：ヴォー
S：キーン
A：アナクロノーム×デコ(キャップ)

Comment
パイルやスウェットなどのリラックス素材を取り入れた着こなし。「全体的にソフトでラフな着心地を意識しながら、あえてすべて異素材のアイテムを組み合わせました。ドライブからキャンプまで幅広く対応してくれるストレスフリーなスタイルですね」

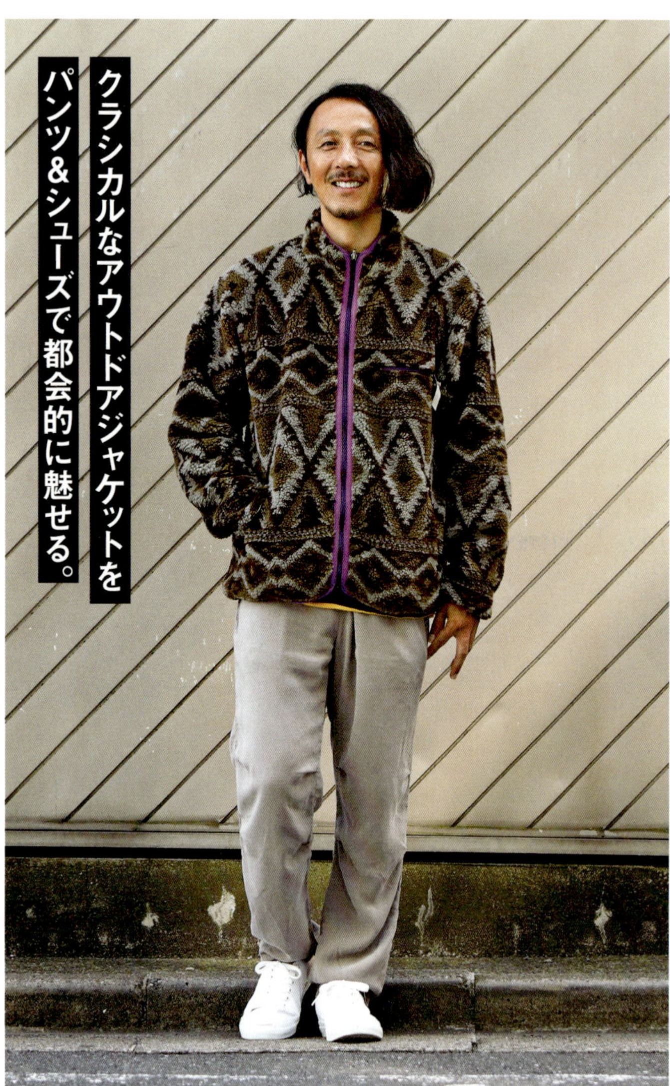

クラシカルなアウトドアジャケットをパンツ&シューズで都会的に魅せる。

URBAN OUTDOOR
016

←

Profile

キャル オー ライン
デザイナー

金子敏治さん

これまでの経験やライフスタイル、精通するヴィンテージの要素を反映させたブランド、キャル オー ラインのデザイナー。業界きってのサーファーとしても知られる

Item

O：キャル オー ライン×ピルグリム サーフ+サプライ
I：Used
P：キャル オー ライン
S：コンバース

Comment

1930年頃のトレードブランケットの柄をモチーフにしたアウターがクラシカルアウトドアを彷彿。「アウトドア色の強いパイルジャケットを、ドレープ感のある淡いグレーのパンツとホワイトのシューズでトーンを柔らかくし、都会的な要素をプラスしました」

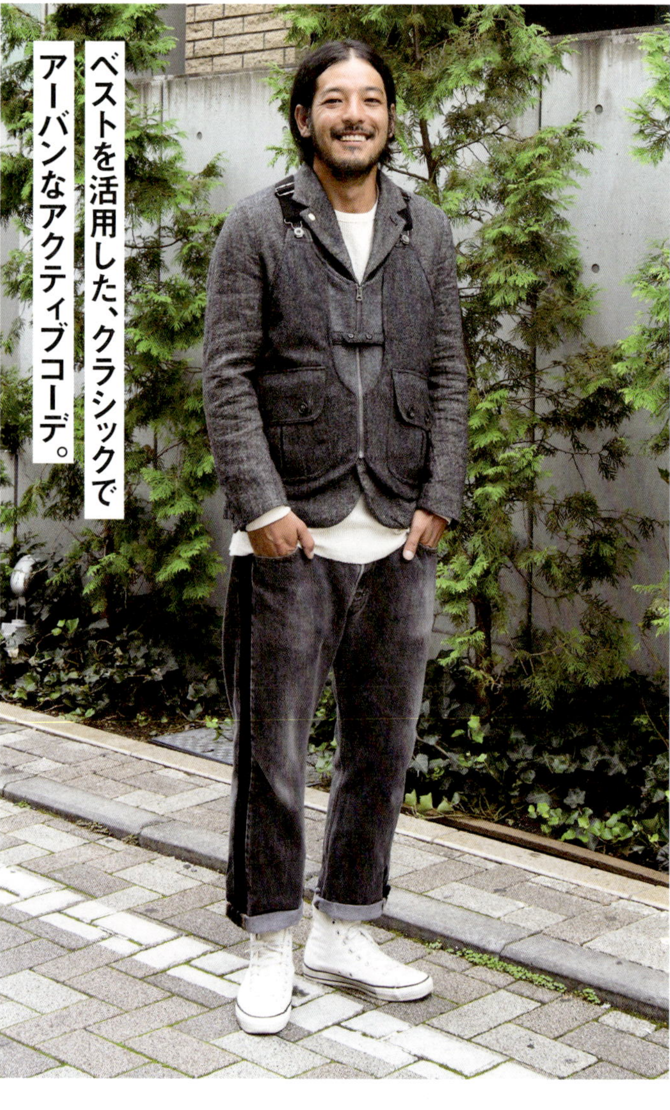

ベストを活用した、クラシックでアーバンなアクティブコーデ。

URBAN OUTDOOR
017

→

Profile

スノーピーク
プレス

山田昭一さん

アウトドアブランド、スノーピークのアパレルラインをメインに扱うプレス。休日はキャンプとクライミングを楽しむ。「この秋はフライフィッシングに挑戦します」

Item

O：スノーピーク（ベスト）
I：スノーピーク（ジャケット）
　スノーピーク（サーマル）
P：ボナム
S：アナコダンスポーツ×コンバース

Comment

ほぼ全身スノーピークで揃えたクラシックかつアーバンなアクティブスタイル。「バッグを持ちたくないのでポケットが多いベストを羽織りました。天然素材のアイテムばかりなので焚き火も楽しめます。この秋冬はこんな着こなしでキャンプもしたいですね」

SNAP

13 Styling

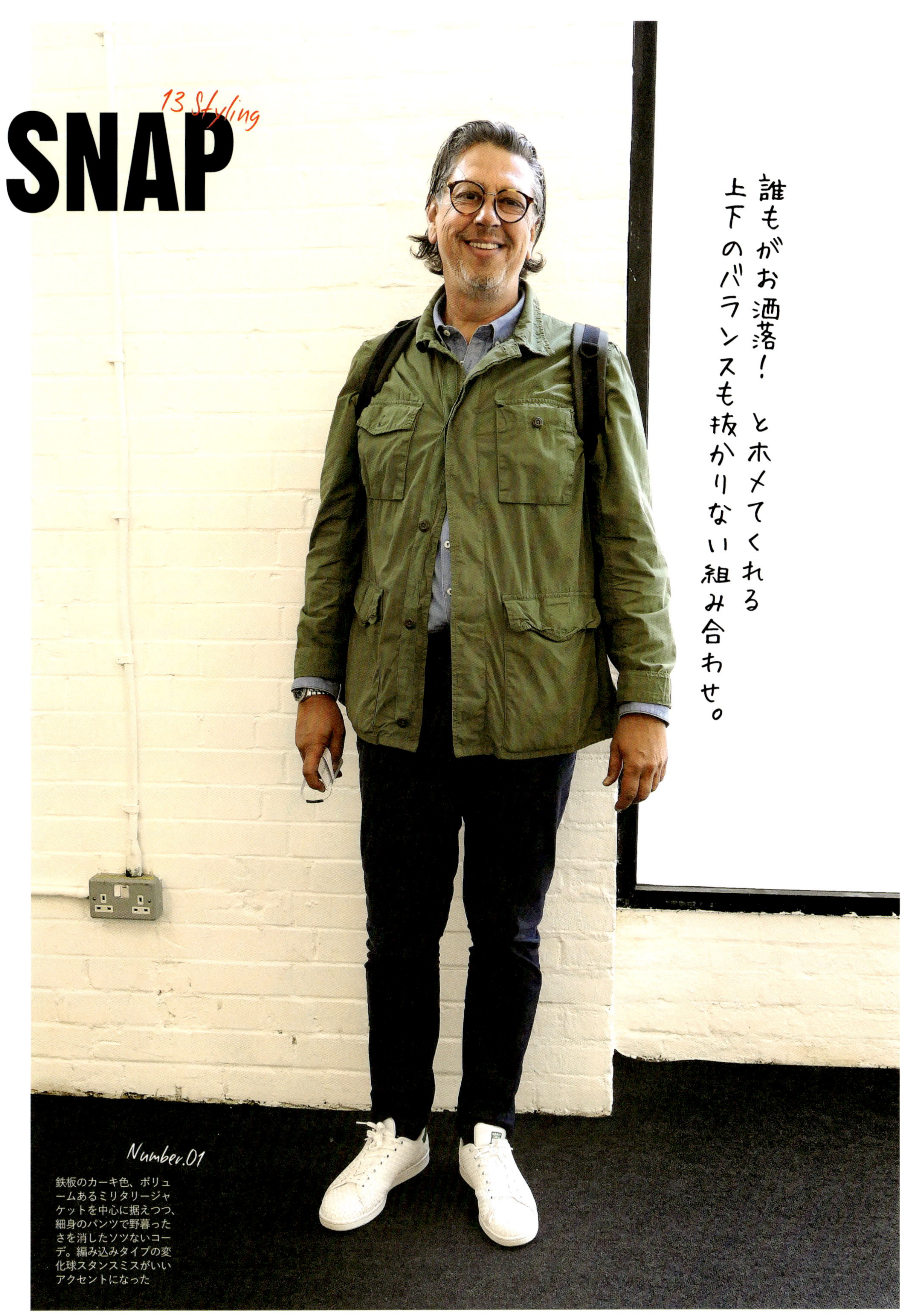

誰もがお洒落！ とホメてくれる
上下のバランスも抜かりない組み合わせ。

Number.01

鉄板のカーキ色、ボリュームあるミリタリージャケットを中心に据えつつ、細身のパンツで野暮ったさを消したソツないコーデ。編み込みタイプの変化球スタンスミスがいいアクセントになった

2nd SNAP / from U.K

LONDON

お洒落カジュアルのお手本、そのイマ旬といえば、トラッド風味が大好物なロンドンの洒落者達。かの地の展示会「ジャケットリクワイアード」でスナップシュートを敢行しました!

Photo/S.Takahashi　サン・タカハシ
Text/J.takahashi　ジャック・タカハシ

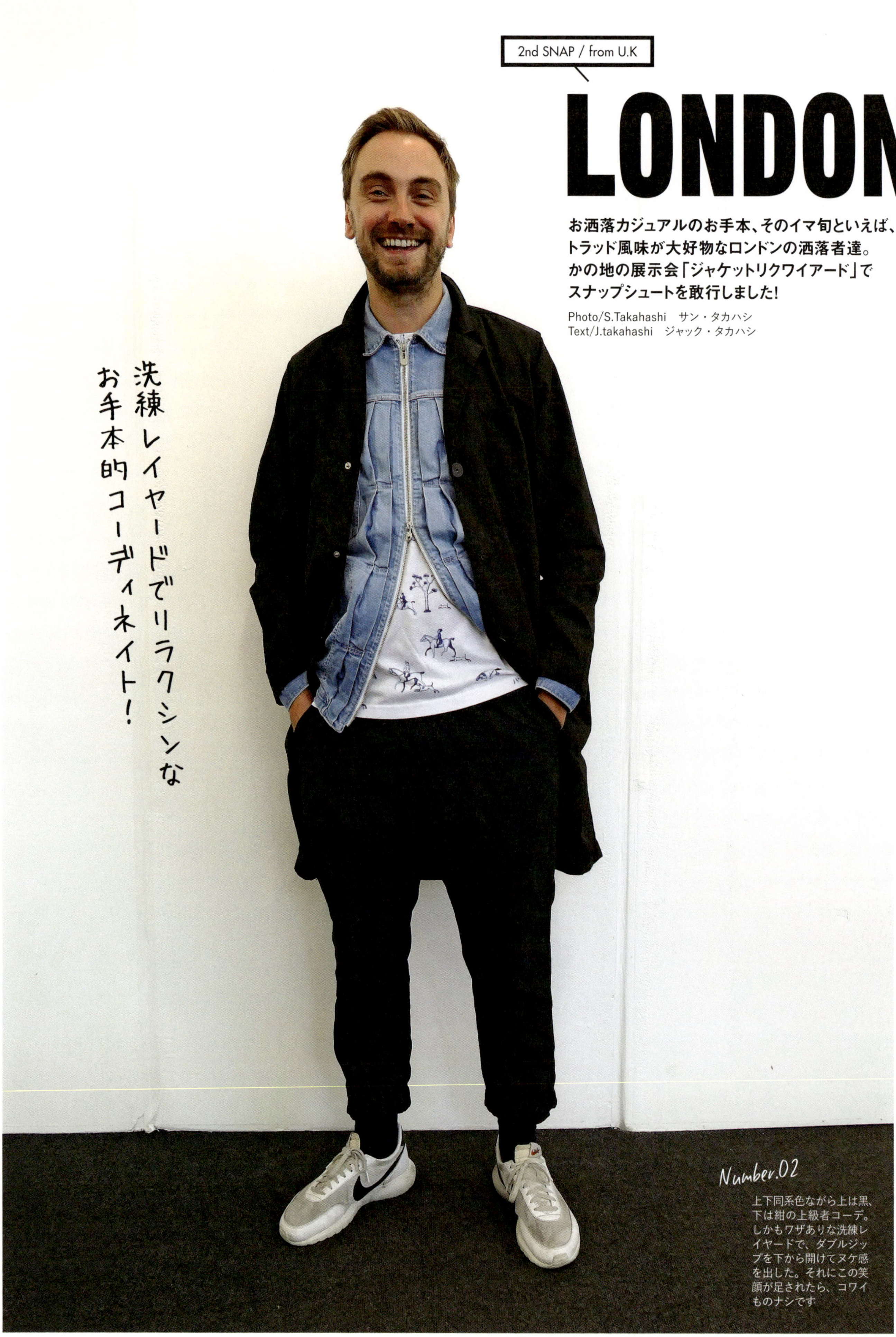

洗練レイヤードでリラクシンなお手本的コーディネイト!

Number.02

上下同系色ながら上は黒、下は紺の上級者コーデ。しかもワザありな洗練レイヤードで、ダブルジップを下から開けてヌケ感を出した。それにこの笑顔が足されたら、コワイものナシです

Number.04

フラットブリムのベースボールキャップにコットン製の上下の組み合わせは、20代がやると、いかにもだけれど、ヒゲが似合う少々オトナな彼ならば、そのイナタさが味になってくれる

少年のようなスタイルなれど
ジャケットと着る人でスタイリッシュに。

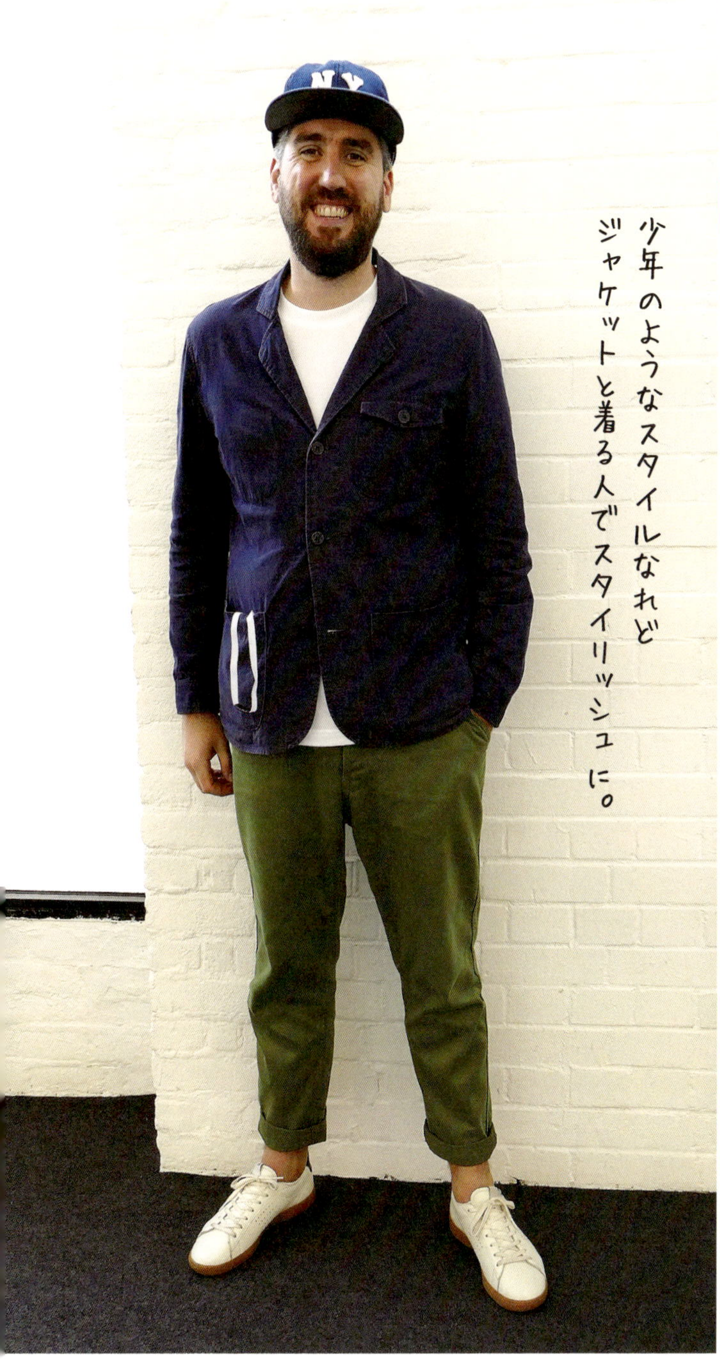

バッジ一つでシンプルなコートも
お洒落に見える不思議。

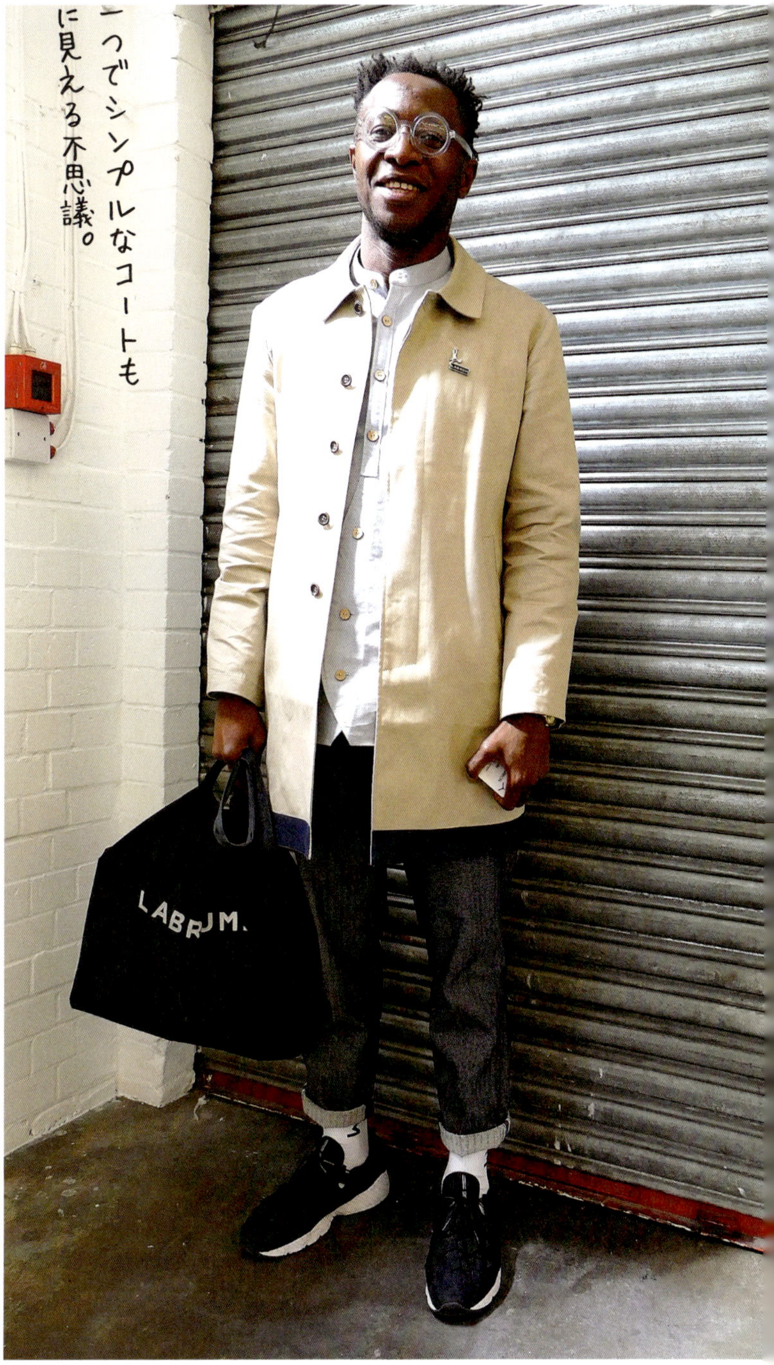

ステンカラーコートをサラッと羽織って野暮ったくみえないのは、胸のバッジとパンツの丈感、そしてとホワイトソックスのおかげ。さらにマオカラーシャツと、考えられたコーディネイト

Number.03

自らのフォルムを知り尽くした
最適のサイズ感と配色選び。

Number.06

今季はオーバーサイズのコートが注目を浴びそう。いち早く取り入れた先輩は、ロールアップしたデニムとナイキのエアマックスでオトナのカジュアルを体現してくれた

オーバーサイズのコートはこう着るのだ、と
先輩はしたり顔で教えてくれる。

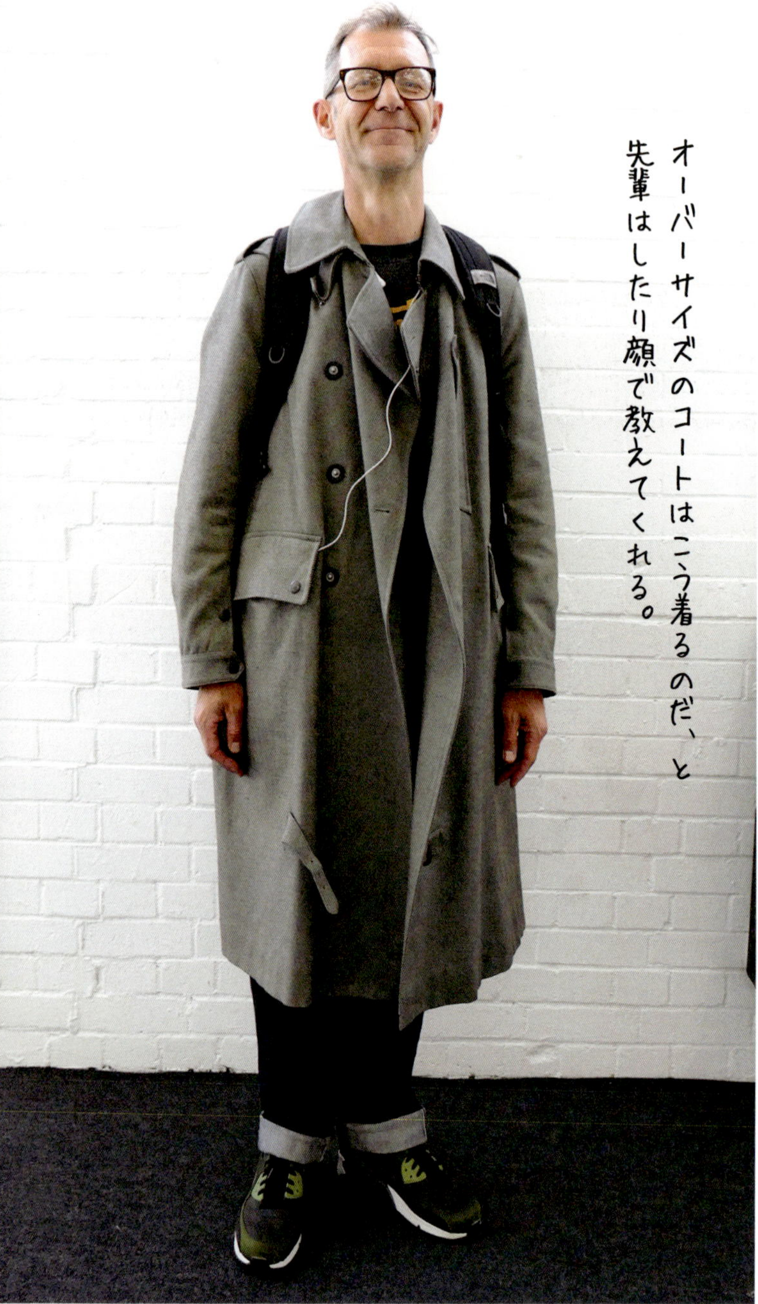

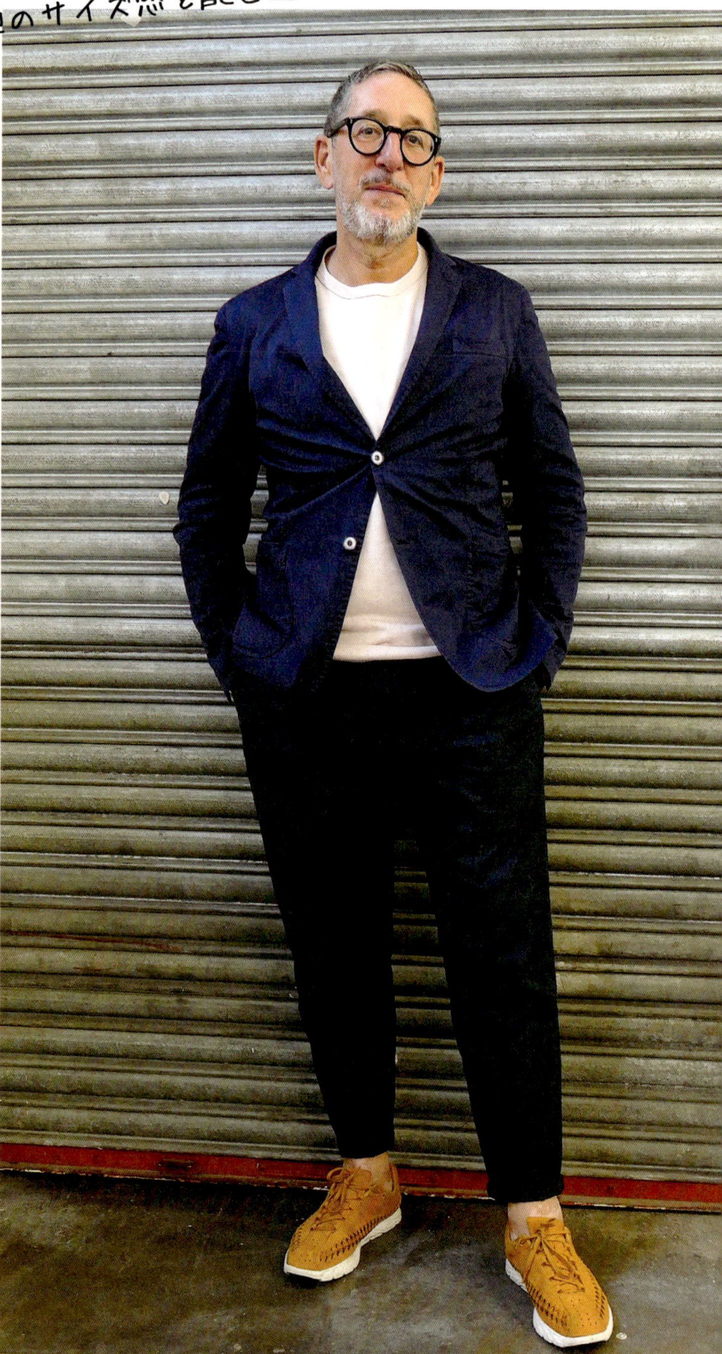

体格からしてチャーミング！　それをご自身がよくわかって服を選んでいる。シックにカラートーンを合わせて洗練された装い。ブラウンのスニーカーでトドメをさした

Number.05

Number.08

トップス、ボトムスとも
NIKE Labで手に入れた
モノトーンコーデ。さら
にスニーカーもフライニ
ットと色味を合わせたが、
キャップのオレンジが、
ワンポイントとして小気
味よく効いている

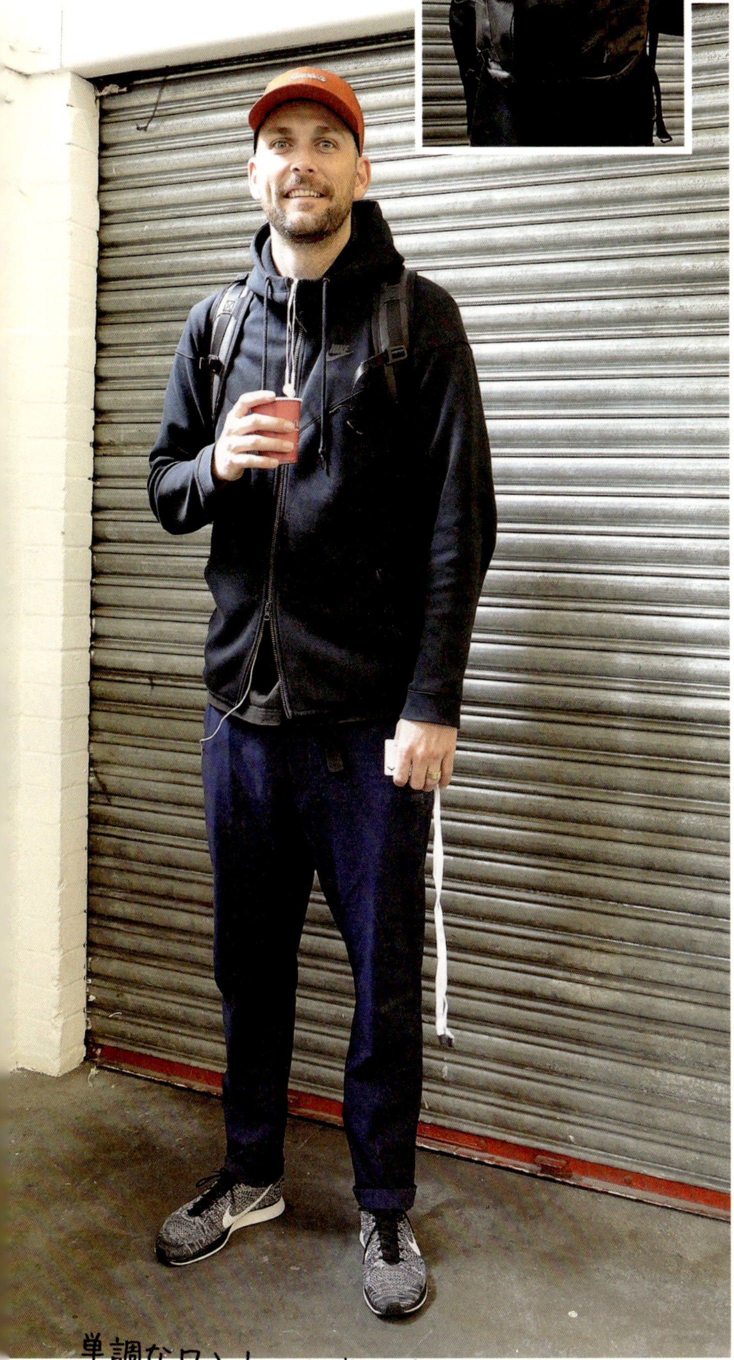

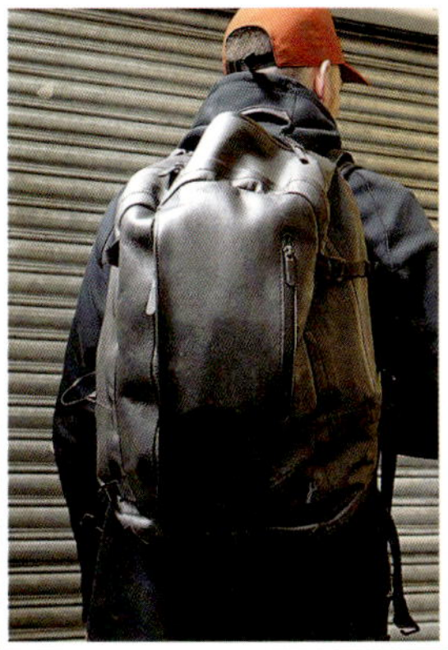

単調なワントーンを派手色のワンポイントで
お洒落に着こなしてしまう業師。

Number.07

パテンウェアのアノラッ
クにポーターのバッグを
サコッシュ風に。何より
カーキのバックパックの
ショルダー部分がカラー
アクセントになっている。
さりげなくスニーカーの
色も合わせていた

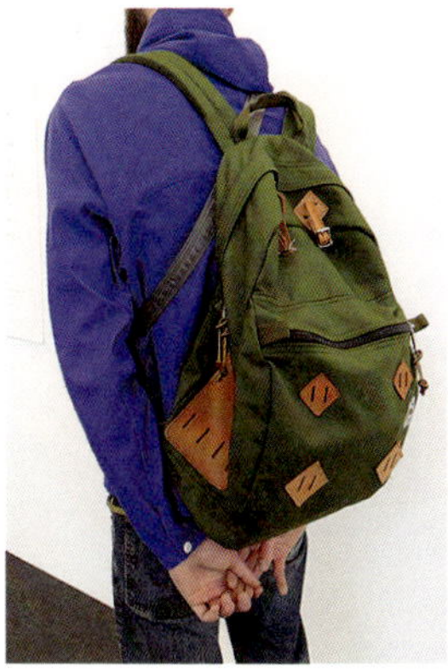

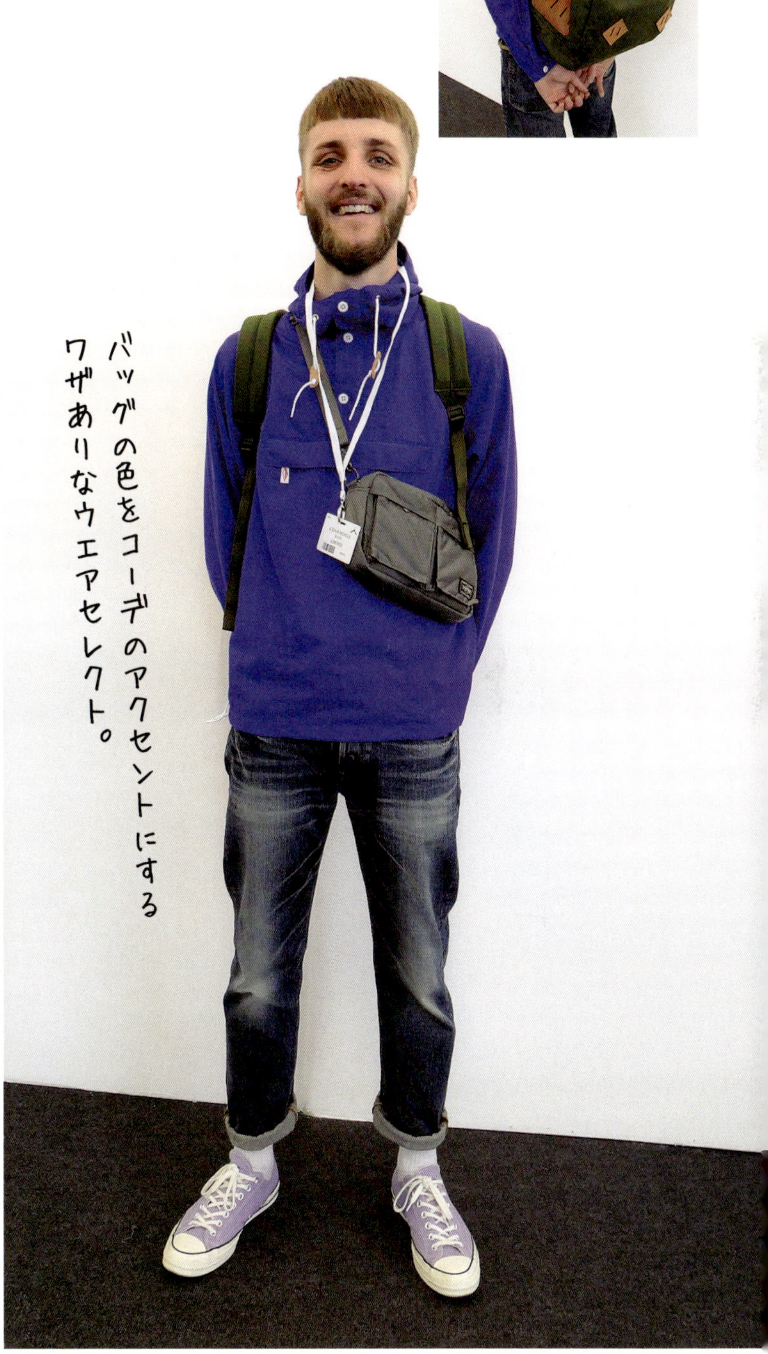

バッグの色をコーデのアクセントにする
ワザありなウエアセレクト。

Number.10

トーン抑えめなオトナな仕様。ただし七分まで上げた袖、ロールアップされたパンツ、メガネはブロウタイプ、レザーベルトの腕時計、そしてハデ目なポーターの迷彩バッグと随所に気を遣った

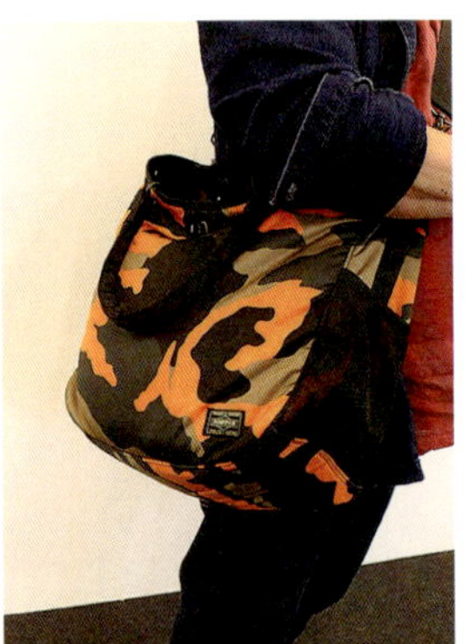
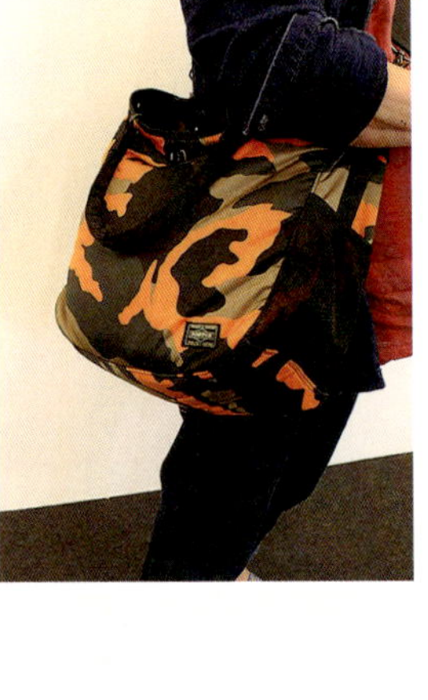

オトナのカジュアルスタイルをしっかりわかった巧者仕様。

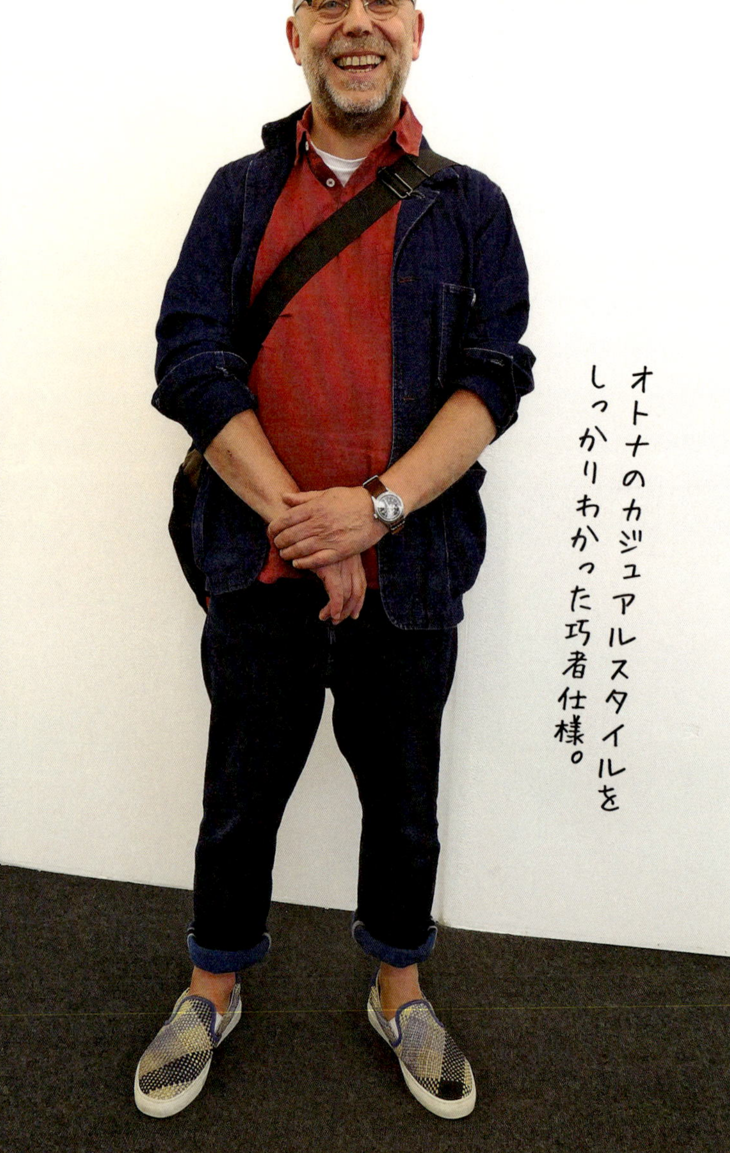

Number.09

ネオンカラーの反射コードがアクセントのファイヤーマンジャケットを、タイトめのシャツ&パンツでバランスを取った。これまたバックパックがアクセントになっている一本アリな組み合わせ

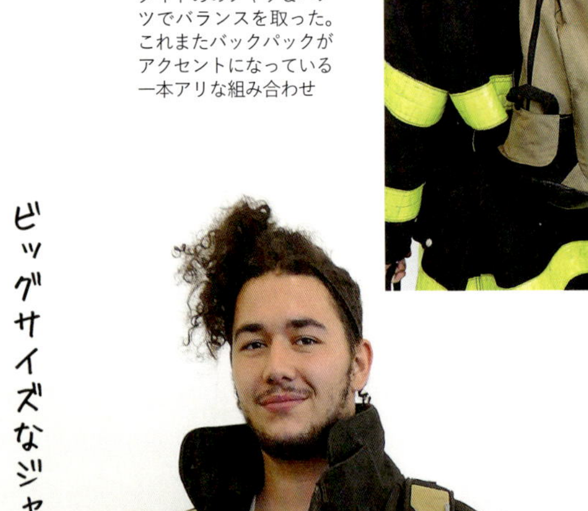

ビッグサイズなジャケットを野暮ったく着ないスタイリング。

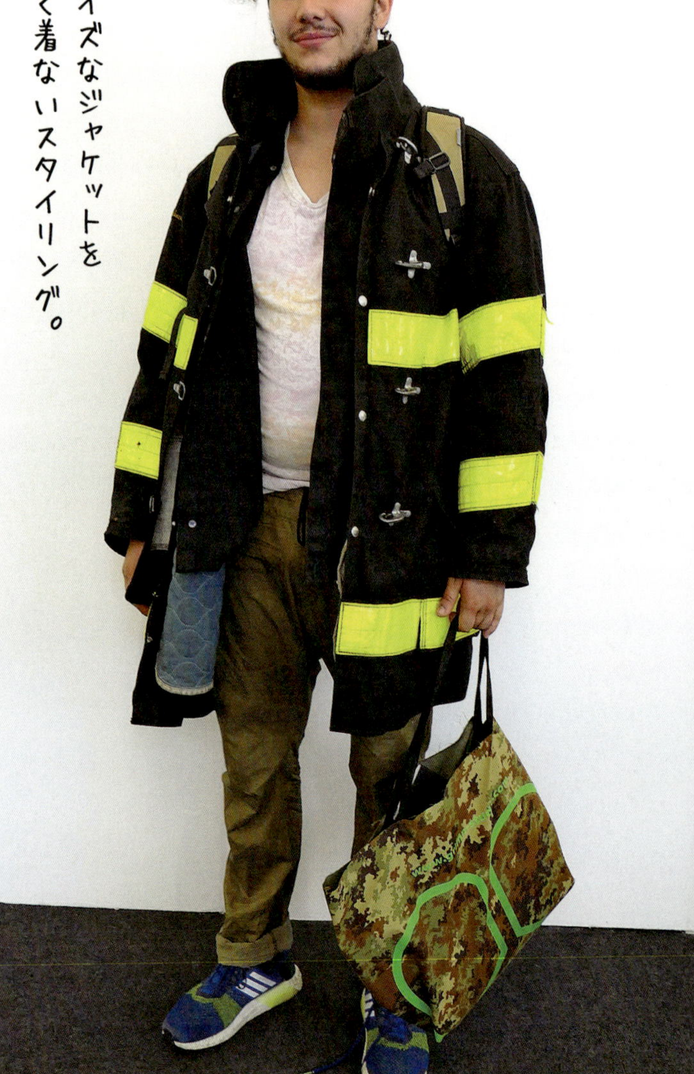

Number.12

何よりカーキのコートー点推しのコーデだが、それに合わせるパンツのサイズ感が絶妙！　しかもハイテクスニーカーを履いて、ミリタリー感ゴリゴリなイメージを見事に払しょくしている

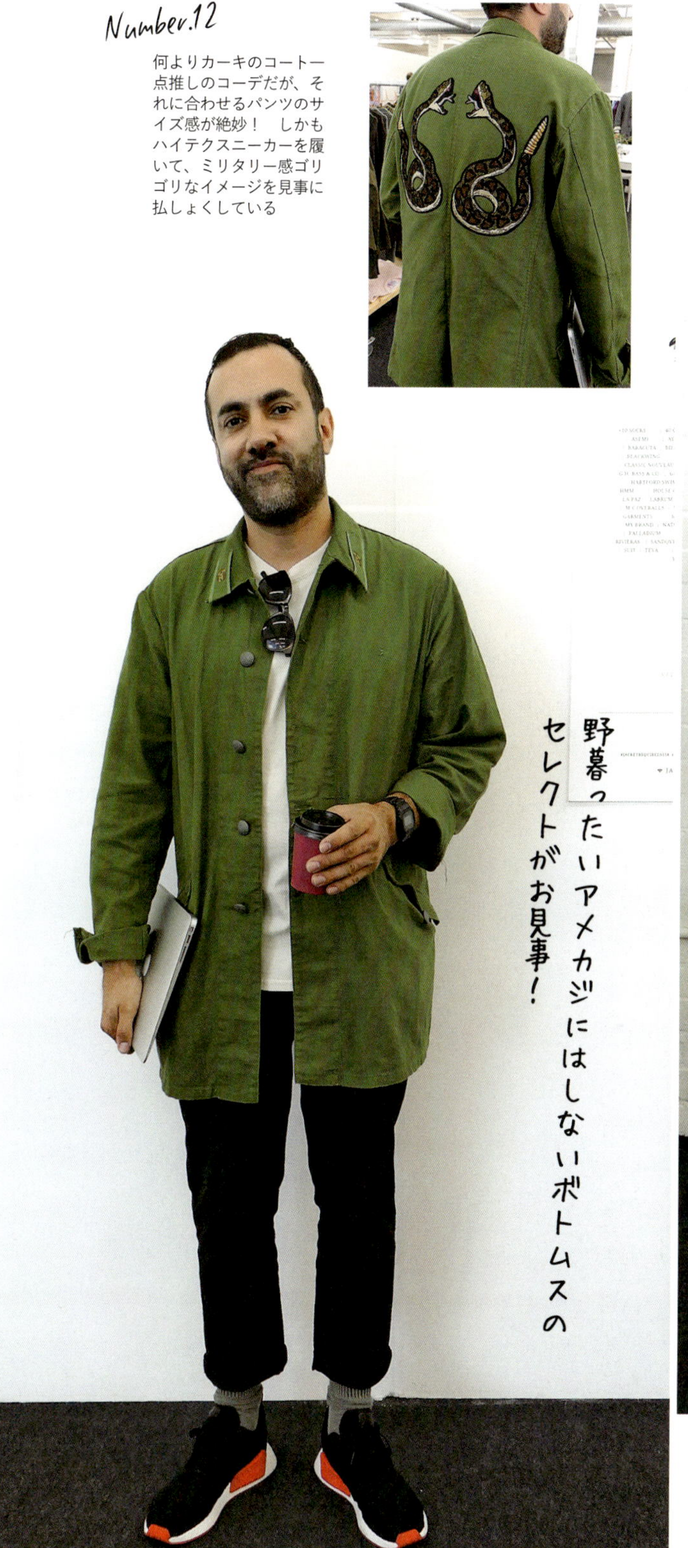

野暮ったいアメカジにはしないボトムスのセレクトがお見事！

考え抜かれているかこそ、シンプルに見えるシャレオツな出で立ち。

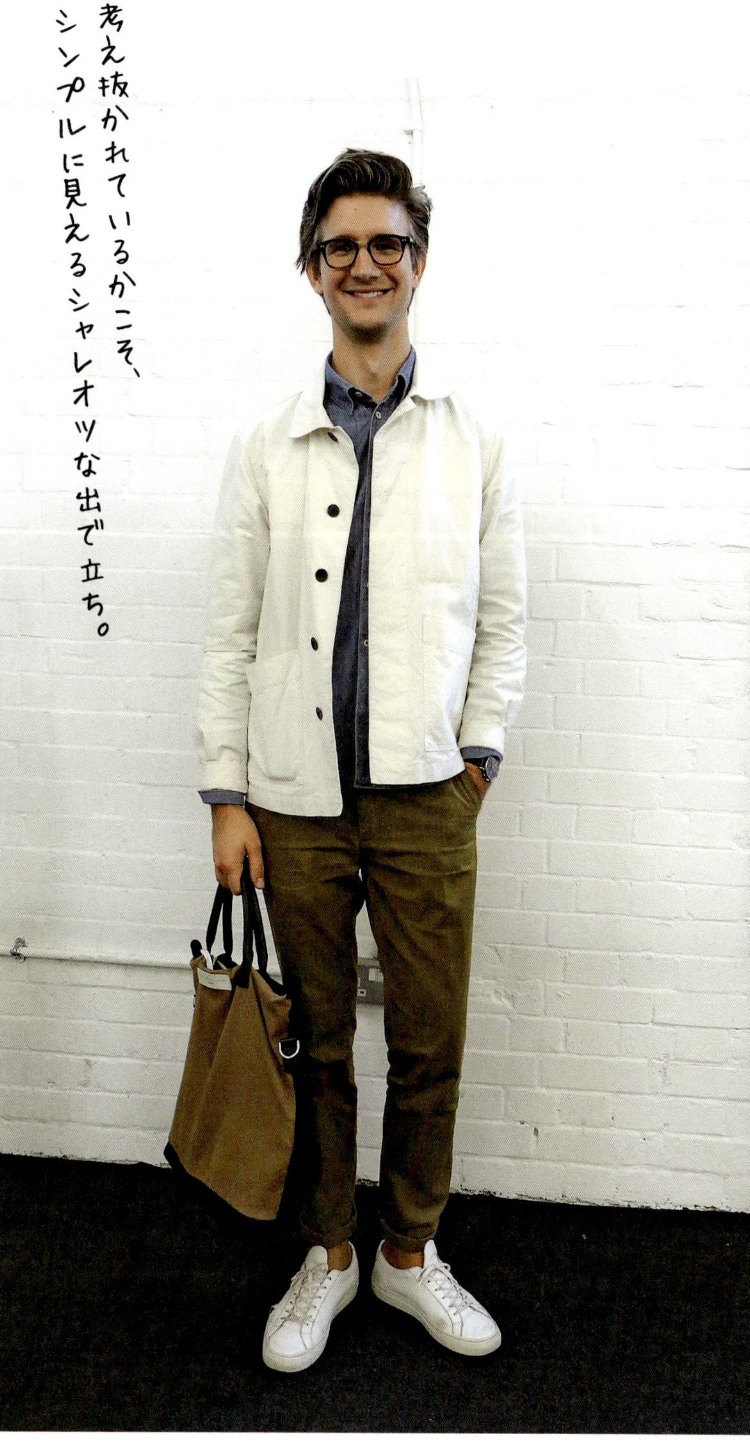

さり気なく見えて、パンツのサイズ感やジャケット、シャツ、パンツの色の組み合わせに腐心した上級者。トートの色も表裏で違って、その日のコーデによって使い分けているのかも!?

Number.11

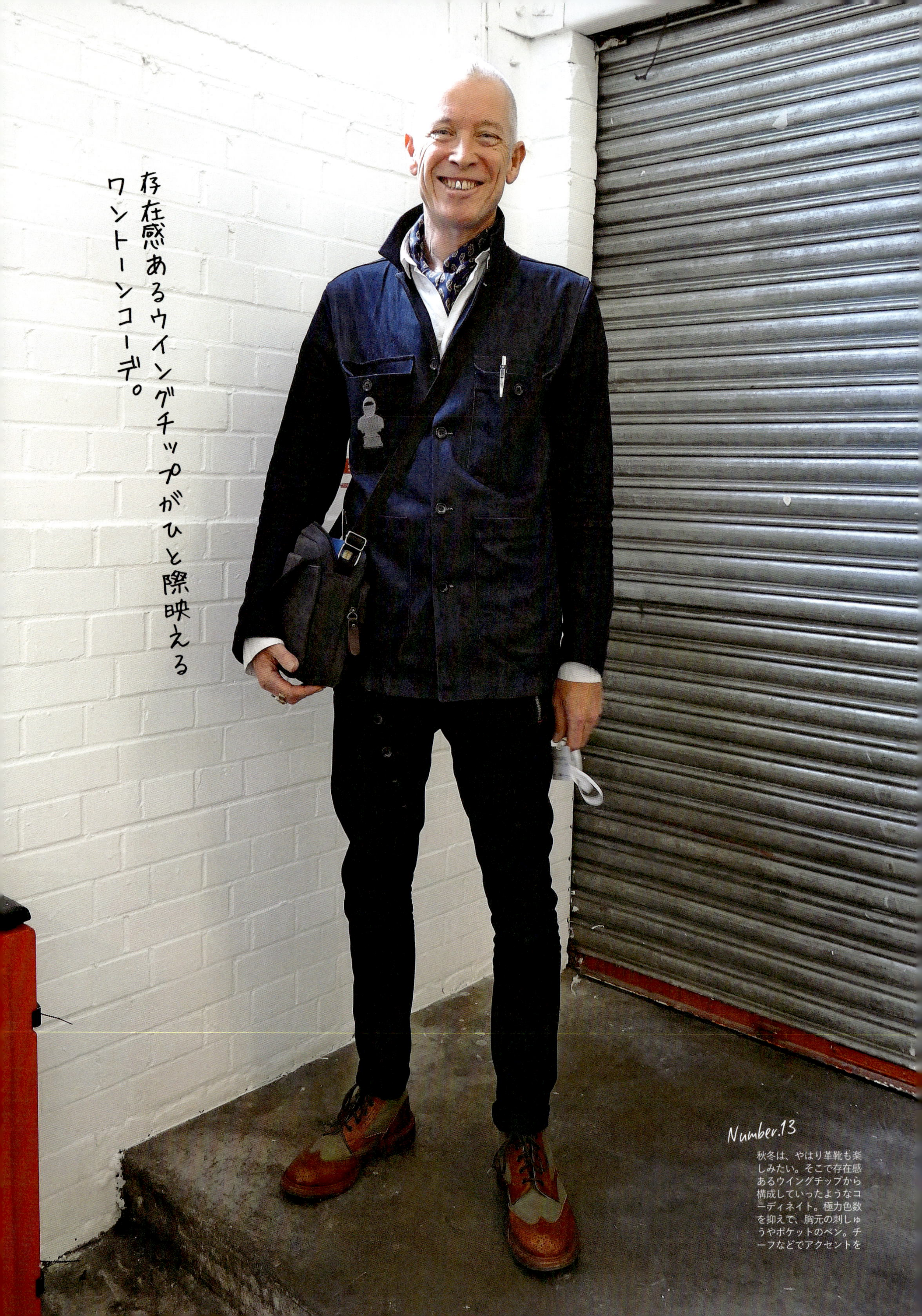

存在感あるウイングチップがひと際映える
ワントーンコーデ。

Number.13

秋冬は、やはり革靴も楽しみたい。そこで存在感あるウイングチップから構成していったようなコーディネイト。極力色数を抑えて、胸元の刺しゅうやポケットのペン。チーフなどでアクセントを

VEHICLES.

いまファッションは服だけでなく、ライフスタイルで表現するものである。
自分のスタイルはクルマやバイクなくしては語れない、
そんな愛情たっぷりなストーリーをもった“スキモノ”たちに
相棒との笑顔のスナップを撮影させていただいた。

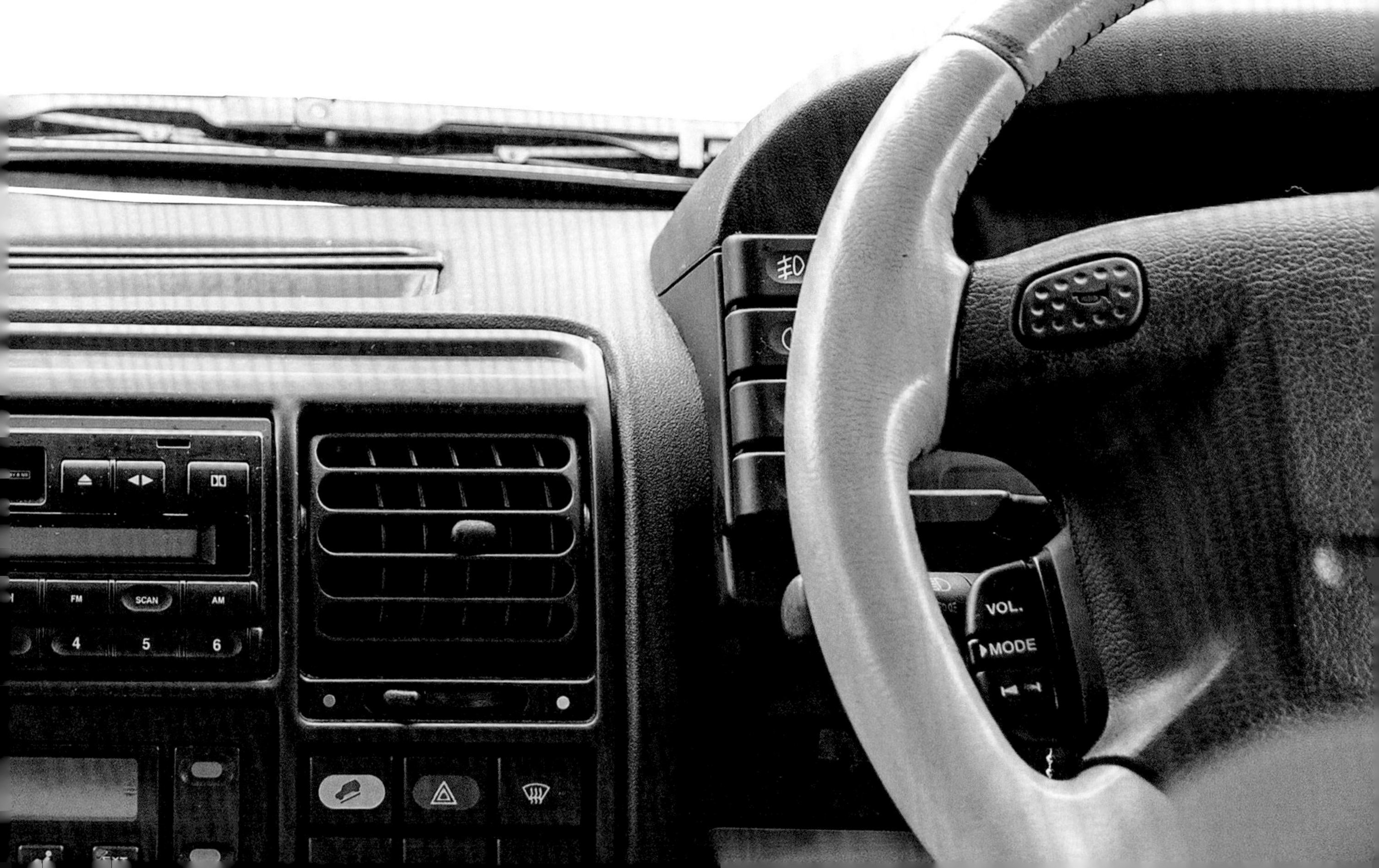

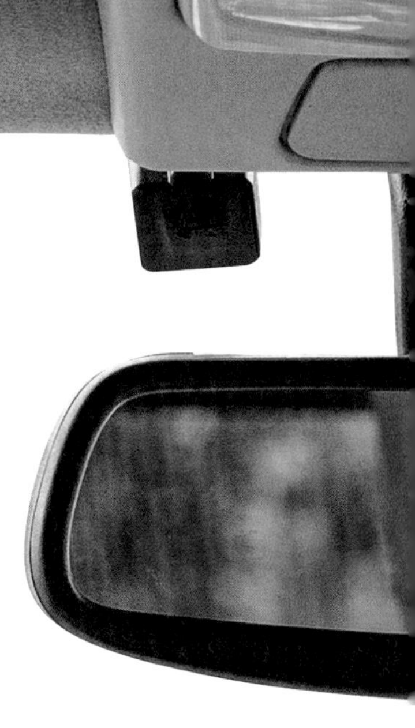

No. 20 19 18 17 16 15 14 13 12 11 LIFE WITH

LIFE WITH

ボクのスタイルは、“エンジン”とセットで完成します。

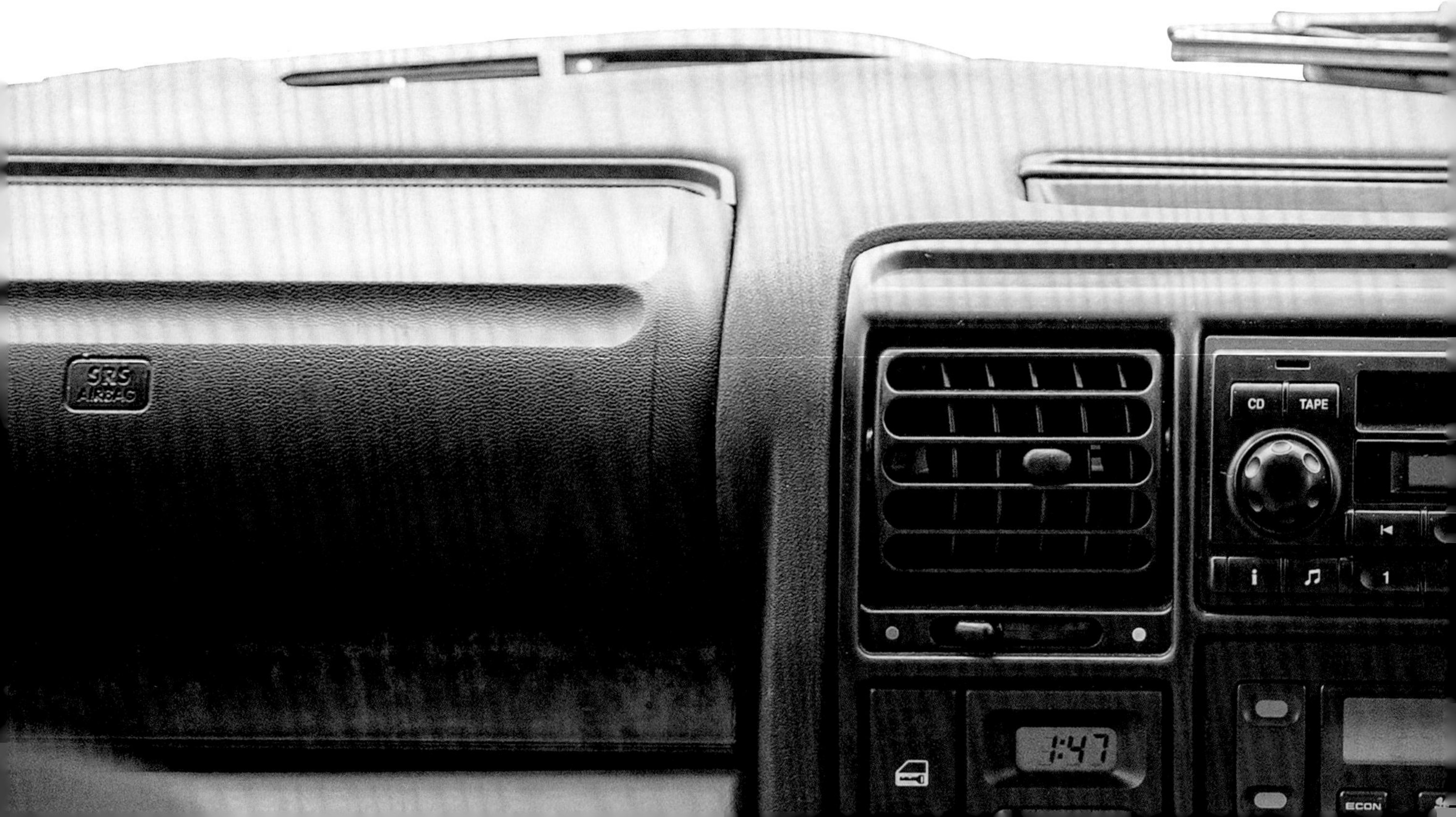

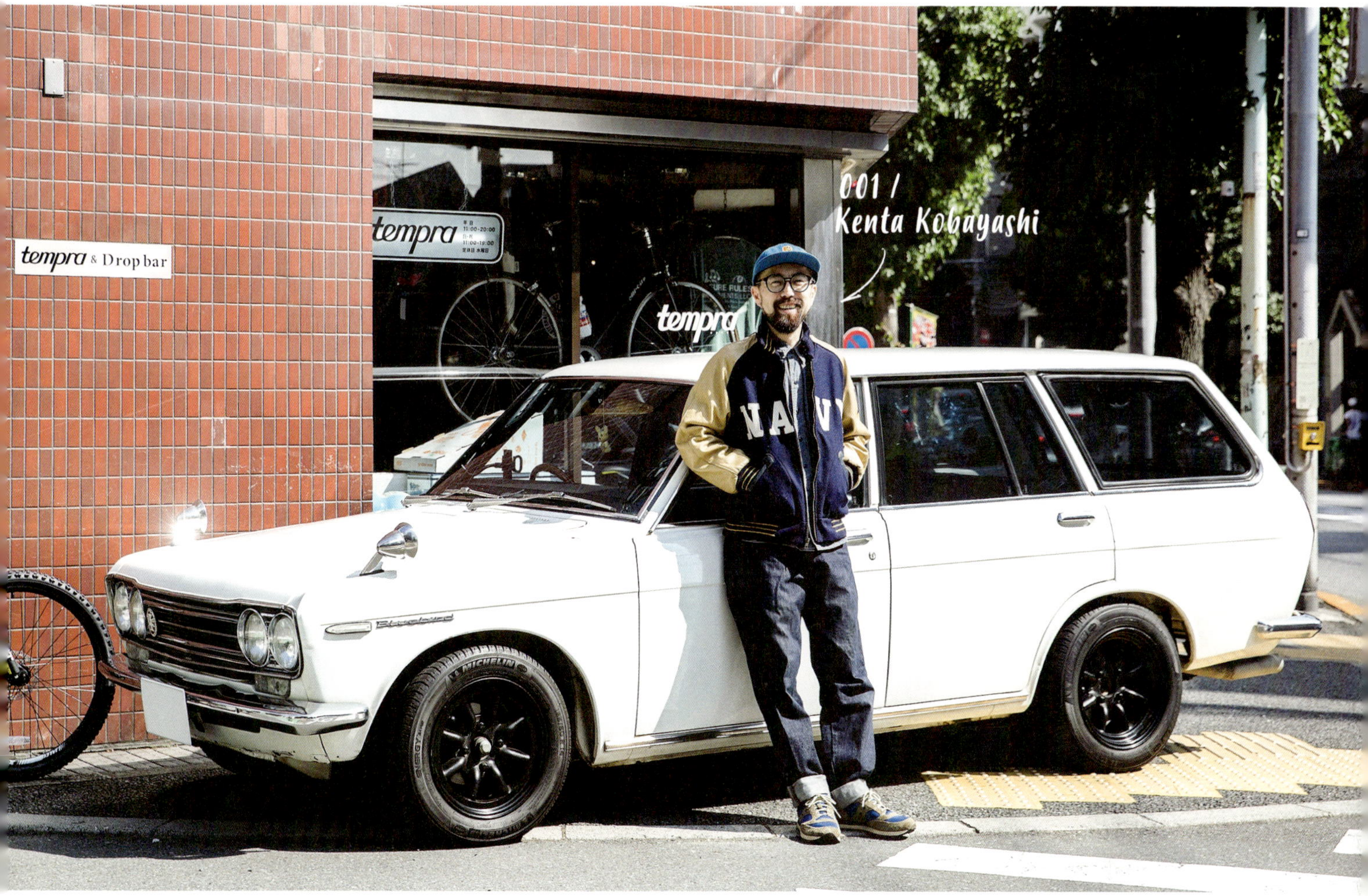

001 / Kenta Kobayashi

Model

DUTSUN 510 BLUEBIRD

Grade

WAGON

Maker **NISSAN**
Year **1973**

家族も自転車も受け入れる包容力に惚れぼれ。

テンプラサイクル／代表

小林健太さん

世田谷の自転車専門店、テンプラサイクル代表。日本製のオリジナルブレーキパーツやウエアなどトータルで自転車ライフをサポート

O：エベッツフィールドフランネルズ
I：テンプラ
P：ナウン
S：アディダス
A：タコマ フジ レコード(キャップ)
ヴィクターアンドロルフ(メガネ)

僕の乗り物好きは両親の影響が大きいですね。なにせ"三ない運動"（高校生にオートバイと自動車の運転を規制する運動）真っ只中の時代に単車の運転を認めてくれましたから(笑)。当初はモテるためでしたが、徐々に走る楽しさを覚えサーキットデビューも。

車に興味を持つのもさほど時間はかかりませんでした。ただ、新車には魅力を感じないんです。自分でアレンジできるものが好きで、子供の時に作ったプラモ感覚で、いまもいじっています。

この車もそう。子供が生まれたのをきっかけに買い換え、様々手を加えました。家族がゆったり乗れて、自転車も余裕で詰める意外な包容力もある。運転もすこぶる調子がいい。これから長い付き合いになりそうです。

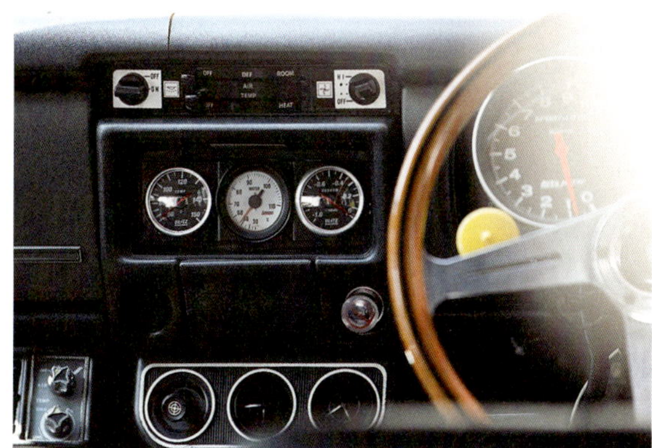

オーディオ機器が内蔵されていた場所へ後付けメーターを独自に設置。レースカーのようなビジュアルに車好きの本懐が

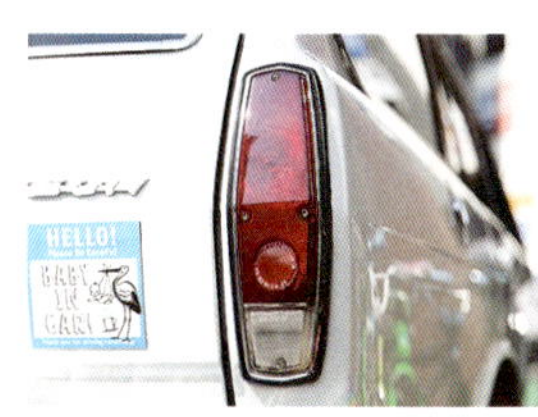

いまではほぼ見ることがなくなった赤のテールウィンカーもこだわり。「このレトロ感がたまりませんね」

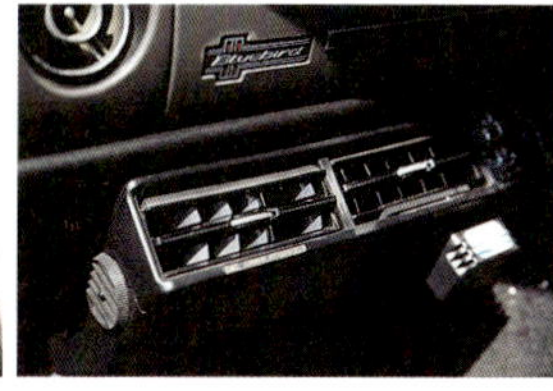

購入当初は暖房機能しかなかったが、奥様たっての希望により冷房を設置。こちらも車と同様の1970年代製

Model

E-type series2

Maker **JAGUAR** Year **1969**

10代の頃からの憧れを手にした喜びは代えがたし。

「英国車に乗るからという理由で、アウターはイギリスものを羽織ります」と語る原田さんのクルマはジャガーの『Eタイプ』。かのフェラーリ創始者、エンツォ・フェラーリ氏をして「これまでに作られたスポーツカーの中で最も美しい」と言わしめたモデル。

「10代の頃からヨーロッパの旧車の魅力に取りつかれて、20年前から探し続けたクルマです。見つけたときには、すぐに新幹線に乗って試乗に向かい、その場で購入を決めてしまったほど。スポークウィール、ノーズ、4200ccのエンジン……と、魅力的なところを挙げればキリがないですが、スミスの計器類と大量のスイッチが並ぶ、Eタイプならではの迫力あるメーター類は愛おしいポイントです」

フィンガーフォックス&シャツ
／代表取締役兼クリエイティブディレクター

原田直哉さん

国産の上質なシャツを展開するメーカーの代表。英国のモータースポーツ好きが高じて、今年もルイスレザーを1着オーダー

O：ベルスタッフ
I：フィンガーフォックス&シャツ
P：J.クルー
S：パラブーツ
A：トゥーセブンティディグリース（メガネ）
アキヅ（ベルト）

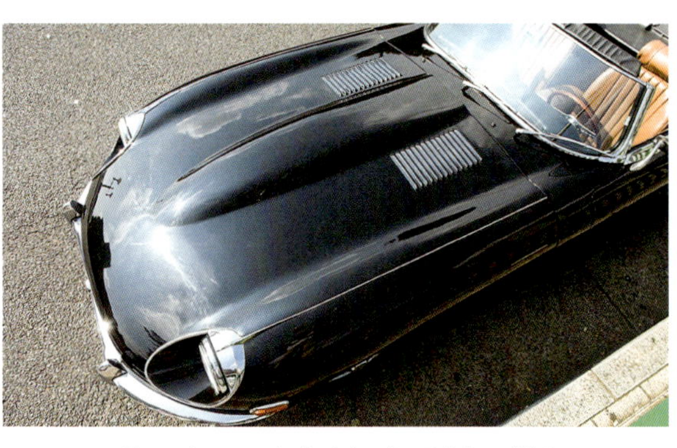

ロングノーズにショートデッキという、日本車のデザインにも大きな影響を与えたスタイルはまさにクラシック

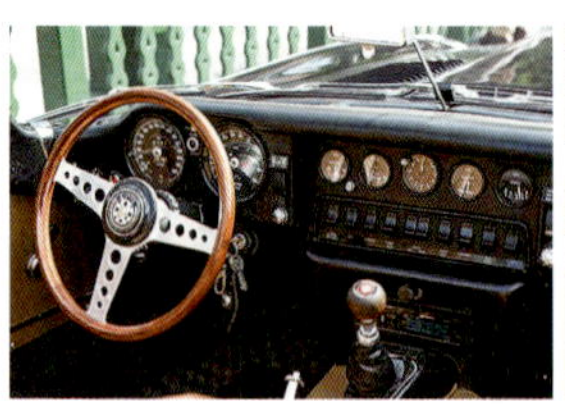

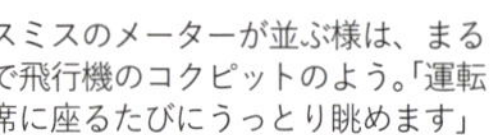

スミスのメーターが並ぶ様は、まるで飛行機のコクピットのよう。「運転席に座るたびにうっとり眺めます」

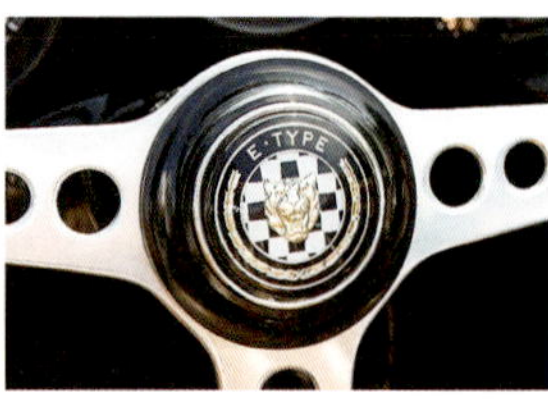

現在のジャガーは「リーピングキャット」と呼ばれるエンブレムで知られているが、往時は正面を向いていた

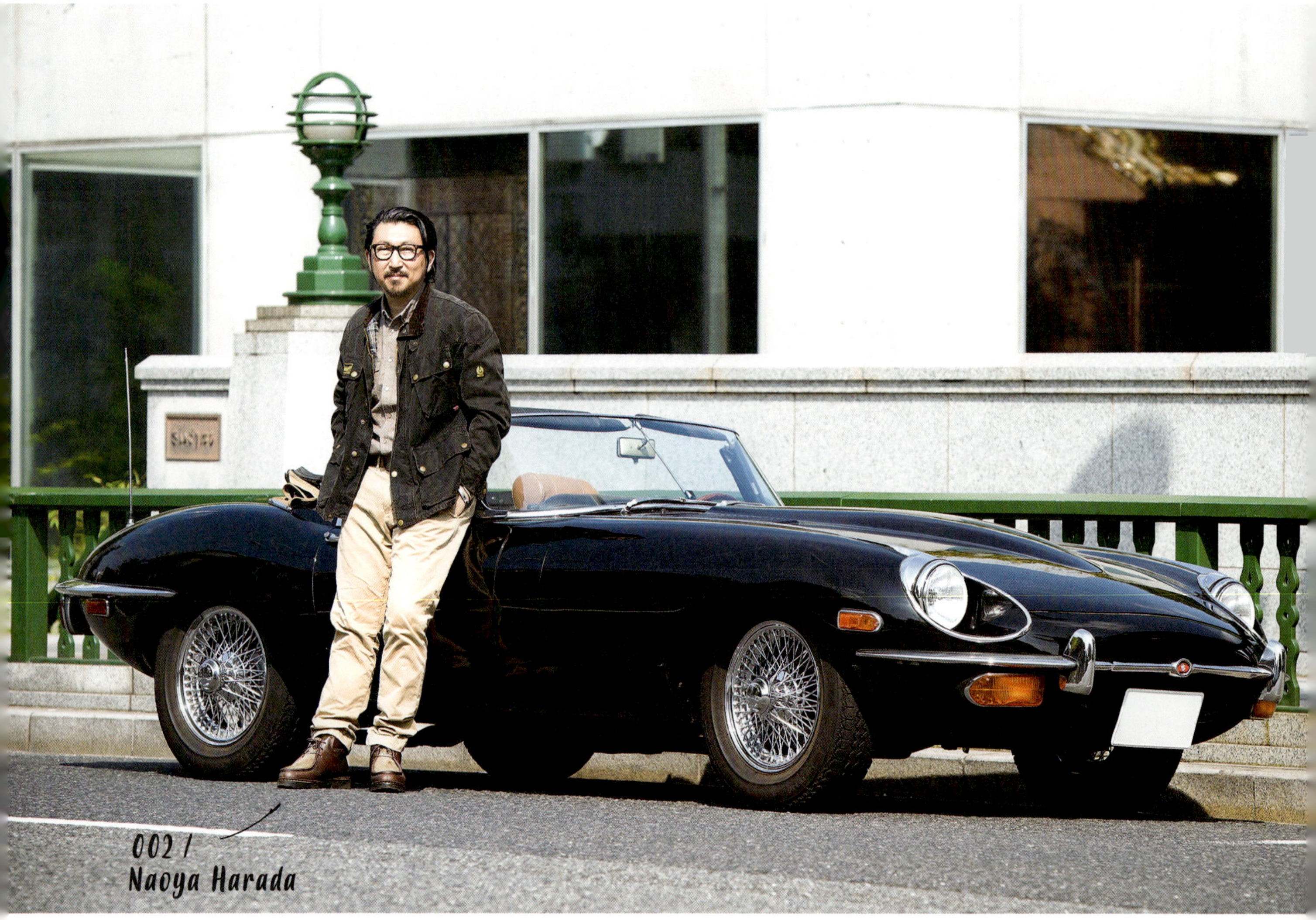

002 /
Naoya Harada

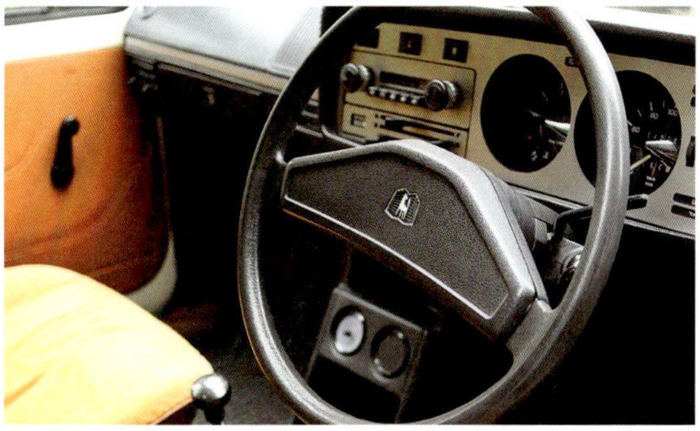

'70年代ならではの華奢なステアリングと、すっきりとした
インストルメンタルパネルが秀逸

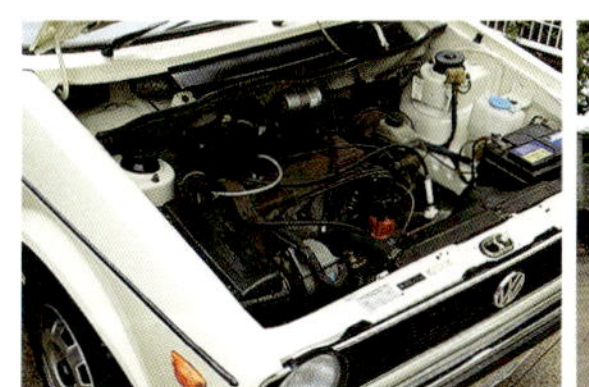

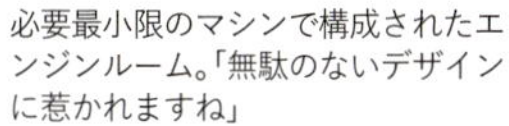

必要最小限のマシンで構成されたエンジンルーム。「無駄のないデザインに惹かれますね」

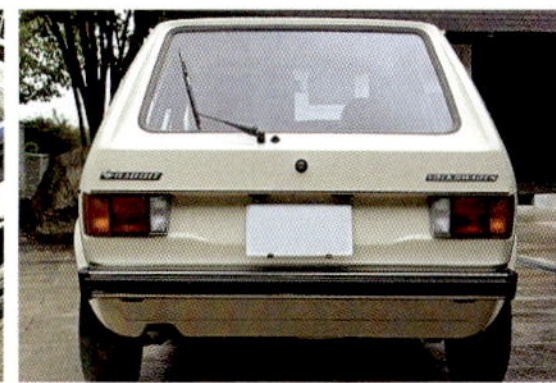

「フロントはもちろん、存在感のあるスワロウテイルのバックスタイルもお気に入りです」

Model

GOLF MK1

Maker **VOLKSWAGEN** Year **1976**

巨匠ジウジアーロによる洗練されたデザイン。

「ミニマルなデザインのクルマ同様、ブルゾンとデニムパンツでシンプルにコーディネイトしました」と語る仲津さんの愛車は、ゴルフやパンダ、果てはデロリアンといった時代を代表する名車を数多く手掛けたカーデザインの巨匠、ジョルジェット・ジウジアーロによる一台だ。

「ゴルフーは乗り継いで3台目なのですが、キャブレターの初期型をずっと探していて、5年前にようやく見つけたドリームカー。カスタムせずオリジナルのパーツをかき集め、当時の姿を再現しています。

最新モデルに比べて手間はかかりますが、その分愛着もひとしお。デニムと同じく、長い歳月をかけて人それぞれの個性が表れてくるのが魅力です」

オアスロウ／デザイナー

仲津一郎さん

時代に左右されないデザインをベースに、手仕事から生み出されるハイクオリティなラインナップが魅力のオアスロウのデザイナー

O：オアスロウ
I：オアスロウ
P：オアスロウ
S：ラッセルモカシン

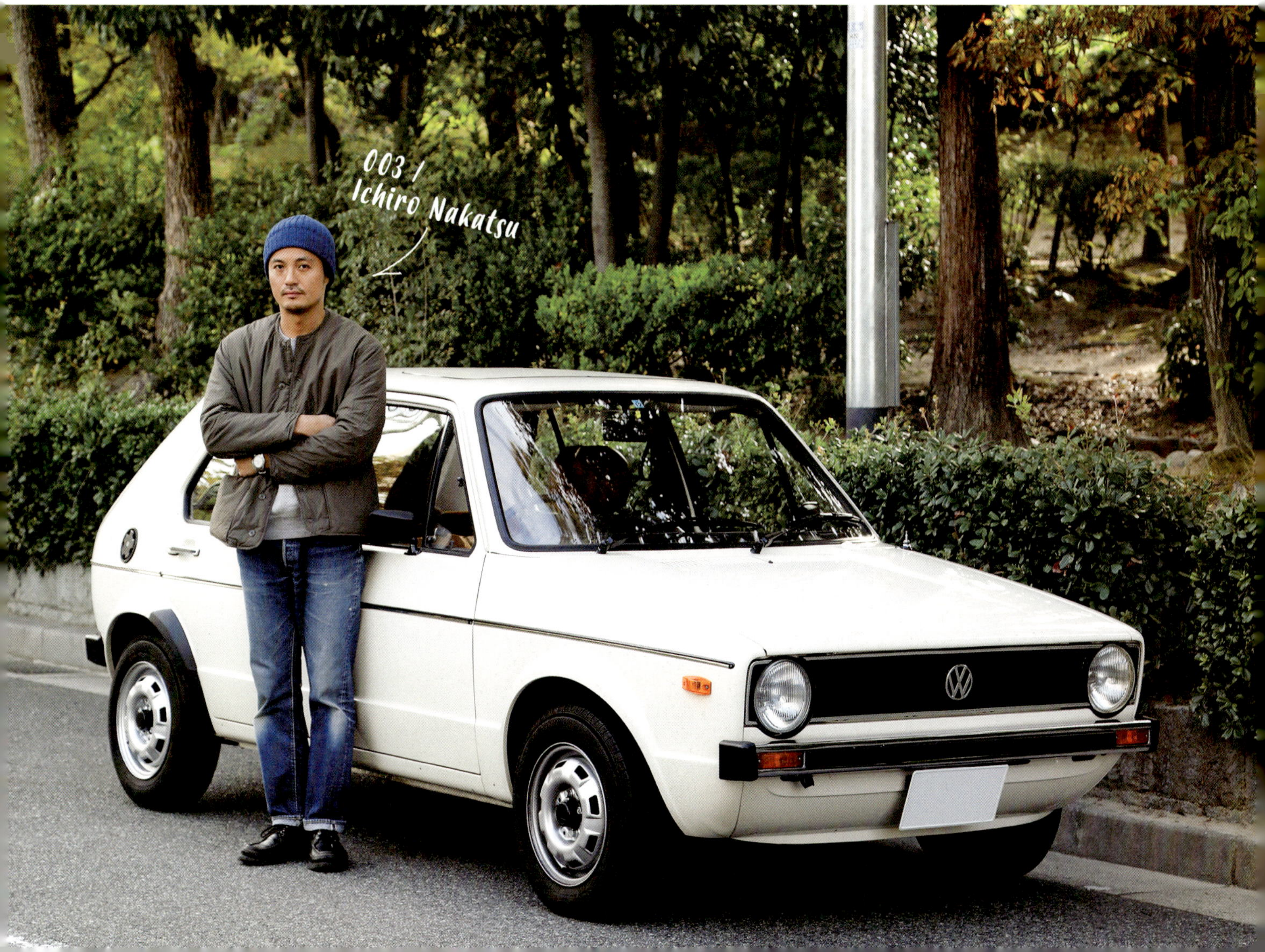

003 / Ichiro Nakatsu

Model

GRAND WAGONEER

Grade

PICKUP CUSTOM

Maker **JEEP**
Year **1986**

4ドア仕様のピックアップカスタムに、ひと目惚れ。

植物と犬をこよなく愛する横町さんの愛車は、ピックアップ仕様にカスタムされたグランドワゴニア。植物の運搬にも重宝するため、仕事でも大活躍している。

「昔のウッドパネルのアメ車に乗りたくて、探していたときに出会った一台です。ワゴニアも好きだし、ピックアップもいいなと思っていたから、まさに理想でした。こんなカスタム見たことないし、強引な感じもアメリカっぽいですよね。手に入れてもうすぐ1年になるけれど、大きなトラブルもなく快適に乗っています。ただ燃費が悪い。エアコンを入れたらタクシーのほうが安いぐらい（笑）」

この冬はピックアップにアウトドアギアを積み込み、ドッグキャンプに挑戦する予定だ。

アネアデザイン／代表

横町健さん

アネアカフェや塊根植物専門店のベースアネアボタナイズを展開。インスタグラム（@aneaken）のフォロワー数は2万人突破間近

O：ササフラス
I：ザ デイ
P：エンジニアド ガーメンツ
S：アディダスのキャンパス
A：Used（キャップ）
ハザードフォー（カメラバッグ）

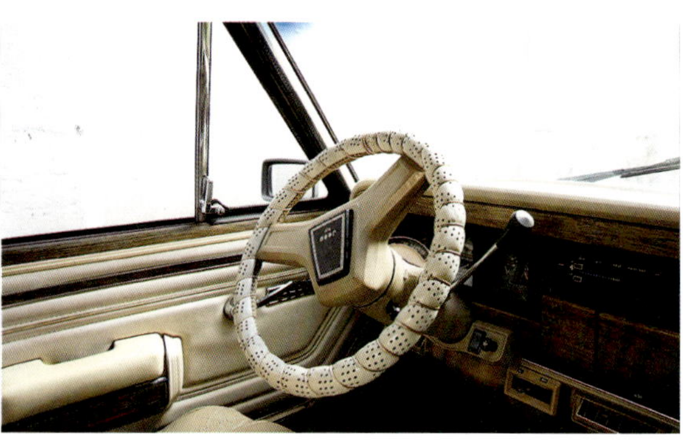

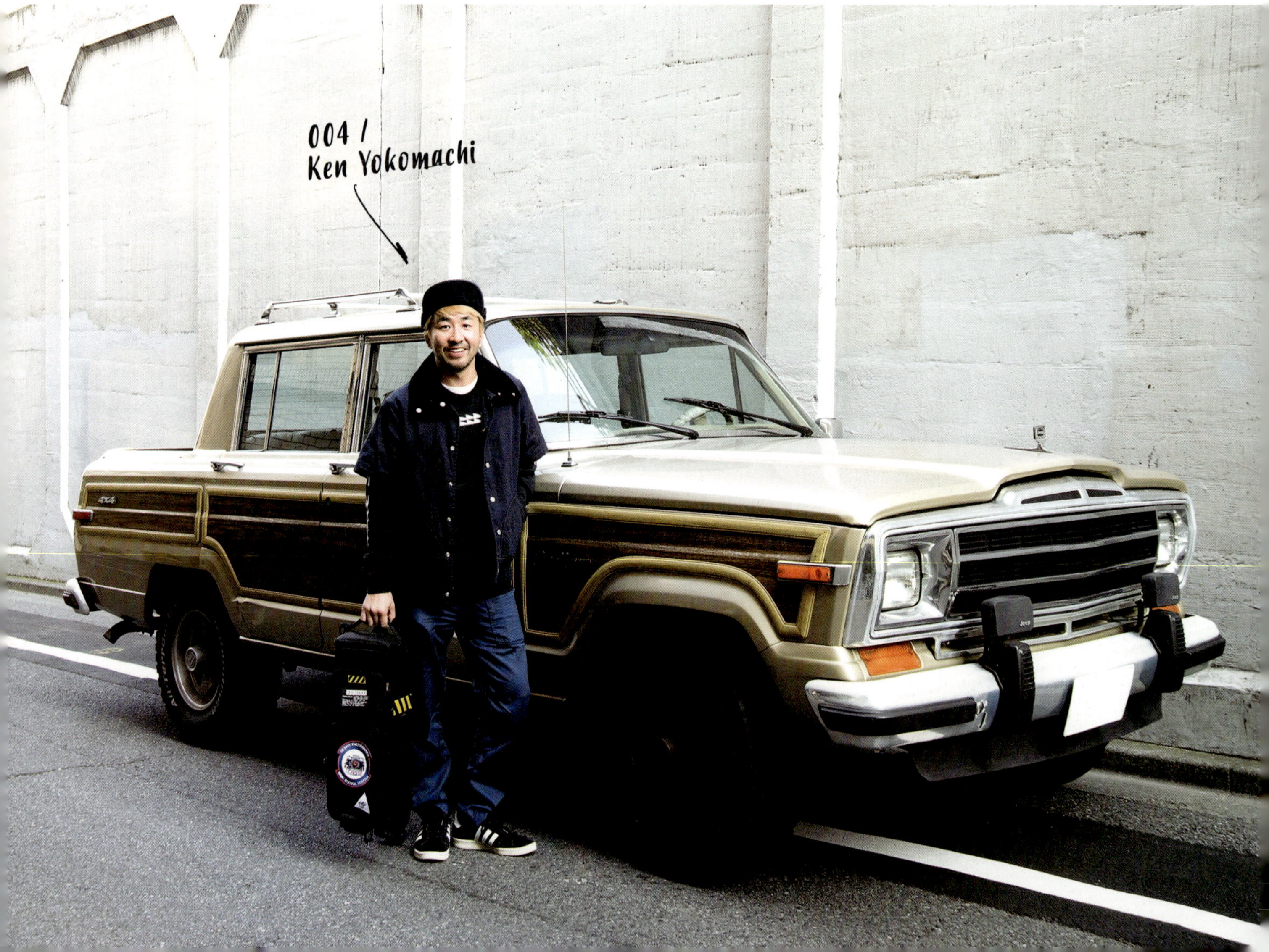

車内も'80年代らしいラグジュアリー仕様で、ハンドルにはレザーカバーもセット。「コラムシフトも憧れでした」

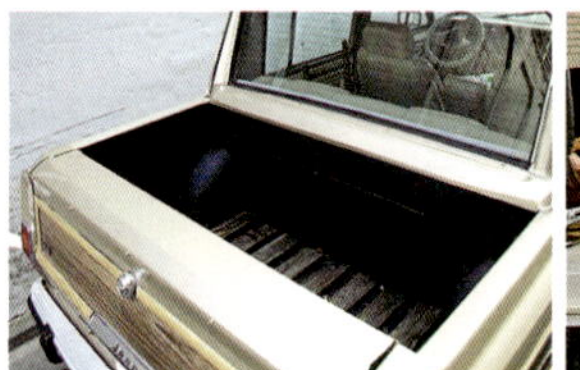

ピックアップはボディをカットし、パテ埋めして作成。リアガラスもそのまま移植している

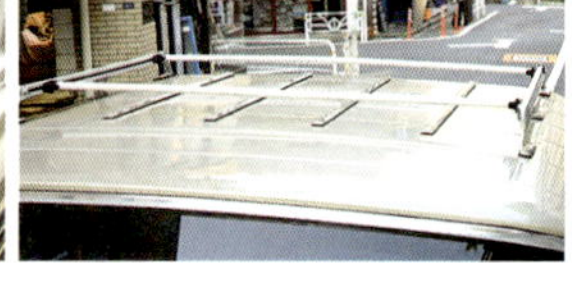

ピックアップのカスタムに合わせ、純正キャリアも短くカットされている。それでも積載量は豊富

004 / Ken Yokomachi

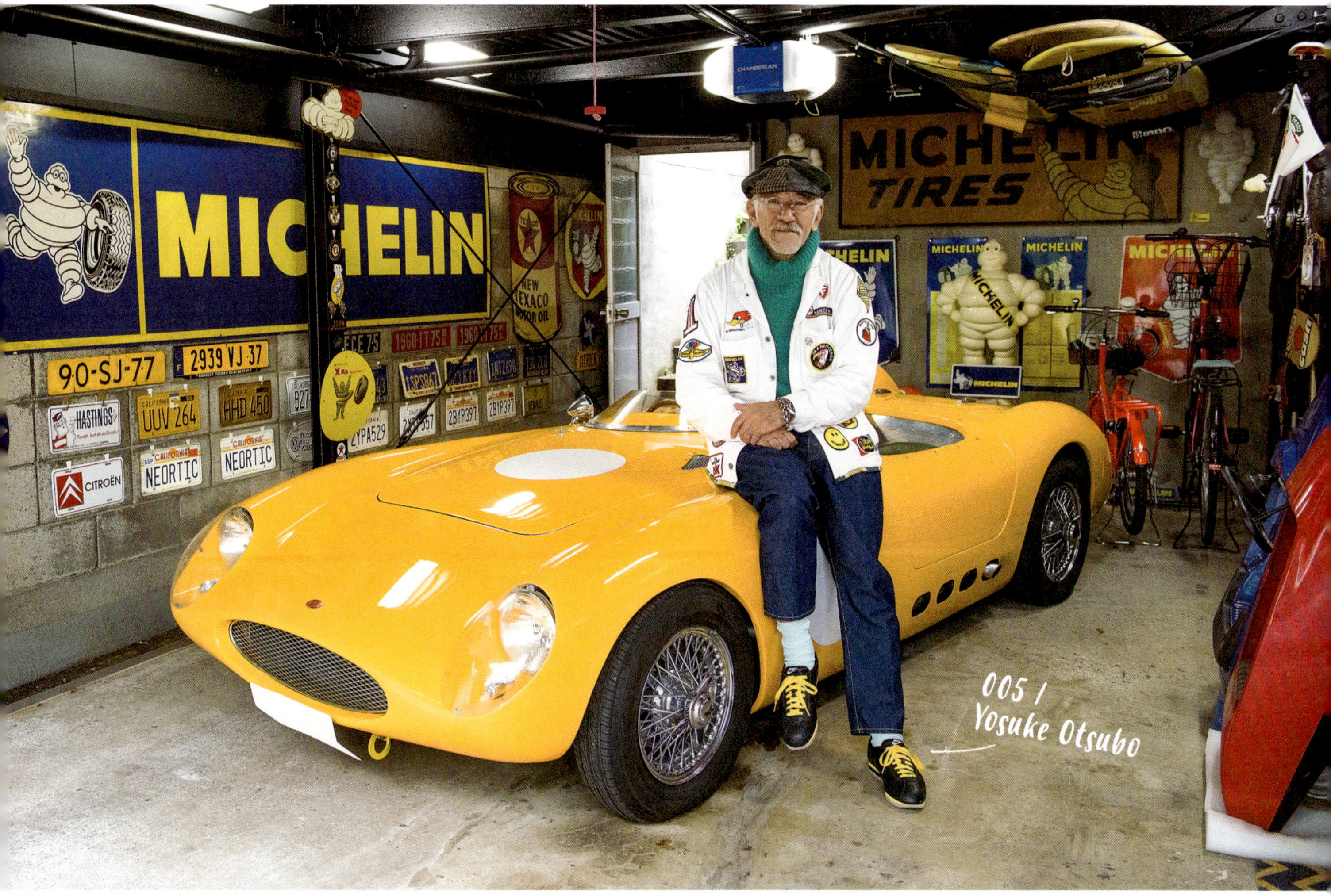

005 / Yosuke Otsubo

Model　Grade

DD-2　BARCHETTA

Maker **BUCKLER**　Year **1958**

人生最高にして、最後のパートナーです。

ワンオー／OH! ショールーム マネージングディレクター

大坪洋介さん

LAに29年暮らしたこともあり、デニムウエアやアメリカンカルチャーに精通。今秋、大阪・中崎町に新店「オーハイツ」をオープン予定

O：アトリエ&リペアーズ
I：ネサーンス
P：アトリエ&リペアーズ
S：ナイキ
A：サシキ（帽子）
ルノア（メガネ）
ティソ（時計）

ロサンゼルスに在住していた頃から乗ってきた数々のクルマのナンバープレートが壁に貼られた自宅のガレージで、撮影に応じてくれた大坪さん。「19歳の頃から'60年代のボルボ・アマゾン、シトロエンDS、ジャガーXJなどを乗り継いできて、ようやく出会った運命のクルマです。1947年から'60年まで現存していたメーカーですが、このDD2はおそらく日本に一台しかないはず。オープンエアで開放感があるので、気温の高低に関わらず、雨が降らない日にできる限りドライブしていますね。

保存価値の高いモデルですが、オフィスへ行くにも、週末でも動かして、良き相棒となってくれています。免許を返納するまで乗っていたい、人生〝上がり〟の一台ですね」

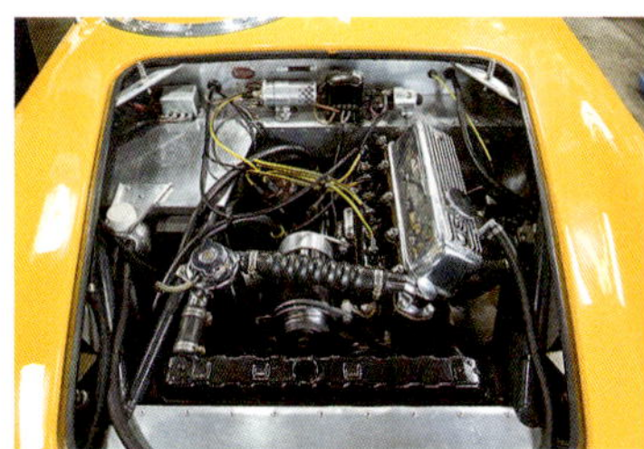

チューンアップされたMGのエンジン（1500cc・4気筒）を積んでおり、駆動性にも優れている

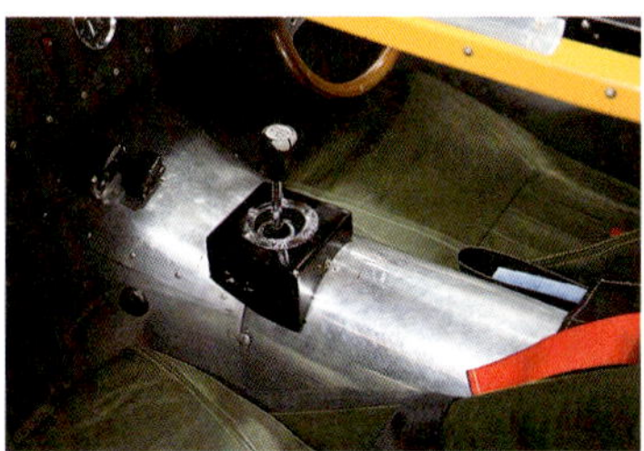

車体をより軽量化するために、ボディの一部にはアルミが使われている。車体重量は約500kg

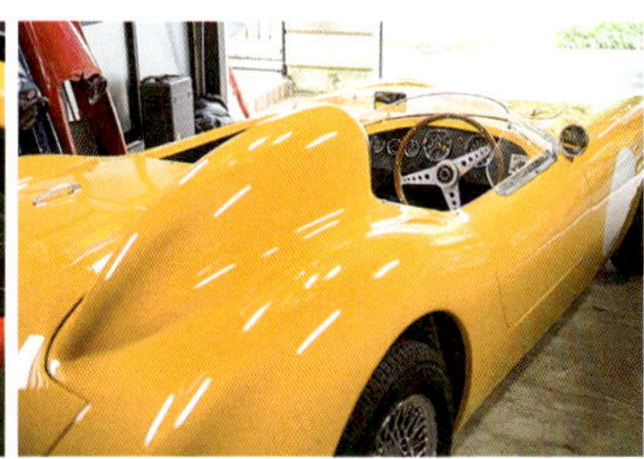

後方からステアリングホイールが見えるが、空気力学に基づいた美しい流線形に目を奪われる

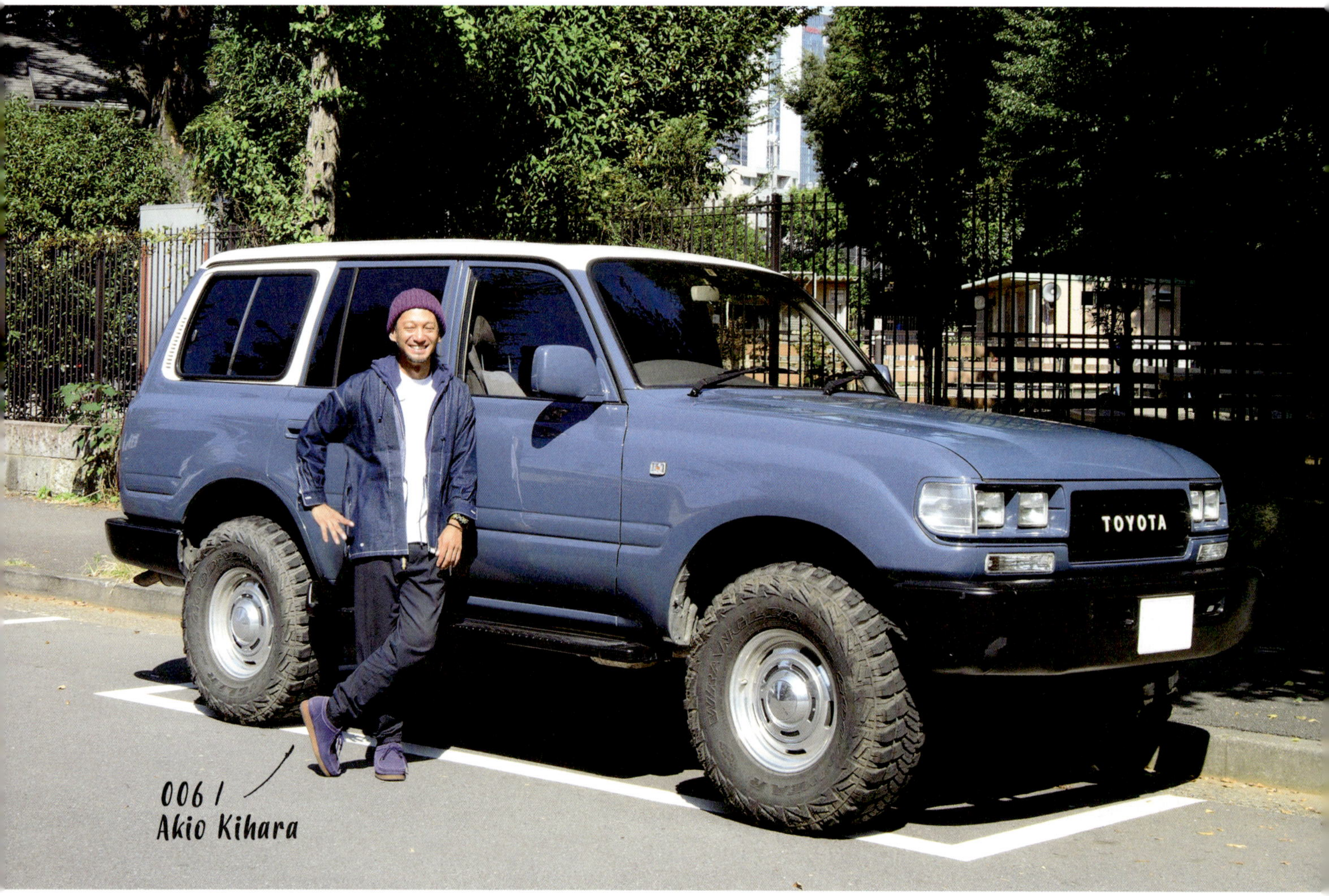

006 / Akio Kihara

Model

LAND CRUISER

Grade

80 VX LIMITED

Maker **TOYOTA** Year **1994**

街でも映えるアーバンでナローなカスタム。

オールフォーワン／代表

木原彰夫さん

フィールドギアと故郷である富山の伝統工芸品が揃うライフスタイルショップ、ツギキの店主。機能的なオリジナルブランドも展開

O：ウー
I：シュガーグライダー（パーカ）Used（カットソー）
P：ザラ
S：クラークス
A：ハローコモディティ（ニットキャップ）

仕事でアウトドアの現場に行くことが多い木原さんの愛車はランドクルーザー80。「キャンプイベントでも使うから四駆が外せないけど、旧いランクルは昔から憧れていたから、程度のいい中古車を見つけて、富山ナンバーだったのもあり（笑）、即購入しました」

手に入れたときはノーマル車だったが、オーバーフェンダーを外してナローにカスタム。ポップな2トーンカラーはアーバンな雰囲気なれど、車高を上げてフィールドにも対応済みだ。

「街乗りを意識したカスタムですが、最近はキャンピングカーを牽引することもあります。今年で5年目、まだまだ乗り続けたいですね。これよりも乗りたいと思えるクルマになかなか出会えないので」

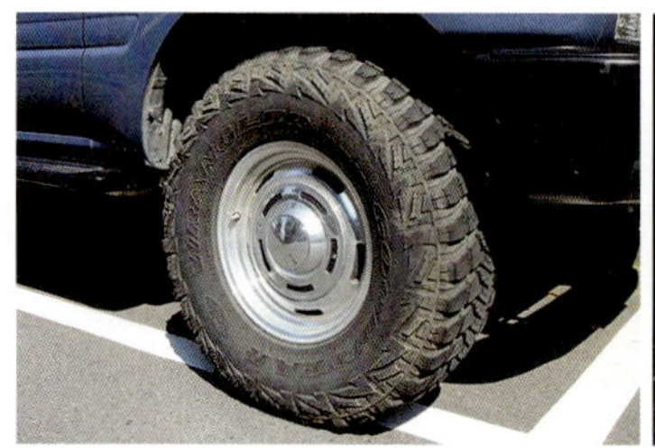

車高を2インチアップし、グッドイヤーのラリーレースタイヤを履かせて足回りをタフに

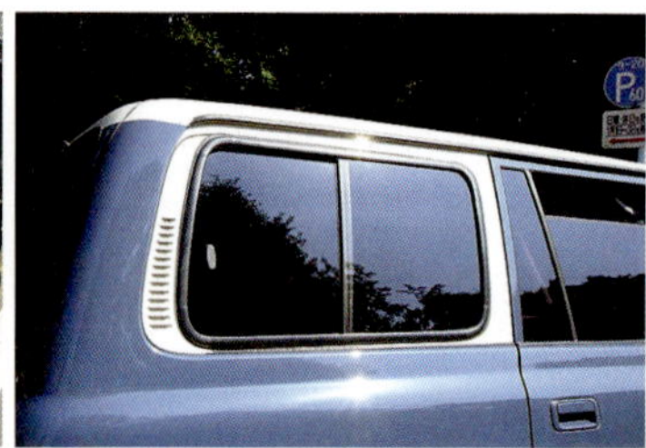

ルーフとクォーターパネルをホワイトにしたカラーリングは、シトロエンの2CVをイメージ

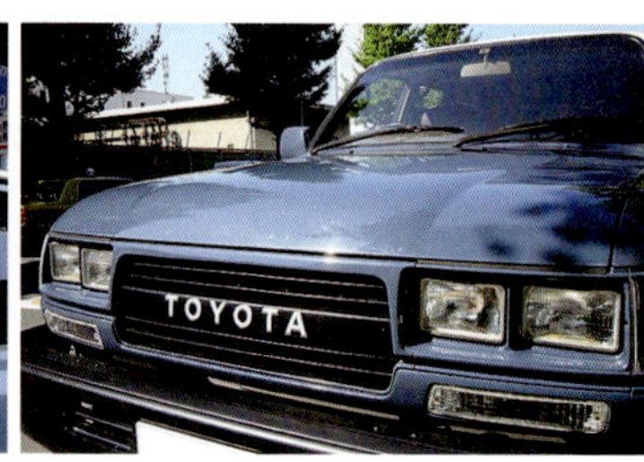

角目4灯ライトは中東仕様のカスタム。いまも根強いファンが多い、トヨタの文字ロゴも魅力

Model **V70** Grade **NORDIC**

Maker **VOLVO** Year **1999**

仕事の相棒として活躍し、走行距離26万km!

フォトグラファーとして活躍する若林さんの長年の相棒は、大きな機材も積み込めるステーションワゴンのボルボ。仕事で全国を走り回るうちに、気がつけば走行距離も26万kmを突破。それでも自分で整備しながら乗り続けている。

「仕事柄必要な大きなラゲッジスペースと、立体駐車場に停められる車高ということで選んだけれど、中途半端に古い四角いデザインもお気に入り。でも特にピカピカに磨いたり、ドレスアップはしないで、機関だけはちゃんと整備して、クルマと丁度いい距離を保っています」

最近はカセットテープで音楽を聴くことにハマっているので、当時のカセットデッキが備わったオーディオシステムも大活躍している。

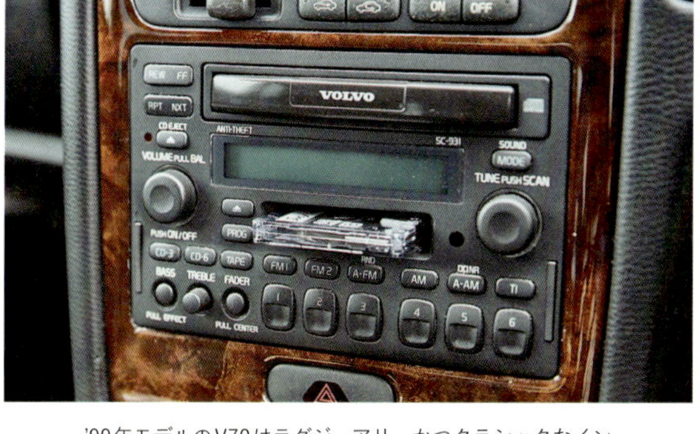

'99年モデルのV70はラグジュアリーかつクラシックなインパネが魅力。純正のカセットデッキもフル活用している

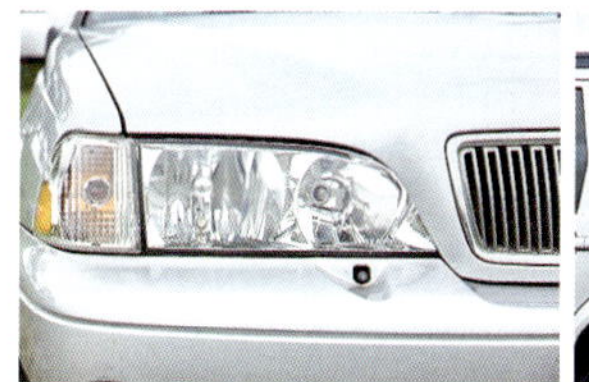

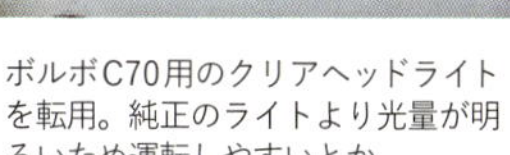

ボルボC70用のクリアヘッドライトを転用。純正のライトより光量が明るいため運転しやすいとか

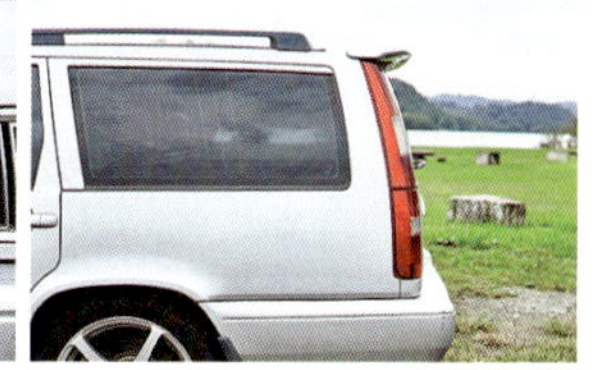

大きなリアクォーターガラスは積載した機材も確認しやすい。「テール部分の四角い感じも好きです」

フォトグラファー

若林邦治さん

広告から雑誌やウェブまで幅広く活躍するフォトグラファー。今春より東京から地元の岡山に拠点を移し、西日本を中心に活動中

O：ノースフェイス
I：アロイ
P：ナリフリ
S：ナイキ
A：オリバーピープル(メガネ)
メゾンバース(ハット)

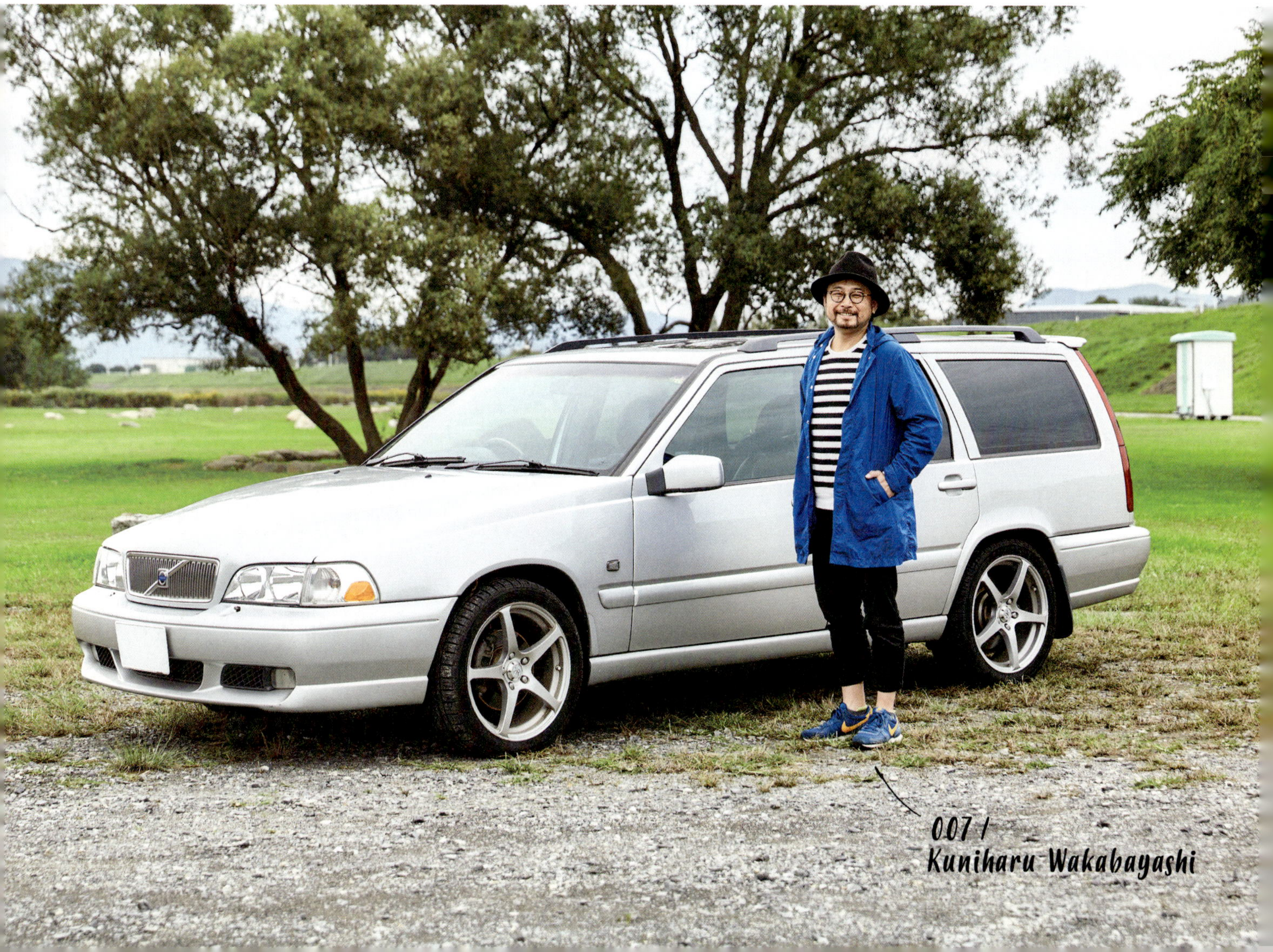

007 /
Kuniharu Wakabayashi

008 / Keiichi Ito

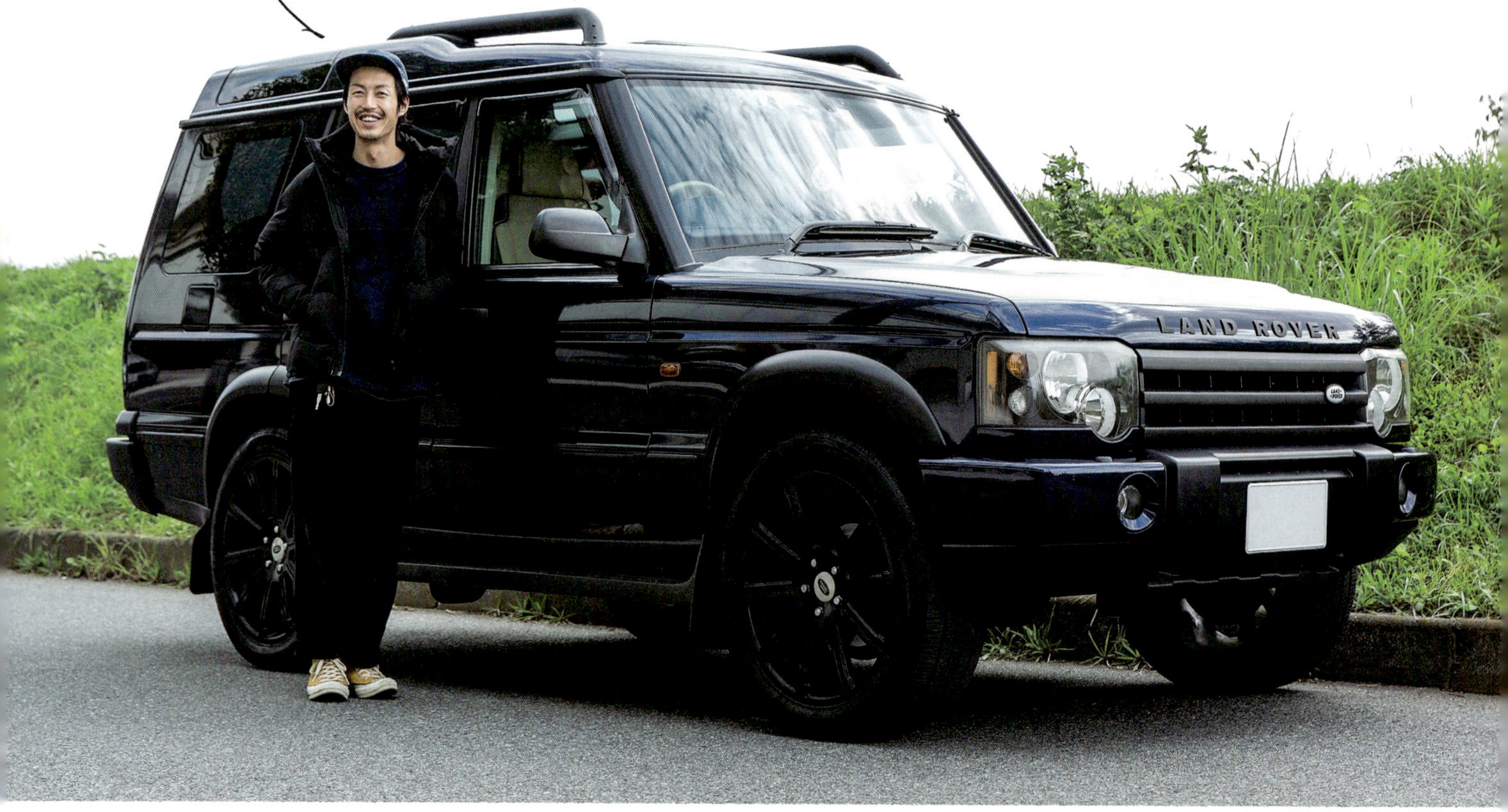

Model

DISCOVERY2

Grade

HSE

Maker **LAND ROVER** Year **2004**

「オスロブルーとブラックの配色にぞっこん」

フォトグラファー

伊藤恵一さん

ファッションを中心に、雑誌・広告と幅広く活躍する人気フォトグラファー。休日は、ファミリーキャンプにドハマり中

O：デサント オルテライン
I：クレプスキュール
P：コム デ ギャルソン・オム
S：コンバース アディクト
A：ワンダーファブリック（キャップ）

「運転免許証を取りたてた頃から、オトナになったら絶対に乗ってやろうと思っていたモデルなんです」と満面の笑みで語ってくれた伊藤さん。「18歳で免許証をとった当時は、お金もないのに、よく近所の中古車屋さんに行っては色々なクルマを試乗していました。いま思うとすごく迷惑な客ですよね（笑）。そんな中、ディスカバリーにも試乗させてもらい、こんなにもオトコらしい〝マシン〟があるのかと、衝撃を受けたんです。33歳になった今年、やっと手にすることができました。

ボディカラーのオスロブルーとホイールやフロントエンブレムのマットブラックの組み合わせが、都会的な配色で気に入ってます。仕事にキャンプにと毎日大忙しですね」

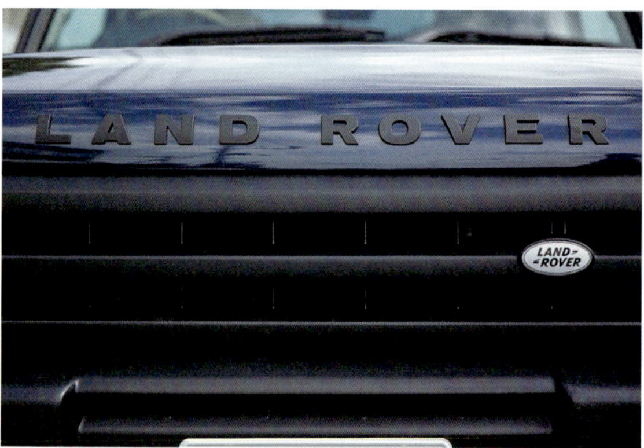

LAND ROVERの文字はマットブラック。エンブレムも日本ではあまり見かけないモノクロカラーの特別使用

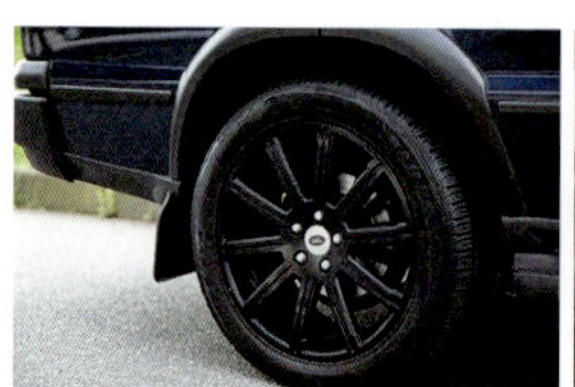

ノーマルよりも大きい20インチホイールは、マットブラックがシブい。「この力強さにヤラレました」

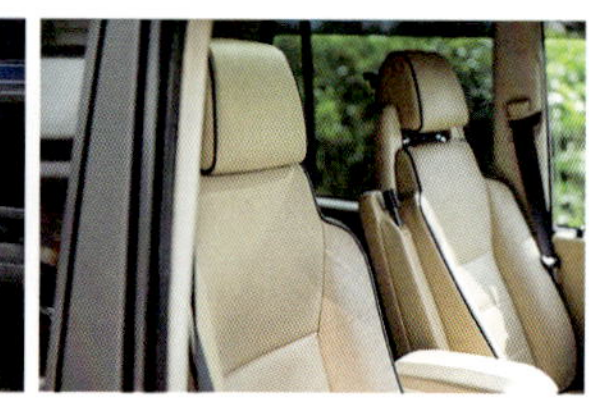

外装の硬派な印象とのコントラストが魅力的な、クリームカラーのレザーシートもお気に入りのポイント

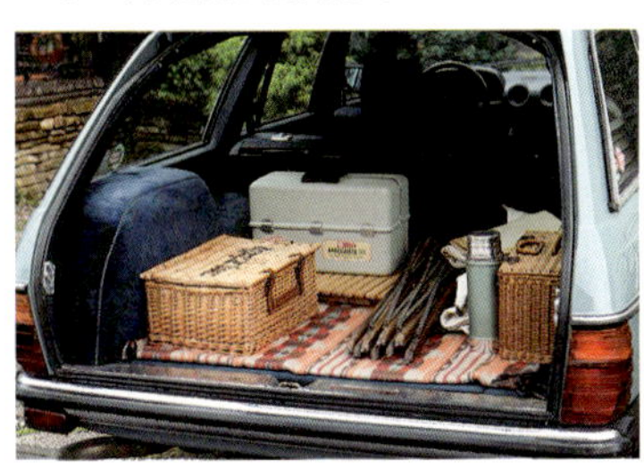
ステーションワゴンの荷台の広さがお気に入り。ピクニック道具が十分収まるサイズ

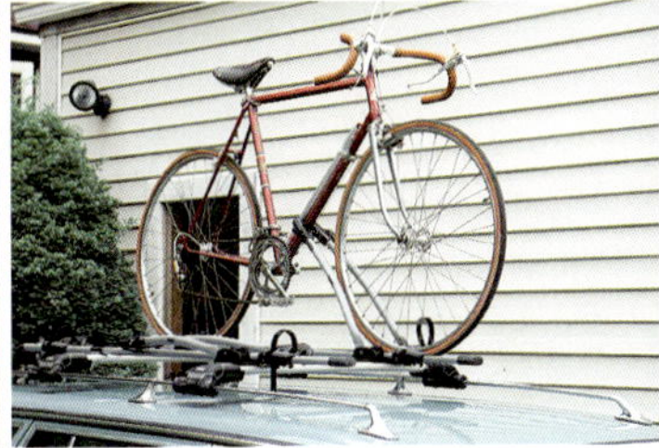
トップに自転車を2台詰めるキャリアを装備。積載している自転車は1960年代のプジョー

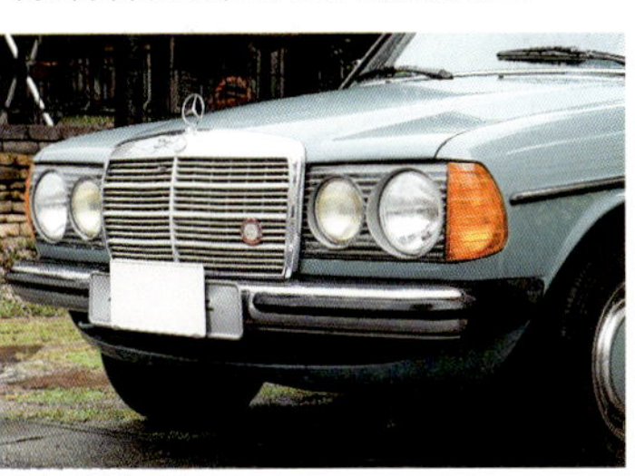
クラシカルな丸目4灯のフロントマスクは、車両と同年代の北米モデルから流用したモノ

Model

280TE(W123)

Maker **MERCEDES-BENZ** Year **1985**

ベンツ初のワゴンは昔からの憧れです。

ジプシー&サンズ／ディレクター

加藤義親さん

アウトドアで使える実用的なクルマを好む一方で、バイクは約100年前の英国車を始め複数の旧車を所有するモーターフリーク

O：ジプシー&サンズ
I：Used
P：ジプシー&サンズ
S：パラブーツ
A：ニードルス(サングラス)

「クルマは遊びに使える実用性も重要です。」と語る、加藤さんは、最近30年乗り続けたジープ・グランドワゴニアからベンツのW123に乗り変えた。W123はベンツ初のステーションワゴンとして当時富裕層から人気を博し、高級感と実用性を両立する、'80sを代表する名車だ。加藤さんのW123にはオリジナルのラインナップにはないシックなブルーのオールペイントが施されている。

「ワゴニアに長いこと乗っていたのでちょっとイメチェンしようと思って、昔から憧れがあったW123を選びました。高級感のあるデザインですが、家族でピクニックに行く時など、アウトドアでの遊びでも活躍してくれるので重宝しています」

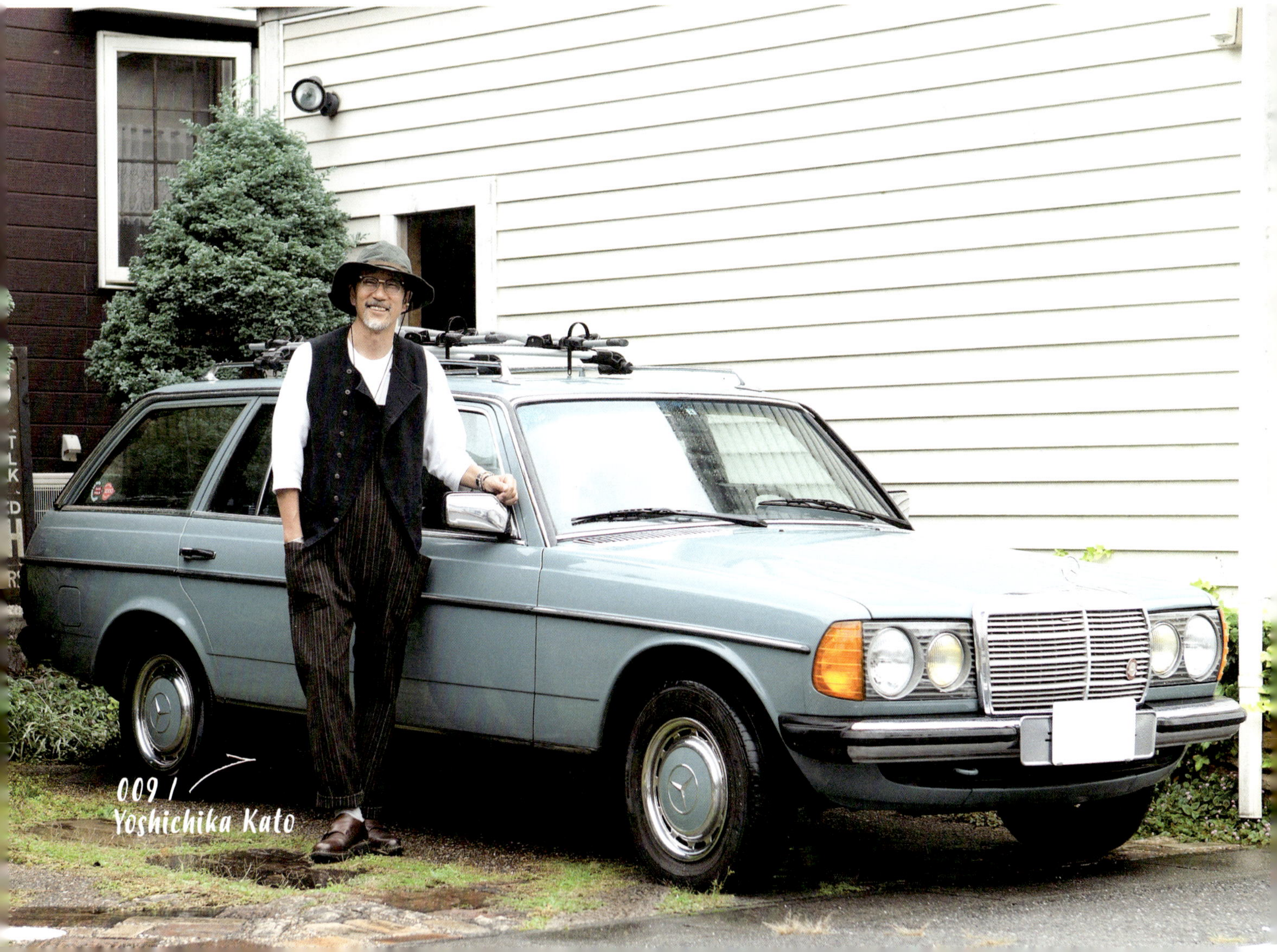

009 / Yoshichika Kato

Model

COOPER CLUBMAN

Maker **MINI** Year **2009**

キャリアに外遊びギアを積んでキャンプへ。

サージュデクレ／ジェネラルマネージャー

千田仁寿さん

大人のデイリーウエアを提案するサージュデクレのマネージャー。来季からオリジナルのアウトドアブランド、ノイクも展開予定

O：サージュデクレ
I：サージュデクレ
P：サージュデクレ
S：コンバース アディクト

数年前からキャンプにハマっている千田さんが、外遊び用にセレクトした一台がミニのクラブマン。オールペンでネイビーっぽいブラックのワントーンに仕上げているため、ワイルドで大人な雰囲気も漂う。

「大きな四駆車より、これくらいのサイズのクルマにキャリアをセットして乗りたかったんですよ。キャリアにアウトドアギアを積み上げてキャンプに行くのが楽しそうだなって」

そのため購入と同時にスーリーのキャリアも用意。スポーティかつクラシックな車体にもマッチしている。

「キャリアがあると3人家族のキャンプセットも余裕で積み込めます。それでいて峠道も気持ちよく走れるから、遠出もストレスなく楽しめますね」

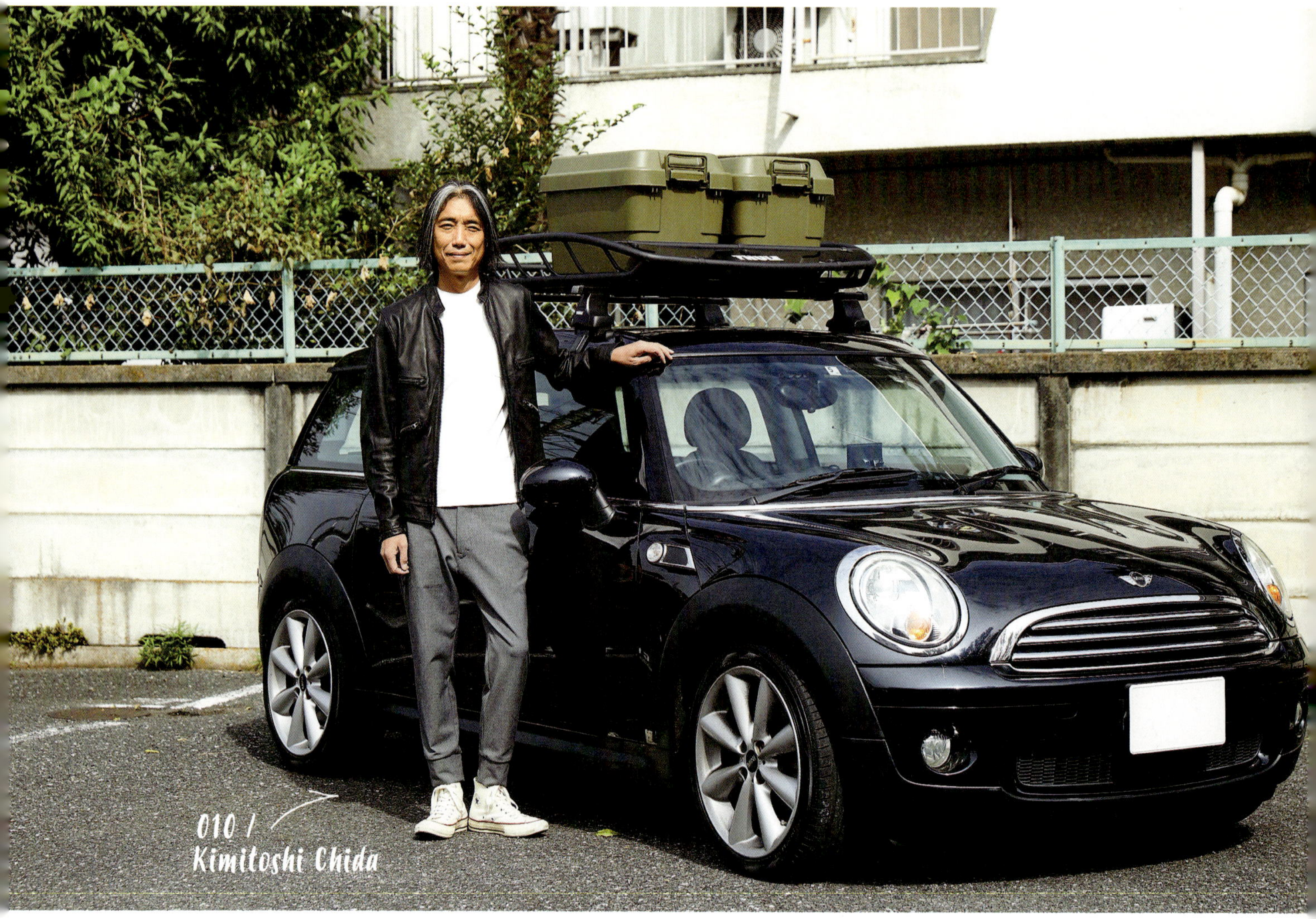

010 / Kimitoshi Chida

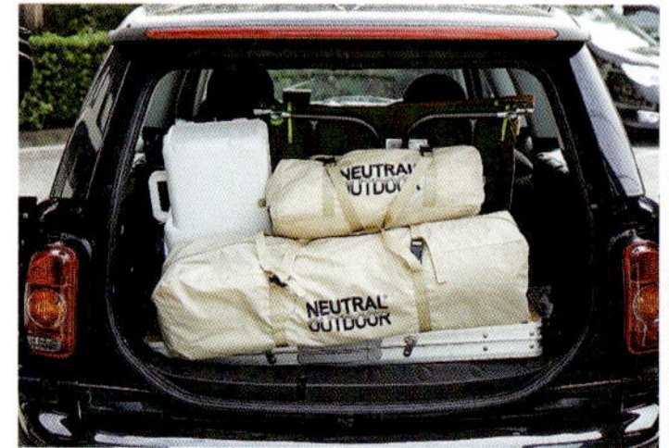

お気に入りのテントやタープが積み込まれたラゲッジ。バックドアも観音開きとなっている

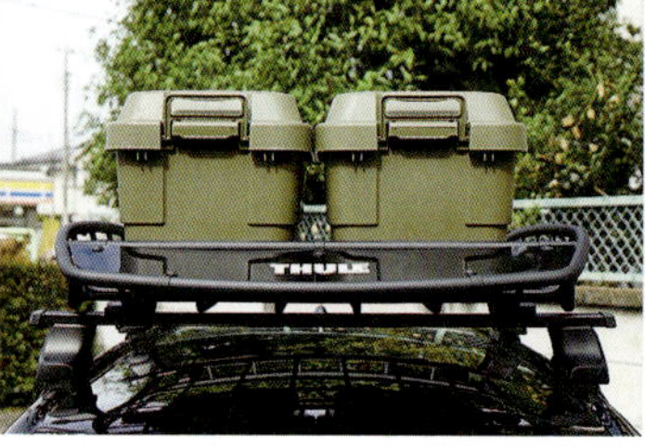

スーリーのキャリアにはトラスコのボックスをセット。中にはキャンプギアが収納されている

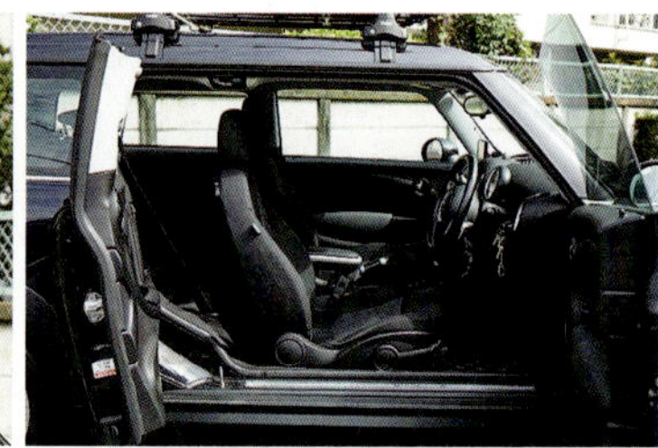

観音開きのサイドドアは現行モデルにはない仕様。「4ドアよりもシンプルな見た目が好きです」

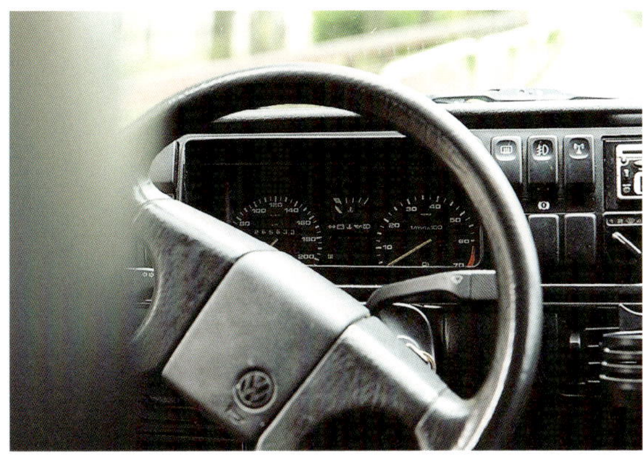

もちろんレザーハンドルも純正。インパネ周りも新車当時の雰囲気をそのまま残すため、あえてナビも付けていない

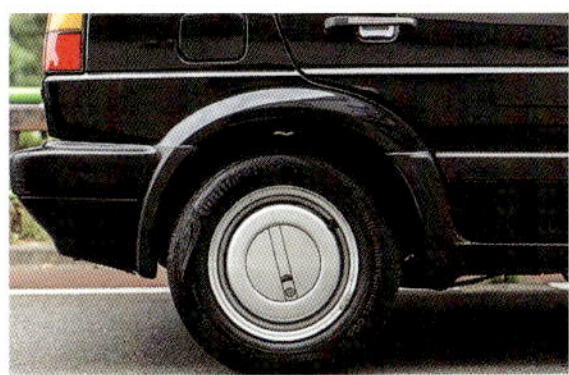

いまとなっては珍しい純正のホイルカバー。こうした細かいパーツも、10数年かけて少しずつ集めてきた

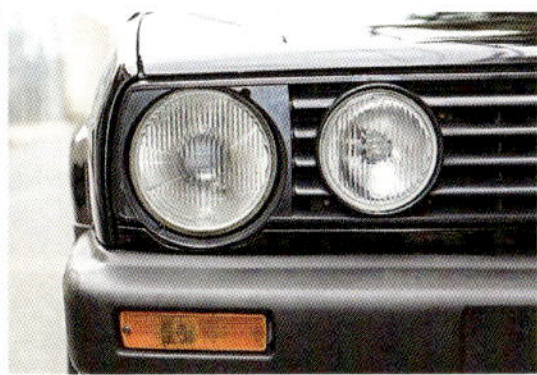

角張ったデザインと丸目のコンビがお気に入り。最近、二つ目グリルへの模様替えを検討している

Model

GOLF II GLI

Maker **VOLKSWAGEN**　Year **1989**

新車当時の姿を目指し純正パーツを追求。

大切に乗り続けている相棒は、生成元年生まれのゴルフII。中古で手に入れてからすでに17年ほどの付き合いになるが、その間に少しずつ自分で手を加えて、いまのスタイルに落ち着いた。

「ボディはオプシディアンブラックにオールペンしました。車内はヴィンテージのレザーシートに張り替え、純正のホイルカバーを探してきました」

そう語る通り、カラーリング以外はあえて純正パーツにこだわるのが後藤さんのカスタム。

「なるべく当時の新車の状態に近づけたかった。旧いけれど30年前ぐらいのモデルだから、まだパーツも出てくるんですよ。おかげでほとんど純正で組み上がりました。この状態でまだまだ大切に乗りたいです」

ドレスセン／ディレクター

後藤順一さん

エプロン専門ブランド、ドレスセンのディレクターとして活躍中。帆布を使用した厚手のエプロンは使い込むほど味わいが増す

O：タカヒロミヤシタ ザ ソロイスト
I：タカヒロミヤシタ ザ ソロイスト
P：ラングラー'60s Vintage
S：J.M.ウエストン
A：タカヒロミヤシタ ザソロイスト（ハット、スカーフ）アヤメ（メガネ）

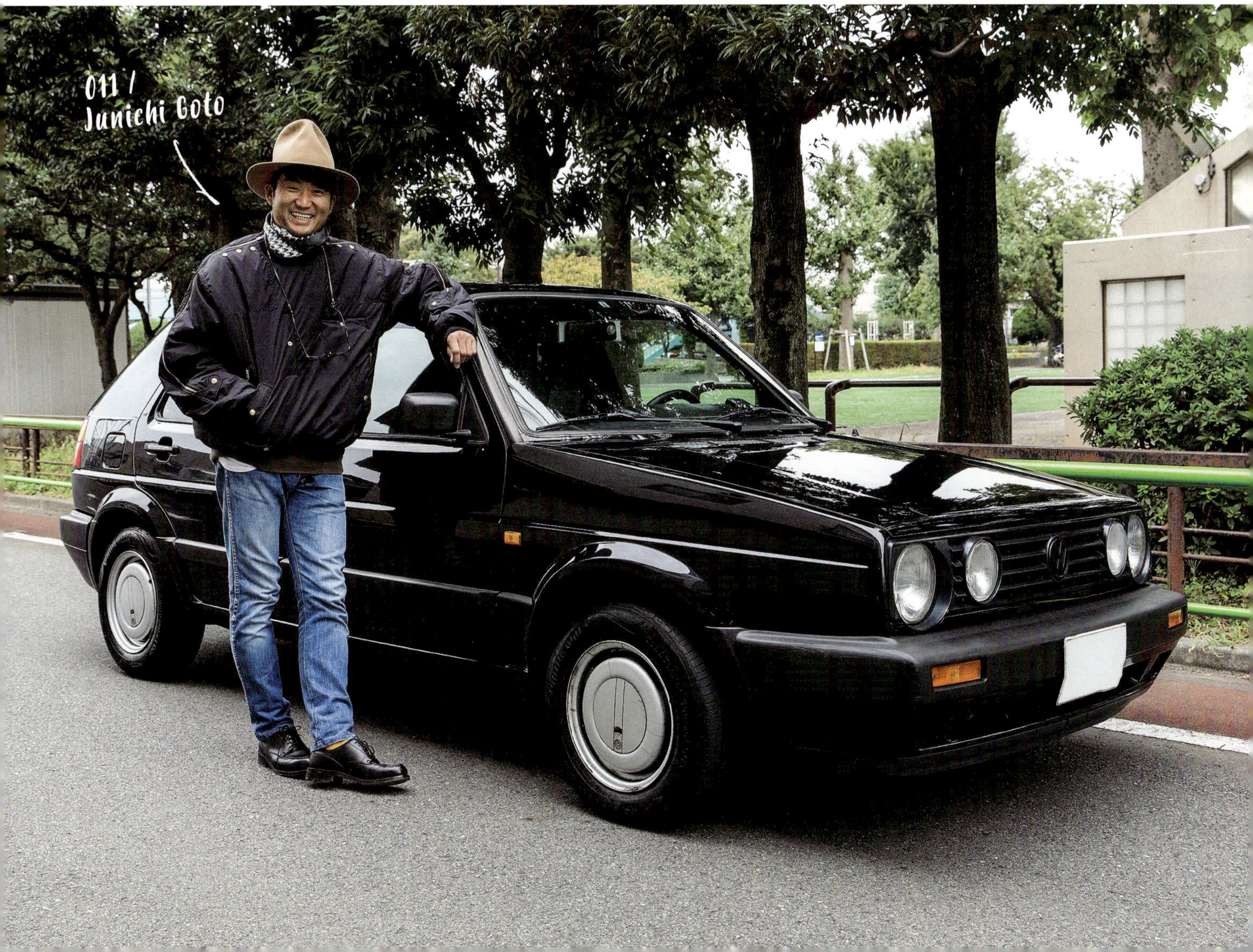

011 / Junichi Goto

Model

FL

Maker **HARLEY-DAVIDSON** Year **1946**

1/1プラモデルのようなものですね。

数々のハーレーを乗り継いできた植村さんの愛車は、買い付け先のアメリカで出合い、その場で購入を決めたというナックルヘッド。購入時に装備されていたパーツを売って、一つ一つ自分でパーツを選んだ思い入れの深い1台。積載エンジンの排気量が1000ccしかなかった'30年代のコンパクトなフレームに1200ccのFLエンジンを搭載しているため、一見FLとは思えないほどスマートな車格に仕上がっている。

「いまもハーレーを作っていますが、自分で輸入して横浜のヒルシティさんと協力して組んだ車両です。輸入の大変さも経験しながら、試行錯誤して完成させたマシンは愛着もひとしお。次のバイクができても手放したくない1台ですね」

US／代表

植村肇さん

古着から現行までアメリカ製のアイテムを中心としたラインナップを揃えるUSのボス。このナックルの他にパンやショベルも所有

O：USミリタリー
I：タウンクラフト×US
P：リー
S：ヴァンズ
A：ホサンナ（ネックレス）
アンクラウド（サングラス）

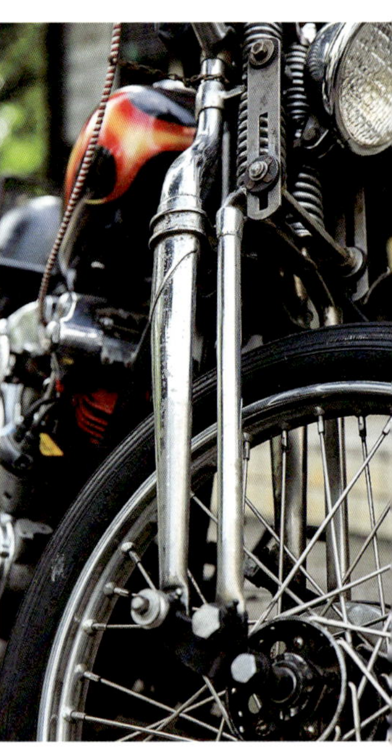

スプリンガーフォークはオールドクロームが美しく残る当時モノ。純正のメカ式ダンパーを装備

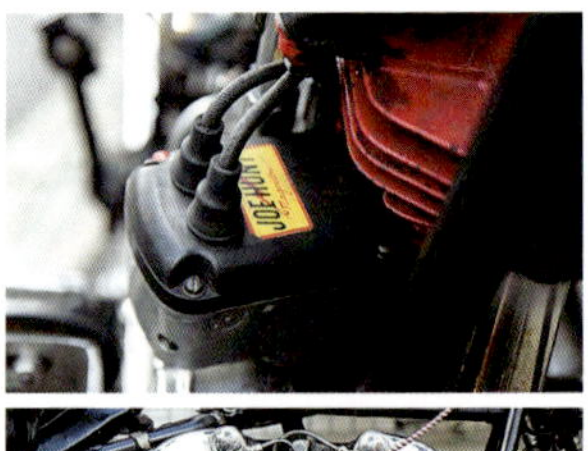

長距離での電気系トラブル回避のためマグネトーという点火方式を採用。ジョーハント製

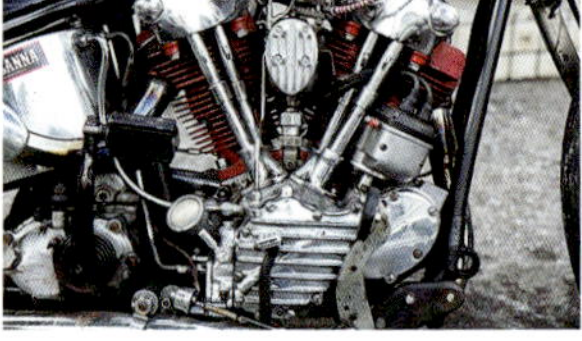

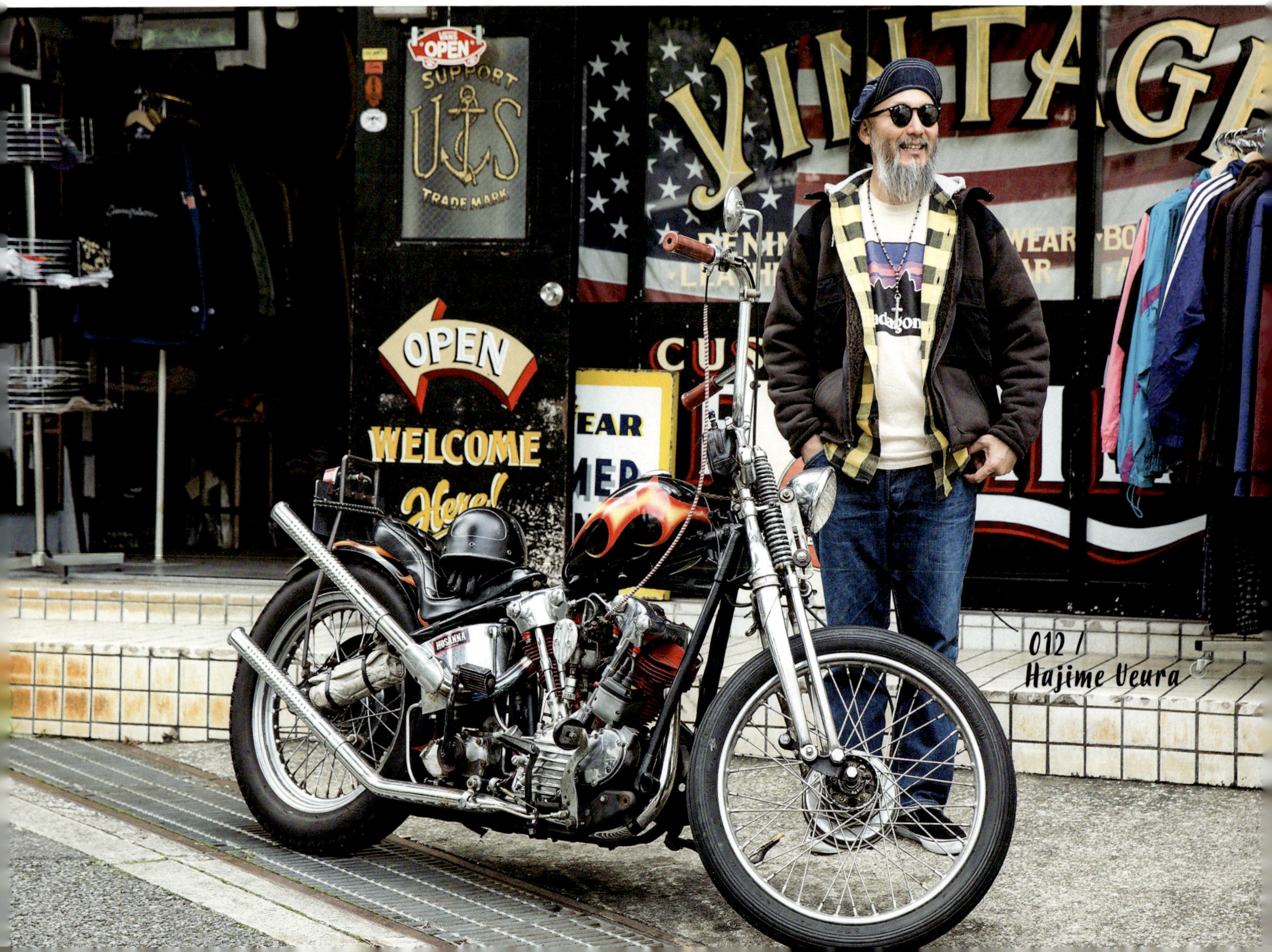

エンジンは1200ccのFL。クロームメッキのカバー類を装備し、シリンダーは赤くペイントした

012 / Hajime Ueura

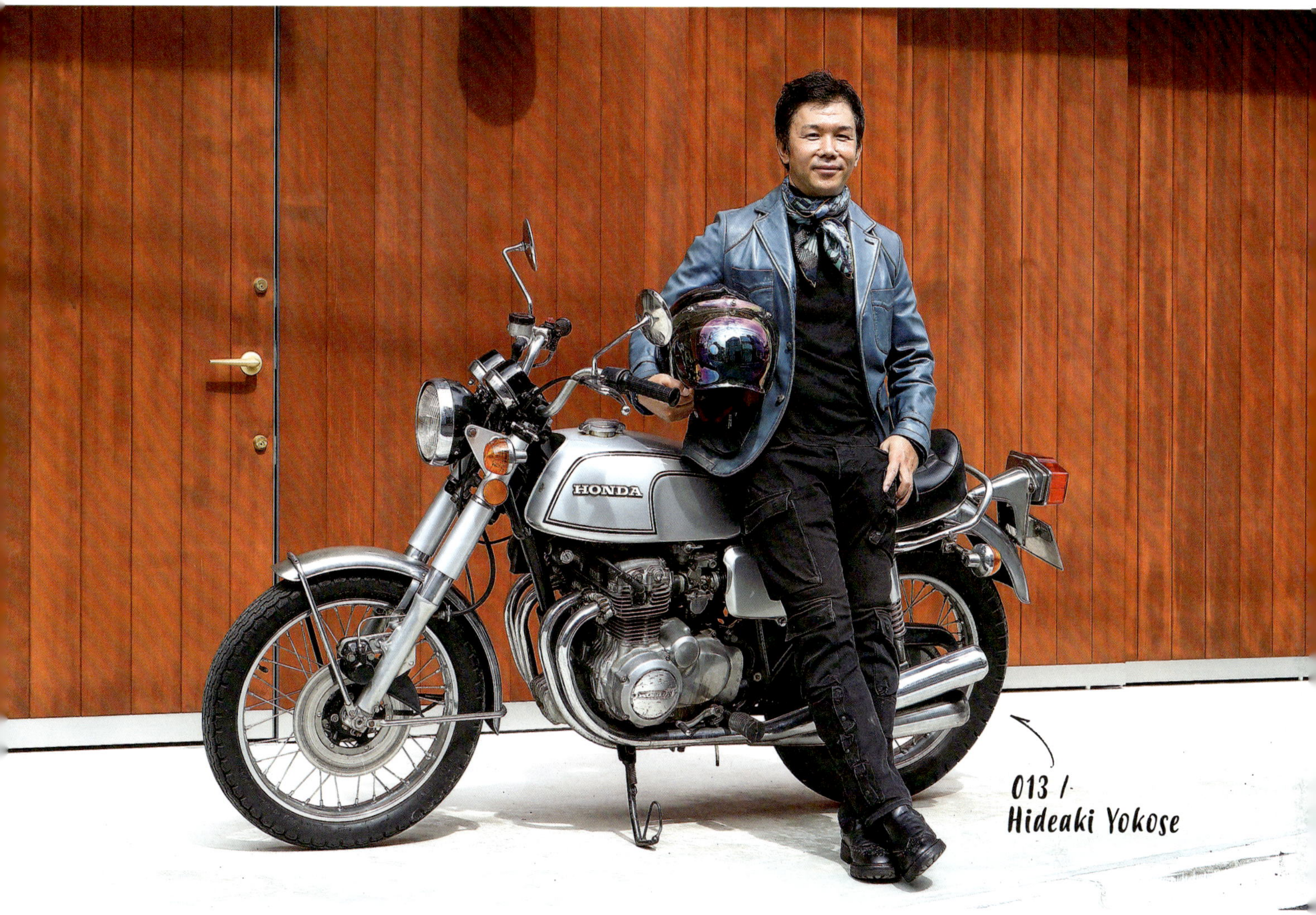

013 / Hideaki Yokose

Model

DREAM CB350FOUR

Maker **HONDA** Year **1975**

6年かけてすべて純正に逆カスタムしました。

GMT／代表取締役

横瀬秀明さん

トリッカーズやジャラン スリウァヤなどを取り扱うシューインポーターにして、代々木上原の名店「バーニッシュ」なども運営する

O：ハミングバーズヒル
I：ジョン スメドレー
P：ポロ ラルフ ローレン
S：トリッカーズ
A：エルメス（スカーフ）

ファッション業界きってのバイク好きで知られる横瀬さん。数あるコレクションからホンダの［ドリームCB350FOUR］を紹介してくれた。「おそらく4気筒エンジンでは世界最小。そんな日本人っぽいモデルが一番の魅力です」'72年に発売された当時、350ccクラスは、直列2気筒エンジンが主力だったことから、販売台数も少なく、マニアの間では稀少モデルとして人気を誇る。「16歳の時に乗っていたのですが、また乗りたくなり、中古のモデルを探して、約6年ほどかけてカスタムされていたパーツをすべて純正に戻しました。なかなかオリジナルのパーツを見つけるのが大変で、時間はかかりましたが、満足しています」

「デザインもすべて好きなんですが、何と言ってもこの"350FOUR"の立体ロゴにやられましたね」

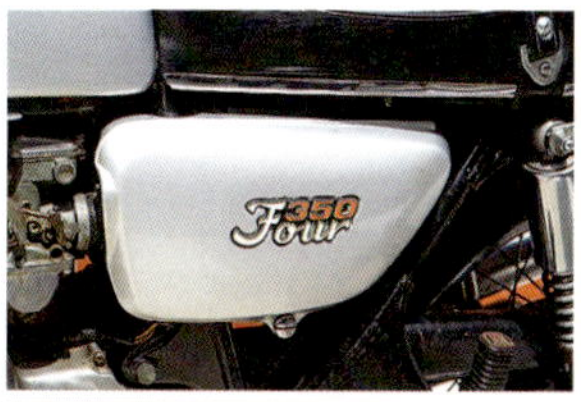

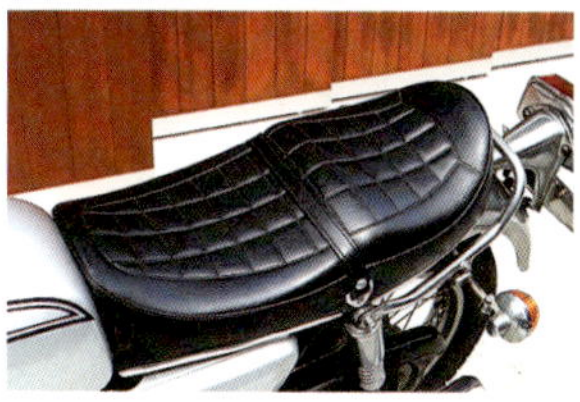

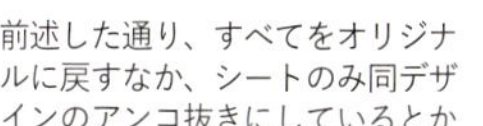

前述した通り、すべてをオリジナルに戻すなか、シートのみ同デザインのアンコ抜きにしているとか

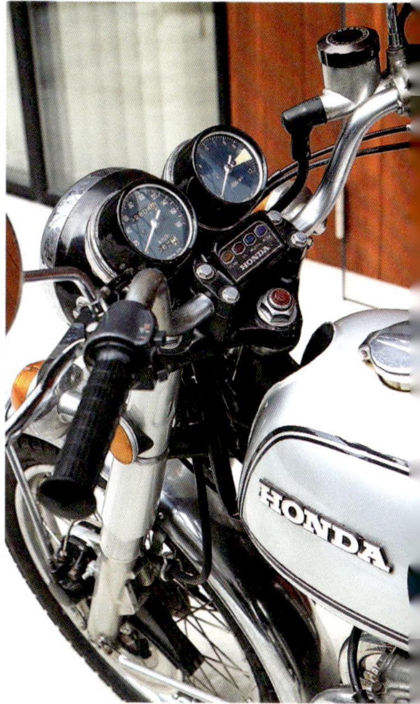

ベストセラーモデル［CB750FOUR］を踏襲しながらも、コンパクトな日本人向けデザインが秀逸

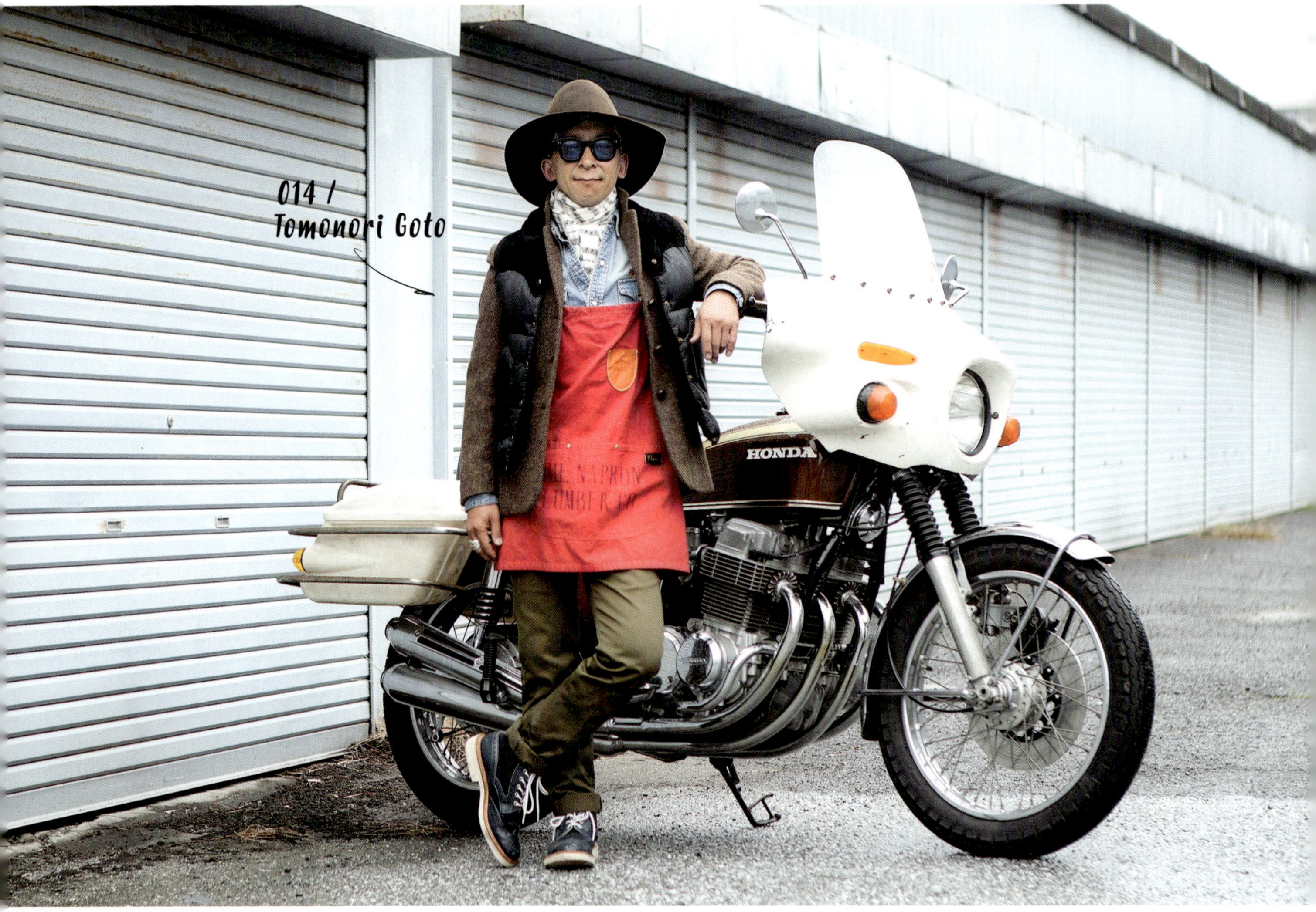

014 / Tomonori Goto

Model

DREAM CB750FOUR

Maker **HONDA** Year **1970**

昭和日本のスタイルがいま面白い。

会社員

後藤智紀さん

ヴィンテージバイクの趣味は、1970年代スタイルから始まり、'20年代まで遡るが、最近のブームはもっぱら国産旧車

O：ロッキー マウンテン フェザー ベッド（ベスト）
　　ビームスボーイ（ジャケット）
I：ジプシー&サンズ
P：ディッキーズ
S：トリッカーズ
A：ナプロン（エプロン）
　　キジマ タカユキ（ハット）
　　グレンプリンス（ストール）

1960～'70年代のアメリカのカルチャーが好きでハーレーのチョッパーに乗っていたが、ひょんなことから旧車にのめり込んでしまったという。戦前のハーレーも所有するほどのフリークのいまのお気に入りは、'70年代の国産旧車。しかも、いまでは貴重なショウエイ製の大きなカウルとバッグを備える懐かしのスタイルだ。外車のように車体を大きく見せたいライダーがこぞって日本車にこのパーツを装備したと言う。

「当時はロックバンド『キャロル』の撮影で使うバイクにこれが取り付けられるほど人気のスタイルだったんです。僕はリアルな世代としてそこを通ったわけではないですが、昭和の日本の独特なバイクカルチャーがいま気になっているんです」

正面から見ればベース車が全くわからないほど大きなショウエイのカウル。'70年代を象徴するパーツ

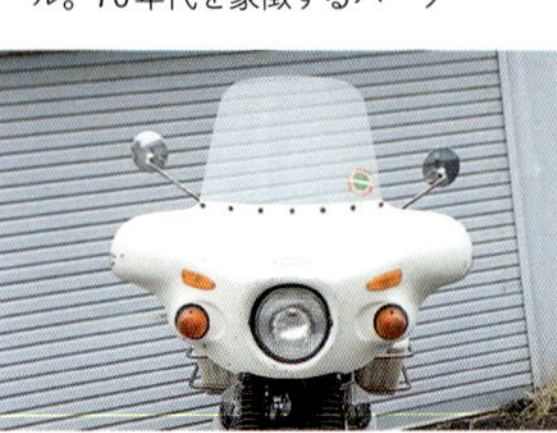

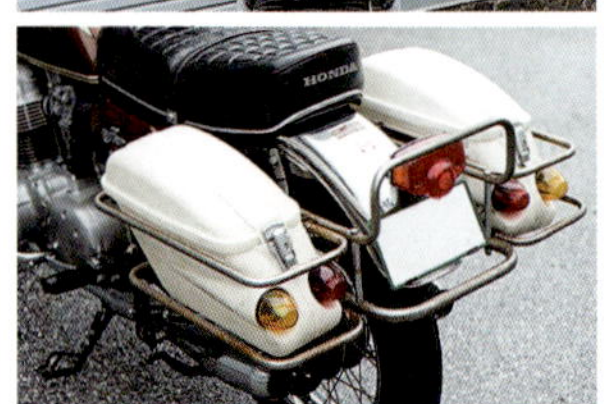

上のカウルとセットのサイドバッグ。'60年代のハーレーのバッグを模しているようなデザインだ

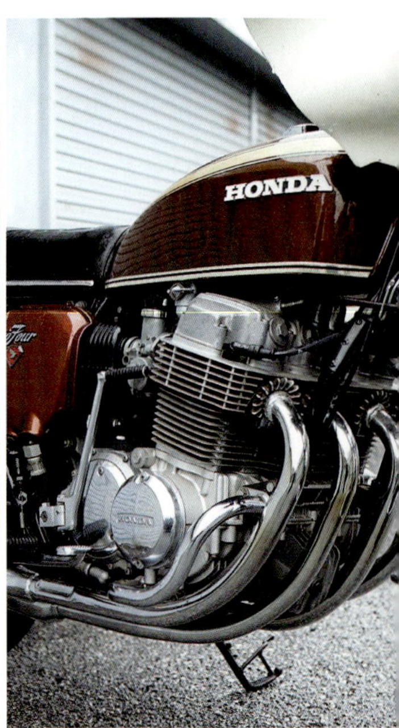

量産車初の並列4気筒エンジンは世界最速の称号を得た。こちらは初期型K0に継いで登場したK1

Model

VESPA PX125R

Maker **PIAGGIO** Year **2014**

「短靴で乗れる、旧車みたいな新車です」

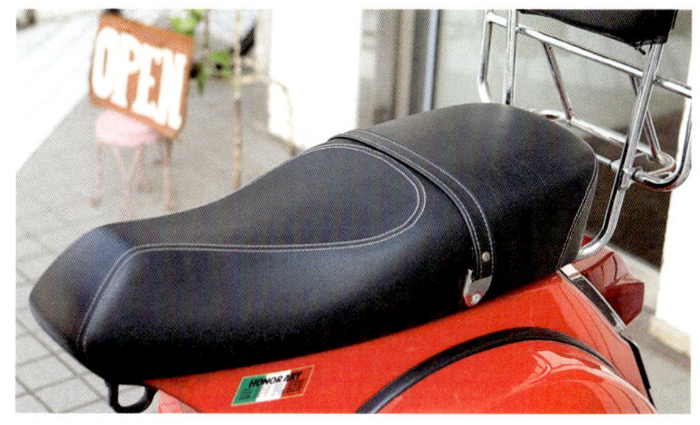

子供を後ろに乗せて走ることが多いという本池さんは、純正のダブルシートにタンデム用のパッドを装着している

「イタリアで修行をしていた時にベスパに乗っていたので、愛着があるんです」と語る本池さん。これまでにはハーレーのスポーツスターや、'70年代のショベルヘッドなど大型のバイクを乗り継いできたが、いまは気軽に乗れる近所の足としてベスパを愛用している。

「コードバンの短靴を履くことが多いのですが、コードバンでフットシフトのバイクに乗るのはどうしても気が引けて……。元々旧いハーレーに乗っていたので、ヴィンテージも好きですが、実用性重視で現行PXを選びました。PXは現行で唯一ヴィンテージベスパのようなハンドシフトが残るモデルなので、操作感の楽しさと安心感を両立しているところが好きですね」

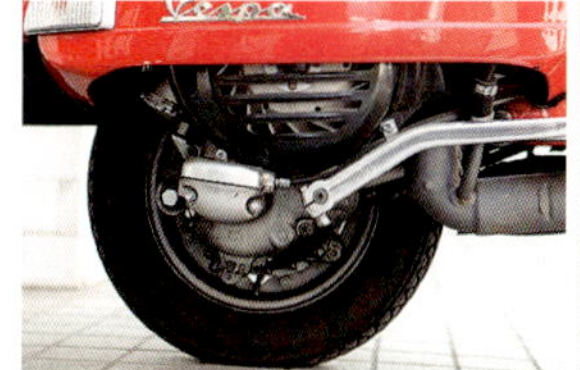

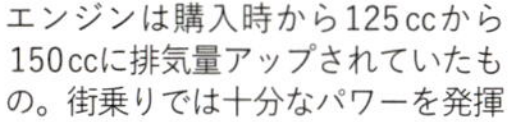

エンジンは購入時から125ccから150ccに排気量アップされていたもの。街乗りでは十分なパワーを発揮

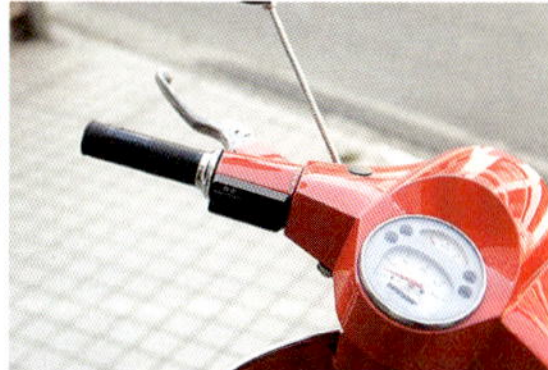

PXは旧いベスパと同様、ハンドシフトのシステムを採用。旧車のような操作感が本池さんのこだわり

モト／デザイナー

本池大介さん

イタリアで彫金の技術を学び、1996年よりMOTOを受け継いだ。父親譲りの旧車好きのセンスがいまの愛車選びに反映されている

O：モーター
I：ブルックス ブラザーズ
P：リーバイス
S：モト
A：レスカヴィンテージ（サングラス）

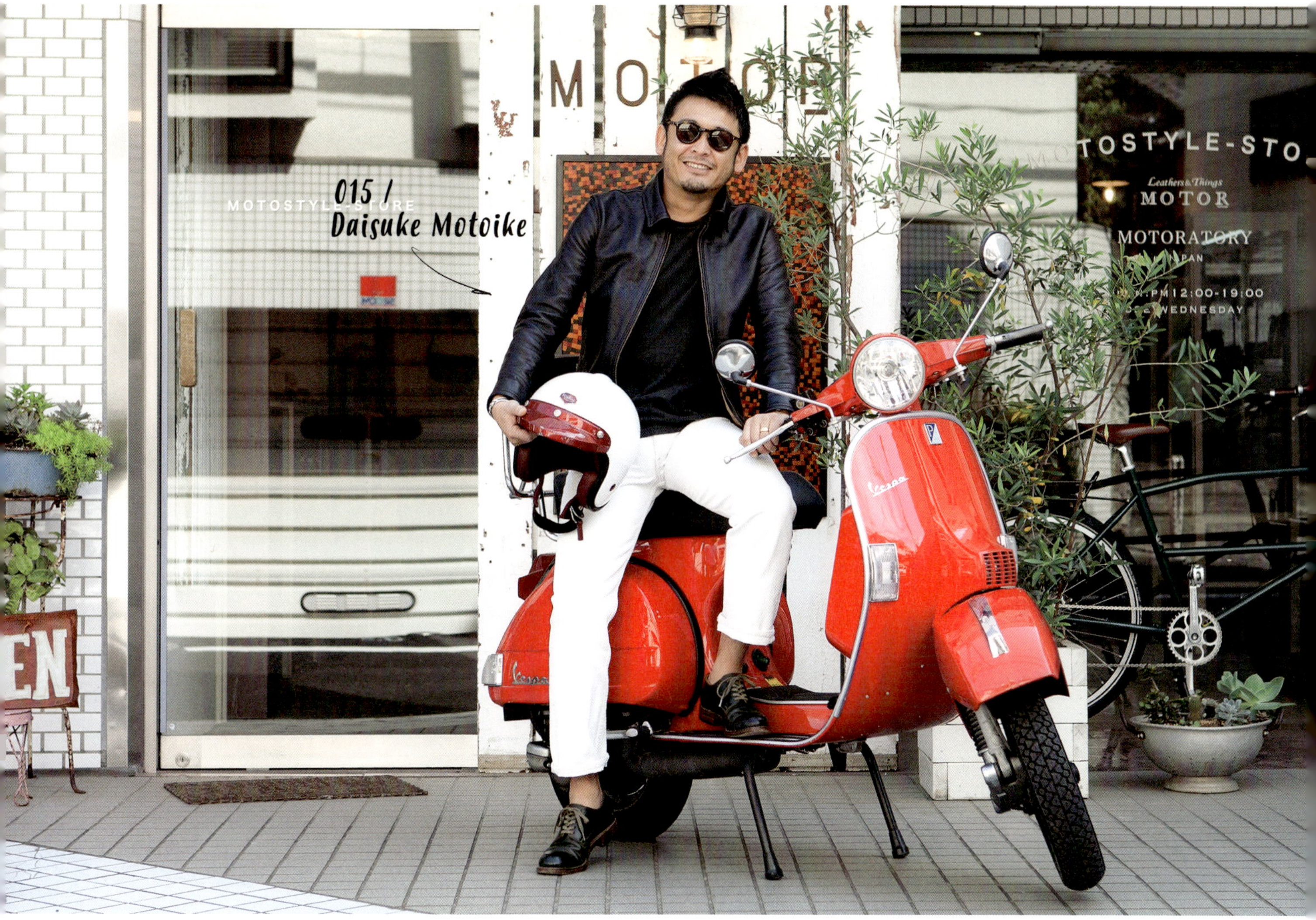

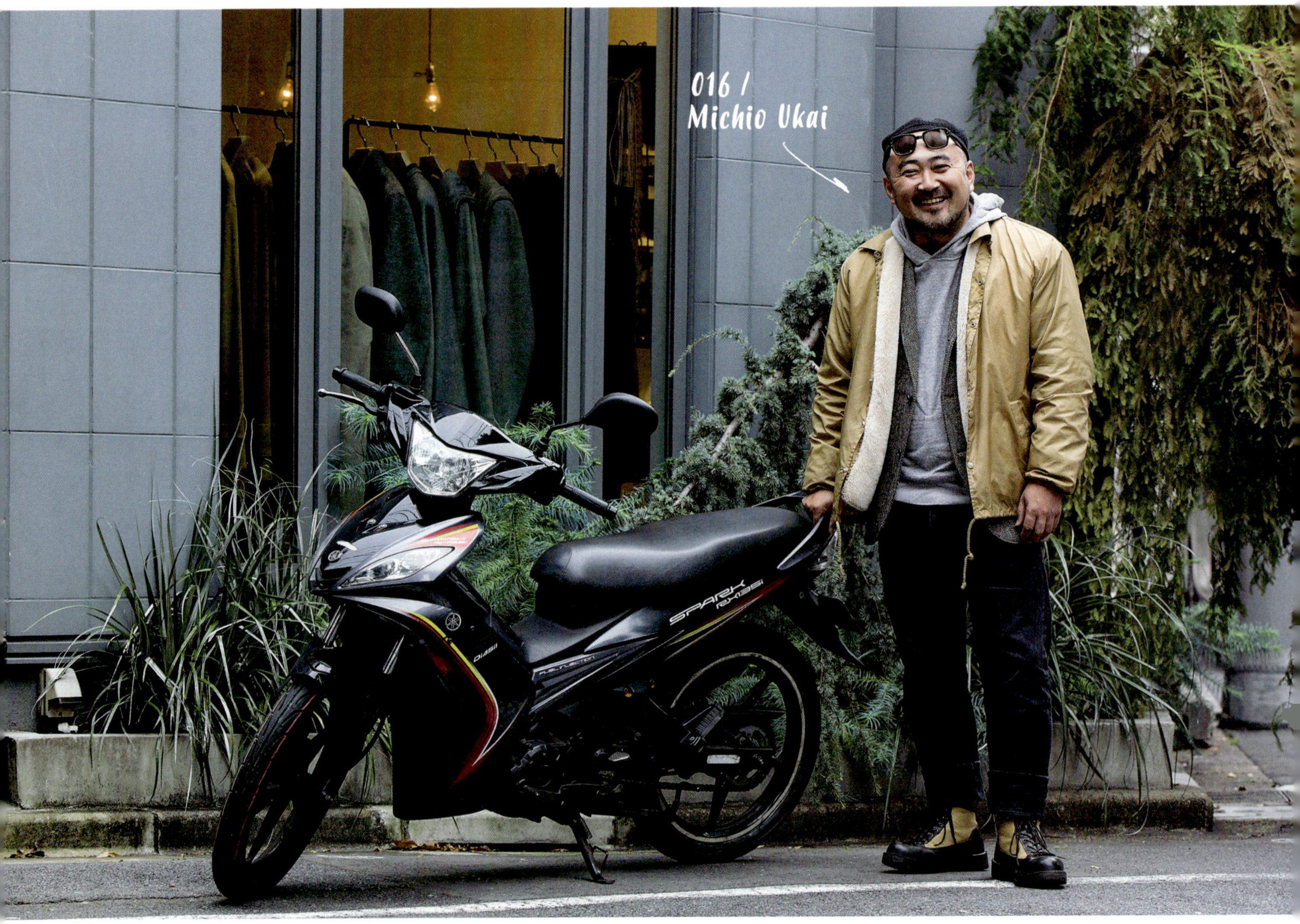

016 /
Michio Ukai

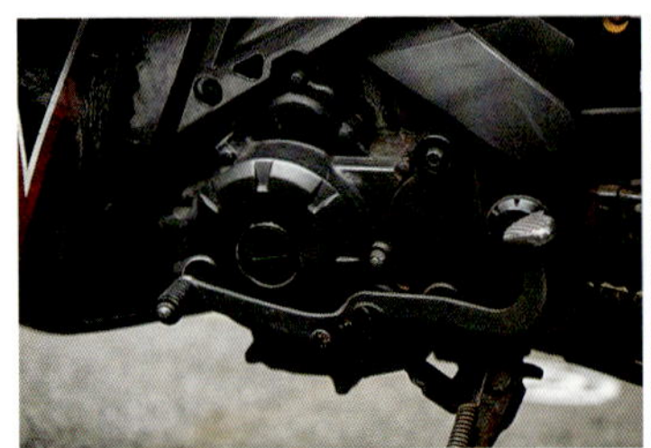

カブなど商業用バイクに使われるロータリーのミッション。「お手軽さのアイコンです」

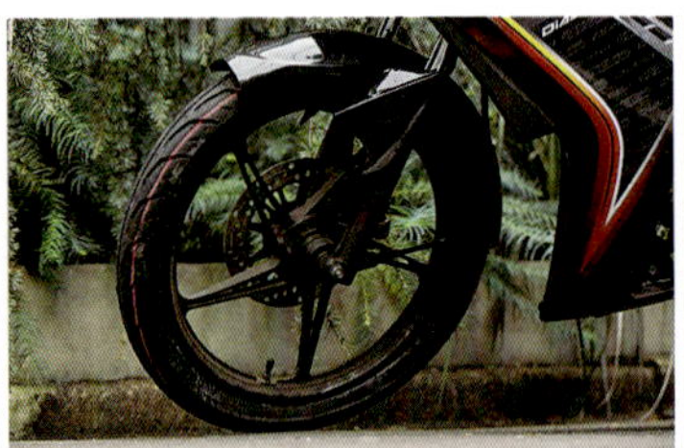

「ヒラヒラ乗れる」と表現する17インチホイールは、カブなどと同タイプの機構

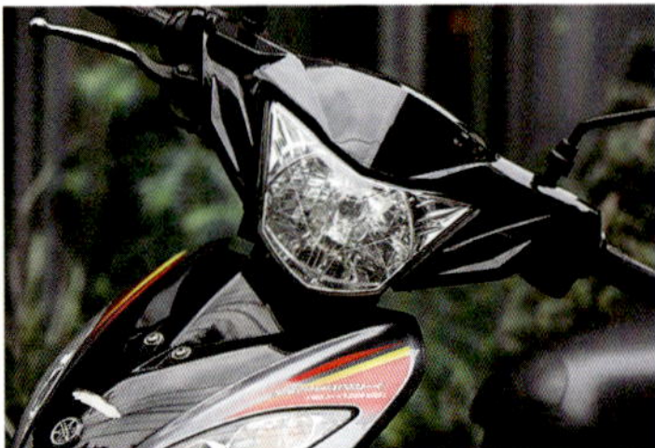

「野暮ったいヘッドデザインの"カッコよくなさ"がいいんです。マクロスみたいでしょ」

Model

SPARK

Grade

RX135i

Maker **Thai YAMAHA** Year **2012**

こんなに楽しい乗り物、他にはないですよ!

素敵眼鏡MICHIO／主宰

鵜飼三千男さん

いまはなき古着店「ゴリーズ」のバイヤーを経て、現在は横浜のヴィンテージを中心とした眼鏡ショップ「素敵眼鏡MICHIO」のボス

O：カリフォルニアストア
I：ケントフィールド(ジャケット)
　パーカ(ワーカーズ)
P：インターフェイス
S：ダナー
A：DEAD STOCK '70s USS(メガネ)

かつてはヴィンテージハーレーに乗っていた時期もあったというが、現在の愛車はタイヤマハ製のバイク。「コンビニまでのちょい乗りから、箱根の峠道を攻めることもできる。こんな自由な乗り物は他にはないですよ。

商業用のスーパーカブと同じ機構なので、この手軽なサイズ感ながら、トルクがあって坂道もなんのその。タイを中心に東南アジアでは、よくこの手のバイクでレースも行われており、その逆輸入モデルです。エンジンも結構レーシーなんですよ。

高速道路も乗りたかったので135ccのものをなんとか見つけだし、どこへでもコイツと出かけてます。毎日身近な幸せ感じながらヒラヒラ走ってます」

Model

FLH

Maker **HARLEY-DAVIDSON** Year **1981**

純正のバランスを崩したくらいが気分です。

中目黒「ハンガー」のショップマネージャーを務める安達さんは、BMWのビッグオフローダーからの乗り換えで、最近ショベルヘッドのハーレーを手に入れた。

スタイリッシュなフロント周りを装備する"FXスタイル"を大きく変更してはいないが、フォークを少しだけ伸ばしたり、タンクの取り付け位置を変えるなど、さりげない玄人好みのカスタムを楽しんでいる。

「BMWの前はチョッパーに乗っていて、このショベルもチョッパーにする選択肢もあったのですが、カスタムのキリがなくなってしまうので……(笑)。今回は純正のバランスを崩すくらいに留めて、あえて洗練されていない'70年代の野暮ったい雰囲気を活かしています」

ハンガー／ショップマネージャー

安達伸吾さん

ゲルガ、ロストコントロールの直営店となるハンガーを取り仕切る。バイク乗りの匂いを薄めた力の抜けたスタイルでハードに走る

O：ロストコントロール
I：ゲルガ
P：ロストコントロール
S：ヴァンズ

'70年代にこだわって探したというガソリンタンクは、米国建国記念モデルの'76年限定デザイン

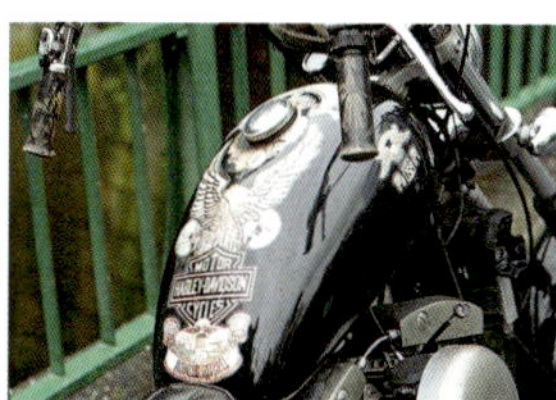

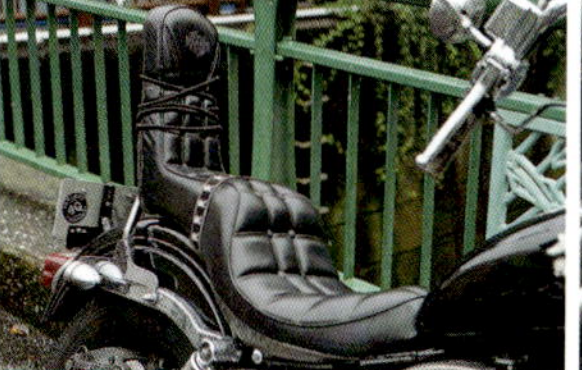

パッセンジャーの背もたれまで一体になったキング＆クイーンと呼ばれるシートも純正をチョイス

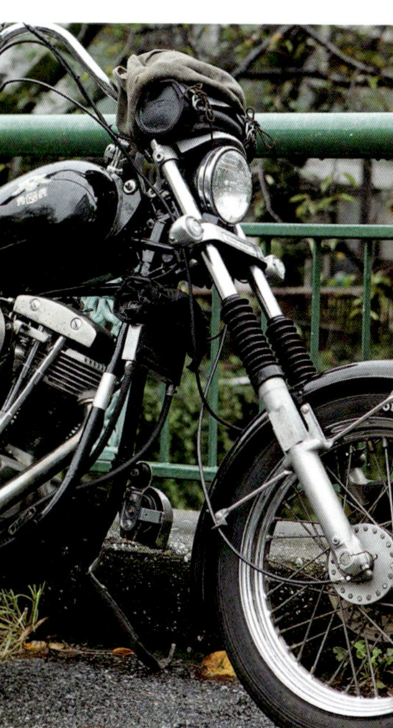

フロント周りはFXから流用したナロータイプで、4インチ伸ばしたさりげないロングフォークに

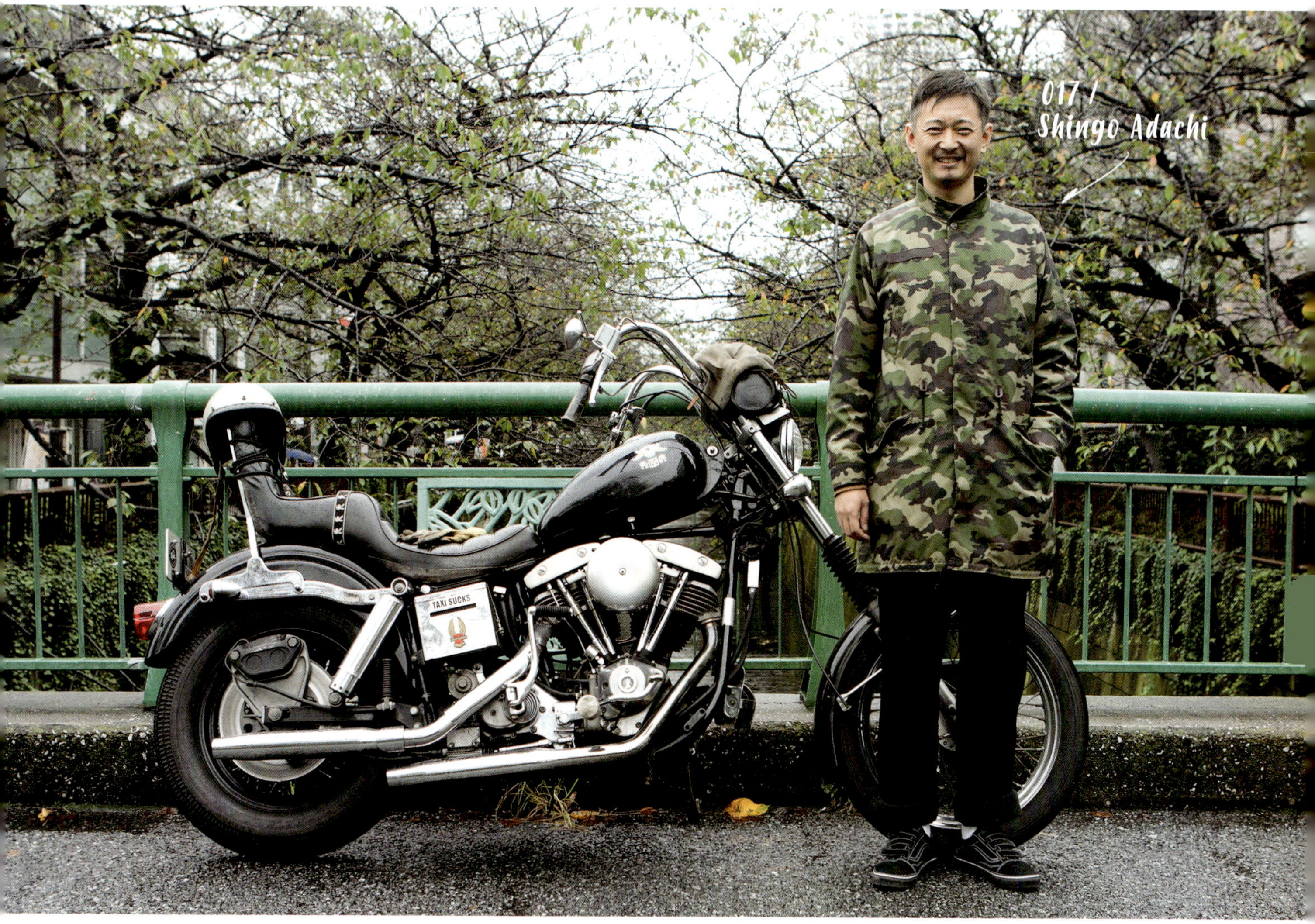

017 / Shingo Adachi

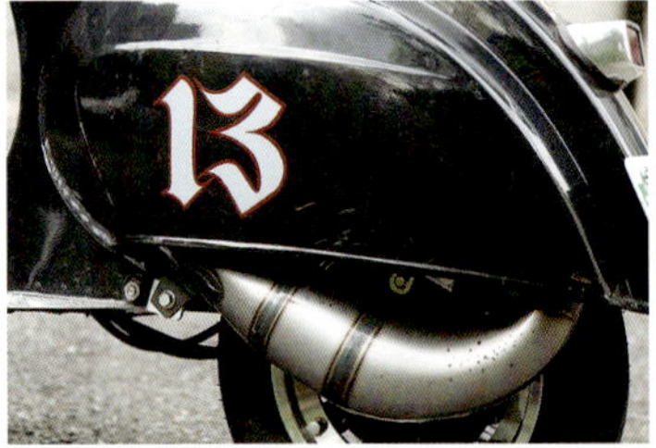

レーシーなデザインのシートカウルはワンオフで製作。加速時のお尻のズレを防ぐ

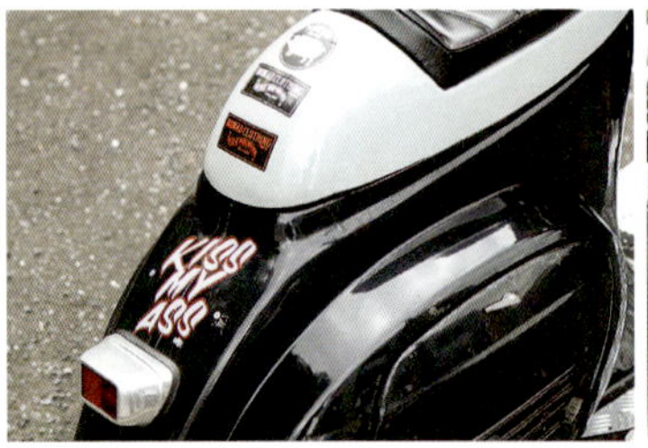

97ccに排気量アップし、クロスミッションを搭載。溶接跡が残るチャンバーがクールだ

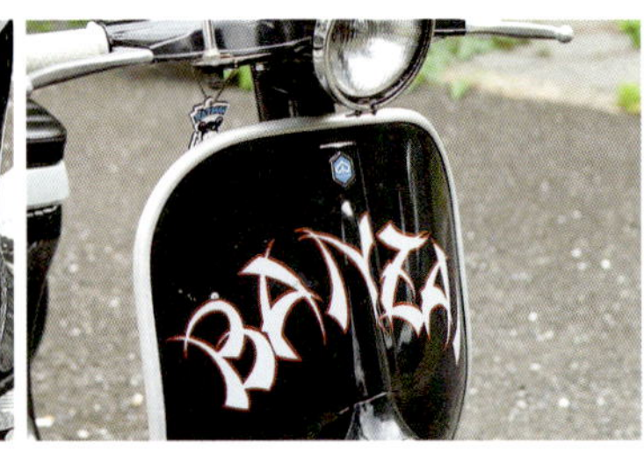

ボディの各所にはカスタムペインターのスコップさんによるレタリングが描かれる

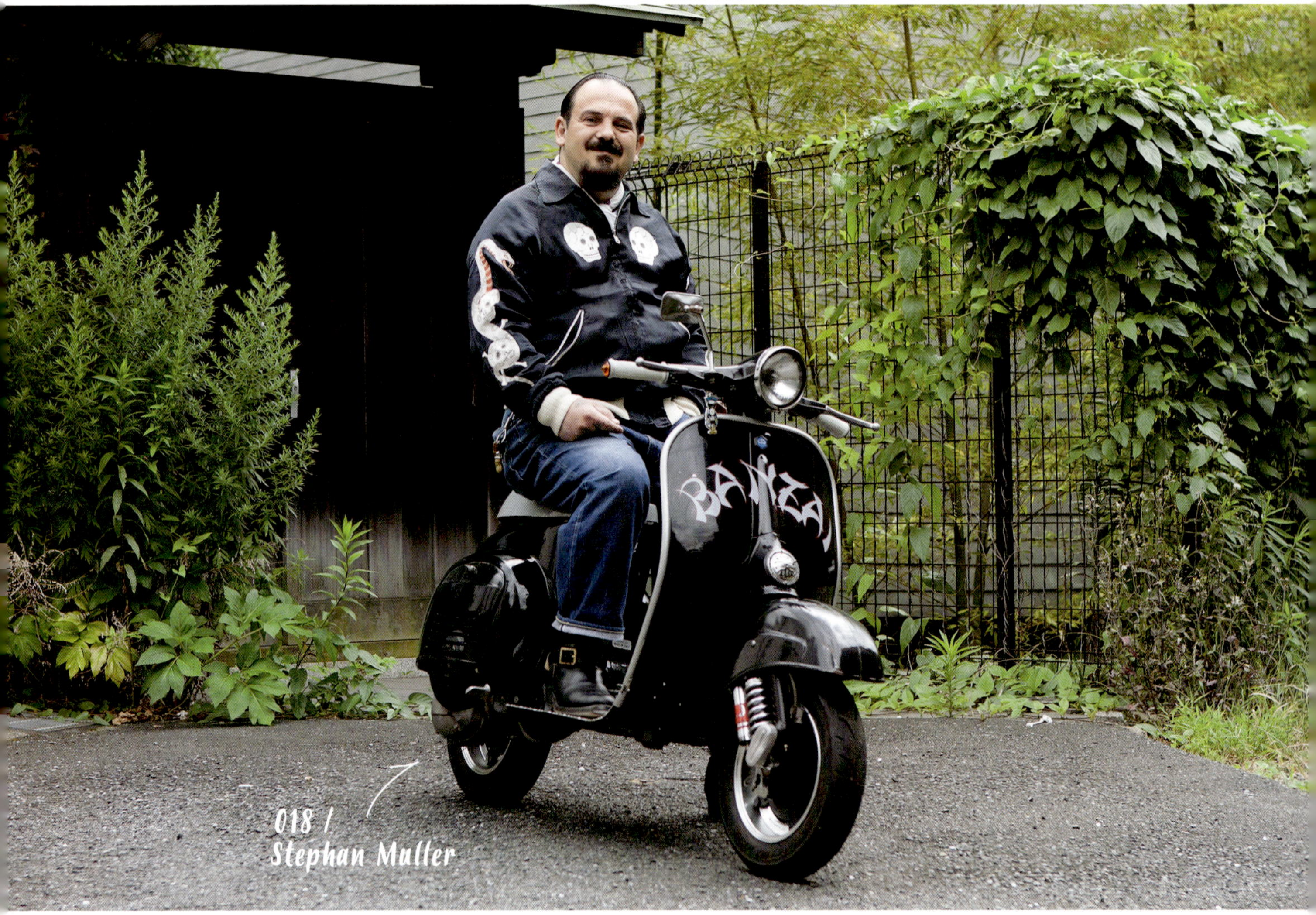

018 /
Stephan Muller

Model

VESPA 50S

Maker **PIAGGIO** Year **1980s**

THIS IS TOKYO KAMIKAZE STYLE!

ミューラー&ブロス／デザイナー

ステファン・ミューラーさん

フリーマンズのスタッフを務めながら、自身のブランドを展開する東京在住のフランス人。ヴィンテージコレクターの顔を持つ

O：フェローズ
I：Unknown
P：Vintage '60s リーバイス
S：ロールクラブ

「フリーマンズ スポーティングクラブ」のスタッフであり、自身のブランドのデザイナーも務めるステファンさん。ビッグバイクや日本の旧車カルチャーにも興味はあるが、都内の混雑した道路を軽快に走るためにベスパをベースにカスタム手段を選んだと言う。所有して3年間、いじり続けているため細部まで手が加えられているが、まだまだカスタム欲が尽きることはないそうだ。

「クルマが多い東京の道はコンパクトなバイクの方が走りやすい。排気量を97ccにあげて、低速から回せるクロスミッションに換えて、スムーズに加速します。レタリングはあえて日本の文化を意識した言葉を入れました。コレが僕流の東京のリアルなスタイルだと思います」

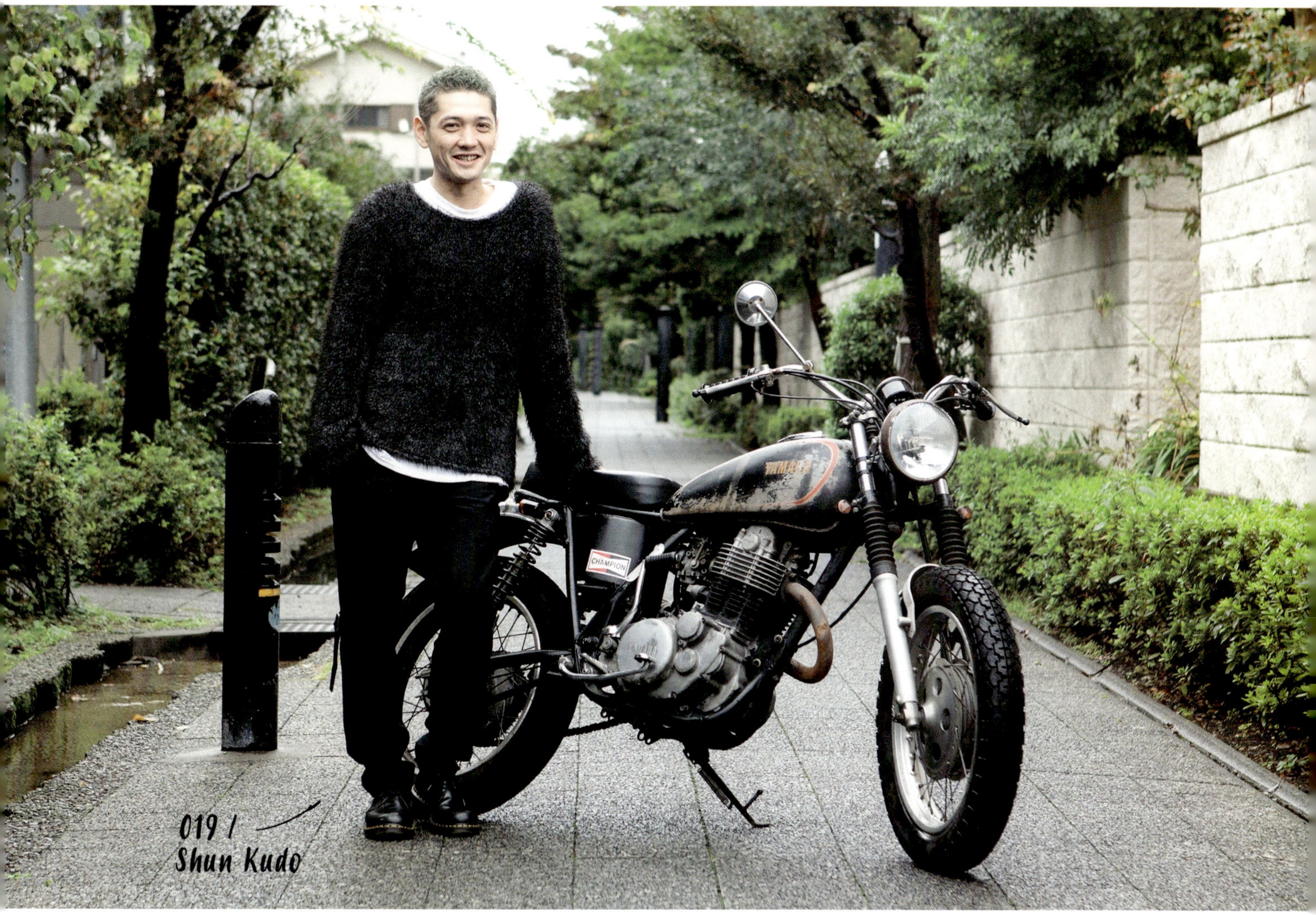

019 / Shun Kudo

Model

SR500

Maker **YAMAHA** Year **1980**

ガレージビルドのスクランブラーがテーマです。

フリーランスPR

工藤俊さん

ストリートブランドを中心に複数のブランドのプレスを務めるフリーランス。ジャンクパーツでバイクを組み上げるセンスもピカイチ

O：アンソロジー
I：アンソロジー
P：アンソロジー
S：ドクターマーチン

カスタムショップ「ハーネスモーターサイクル」の先輩と協力して、ジャンクパーツでSRスクランブラーを組み上げた。

「元々ヤマハのHL500（ビッグシングルエンジンを搭載するヨーロッパのモトクロッサー）のカタチをSRで作ろうと思ったのですが、知り合いに乗っている人がいたので、コンセプトを〝ガレージビルドのスクランブラー〟に変更しました。

拾い集めたようなパーツばかりですが、カリフォルニアで開催されていた'60年代の長距離ラリーレースを走っていたスクランブラーのバランスを意識して製作。ヘッドライトやテールに英国製パーツを使って、ブリティッシュなテイストをミックスしたところがポイントです」

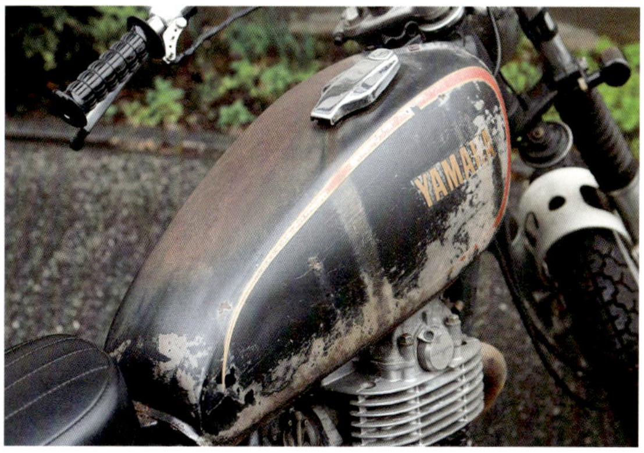

長年納屋に放置されたため、外側はだいぶヤレているが内側は奇跡的に綺麗な状態を保っていたというタンクを装着

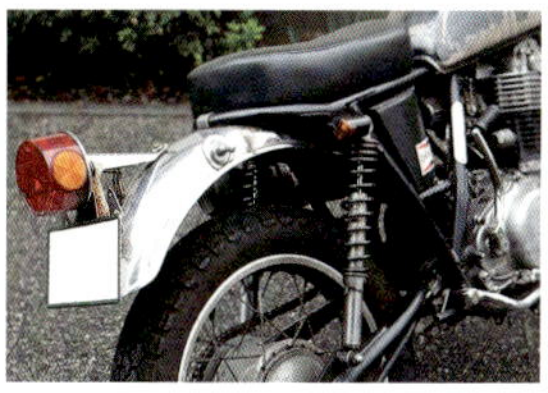

長めのリアサスを採用してタイヤとのクリアランスを確保。着座位置を移動しやすいシートは特注品

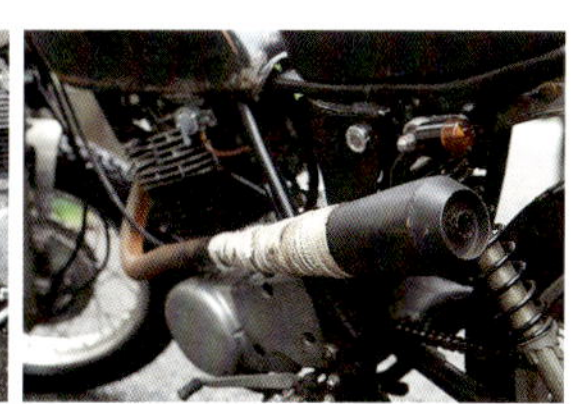

エキパイも特注で製作。車体左側から出したアップマフラーがスクランブラースタイルの決め手

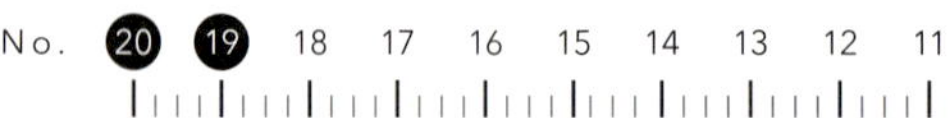

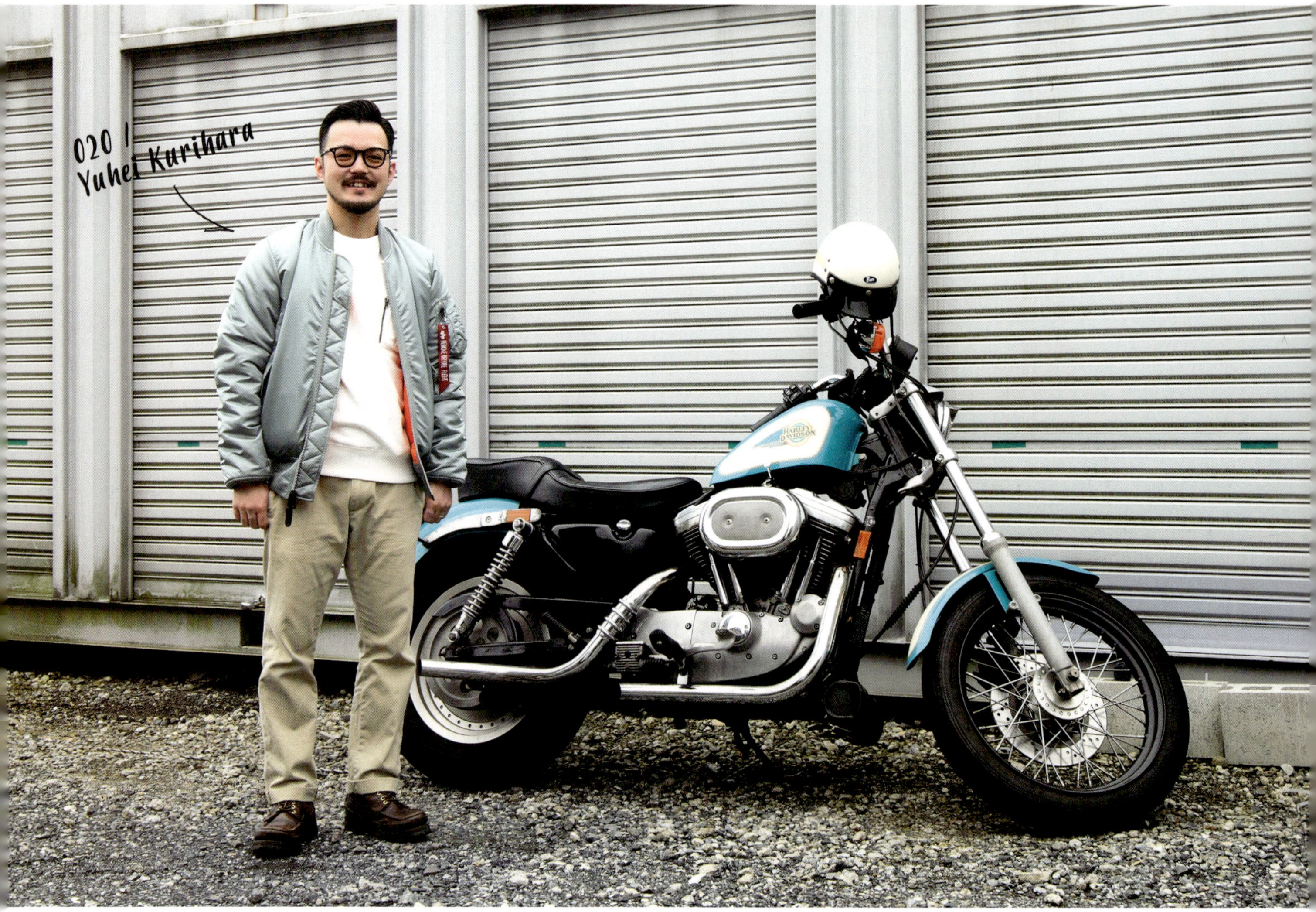

020 / Yuhei Kurihara

Model

SPORTSTER XLH1200

Maker **HARLEY-DAVIDSON** Year **1992**

この1台に乗るために大型免許を取得。

アルファショップ渋谷店／ショップマネージャー

栗原雄平さん

アルファ インダストリーズの直営店、アルファショップ渋谷店の店長。ミリタリーアイテムを取り入れたアメカジコーデに定評あり

O：アルファ インダストリーズ
I：アルファ インダストリーズ
P：アルファ インダストリーズ
S：ラッセル モカシン
A：アメリカン オプティカル（メガネ）
セイコー（時計）

昨年から念願のハーレーオーナーになった栗原さん。この1台に出会い、どうしても乗りたくなって大型免許を取得した。

「ハーレーは10代の頃からの憧れだったけれど、現実的になかなか手が出せなくて。でもこのモデルを見て、一気に夢を実現させる気になりました」

そうして手に入れたのが'92年製のスポーツスター。ほぼ当時のスタイルで乗っている。

「ペイントも含めオリジナルの雰囲気が気に入っているから、ほとんどカスタムしていません。ハンドルとマフラーを少しいじったぐらいですね。もう少しチョッパーにしてもいいかなって思っているけれど、しばらくはオリジナルに近いいまのステアリングを楽しみます」

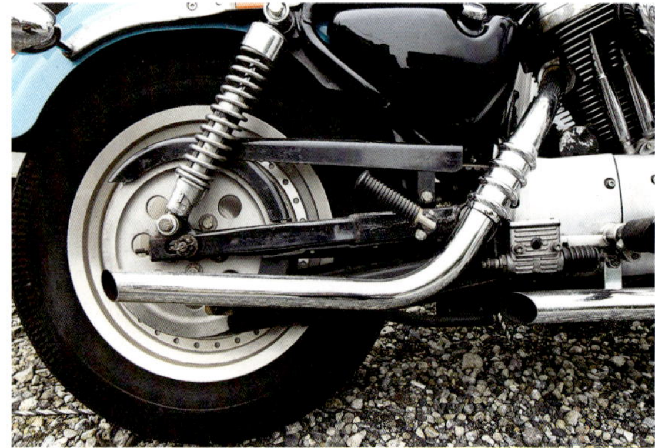

マフラーはドラッグパイプにカスタムし、スタイリッシュな印象に。「オリジナルよりも少し乾いた音がするんですよ」

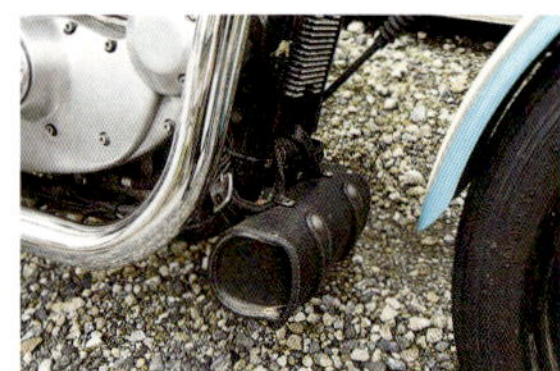

さりげなくセットされたデグナーのレザーツールバッグ。「最低限の修理用にインチ工具を入れています」

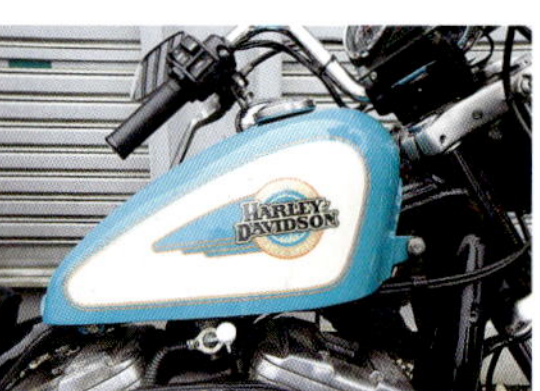

タンクのペイントもオリジナル。ギアを4速から5速に変更した時代のため“FIVE SPEED”のロゴが

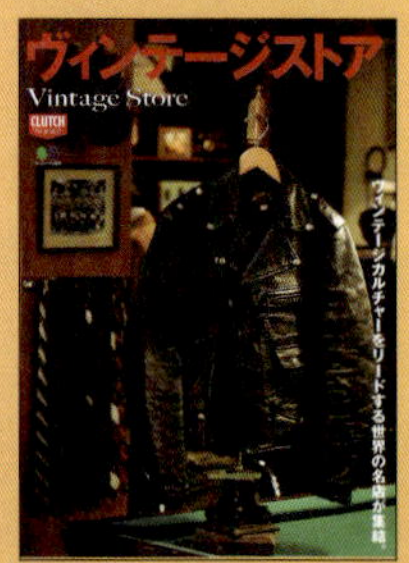

ヴィンテージカルチャーをリードする
世界のトップクラス店を紹介。

ヴィンテージストア

本体1500円+税／A4変

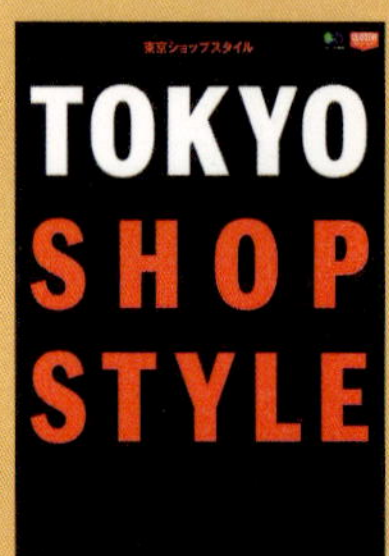

絶対に行くべき
東京のショップを1冊に集結。

TOKYO SHOP STYLE

本体1500円+税／A4変

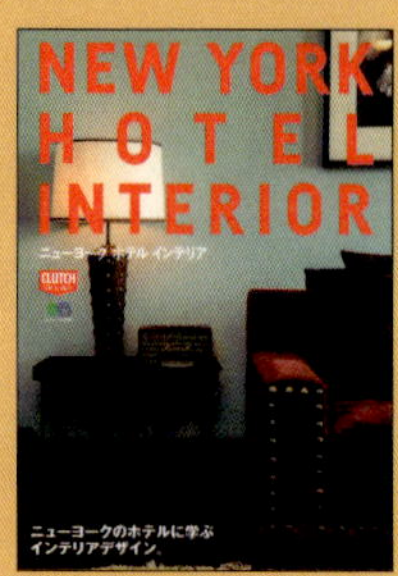

トップクリエイターたちが手がけた、
今話題のホテルデザイン

ニューヨークホテルインテリア

本体1800円+税／A4変

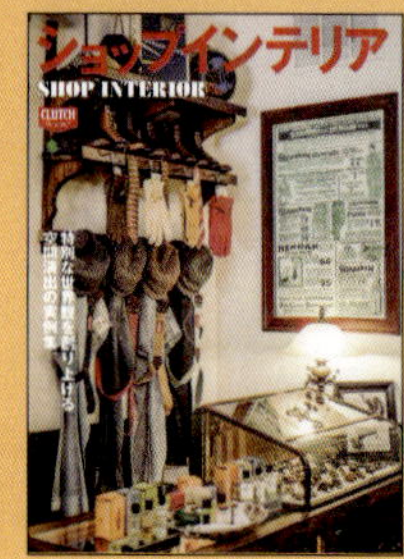

圧倒的な空間演出の実例集を
セレクトした1冊

ショップインテリア

本体1800円+税／A4変

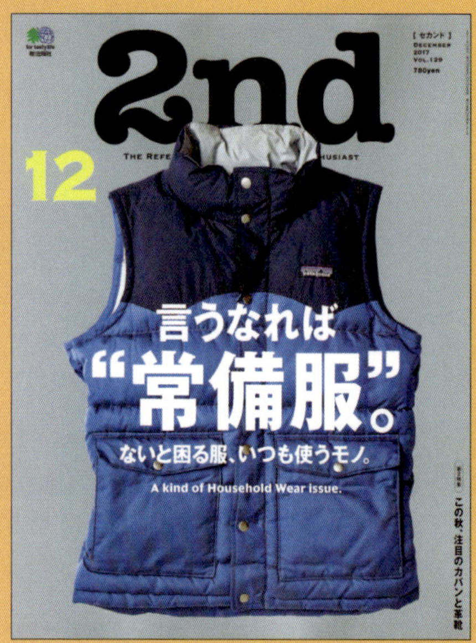

2nd 【セカンド】

毎月16日発売
本体648円+税／A4変
好評発売中

身近でリアルなスタイリング見本
「こう着たい」がここにある。
大人の新カジュアルファッション誌。

タイトルは「2nd」。
男の1番（ファースト）がビジネスであり、ビジネススーツであるなら、
セカンドは休日であり、カジュアルファッション。
つまり、二の次である休日のカジュアルファッションで
「格好いい大人」になるためのファッション誌です。

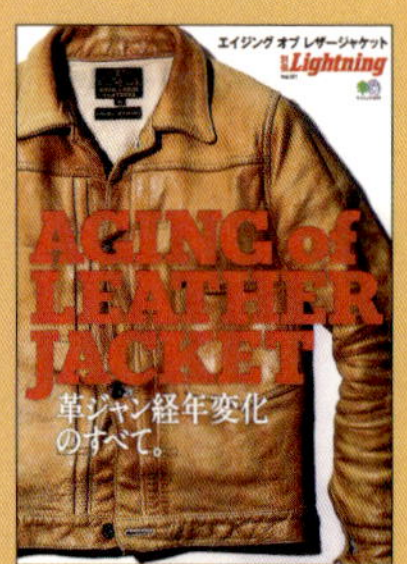

各ブランドの革ジャンの
経年変化のすべてを網羅

**エイジング オブ
レザージャケット**

本体1500円+税／A4変

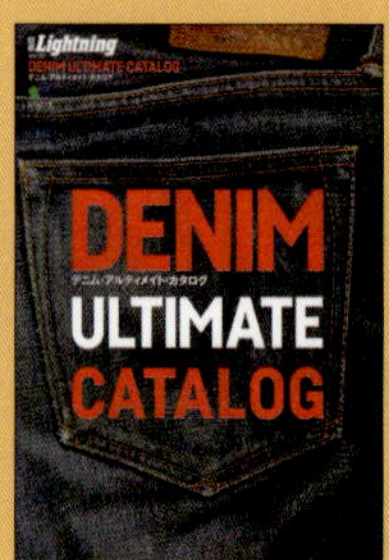

ファン必見の「詳細仕様書」付き
バイヤーズガイド

デニム・アルティメイト・カタログ

本体1500円+税／A4変

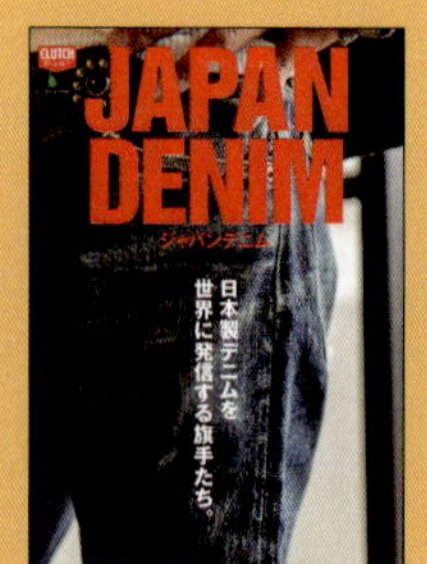

日本製デニムの作り手の
デニムに対する思いが一冊に。

JAPAN DENIM

本体1500円+税／A4変

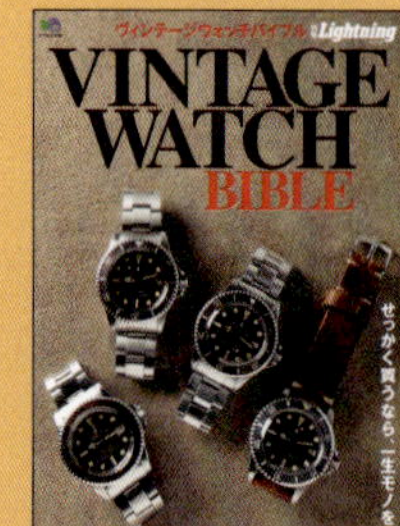

せっかく買うなら
一生使えるホンモノを。

VINTAGE WATCH BIBLE

本体1200円+税／A4変

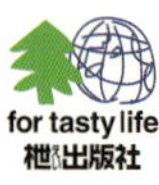

全国書店・ネット書店にてお買い求め下さい。

こちらの別冊2ndもご覧ください!

MOOK

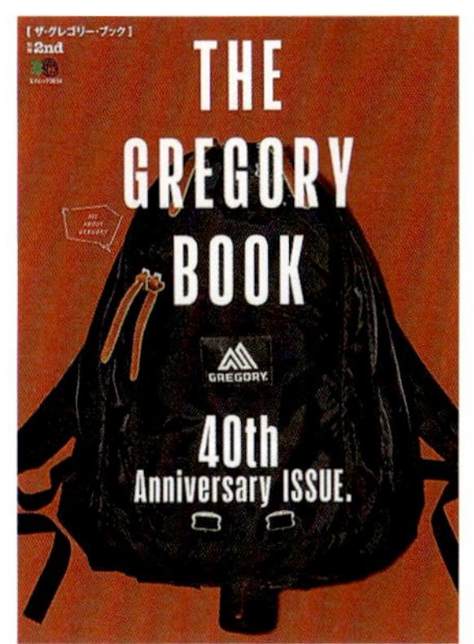

THE GREGORY BOOK

40周年を迎えたアウトドアブランド、グレゴリーの魅力を詰め込んだ、ファンならずともたまらない一冊。

1080円(税込み)

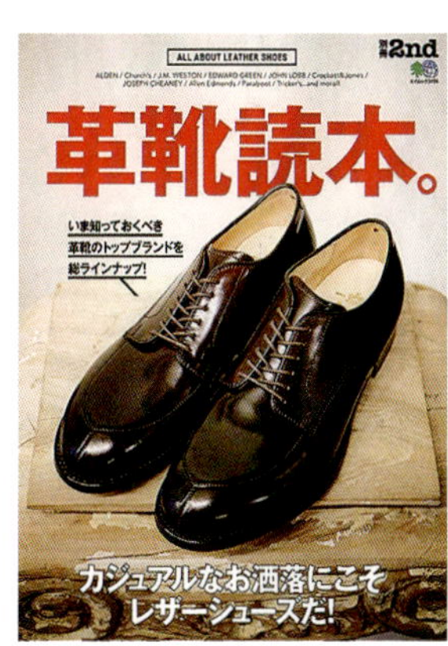

革靴読本。

定番ブランドを網羅し、靴磨きからコーディネイトまで、革靴にまつわるあらゆる情報をココに集結させた。

1000円(税込み)

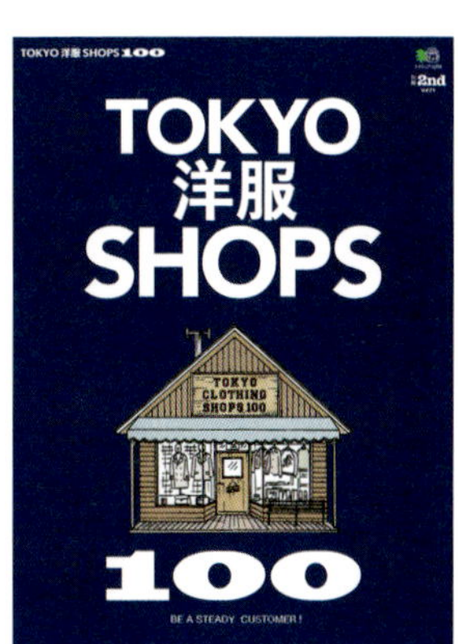

TOKYO 洋服 SHOPS 100

名店、老舗、新進気鋭、雑貨店など、"常連"になりたいとっておきの100店を厳選してガイド。

780円(税込み)

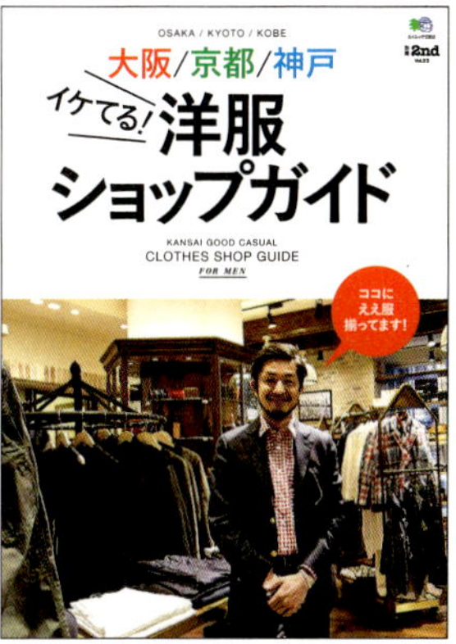

大阪/京都/神戸 イケてる! 洋服ショップガイド

関西のファッションシーンを牽引する3大エリアの、気になるショップを100店以上を収録する強力ガイド。

1000円(税込み)

バックナンバーのご購入はウェブから出来ます。▶ www.ei-publishing.co.jp/magazine/regular/2nd

STAFF

Exective Director
Kenji Sumi 角謙二

Editor In Chief
Hirokazu"JACK"Takahashi 高橋大一

Editorial Staff
Genki Sekihara 関原元気
Kazuki Ueda 上田和輝
Haruka Okabe 岡部遥佳
Minami Mizobuchi 溝渕みなみ

Creative Director
Yoichi Yamada 山田洋一

Chief
Keita Watanabe 渡邉啓太

Designers
Ayaka Goto 後藤絢香
Erina Abe 安部絵莉奈
Tsukika Kudo 工藤月華
Masaki Mitsumoto 三本昌樹

DTP Section
Naoya Yamaguchi 山口直哉
PEACS inc.

Advertising Division
Reiko Funakoshi 船越令子
Nobue Tazuke 田附信枝
Keishi Demura 出村契志
Kazuya Iwata 岩田和也
Shinji Kobayashi 小林伸二
Satoshi Terasaki 寺崎敬

Selling Division
Atsushi Miura 三浦淳
Jiro Tezuka 手塚治郎
Mika Fujita 藤田実加

発行・発売 株式会社枻(えい)出版社
〒158-0096 東京都世田谷区玉川台2-13-2
メディアプロモーショングループ☎03-3708-6051 販売部☎03-3708-5181 編集部☎03-3708-6054

発行人 角謙二 編集人 高橋大一
印刷 大日本印刷株式会社

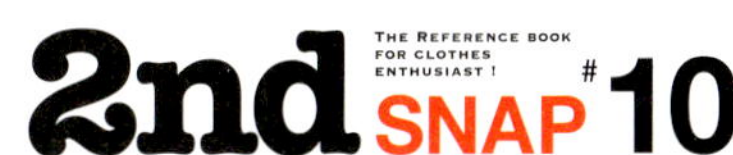

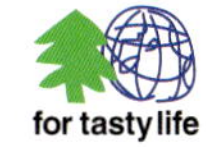